Meier-Gantenbein · Späth
Handbuch Bildung, Training und Beratung

Konzept und Beratung »Beltz Weiterbildung«:

Prof. Dr. *Karlheinz A. Geißler*, Schlechinger Weg 13, D-81669 München
Prof. Dr. *Bernd Weidenmann*, Weidmoosweg 5, D-83626 Valley

Karl F. Meier-Gantenbein, Thomas Späth

Handbuch
Bildung, Training
und Beratung

Zehn Konzepte der professionellen Erwachsenenbildung

Unter Mitarbeit von Jan Gittinger, Almud Maria Kranz, Uwe Reineck,
Sabine Mara Roth, Carlos Salgado, Christian Seiter

Beltz Verlag · Weinheim und Basel

Lektorat: Ingeborg Sachsenmeier

© 2006 Beltz Verlag · Weinheim und Basel
www.beltz.de
Herstellung: Klaus Kaltenberg
Satz und Druck: Druckhaus »Thomas Müntzer«, Bad Langensalza
Umschlaggestaltung: glas ag, Seeheim-Jugenheim
Umschlagabbildung, Kapitelzeichnungen und Logos: Florian Mitgutsch, München
Printed in Germany

ISBN 3-407-36441-5

Inhaltsverzeichnis

Konzept 2
Kommunikation: Wie bring ichs rüber
Die Kommunikationsmodelle von
Friedemann Schulz von Thun in der Trainingspraxis

Sabine Mara Roth

Konzept 3
Transaktionsanalyse (TA):
Gelungene Kommunikation ist kein Zufall
Ethik, Reflexionshintergrund und Methodenkoffer
in der Erwachsenenbildung und Beratung

Jan Gittinger

Konzept 4
Themenzentrierte Interaktion (TZI): Alles im Blick!
TZI als Basis für partnerschaftliche Kommunikation
in Systemen

Almud Maria Kranz

Konzept 5
Neurolinguistisches Programmieren:
Abenteuerland NLP
NLP im Trainingsalltag

Thomas Späth und Carlos Salgado

Konzept 6
Gestaltansatz: Vordergründig Hintergründiges
Der Gestaltansatz als Haltung und Anleitung

Sabine Mara Roth

Konzept 7
Psychodrama: Vorhang auf und Bühne frei!
Schönste aller Therapien

Uwe Reineck

Konzept 8
Handlungslernen: Training by Doing
Die Grundlagen modernen Handlungslernens für Trainer
und Pädagogen

Thomas Späth

Konzept 9
Konstruktivismus: Wie wirklich ist die Wirklichkeit?
Konstruktivistische Prämissen und ihre Bedeutung
in der Bildungs- und Beratungsarbeit

Karl F. Meier-Gantenbein

Konzept 10
Systemtheorie: Was brauchbar ist, entscheide ich!
Der systemische Ansatz als Grundhaltung

Karl F. Meier-Gantenbein

Einleitung

Karl F. Meier-Gantenbein

Handlungsanweisungen im Sinne von »Kochrezepten« für die Bildungsarbeit mit Erwachsenen gibt es inzwischen zur Genüge. Kaum ein klassisches Themenfeld, das in dieser Hinsicht nicht schon mehrfach abgedeckt wäre. Rezepte erweisen ihren Dienst genau so lange, wie die Rahmenbedingungen und Voraussetzungen, für die sie geschaffen wurden, genau eingehalten werden. Auf den unterschiedlichen Wissensstand der Teilnehmer und besondere Anforderungen seitens des Auftraggebers geben sie keine Antwort. Dies schränkt ihre Einsetzbarkeit in der professionellen Bildungsarbeit mit Erwachsenen ein und stellt prinzipiell den Nutzen von Seminarrezepten infrage: Bestimmte Elemente einer durchstrukturierten Einheit sind brauchbar, andere gehen am Bedarf vorbei.

Wer mit erwachsenen Menschen in Trainings, Seminaren und anderen Fortbildungen arbeitet, bewegt sich prinzipiell in einem komplexen Feld. Thema, Gruppe, die eigene Person als Leiter sowie die vielfältigen Umfeldeinflüsse tragen dazu bei, dass es immer wieder zu Situationen kommt, die anders verlaufen, als ursprünglich gedacht und eigentlich geplant.

Um hier den Überblick nicht zu verlieren, brauchen wir in der Rolle des Trainers oder Schulungsleiters *Hintergrundkonzepte*, die für uns vier Dinge leisten müssen:

- *Sie sorgen für Klarheit.* Sie liefern uns die Plattform, auf der wir uns sicher in diesem komplexen Feld bewegen können, ohne uns allzu sehr einzuengen und so die geforderte Auftragsnähe beibehalten zu können. Sie helfen uns, den Blick über den Tellerrand einer einzelnen Einheit hinaus schweifen zu lassen und sorgen so dafür, dass sich unsere Bildungsprogramme am aktuellen Bedarf orientieren können.
- *Sie schaffen Verbindungen.* Ein gutes Hintergrundkonzept versetzt uns in die Lage, inhaltliche Einheiten so zu verbinden, dass es für unsere Adressaten möglich ist, diese Verknüpfungen nachzuvollziehen. Sie versorgen uns mit einem Begründungsrahmen, der es uns ermöglicht, frei zu agieren, ohne den »roten Faden« zu verlieren. Dies macht jede Form von Veranstaltung gehaltvoller.
- *Sie ermöglichen Beobachtungen.* Um als Trainer oder Schulungsleiter situationsadäquat reagieren zu können, brauchen wir eine gute Beobachtungsgabe, um Situationen schnell und sicher einschätzen und entsprechend handeln zu können. In diesem Sinn relevante Unterscheidungen können wir dann treffen, wenn wir uns darüber im Klaren sind, auf welcher Ebene und vor welchem Hintergrund sich unsere Beobachtung abspielt. Dadurch bewegen wir uns auf einer Metaebene der Beobachtung. Wir sind uns dabei der »beobachtungsleitenden Differenzen«, also der

Unterscheidungen, die wir beim Beobachten treffen, durchaus bewusst. Hintergrundkonzepte versetzen uns als Trainer in die Lage, unsere Impulse im Training als Ergebnis einer derartigen Metareflexion immer wieder neu zu spezifizieren.

● *Sie bilden ein Erklärungsmodell für die Komplexität,* die sich zwischen Trainer, Teilnehmer und Auftraggeber einerseits, aber auch andererseits im Zusammenhang von Inhalten und Rahmenbedingungen einstellt.

Trainer und Seminarleiter agieren in diesem Verständnis als Bildungsbegleiter, die ihre »didaktische Landschaft« (vgl. Kösel 1993) in jede Gruppe, in jede Auftragslage und für jedes Thema neu und situativ entwickeln. Das Anliegen dieses Buches ist es, diejenigen Konzepte praxisnah zu beschreiben, die uns in dieser Hinsicht als besonders wertvoll erscheinen und die so einen Bezugsrahmen für unsere professionelle Arbeit mit Erwachsenen schaffen. Relevant sind die beschriebenen Konzepte aus unserer Sicht deshalb, weil sie uns in unserer Arbeit als Trainer, Seminarleiter, Berater oder Coach geholfen haben, unterschiedlichste Situationen im Sinne einer Auftrags- und Kundenorientierung zu managen. Nützlich sind sie uns auch in der Hinsicht, dass aus dem Verständnis des jeweiligen Konzeptes heraus Methoden generiert wurden, die die Arbeit sinnvoll unterstützen: Nicht im Sinne von Rezepten, eher als Handwerkskoffer, aus dem wir uns situativ bedienen.

Fazit: Ein Konzept liefert einen Bezugsrahmen, auf dessen Grundlage das aktuelle »Rezept« erst entstehen kann.

Wichtig erscheint es aus unserer Sicht zudem, sich der Rolle bewusst zu sein, die man im Rahmen der Bildungsarbeit mit Erwachsenen und in Abstimmung auf den Auftrag ausfüllt. Hierzu werden im Verlauf der einführenden Kapitel diejenigen Felder differenziert, in denen Bildungsarbeit aus heutiger Sicht im beruflichen Feld überwiegend angefordert wird.

Lernen Erwachsene anders?

Erwachsenenbildung aus lernpsychologischer Sicht

Können Sie sich noch daran erinnern, wie das damals mit dem Lernen in der Schule war? Wir alle haben in gegeneinander mehr oder weniger scharf abgegrenzten Fächern das Wissen und die Fähigkeiten erworben, das Bildungsplaner als wesentliche Grundlage für das Leben und Arbeiten in dieser Gesellschaft als notwendig erachtet haben. Wir haben uns damit einen Vorrat an Fakten zusammengetragen, der uns später einmal die notwendige Orientierung geben sollte.

Wir hatten dabei aber nur sehr begrenzt Einfluss auf die Inhalte, mit denen wir uns in diesem Rahmen zu beschäftigen hatten und der Bezug zur aktuellen Lebenssituation war – von Zufällen abgesehen – gering. Dabei wurden die Eingangsvoraussetzungen für die jeweils nächste Stufe des Lernens kollektiv »gesetzt«.

In unserem Verständnis lernen Erwachsene nicht grundsätzlich anders als Kinder oder Jugendliche. Es ergeben sich aber aus lernpsychologischer Sicht mit zunehmendem Alter eine Reihe von Veränderungen, die Auswirkungen auf die Gestaltung von Bildungsprogrammen mit Erwachsenen haben.

Zunächst einmal ist Lernen zu einer (arbeits-)lebenslangen Aufgabe geworden. Berufsbegleitendes Lernen stellt sicher, dass die Anpassung an die sich ständig und immer schneller wandelnden Anforderungen der Arbeitswelt nicht verloren geht.

Insofern lernen Erwachsene *zielgerichteter* und *interessensbezogener*. Lernen findet nicht mehr auf Vorrat statt. Berufsbegleitendes Lernen hat eine klare Funktion und eine klare Nutzenausrichtung. Damit ergibt sich für das Lernen Erwachsener auch eine stärkere Anlassorientierung: Anwendungswissen ist gefordert und passfähige Verhaltensmodifikationen!

Erwachsene lernen mehr kontextbezogen statt faktenbezogen. Die Fähigkeit, sich isolierte Fakten zu merken, nimmt mit zunehmendem Alter kontinuierlich ab. Dies hat mit sich verändernden physiologischen Bedingungen zu tun. Zudem verringert sich auch die Bereitschaft, sich überhaupt auf Lerngegenstände einzulassen, deren Sinn sich für den Lernenden nicht unmittelbar erschließt. Erwachsene lernen dann besonders gut und effizient, wenn das Lernfeld unmittelbar an bereits vorhandenes Wissen und Erfahrungen anknüpft (s. Kapitel »Hirnforschung. Gebrauchsanleitung für das menschliche Gehirn«, S. 37).

Erwachsene lernen mehr anwendungsbezogen statt prüfungsbezogen. Die Bereitschaft, sich Prüfungssituationen zu stellen, bei denen innerhalb kurzer Zeit isolierte Wissensgebiete abgefragt werden, nimmt mit zunehmendem Alter allgemein ab. Parallel dazu verschlechtern sich die Prüfungsleistungen. Dies ist sowohl ein Thema der Motivation als auch eines der Reproduktionsfähigkeit unter Stressbedingungen. Hingegen nehmen die Fähigkeiten des Problemlösens und die Urteilskraft aufgrund der bisherigen Lebenserfahrung zu. Erwachsene lernen also unter den Bedingungen besonders gut, wo sie neue Aspekte in direkten Zusammenhang mit bisherigen Wissens- oder Erfahrungsgebieten bringen können.

Erwachsene bringen eine eigene Lerngeschichte mit und damit ein ausdifferenziertes System der Wissens- und Erfahrungsverarbeitung. Sie haben eine konkrete Vorstellung davon, unter welchen Bedingungen sie besonders gut oder schlecht lernen können und legen Wert darauf, Einfluss auf die Rahmenbedingungen nehmen zu können. Bevormundungen stehen sie kritisch gegenüber und neigen dann zu Blockaden.

Erwachsene lernen selbst bestimmt. Sie nehmen gerne Einfluss darauf, mit welchen Inhalten sie sich zu welcher Zeit oder in welcher Reihenfolge beschäftigen wollen. Da sie in der Regel selbst entscheiden, welche Angebote sie in Anspruch nehmen wollen, haben sie ganz klare Vorstellungen darüber, was sie damit erreichen wollen und wie das vonstatten gehen kann.

All dies hat erhebliche Auswirkungen auf die professionelle Bildungsarbeit mit Erwachsenen:

- Sehr viel direkter als im schulischen Bereich nehmen erwachsene Lernende Einfluss auf Rahmenbedingungen und Inhalte von Bildungsveranstaltungen. Sie sind Kunden in einem System, in dem sie als gleichwertige Partner anerkannt werden wollen und als motivierte Kunden wollen sie ihre Erfahrungen einbringen können.
- Wir sind oft mit einem beträchtlich unterschiedlichen Vorwissen der einzelnen Teilnehmer konfrontiert, die Vorerfahrungen differieren stark. Darauf kann zurückgegriffen werden. Die meisten Teilnehmer erwarten sogar, dass es berücksichtigt wird.
- Erwachsene in unseren Bildungsangeboten haben eine Idee oder ein Ziel vor Augen, das sie erreichen wollen. Wenn sie den Nutzen für sich nicht sehen, werden sie sich sicher melden.
- Erwachsene Lernende sind oft mittelbar oder unmittelbar zahlende Kunden. Sie wollen, dass dies beachtet wird und möchten sicher sein, dass ihre Investition sich lohnt.

Nur nicht aus der Rolle fallen

Einordnung der Trainerrolle in der Bildungsarbeit mit Erwachsenen

Traineranforderungen und Trainerprofil

In wirtschaftlich schwierigen Zeiten sind die Budgets für Weiterbildung und Personalentwicklung im Profit- wie im Nonprofitbereich schmaler geworden. Diese Erfahrung mussten viele unserer Kollegen (und wir nicht ausgenommen) in den vergangenen Jahren machen. Das heißt nicht, dass es keinen Bedarf an Bildungs- und Entwicklungsprogrammen in den Unternehmen und Organisationen mehr gibt. Aber es wird sehr viel genauer hingesehen, in welche Kanäle das Geld fließt. Die Orientierung am Nutzen ist die derzeit gängige Maxime: Es zählt, was einen hohen »return on investment« (roi) und den »economic value added« (eva) verspricht.

Exotische Programme und das, was zu haben zwar nett wäre (nice to have), fallen mehr und mehr durch. Damit wird aber auch näher hingesehen, was die Trainer zu bieten haben: Sich gut verkaufen können ist das eine, eine gute Ausbildung haben das andere. Gerade in schwierigen Zeiten wird Letzteres immer wichtiger!

Um ein bedarfsgerechtes Training bieten zu können, müssen die entsprechenden Konzepte immer wieder neu geschaffen und modifiziert werden. Der Trend geht weg vom Führungstraining von der Stange, vom Basis-Kommunikationstraining mit festem Ablaufplan hin zu multiplen und flexiblen Settings und Konzepten: *Passfähige Programme* sind gefragt und passfähig erweist sich in der Praxis nur, was passend beginnt und bleibt. Das sich eröffnende Feld ist für beide Seiten gleichermaßen komplex. Das nachfragende Unternehmen möchte *Zielorientierung* im Konzept erkennen können und möglichst eine Gewähr dafür haben, dass sie auch gewährleistet werden kann; selbst dann, wenn die Eingangsrunde im Workshop zeigt, dass sich der Fokus kurzfristig verschoben hat, oder andere Teilnehmer angereist sind, als eigentlich vorgesehen waren. Gleichsam wird von einem Anbieter erwartet, dass er weiß, wovon er spricht, wenn Prozessorientierung angeboten wird: Nicht Beliebigkeit, vielmehr flexibles Eingehen auf die Bedarfslagen der Kunden zeichnet ein solches Training aus. Das ist das Pendant zum durchgestylten Training mit vorgezeichneter Choreografie.

Mit dem sich abzeichnenden Trend weg vom Gießkannenprinzip und hin zu immer spezielleren Zielgruppen verknappen sich die Zeitbudgets ebenfalls: Die Kunden sind in ihrem Unternehmen wichtige Know-how-Träger, auf die man ungern lange verzichtet. Inhaltlicher Tiefgang wird zwar erwartet, aber mehr wie zwei Tage sollen dafür meist nicht benötigt werden. Danach soll möglichst Anwendungswissen direkt zur Verfügung stehen: *Transferorientierung* erwarten die Unternehmen und Organisationen von den Trainern, die sie bezahlen. Das erhöht die Anforderungen an die Trainer und setzt sie an etlichen Stellen im Seminar oder Workshop erheblich unter Druck: Es bleibt nicht viel Zeit, um einen tragfähigen Kontakt (Rapport) zu einzelnen Teilnehmern und der ganzen Gruppe aufzubauen, gleichwohl ist er die Grundlage für eine wirkungsvolle Arbeit. Die Kunst, unter diesen Bedingungen wirkungsvoll werden zu können, steht und fällt mit zwei Kompetenzbereichen:

- Der Trainer benötigt das entsprechende *Standing*, er muss schnell und sicher auf Störungen reagieren können und entscheiden, welchen Impulsen er mit welchen Interventionen begegnen möchte.
- Benötigt wird auch eine entsprechende *Methodenkompetenz*, die darauf ausgerichtet ist, komplizierte Prozesse adäquat zu managen: Diese Qualität bezieht sich nicht mehr in erster Linie auf die inhaltlich-fachliche Vermittlung, sondern auf die Interaktionen mit den Teilnehmern und der Teilnehmer untereinander: Prozesskompetenz als die Fähigkeit, steuernd in prinzipiell nicht steuerbaren Systemen zu agieren als eine Form von Umgang mit Paradoxien im Trainingsumfeld.

Eine weitere Herausforderung stellt sich uns im Bereich des Trainings: Vor dem Hintergrund hoher Dynamik und wachsender Komplexität nimmt der Bedarf an Mitarbeitern mit der Bereitschaft zu persönlicher Weiterentwicklung deutlich zu. *Veränderungskompetenz* könnte man diese Ressource als vierte Schlüsselkompetenz neben Fach-, Methoden- und Sozialkompetenz bezeichnen. Dabei wird mit dem Wunsch nach einer tief greifenden persönlichen Veränderung auch latent zum Ausdruck gebracht, dass die Person nicht mehr genügt. Was bisher okay war, soll sich nun ändern. Dies führt im Training nicht selten dazu, dass einzelne Teilnehmer oder ganze Gruppen mit Unmut auf ein Thema reagieren und in einen inneren Widerstand flüchten: Dies ist eine weitere Herausforderung an die Professionalität des Trainers. Denn es wird von ihm erwartet, dass er es auch unter schwierigen Voraussetzungen schafft, Ressourcen von Einzelpersonen, Teams und Abteilungen zu stärken. Nach einem Training soll die Arbeit gut von der Hand gehen. Verunsicherte oder verstörte Mitarbeiter passen nicht in die Vorstellung von einem erfolgreich gelaufenen Training. Dies erfordert eine besondere Umsicht, Einfühlungsvermögen und einmal mehr hohe Prozesskompetenz seitens des Trainers.

Das sich abzeichnende Kompetenzprofil für einen Trainer kann nur in Abhängigkeit mit einer mehr oder weniger scharfen Umschreibung seines tatsächlichen Betätigungsfeldes beschrieben werden. In diesem Bereich herrscht noch viel Unklarheit. Trainer nennen sich fast alle: Vom Sportverein angefangen bis zu den hoch bezahlten Kollegen in der Motivationsbranche. »Train-the-Trainer«-Programme gibt es im Bereich der reinen Methodikschulung für interne Schulungsleiter genauso wie in der Ausbildung von Moderatoren, Change-Beratern und Mediatoren.

Training ist ein unterdefinierter Begriff, der es jedem selbst überlässt, darunter zu verstehen, was immer er gerade will.

Wir haben uns im Vorfeld unserer ersten gemeinsam durchgeführten Trainerausbildung intensiv mit dem Profil auseinander gesetzt, das wir mit der Bezeichnung Trainer nachzeichnen wollen und das wir trainieren wollen. Entstanden ist ein Tätigkeitsbild, das sich im Schnittfeld zweier Leitdifferenzen darstellen lässt:

- Unterrichten versus Beraten einerseits und
- Zielorientierung versus Prozessorientierung andererseits.

Bezüglich der ersten Differenzierung wollen wir den Trainer deutlich stärker im Bereich des Unterrichtens und Trainierens ansiedeln. Training hat in unserer Auffassung immer damit zu tun, dass etwas vermittelt wird, dass es um Inhalte geht und darum, diesbezüglich zu neuen Erkenntnissen, Fertigkeiten, Kompetenzen zu kommen: Sie sollen anwendbar sein, also direkt in der Praxis umsetzbar sein.

Hinsichtlich der zweiten Differenzierung sehen wir den Trainer stärker im Bereich der Zielorientierung, was sich natürlich aus der inhaltlich-fachlichen Ausrichtung ergibt. Allerdings geht die Zielorientierung eng mit einer großen methodischen Kompetenz einher, die es dem Trainer erlaubt, Prozesse variabel zu halten und zu gestalten und eine Balance zwischen dieser Flexibilität und der angesprochenen Zielorientierung zu halten. Dies wird ihm nur gelingen auf der Basis einer gefestigten Persönlichkeit. Die Kunden dürfen (fast) alles infrage stellen und nicht selten tun sie dies auch. Aber es hilft dem Trainer wenig, wenn er sich dadurch persönlich infrage stellen lässt!

Abgrenzung zu benachbarten Tätigkeitsfeldern

Wir haben bereits erwähnt, dass es im Bereich der professionellen Bildungsarbeit mit Erwachsenen neben der Rolle des Trainers eine Reihe anderer Rollenbeschreibungen gibt, die sich voneinander mehr oder weniger deutlich unterscheiden. Neben dem Trainer sehen wir noch drei weitere professionelle Rollen, die wir beschreiben wollen:

Der Seminarleiter: Der Seminarleiter hat überwiegend unterrichtende Funktion. Bei bereits im Vorfeld feststehenden Themen geht es hauptsächlich darum, die Inhaltsvermittlung methodisch-didaktisch gut aufzubereiten. Diese Rolle hat am ehesten Ähnlichkeit mit der eines Lehrers, lediglich der Teilnehmerkreis bei den Veranstaltungen setzt sich anders zusammen. Das Profil des Seminarleiters setzt sich aus Sach- oder Fachkompetenz einerseits und einer Methoden- und Vermittlungskompetenz andererseits zusammen. Um im Sinne einer Zielorientierung die Teilnehmer zu gewinnen, spielt ihre Ansprache und Motivation eine wichtige Rolle in der Tätigkeit des Seminarleiters. Dazu gehören auch Methoden der Seminargestaltung in typischen Phasen: Anfangsphase, Themenerarbeitung, Pausengestaltung, Energieaufbau, Abschlussphase.

Der Prozessberater: In dieser Rolle geht es um die längerfristige Begleitung von Entwicklungs- oder Veränderungsprozessen bei Gruppen und Organisationen. Das Arbeiten gestaltet sich situativ an den anstehenden und auftauchenden Themen im persönlichen, zwischenmenschlichen und strukturellen Bereich. Zielvorgaben sind oft

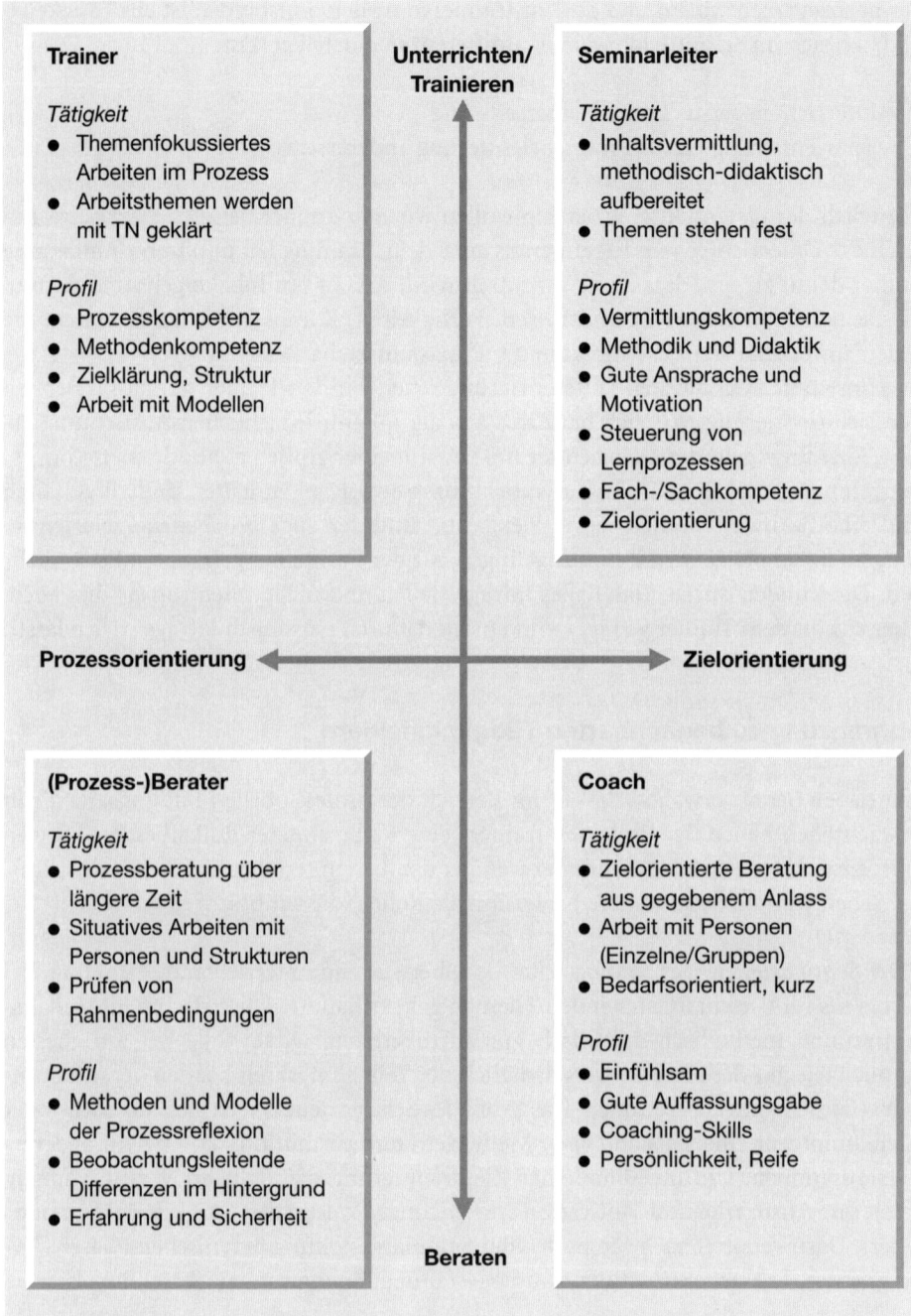

Trainer

Tätigkeit
- Themenfokussiertes Arbeiten im Prozess
- Arbeitsthemen werden mit TN geklärt

Profil
- Prozesskompetenz
- Methodenkompetenz
- Zielklärung, Struktur
- Arbeit mit Modellen

Unterrichten/ Trainieren

Seminarleiter

Tätigkeit
- Inhaltsvermittlung, methodisch-didaktisch aufbereitet
- Themen stehen fest

Profil
- Vermittlungskompetenz
- Methodik und Didaktik
- Gute Ansprache und Motivation
- Steuerung von Lernprozessen
- Fach-/Sachkompetenz
- Zielorientierung

Prozessorientierung ←——————————→ **Zielorientierung**

(Prozess-)Berater

Tätigkeit
- Prozessberatung über längere Zeit
- Situatives Arbeiten mit Personen und Strukturen
- Prüfen von Rahmenbedingungen

Profil
- Methoden und Modelle der Prozessreflexion
- Beobachtungsleitende Differenzen im Hintergrund
- Erfahrung und Sicherheit

Coach

Tätigkeit
- Zielorientierte Beratung aus gegebenem Anlass
- Arbeit mit Personen (Einzelne/Gruppen)
- Bedarfsorientiert, kurz

Profil
- Einfühlsam
- Gute Auffassungsgabe
- Coaching-Skills
- Persönlichkeit, Reife

Beraten

Unterscheidung der Tätigkeitsprofile von Trainer, Seminarleiter, (Prozess-)Berater und Coach.

© Meier-Gantenbein 2005

Momentaufnahmen und erfahren im Prozess selbst nicht selten eine Modifikation. Nicht zuletzt deshalb ist es für den Prozessberater von besonderer Bedeutung, die Rahmenbedingungen ständig im Blick zu behalten und eine gute Auftragsklärung zu leisten. Der Prozessberater arbeitet auf der Basis unterschiedlicher Strukturmodelle zur (Er-)Klärung von Prozess- und Organisationsdynamik und passt die ausgewählten Methoden den vorgefundenen Gegebenheiten situativ an. Aufgrund der herangezogenen Modelle und Konzepte arbeitet der Prozessberater mit einer Reihe von beobachtungsleitenden Differenzen im Hintergrund.

Der Coach: Coaching sehen wir als eine zielorientierte Form der Beratung aus gegebenem Anlass. Der Coach arbeitet mit Einzelpersonen (oder Gruppen) eng am Bedarf orientiert und kurz. Sein Profil ist durch Lebenserfahrung, Einfühlungsvermögen und einer guten Auffassungsgabe gekennzeichnet. Er greift in seiner Tätigkeit auf unterschiedliche Beschreibungsmodelle und Coaching-Techniken zurück.

Die Abbildung auf der linken Seite skizziert die Unterscheidung der Tätigkeitsprofile im Schnittfeld der beiden Leitdifferenzen (Zielorientierung – Prozessorientierung sowie Beraten – Unterrichten/Trainieren). Die daraus resultierenden professionellen Rollen haben etliche Überschneidungen und können zudem von Situation zu Situation ineinander übergehen. Dennoch ergeben sich hieraus auch typische Grundausrichtungen mit den dazugehörenden Handlungsfeldern.

Die neue Herausforderung: Prozesse gestalten

Die sich verändernden Rahmenbedingungen und unsere Erfahrungen im Bereich von Training in Organisationen legen einen Schluss nahe: Neben der inhaltlichen Arbeit an Fach- und Sachthemen nimmt die Bedeutung der Steuerung von Gruppenprozessen deutlich zu. Dies zieht für Trainerinnen und Trainer einen Entwicklungsprozess nach sich, der sich in vier Stufen skizzieren lässt:

- *Unbewusste Inkompetenz.* Dies ist quasi der Urzustand der »Unschuld«. Der Auftrag ist rein fachlich, der Trainer spult sein Programm ab, Bedürfnisse, Bedarfe und Stimmungen spielen dabei eine untergeordnete Rolle. Es gibt keine erkennbare Notwendigkeit, auf den Bereich der Gruppenprozesse ein Auge zu werfen.
- *Bewusste Inkompetenz.* Auf dieser Stufe ist es klar, dass Handlungsbedarf besteht. Die Sensibilität ist geweckt, dem Referenten entgeht es nicht, dass die Stimmung nicht gut ist, oder dass das Programm des Workshops nicht an die Bedürfnisse der Teilnehmer andockt. Signale, die auf die Prozessebene verweisen, kommen zwar an, aber es fehlen Raster für die Wahrnehmung, die es ermöglichen, schnell eine Analyse zu treffen. Und es fehlen noch die Mittel, den Prozess nachzusteuern: Hilflosigkeit und Unzufriedenheit sind die Folge und die Suche nach Mitteln und Wegen aus solchen Situationen setzt ein.

- *Bewusste Kompetenz.* Auf dem eingeschlagenen Weg gibt es jetzt bereits einige Tools, die helfen, schwierige Situationen in Seminaren und Workshops zu bestehen. Der Gebrauch ist noch nicht sehr routiniert und der Wechsel von der fachlichen Ebene auf die Prozessebene gelingt noch nicht reibungslos. Der Fokus hat sich allerdings bereits erweitert. Signale können aufgenommen werden und hinterlassen eine Resonanz. Der Trainer hat gelernt, seine Wahrnehmung zu lenken und die Signale zu sortieren. Der Tanz auf den beiden unterschiedlichen Parketts erfordert aber sehr viel Aufmerksamkeit und Konzentration: Es fehlt die Routine.
- *Unbewusste Kompetenz.* Das Stadium der Reife: Der Trainer hat neben seiner fachlichen Kompetenz die Ebene der Prozesssteuerung integriert. Die beiden Filme laufen nebeneinander her mit einer weichen Schnittstelle: Während auf der einen Seite gearbeitet wird, werden auch all die Signale auf der Beziehungs-, Prozess- und Gruppenebene quasi nebenbei aufgenommen und gefiltert. Die Aufmerksamkeit kann mühelos gleiten und den gerade nicht bedienten Bereich bei Bedarf versorgen. Von außen kann dies wahrgenommen werden als stimmige Kombination aus fachlicher Arbeit und der richtigen Dosierung an Feinsteuerung. Die Teilnehmer fühlen sich gut abgeholt und aufgehoben. Die Steuerungs-Tools tauchen praktisch aus dem Off auf und werden sicher und routiniert angewandt, bei Bedarf modifiziert, um optimal in die Situation zu passen.

Mit diesem Buch bieten wir auf der Steuerungsebene diejenigen Tools an, die uns bisher am meisten geholfen haben, Schritte auf dem Weg zur Stufe der unbewussten Kompetenz zu machen. Das Gestalten von Trainingsprozessen gliedert sich dabei in zwei Teilbereiche: Prozesse beobachten und Prozesse steuern.

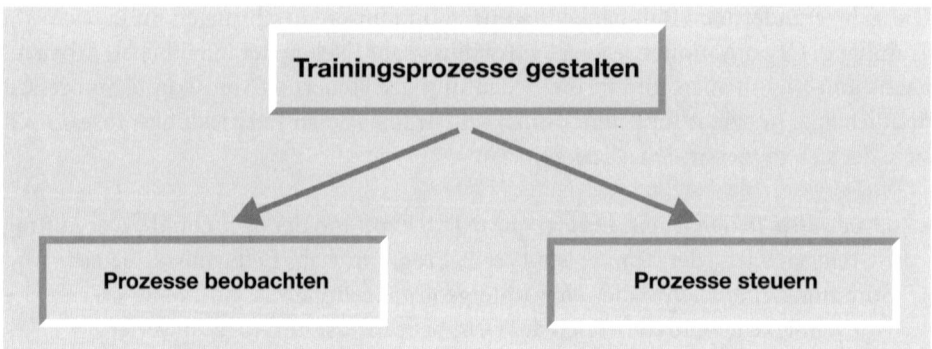

Prozesse beobachten

Das Beobachten ist das Treffen von Unterscheidungen. Diese Unterscheidungen liegen nicht auf der Hand, sind nicht etwas, was objektiv erkennbar wäre, sie hängen vielmehr vom Beobachter und seinem »Mind-set« ab: Keine Unterscheidung ist unabhängig vom Beobachter!

Durch das »So-und-nicht-anders«-Beobachten werden neue Räume geschaffen, die anders sind: Wer beobachtet, erschafft buchstäblich eine Welt.

Wenn wir Trainingsprozesse beobachten wollen, können wir unser Augenmerk auf sehr unterschiedliche Dinge richten: Wir können sehen, ob die Gesichtszüge der Teilnehmer angespannt oder entspannt sind, ob wir Ruhe oder Bewegung und Nervosität wahrnehmen. Wir können darauf achten, ob die Teilnehmer in unseren Veranstaltungen viel oder gar nicht mitschreiben, ob es Nebengespräche gibt und dergleichen mehr. Wir können die Körperhaltung Einzelner ins Visier nehmen und vielleicht ergibt sich daraus für uns ein Muster, eine durchgängige Spur. Oder uns fallen noch einmal ganz andere Dinge auf.

Diese Beobachtungen sind wie gesagt nicht unabhängig von uns: Je nach Gefühlszustand sind wir auch für unterschiedliche Signale mehr oder weniger empfänglich. Wir bemerken andere Dinge, je nachdem ob wir ängstlich sind oder ob wir uns sicher fühlen. Und wir ziehen daraus andere Schlüsse.

Um auf dieser Grundlage eine gerichtete Beobachtung zu ermöglichen, die eine saubere Prozesssteuerung erst ermöglicht, genügt es nicht, irgendwelche Unterscheidungen zu machen: Es müssen Unterscheidungen sein, die wirklich einen Unterschied ausmachen! Als Trainer muss ich in der Lage sein, die Dinge herauszufiltern, die für den Ablauf meiner Veranstaltung relevant sind. Das kann situativ sehr unterschiedlich sein und setzt voraus, dass ich mich mit meinen »Brillen« etwas näher befasse: Ich muss mich beim Beobachten immer wieder selbst im Auge behalten um eine Einschätzung davon zu bekommen, wie brauchbar meine Unterscheidungen im jeweiligen Kontext sind.

Weiter braucht ein Trainer für eine differenzierte Beobachtung eine Reihe unterschiedlicher »beobachtungsleitender Differenzen«. Wenn wir davon ausgehen, dass Beobachten das Feststellen von Unterschieden ist, dann können wir eine ganze Reihe von Kontinuen aufstellen, an denen sich die Beobachtung orientiert:

- gut   – schlecht
- offen   – verdeckt
- vergangenheitsbezogen – zukunftsbezogen
- sachorientiert   – beziehungsorientiert
- zielorientiert   – prozessorientiert
- aktiv   – passiv
- deskriptiv (beschreibend) – normativ (wertend)

Diese und noch viele andere Differenzen können die Beobachtung lenken. Sie können von Sekunde zu Sekunde wechseln und sie können zu Feldern und multidimensionalen Matrizen kombiniert werden. Sie können einen guten Beobachter daran erkennen, dass er den Hintergrund seiner bewussten Wahrnehmung angeben kann und daran, dass er seine die Beobachtung leitenden Differenzen situationsbezogen wechselt. In der Ausbildung von Trainern ist es für uns sehr wichtig, den bewussten Umgang mit Leitdifferenzen zu schulen und gängige Modelle vorzustellen.

Prozesse steuern

Das Steuern von Trainingsprozessen können wir verstehen als das bewusste Aufgreifen unserer Beobachtungen und das Umsetzen in entsprechende Handlungsimpulse: Die wahrgenommenen situativen Gegebenheiten ermöglichen den Abgleich zwischen der Planung eines Trainings und dessen Verlauf einerseits und entsprechende Modifikationen andererseits. Von einer gelungenen Prozesssteuerung können wir dann sprechen, wenn die Gestaltung von Gruppenprozessen unter Berücksichtigung der Rahmenbedingungen so erfolgt, dass sie die inhaltliche Arbeit optimal unterstützt.

Dabei wird der Trainer eine Balance in Bezug auf folgende Dimensionen finden müssen:

Auftraggeber – Trainer – Trainingsgruppe: Das Dreieck Auftraggeber, Trainer und Gruppe konstituiert eine ungünstige kommunikative Situation, weil in der Regel nie alle Beteiligten wirklich an einem Tisch sitzen. Der Auftrag wird meist zwischen Trainer und Auftraggeber abgesprochen. Die daraus resultierenden Ziele und Erwartungen sind nicht immer angemessen auf die Trainingsgruppe abgestimmt. Dies kann Modifikationen in Bezug auf den Umgang mit der Gruppe ebenso nach sich ziehen, wie ein inhaltlicher Abgleich und entsprechende Veränderungen. Die besondere Herausforderung besteht für den Trainer darin, eine gute Balance zwischen den Bedürfnissen aller am Prozess beteiligter Gruppierungen zu finden.

Inhaltliche Arbeit – gruppendynamischer Prozess: Geht es in erster Linie darum, auf der inhaltlichen Ebene mit klaren Fakten und einer guten Orientierung zu enden, oder sind die Ergebnisse gar nicht eingrenzbar und können nur in einem Gruppenprozess von den Teilnehmern selbst gefunden werden? Je nachdem, wie diese Frage vom Trainer selbst beantwortet wird, werden unterschiedliche Optionen der Steuerung (zum Beispiel strukturierte Ergebniszusammenfassung und Ausblick im einen und Kleingruppenarbeit zur Ausarbeitung vordefinierter Themenfelder im anderen Fall) von ihm aktiviert. Prozesssteuerung heißt hier nicht nur, eine Entscheidung zu treffen, sondern sie auch entsprechend zu kommunizieren. Teilnehmer in einer Veranstaltung, die sich als aktive Partner im Prozess verstehen, wollen zu Recht ihre Bedürfnisse berücksichtigt sehen und erwarten vom Trainer eine entsprechend kundenorientierte Umgangsweise. Sie umfasst das Eingehen auf Kundeninteressen ebenso wie Klarheit in der Sache und Wertschätzung in der Haltung da, wo sich Trainerentscheidung und Teilnehmerwünsche nicht zur Deckung bringen lassen.

Spannungsbogen und Zeitmanagement: Wie ist die Trainingsgruppe auf das Thema eingestiegen und was bedeutet dies im Hinblick auf die zur Verfügung stehende Zeit? Idealerweise folgt auf eine Phase des »Anwärmens« (Gruppe – Trainer – Thema – Umfeld) eine intensive Arbeitsphase, die zum Ende hin in einer Ergebnissicherung ausklingt. In einem multidimensionalen Feld gibt es vom Idealverlauf aber immer Abweichungen, die eine Nachsteuerung des Prozesses erforderlich machen. Steuerungsimpulse sind hierbei zum Beispiel das Verändern des Themenspektrums, das Verlangsamen oder Beschleunigen von Phasen oder das Intensivieren beziehungsweise Einschränken der Arbeit an Details.

Balance zwischen Struktur- und Prozessebene halten: Mit Struktur- und Prozessebene bezeichnen wir zwei Bereiche im Training, die jeweils für sich betrachtet werden können, die sich aber gegenseitig beeinflussen und durchdringen. Mit der Strukturebene (was?) sind alle Bereiche angesprochen, die sich um die Arbeitsinhalte und deren Rahmenbedingungen (Abfolge, Organisation und Ähnliches) drehen. Hingegen bezeichnet die Prozessebene (wie?) die gruppenspezifische Umgangsweise mit der Trainingssituation (beispielsweise Gruppendynamik, Kommunikation, Akzeptanz von Rahmenbedingungen). Das Beobachten und Beachten beider Bereiche sind für einen guten Trainingsverlauf wichtig. Und auf beiden Ebenen können auch Impulse zur Prozesssteuerung gegeben werden. Besonders wirkungsvoll sind hier allerdings diejenigen Impulse, die einen Wechsel der Ebene (Struktur – Prozess oder Prozess – Struktur) zur Folge haben. Solche Impulse können sein:

- *Metakommunikation einleiten.* Beispielsweise Erfragen der Zufriedenheit mit den bisherigen Arbeitsschritten.
- *Mit soziometrischen Elementen arbeiten.* Zum Beispiel das bisherige Arbeitssystem aufstellen lassen (Arbeitsfähigkeit, Nähe zum Thema ...).
- *Gruppenarbeit einleiten.* Zum Beispiel formulieren unterschiedliche Gruppen ihre Annahmen über die jeweils anderen.
- *Einen neuen Kontrakt erarbeiten (lassen).* Beispielsweise werden Regeln für die Zusammenarbeit oder die Diskussionen aufgestellt.
- *Die Gruppe in Bewegung bringen.* Hier kann es sich zum Beispiel um einen Reflexionsspaziergang allein zu einer zentralen Fragestellung handeln.
- *Hypothesen formulieren und Arbeitsgruppen dazu bilden lassen.* Eine solche Hypothese könnte beispielsweise lauten: In dieser Konstellation fällt das inhaltliche Arbeiten oft schwer ...
- *Mit Bildern und Metaphern arbeiten.* Die Anweisung dazu könnte heißen: Zeichnen Sie ein Bild oder schreiben Sie eine Geschichte, die die Situation in dieser Runde für Sie auf den Punkt bringt ...
- *Systemisches und zirkuläres Fragen.* Zum Beispiel: Was glauben Sie, denkt B über A in dieser Hinsicht? Oder: Was müsste über Nacht geschehen, damit diese Gruppe mit Energie an die Themen gehen kann?
- *Spiegeln.* Beispielsweise kann geäußert werden: Bei mir ist ... angekommen; was würden Sie an meiner Stelle tun ...

Die Zutaten sind nicht das Gericht

Ausgewählte Hintergrundkonzepte

Kochen Sie gerne? Vielleicht haben Sie schon einmal die Erfahrung gemacht und versucht, ganz genau nach Anleitung ein leckeres Menü zuzubereiten. Sie haben viel Energie darauf verwendet, die richtigen Zutaten zu besorgen und sind exakt so vorgegangen, wie es im Kochbuch stand. Und dennoch war das Resultat eher ernüchternd. Vielleicht nicht schlecht, aber eben nicht das, was Sie sich davon erhofft hatten. Vielleicht hat es an den Mengenangaben gelegen? Oder daran, dass die Temperatur nicht genau gestimmt hat? Vielleicht haben Sie zu viel oder zu wenig Gewürze verwendet! Aber sicher ist eines: Sie werden dieses Rezept wahrscheinlich nicht noch einmal verwenden. Die Zutaten und die genaue Anleitung sind eben nicht das Gericht ...

Ganz ähnlich kann es Ihnen gehen, wenn Sie auf den Rat eines erfahrenen Trainerkollegen hören und Ihre Veranstaltung nach seinen Vorstellungen konzipieren Möglicherweise mit einem ähnlichen Resultat wie beim Kochen: Es war nicht schlecht, aber es hat auch nicht wirklich gepasst. Es war sein Rezept, das er mit seinen Teilnehmern erfolgreich umgesetzt hat. Ihre Veranstaltung hätte vielleicht etwas ganz anderes gebraucht!

Wir sind nicht der Ansicht, dass es keine sinnvollen Ratschläge gibt oder geben kann, wie man ein erfolgreiches Training gestalten könnte. Die Frage ist aber, ob sie zum Thema, zur Gruppe, zu den Rahmenbedingungen und nicht zuletzt zu Ihnen selbst passen. Von daher erscheint es uns sinnvoller, eine Ebene tiefer anzusetzen. Wir wollen Ihnen keine erfolgreichen Rezepte an die Hand geben, um mit Erwachsenen zu arbeiten. Wir wollen Ihnen Konzepte vorstellen, die Ihnen helfen sollen, den Hintergrund Ihrer Tätigkeit adäquat zu beleuchten. Mit diesem Hintergrundwissen werden Sie Möglichkeiten finden, wie Sie das Thema, Ihre Teilnehmergruppe und die Rahmenbedingungen so aufeinander abstimmen können, dass Sie ein gelungenes Menü zaubern, und dass dieses dann auch noch zu Ihnen selbst passt. Dabei haben wir eine Auswahl an Konzepten getroffen, die sich an drei Leitkriterien bewährt haben:

- *Die Konzepte lassen sich alle mit den Prinzipien der humanistischen Psychologie in Einklang bringen:* Sie gehen von einem Menschenbild aus, das Bildung als einen Akt der Emanzipation und Selbstbestimmung versteht und bauen auf Achtung und Respekt vor dem anderen auf.
- *Sie sind in sich geschlossene und verstehbare Gedankengebäude.* Sie geben Orientierung und ermöglichen es, Vorbereitung, Durchführung und Reflexion von Bildungsveranstaltungen auf einer tieferen Ebene zu beleuchten und zu begleiten.
- *Sie sind kombinierbar.* Zwischen ihnen gibt es viele Querbezüge und Verweise.

Insofern sind sie mit den daraus entstandenen Methoden zu wichtigen Hilfsmitteln geworden, um in den unterschiedlichsten Feldern der professionellen Erwachsenenbildung passfähige Produkte immer wieder neu entwickeln und durchführen zu können. Es sind keine Rezepte, aber sie liefern die notwendigen Hintergrundinformationen, um zu verstehen, wie man erfolgreich seine eigenen Gerichte zusammenstellen kann.

Vieles davon gilt für das Lernen und das Gestalten von Bildungsprozessen mit Kindern und Jugendlichen ebenso und die aktuelle Debatte über das Schulsystem belegt dies eindrücklich. Die Bildungsarbeit mit Erwachsenen muss darauf allein schon deshalb schneller und vor allem anders reagieren, weil die Kräfteverhältnisse völlig anders geregelt sind. Firmen oder andere zahlende Auftraggeber bewegen sich häufig auf einem Markt, bei dem sie sich die Anbieter für Bildung frei auswählen können.

Wer sich nicht entsprechend positioniert oder verkauft, kommt gar nicht erst zum Zug. Was sich heute nicht bewährt, ist bereits morgen nicht mehr im Angebot. Wer das Angebot macht, muss nachweisen, dass es einen Sinn ergibt. Adressaten der professionellen Bildungsarbeit sind meist Kunden, die eine entsprechende Orientierung und Ausrichtung schätzen und einfordern: Auftrags-, Ziel- und Adressatenorientierung – Gesetze des Marktes statt Reglementierung und Verwaltung durch eine Bürokratie.

Erwachsenenbildung, die sich an festen Rezepten orientiert, wird mit diesen

> **Fazit:** Rezepte greifen in der Regel zu kurz: Sie nehmen keinen Bezug auf Rahmenbedingungen, Gruppe, inhaltliche Differenzierungen und Trainerpersönlichkeit. Es werden Konzepte gebraucht, die in der Lage sind, dieses komplexe Feld adäquat zu bestellen: Sie vermitteln das Hintergrundwissen, mit dessen Hilfe die genannten Einflussfaktoren bei der Gestaltung von Bildungsveranstaltungen aufeinander abgestimmt werden können.

Anforderungen an der einen oder anderen Stelle Probleme bekommen. Dass etwas in der einen Situation und mit der einen Gruppe funktioniert hat, heißt noch lange nicht, dass es zu anderen Rahmenbedingungen kompatibel ist. Zudem haben »Kochrezepte« in gewissem Sinn eine degradierende Attitude: Sie weisen den Partnern im Bildungsprozess klare Rollen zu und gehen davon aus, dass diese es nicht selbst wissen oder nicht selbst können. Mit unseren Konzepten haben wir eine Auswahl getroffen.

Auf den Punkt gebracht

Die Konzepte im Detail

Konzept 1: Hirnforschung

Die moderne Hirnforschung zeigt, dass viele Aussagen und Methoden aus den Bereichen von Erfahrungs- und Handlungslernen, Suggestopädie, NLP sowie den systemisch-konstruktivistischen Ansätzen ihre Berechtigung haben und naturwissenschaftlich begründbar sind. Das Bedürfnis der Teilnehmer nach Struktur, Überblick und Prioritäten wurde schon früher erkannt. Heute kann es in seiner Bedeutung hirnphysiologisch erklärt werden. Lernen, so die Neurobiologen, ist ein höchst subjektiver Vorgang, mit individueller Struktur und individuell unterschiedlichen Verknüpfungen. Damit ergeben sich weit reichende Konsequenzen für lehrende Tätigkeiten: Nicht alle Teilnehmer können – wie in der »alten Schule« – zur gleichen Zeit möglichst das Gleiche lernen, sondern müssen in autonomeren Lernsituationen offenere Lernumgebungen erhalten, damit Lernen als subjektiver Vorgang stattfinden und gelingen kann, mit individuellen Zugängen, individuellem Zeitbedarf, individuellem Niveau und unterschiedlichen Verknüpfungen mit jeweils anderen Inhalten. Wissen ist kein *objektiver Tatbestand*, sondern eine aktive und zunächst auch sehr *individuelle Konstruktion*.

Geht es um den Austausch von Wissen und Information ist eine Kommunikationskultur und damit auch Training in diesem Bereich notwendig. Lernen muss Spaß machen, dies ist eine entscheidende Botschaft der Hirnforscher. Dann wird das Gelernte schnell und nachhaltig an der richtigen Stelle gespeichert. Bedeutsam sind ferner Motivation und Emotionen für das Lernen, die Notwendigkeit von Schlaf und Traum, das Lernen von sozialem Verhalten am Modell, die negativen Auswirkungen von passivem Reizkonsum, die negative Wirkung von Stress sowie die Bedeutung lernförderlicher Rahmenbedingungen und eines guten Trainer-Teilnehmer-Verhältnisses. Der Mensch ist von Natur aus ein Lernender – und das, so zeigt die moderne Hirnforschung, bis ins hohe Alter.

Konzept 2: Kommunikation (Schulz von Thun)

Stimmige Kommunikation ist das oberste Ziel von Friedemann Schulz von Thun. Um dieses Ziel zu erreichen, braucht es den Blick nach innen und nach außen: Wie kann ich als Mensch mir selbst gerecht werden, authentisch sein und gleichzeitig das System, in dem ich mich befinde, im Blick haben und es fördern? Mit dieser Fragestellung entwickelte Schulz von Thun die fünf Kommunikationsmodelle:

- Das Kommunikationsquadrat
- Der Teufelskreis
- Das innere Team
- Das Werte- und Entwicklungsquadrat
- Das Situationsmodell

Alle stehen in einem inneren Zusammenhang und können je nach Situation in Kombination oder einzeln angewandt werden. Immer wieder geht es darum, mehrere »Seiten einer Medaille« anzuschauen, unter der Oberfläche liegende innere Stimmen, Motivationen zu erkennen und ihnen Platz einzuräumen.

Alle Modelle eignen sich für die Analyse und das Planen von Kommunikationssituationen, zur Veranschaulichung von Prinzipien der Kommunikation ebenso wie als Anstoß für die persönliche Weiterentwicklung. Sie sind in der Praxis erprobt, transparent und schnell zu erlernen. Die Arbeit am eigenen Kommunikationsverhalten und den inneren Anteilen wird als professionelle Herausforderung verstanden.

Konzept 3: Die Transaktionsanalyse (TA)

Das in den 60er-Jahren des 20. Jahrhunderts von Eric Berne entwickelte Modell für Kommunikation, Beratung und Therapie ist eines der wichtigsten Modelle der humanistischen Psychologie und findet weltweite Anwendung und Anerkennung. Für die Arbeit als Trainer, Berater und als Coach bietet es vier wichtige Dimensionen der Gestaltung und Steuerung des eigenen professionellen Handelns. So bietet die TA:

- Eine ethische Grundhaltung die gleichzeitig eine Steuerungsgröße für die alltägliche professionelle Arbeit ist.
- Ein Modell zum Verständnis von Personen und Persönlichkeiten (Ich-Zustands-Modell).
- Modelle und Ansätze zur Analyse der menschlichen Kommunikation und Auslösern für Kommunikationsdynamiken sowie
- Modelle und Ansätze für das Verständnis des menschlichen Entwicklungsprozesses mit seinen Auswirkungen auf die persönliche Lebensgestaltung heute.

Somit bietet die TA dem Profi nicht nur einen differenzierten Reflexionshintergrund für das eigene Handeln, sondern auch einen prall gefüllten Methodenkoffer für das Gestalten von Seminaren, Teamentwicklungen, Beratungen und Coachings.

Konzept 4: Themenzentrierte Interaktion (TZI)

Die Themenzentrierte Interaktion ist ein Konzept, mit dem Seminare der Erwachsenenbildung themen- und teilnehmerorientiert durchgeführt werden können. Es ba-

siert auf den Annahmen der humanistischen Psychologie und zielt auf die Weiterentwicklung der Eigenverantwortlichkeit ab. Neben Seminaren ist TZI auch bei Prozess-
begleitungen und Prozessanalysen hervorragend einsetzbar.

TZI geht davon aus, dass Seminare durch vier Faktoren geprägt werden: Die einzelnen Individuen, die Gruppe, das Thema und das Umfeld. Es gilt, eine Balance dieser
Faktoren zu erreichen. An ihnen können sich Trainer orientieren, um erfolgreiches
Lernen im Seminar zu ermöglichen. TZI hilft wesentlich dabei, im komplexen Grup-
pengeschehen von Seminaren und Prozessberatungen den Überblick zu behalten und
flexibel zu agieren.

Konzept 5: Neurolinguistisches Programmieren (NLP)

NLP ist das Ergebnis eines Master Modellings der damals besten Psychotherapeuten
und daher ein »Best-of-Practice«-Ansatz. Folglich ist NLP keine eigenständige Theorie
oder Therapie, sondern ein lernpädagogisches Modell mit einfachen aber wirkungsvollen Werkzeugen, durch die Menschen lernen können, mit anderen Menschen besser
umzugehen und ihre eigenen Ressourcen besser zu nutzen. NLP ist – auf den kürzesten
Nenner gebracht – eine Methodenset für verbesserte Kommunikation und konstruktive Veränderung. NLP ist eine offene Disziplin: Jeder Anwender entwickelt und nutzt
es auf seine individuelle Art und Weise und mit seinen persönlichen Erfahrungen und
Erkenntnissen weiter. NLP vermittelt einerseits die Fähigkeit zu anderen Menschen
willentlich und bewusst gute Beziehungen (Rapport) herzustellen. Dies versucht NLP
über ein verbessertes Verständnis von Kommunikationsprozessen und einer geschärften Wahrnehmung zu erreichen – hier finden sich die beiden Begriffe Neuro (für die
Abbildung von Wahrnehmungen der Sinne im Gehirn) und linguistisch (verbale und
nonverbale Sprache). Andererseits bietet NLP auch Techniken, mit denen unerwünschte Gefühlsreaktionen, unangemessene Verhaltensweisen und problematische
Überzeugungen verändert werden können (Programmieren). Die fünf wichtigsten
NLP-Basisfähigkeiten sind:

●   Entwickeln der Rapportfähigkeit,
●   Training der Sinneswahrnehmung,
●   Erhöhung der Flexibilität (Schaffen von Wahlmöglichkeiten),
●   Entwickeln von klaren Zielvorstellungen,
●   Veränderung von Glaubenssätzen.

NLP umfasst zahlreiche Modelle und Techniken, so genannte Formate, welche die Verwendung von Sprache trainieren und dadurch Veränderungen schnell und zielgerichtet ermöglichen. Dabei geht es um das Erforschen der inneren Landkarte eines Menschen. Der zweite Fokus ist die Erweiterung von Wahl- und Handlungsmöglichkeiten,
das Führen durch Bewusstseinsräume. Hierbei werden bestimmte emotionale und
mentale Zustände im Klienten hervorgerufen und vertieft.

Konzept 6: Gestaltansatz

Schon lange hat der Gestaltansatz seinen Platz in Training und Coaching gefunden, meist ohne dass dies ausdrücklich benannt würde. Neurolinguistisches Programmieren, Themenzentrierte Interaktion, Transaktionsanalyse und andere Ansätze haben bedeutende Elemente und Anregungen aus der Gestalttherapie übernommen. Auch der Gestaltansatz im engeren Sinn hat seinen Platz in diesem Kontext. Fritz Perls hat durch die Öffnung des Modells diese Entwicklung vorbereitet: »Insgesamt aber hat sich der Akzent vom Gedanken der Therapie zu einem Gestaltbegriff des Wachstums hin verlagert« (2002, S. 7). Perls formulierte fünf grundlegende Fragen:

- Was tust du?
- Was fühlst du?
- Was möchtest du?
- Was vermeidest du?
- Was erwartest du?

Alle Methoden und Techniken sind Hilfsmittel, die Beantwortung dieser Fragen zu erleichtern. Menschen bekommen eine Vielzahl von Anregungen, sich selbst und damit auch die zur Verfügung stehenden Ressourcen in allen Facetten zu entdecken. So erweitern sich auch ihre Verhaltensmöglichkeiten.

Bei aller Vielfalt der verwendeten Methoden ist Gestaltarbeit allerdings in erster Linie immer eine Frage der Haltung: Der Mensch wird als Körper-Seele-Geist-Wesen verstanden und auf all diesen Ebenen angesprochen. Körper, Emotionalität, kognitiver Bereich und Werte werden ebenso berücksichtigt wie die sozialen Fähigkeiten und der gesamte Lebenskontext.

»Gestalt« ist radikal erlebnisorientiert und erhält dadurch das Etikett der kreativsten und lebendigsten Therapieform. Diese Kreativität und Lebendigkeit lässt sich auch in Training und Coaching nutzen. Ziel jeder Gestaltarbeit ist die Erhöhung der Awareness, also der Bewusstheit für momentane körperliche, geistige und seelische Prozesse. Diese Bewusstheit ermöglicht auch das Erkennen und Nutzen der zur Verfügung stehenden Ressourcen. Veränderung geschieht, indem ich mein So-Sein akzeptiere und erkenne. Wenn es gelingt, je einen persönlichen Zugang zum Thema zu schaffen, können Lernprozesse erfolgreich und nachhaltig sein.

Das Verständnis der Ganzheitlichkeit, des unteilbaren Eingebundenseins in die Umwelt bietet Teams und Gruppen bedeutende Wachstumsimpulse an. Die Möglichkeiten zum lebendigen Kontakt werden mit dem Beherrschen der Grundprinzipien der Gestaltarbeit immens erweitert.

Gestalt sieht Wachstum als Prozess der kreativen Anpassung, in der das Individuum und die Umwelt sich gegenseitig beeinflussen und verändern, ohne dass eine der beiden Seiten ein Übergewicht erhält. Wird dieses Prinzip in der Arbeit ernst genommen, so wird die intrinsische Motivation der Mitarbeiter steigen, damit auch Engagement, Kreativität, Flexibilität und Verantwortungsübernahme.

Die Gestaltarbeit widmet sich dem Entdecken und Erschließen von Ressourcen – ein Schwerpunkt, der für Coachings wie geschaffen scheint:

- Wie eignet sich ein Mensch an, was er braucht?
- Welche Unterbrechungen treten dabei auf, wie lassen sich Abgelenktheit, Desinteresse, Geltungs- und Anpassungssüchte, Fehleinschätzungen, Unbesonnenheit, Resignation, übermäßige Beharrlichkeit oder Nachgiebigkeit, unangemessene Bewertungen erkennen und bearbeiten?
- Welche Rolle spielt ein Berater in diesem Prozess, welche innere Einstellung muss er haben und welche Instrumente kann er nutzen, um Klienten in ihrem Prozess zu unterstützen?

Dabei gelten weiterhin auch die Grundsätze und Arbeitsformen des Gestaltansatzes:

- *Zieloffenheit:* Wenn Menschen ihre Ziele selbst definieren, steigt die Chance für den sinnvollen Einsatz von Energie zu ihrer Umsetzung.
- *Energieaufbau:* Der Kontaktzyklus stellt eine differenzierte und individuelle Information über den Aufbau und den Einsatz von Energie im Verlauf eines Prozesses zur Verfügung. Dies hilft, die Motivation und zur Verfügung stehende Energie auf die Notwendigkeiten des Prozesses abzustimmen.
- *Widerstände* werden als Regulatoren und zur Verfügung stehende Energie anerkannt, so wird ein produktiver Umgang mit ihnen möglich.
- Die *Aufmerksamkeit* für inner- und außerpsychische und physiologische Vorgänge erhöht sich, so wird stimmiges Verhalten und Vorgehen möglich.
- Die *bewusste Wahrnehmung* der Unterstützungssysteme macht diese als Potenziale sichtbar und damit einsetzbar und erweitert so die Handlungsmöglichkeiten der Klienten.

Konzept 7: Psychodrama

Ursprünglich 1911 als expressionistische Theater-Therapie von dem Mediziner J.L. Moreno entwickelt, findet das Psychodrama heute, freilich auf sehr modifizierter Weise und in vielfältiger Art, Anwendung in Schulungskonzepten (Training und Beratung) für Unternehmen und Verwaltungen. Mit eigens eingerichteten Szenen und ungewöhnlichen Settings werden den Teilnehmern (als Akteuren) interaktiv und spielerisch Perspektivwechsel und neue Sichtweisen angeboten, die vorhandene Rollenmuster hinterfragen und aufbrechen können. Vorrangiges Ziel ist es, die Kommunikationskompetenz in Arbeitsprozessen zu verfeinern. Dabei können auch verdeckte Defizite, etwa im Informationsaustausch unter Kollegen oder in den vorhandenen Hierarchiestrukturen, enttarnt und so verändert werden. Das Psychodrama hat sich, in all seinen Spielarten, die ständig weiterentwickelt werden, als sehr effektive Methode erwiesen, Arbeitsprozesse und damit auch Produktivität zu optimieren.

Konzept 8: Handlungslernen

Von Aristoteles über Goethe bis hin zu John Dewey und der Erlebnispädagogik des Kurt Hahn zieht sich Handlungslernen als roter Faden durch die Geschichte des Lernens. Handlungslernen lässt sich als ein ganzheitlicher Ansatz definieren, der die Möglichkeit bietet, neues Verhalten zu erproben und zu integrieren. Ziel ist es, Menschen zu entwicklungsfördernden Erlebnissen und Einsichten zu verhelfen. Das 4-Schritte-Modell »Aktion – Reflexion – Unterstützung – Transfer« beschreibt die Herangehensweise beim Handlungslernen. Entscheidend für eine höhere Transferwahrscheinlichkeit der Erlebnisse in das Alltagsverhalten ist die gelungene Verbindung zwischen Aktion und Reflexion sowie eine gute Unterstützung durch den Trainer. Modernes Handlungslernen weist eine große Vielfalt an verschiedenen Methoden auf und reicht von einfachen praktischen Übungssequenzen, eingebettet in ein Seminar oder Training, bis hin zu mehrtägigen Outdoortrainings. Handlungslernen stellt in idealer Weise den Rahmen für das Lernen miteinander in unbekannten, meistens lustvollen Situationen bereit und ist daher nicht mehr aus der modernen Trainingsszene wegzudenken.

Konzept 9: Konstruktivismus

Konstruktivismus ist nicht in erster Linie ein Konzept für die Bildungsarbeit mit Erwachsenen. Konstruktivismus ist eine Weltsicht. Sie baut darauf auf, dass es nicht wirklich möglich ist, eine Welt außerhalb von uns zu erkennen, das heißt: so wie sie ist. Aufgrund unserer Sinnesorgane sind wir lediglich dazu in der Lage, uns ein ungefähres Bild zu machen, das wir dann für wahr und wirklich nehmen. Das Thema Konstruktivismus wurde in die Reihe der Konzepte aufgenommen, weil es einen bedeutenden Beitrag dazu leisten kann, mit Verallgemeinerungen etwas vorsichtiger umzugehen und dies insbesondere da, wo unterschiedliche Menschen – mit unterschiedlichen Modellen ihrer Umwelt – aufeinander treffen. Die Gestaltung von Bildungsveranstaltungen auf konstruktivistischer Grundlage impliziert, dass es nicht darum geht, die wirklich gültige Weltsicht herauszufinden, sondern eine Verbindung zu schaffen zwischen an sich sehr unterschiedlichen Standpunkten. Konstruktivistische Didaktik versteht sich als eine Ermöglichungsdidaktik. In diesem Sinn enthält dieses Kapitel neben einer kurzen Zusammenfassung praktische Ansätze zum Umgang mit unterschiedlichen Wirklichkeitskonstruktionen ebenso wie eine kritische Betrachtung des Terrains, auf das man sich als Konstruktivist in der Bildungsarbeit begibt.

Konzept 10: Systemischer Ansatz

Systeme sind in sich geschlossene Einheiten, die auf ein gemeinsames Ziel oder einen Zweck ausgerichtet sind. Sie stehen in Kontakt und Austausch mit ihrer Umwelt, werden aber entsprechend der Theorie über Systeme nicht von außen bestimmt, eher beeinflusst. Systemtheorie ist kein Konzept, das für die Bildungsarbeit mit Erwachsenen entwickelt worden ist. Dennoch hat der systemische Ansatz in weiten Teilen der professionellen Bildungs- und Beratungsarbeit für tief greifende Veränderungen in Sicht- und Handlungsweisen geführt.

Als professionelle Bildungsbegleiter möchten wir die Welt, in der wir tätig sind gerne verstehen. Der systemische Ansatz ist dazu eine ganz spezielle Hilfe. Er unterstützt uns dabei, die Dinge so zu verstehen, wie sie sich für ein System aufgrund seiner internen Funktionslogik darstellen. Dadurch ist es möglich, zumindest ein wenig hinter die Barriere der Systemgrenze hinweg zu blicken und mit Systemen zu arbeiten. Das Kapitel liefert dazu wichtige Grundlagen aus der Theorie und viele praktische Anwendungen in der Arbeit mit Systemen.

Konzept 1

Hirnforschung: Gebrauchsanleitung für das menschliche Gehirn

Die wichtigsten Erkenntnisse der Hirnforschung

Thomas Späth und Christian Seiter

Einführung und Geschichte

Seit zu Beginn der 1990er-Jahre der damalige US-amerikanische Präsident George Bush »the decade of the brain« (»das Jahrzehnt des Gehirns«) ausrief, wurden die Anstrengungen der Neurowissenschaften, den Schlüssel menschlichen Denkens, Fühlens und Handelns – das menschliche Gehirn – besser zu verstehen, massiv verstärkt. Die Hirnforscher förderten Kenntnisse zutage, von denen ein halbes Jahrhundert zuvor kein Mensch zu träumen gewagt hätte: Beispielsweise konnte durch moderne bildgebende Verfahren gezeigt werden, dass Psychotherapie tatsächlich Hirnstrukturen nachhaltig verändern kann. Als enträtselt gelten die Schaltkreise der Wahrnehmung. Bis in molekulare Abläufe hinein verfolgen Forscher die Neurobiologie des Erinnerns und der Emotionen. Tätigkeiten der Seele lassen sich als elektrische Aktivitätsmuster abbilden. Nicht zuletzt ergaben sich auch für das Lernen und Lehren eine Fülle äußerst interessanter Aspekte. So lieferte zum Beispiel die Entdeckung der Spiegelzellen die neuronale Grundlage für die hohe Effektivität des Lernens am Modell (»role model«), das heißt, die besondere Wirksamkeit authentischer, wertschätzender und begeisterter Trainer und Pädagogen. In einer Zeit in der die Halbwertszeit für Wissen immer geringer und die Anforderung an Informationsaufnahme und Speicherung ständig höher wird, ist ein »gehirngerechtes« Lernen und Lehren nichts weniger als ein Schlüssel zum Erfolg!

> *»Aus Erlebnissen der Seele werden Spuren im Gehirn.«*
>
> (Manfred Spitzer, Hirnforscher)

Geschichte: Erste Hinweise darauf, dass sich Menschen mit dem Gehirn als wichtigem Organ beschäftigt haben, stammen aus der Steinzeit. Es gibt Belege, dass schon damals der Schädel lebender Menschen geöffnet wurde (Trepanation) – möglicherweise um einer Schwellung des Gehirns, bedingt durch Krankheiten oder Verletzungen, entgegenzuwirken. Aus dem Jahr 1700 v. Chr. datiert ein ägyptischer Papyrus, in dem sehr detailliert medizinische Diagnose und Therapie bei verschiedenen Verletzungen beschrieben werden. Im Zusammenhang mit Schädelverletzungen wird darin »Hirn« als Wort (beziehungsweise als Hieroglyphe) erstmalig verwendet und es werden Symptome wie Sprach- und Bewegungsstörungen erwähnt.

Ansonsten hatten die »alten Ägypter« noch keine besondere Wertschätzung für dieses Organ. Bei der Mumifizierung wurde das Gehirn durch die Nase entfernt und weggeworfen, während die anderen inneren Organe nach der Entnahme konserviert und dann dem Körper wieder zugegeben wurden.

Bei den griechischen Philosophen und Wissenschaftlern (ungefähr 500–200 v. Chr.) gingen die Meinungen über die Funktion des Gehirns auseinander. Während

Hippokrates und Plato die mentalen Prozesse im Hirn verankert sahen, waren für Aristoteles die Intelligenz und das Denken im Herz beheimatet. Nach seiner Auffassung war das Gehirn nur eine Art »Kühlungsaggregat« für dieses wichtige Organ.

Galen, ein bekannter römischer Arzt (etwa 100 n. Chr.), wandte sich gegen Aristoteles. Er schloss aus seinen Beobachtungen bei Hirnverletzungen, dass das Gehirn der Sitz einer der »drei Seelen«, nämlich der animalischen sei.

Im Mittelalter (dazwischen passierte nicht viel in Bezug auf neue Erkenntnisse) sah man das Gehirn aufgeteilt in drei prinzipielle Bereiche oder »Ventrikel«. Jedem dieser Bereiche war eine andere mentale Aktivität zugeordnet. Das wichtigste Thema dieser Zeit war die Suche nach dem Sitz von Seele und Vernunft, diese wurden in den Ventrikeln vermutet. Durch die in dieser Zeit noch stark ausgeprägte Verbindung von Religion und Wissenschaft waren der Forschung an lebenden Menschen oder Leichen erhebliche Grenzen gesetzt.

Bedingt durch die Aufklärung und eine stärkere Trennung von Theologie und Naturwissenschaft explodierte das Wissen der (Neuro-)Anatomie in den nächsten Jahrhunderten geradezu. Wissenschaftler wie Ramon y Cajal trugen durch ihre Forschung und die Entwicklung neuer Methoden entscheidend dazu bei. Als 1873 Camilo Golgi durch neue Färbeverfahren erstmals Nervenzellen sichtbar machen konnte, dauerte es nicht mehr lange bis zur Formulierung der so genannten Neuronendoktrin (1891): »Das Gehirn ist wie der ganze restliche Körper auch aus einzelnen Zellen (den Neuronen) aufgebaut.«

Noch vor Ende des 19. Jahrhunderts (1897) wurde Adrenalin isoliert und damit begann die Erforschung des Gehirnstoffwechsels. Weitere wichtige Daten in der nun schnell verlaufenden Entwicklung waren die erste Anwendung des Elektro-Enzephalogramm (EEG) 1924. In den 1950er-Jahren wurde dann entdeckt, dass sich mit bestimmten Substanzen (Psychopharmaka) menschliche Gemütszustände deutlich beeinflussen lassen.

Aufgrund von Forschungsergebnissen kam man zu dem Schluss, dass alle Gehirnzellen schon bei der Geburt vorhanden seien und danach keine Neubildung von Neuronen mehr stattfinden würde. Diese Annahme galt bis in die Sechzigerjahre des 20. Jahrhunderts. Heute weiß man, dass dies in dieser Ausschließlichkeit nicht stimmt – für einige Gehirnbereiche wie dem Hippokampus (Teil des limbischen Systems, s. S. 41 f. »Was steckt dahinter?«) sind Neubildung von Nervenzellen heute belegt.

Selbst für die Ausbildung der erst 1957 entdeckten synaptischen Verbindungen (s. S. 46) galt diese Ansicht. Bis in jüngster Zeit folgte man der Annahme, diese Verknüpfungen würden in den ersten Lebensjahren gebildet und könnten danach durch Lernen nur noch umstrukturiert werden.

»Bis in die 1980er-Jahre ging man davon aus, dass es sich beim Gehirn um ein recht statisches Organ handelt« sagt Manfred Spitzer, einer der führenden Forscher in Deutschland auf dem Gebiet der Neurobiologie des Lernens. Unter *Neuroplastizität* versteht man allgemein die Anpassungsvorgänge im Zentralnervensystem eines Organismus. Heute weiß man, dass diese Plastizität beim Menschen bis ins hohe Alter auf verschiedenen Ebenen des Nervensystems gegeben ist.

Schon 1947 formulierte der Neurophysiologe Donald Hebb die These: »Neurons that fire together wire together«, das heißt Nervenzellen, die synchron erregt werden, bilden miteinander Kontaktstellen (Synapsen) aus. Durch häufigen Gebrauch (Wiederholungen, »Üben«) werden diese Kontakte gestärkt. Bei Nicht-Gebrauch werden diese Verbindungen wieder geschwächt beziehungsweise abgebaut. Dieser auch als *Hebbsches Lernen* bezeichnete Prozess konnte 1973 experimentell belegt werden.

Die Molekularbiologie und vor allem neue bildgebende Verfahren eröffneten dann seit den 1970er-Jahren völlig neue Forschungsmöglichkeiten und lieferten neue Erkenntnisse. Durch einige dieser Verfahren wie PET (Positronen-Emmissions-Tomographie) oder fMRT (funktionelle Magnet-Resonanz-Tomographie) kann man heute von außen dem Gehirn bei der Arbeit zuschauen. Im Prinzip wird bei beiden Methoden jeweils die Stoffwechselaktivität bestimmter Hirnareale zum einen in Ruhe und zum anderen bei bestimmten geistigen Leistungen dargestellt. Die Lokalisierung der beteiligten Hirnareale und deren Zusammenspiel ist dadurch bei einer Vielzahl von Prozessen möglich geworden. Mitte der 1990er-Jahre konnte zum Beispiel mittels PET auch erstmals die Wirkung von Psychotherapie (bei der Behandlung von Zwangsstörungen) auf die Neurophysiologie bestimmter Bereiche des Gehirns nachgewiesen werden.

Der Bogen in der Geschichte der Hirnforschung reicht von der Beobachtung der bei Hirnverletzungen nach Kampf oder Unfall feststellbaren Beeinträchtigungen schon vor mehr als 3000 Jahren, über die Beschreibung funktionaler Strukturen aufgrund von Gewebestudien, bis hin zur immer differenzierteren Darstellung physiologischer Prozesse in Arealen oder einzelner Zellen des Gehirns.

Was steckt dahinter?

*Die Erkenntnisse moderner Hirnforschung und ihre Konsequenzen
für Lernen und Lehren*

Nach einer kurzen Einführung in die Grundlagen fassen wir in den nachfolgenden Abschnitten die für das Phänomen Lernen wesentlichen neurobiologischen Erkenntnisse mit den daraus resultierenden Konsequenzen für Trainer und Pädagogen zusammen:

- Etwas Grundlagentheorie.
- Lernen aus neurobiologischer Sicht.
- Vom seltsamen Umgang mit großen Datenmengen.
- Das Gehirn bildet seine Regeln selbst.
- Lernen mit Struktur und Prioritäten.
- Kein Denken, Handeln und Lernen ohne Fühlen.
- Unser Gehirn kennt keine Objektivität!
- Die Hemisphärentheorie und ihre Konsequenzen.
- Die gehirneigene Drogenapotheke – die Neurotransmitter.
- Auf den Anfang kommt es an.
- Lebenslanges Lernen.
- Handlungslernen.
- Selbstorganisation.
- Übung macht den Meister.
- Lernen im Schlaf – Suggestopädie.
- Die Rahmenbedingungen.
- Soziales Lernen – die Spiegelzellen.

Etwas Grundlagentheorie

Das Gehirn des Menschen wiegt etwa 1,4 Kilogramm, macht etwa zwei Prozent des Körpergewichts aus und verbraucht trotzdem mehr als 20 Prozent der Gesamtenergie. Es besteht im Wesentlichen aus Nervenzellen sowie aus Faserverbindungen (Gliazellen) zwischen den Neuronen. Diese Gliazellen bilden ein Stütz- und Versorgungsgewebe für die Neuronen, nehmen aber auch an der neuronalen Erregungsverarbeitung teil. Die Gestalt der Neuronen ist außerordentlich verschieden, es gibt im menschlichen Gehirn etwa hundert verschiedene Typen von Neuronen.

Jedes Neuron besitzt weite, baumartige Verzweigungen (Dendriten) und einen langen Fortsatz, das Axon. Sowohl an den Dendriten als auch am Zellkörper des Neurons enden die Axone anderer Neuronen mit verknüpfenden Endknöpfchen (Synapsen).

Die einzelnen Nervenzellen sind durch Synapsen vielfältig miteinander verbunden. Der Hauptfortsatz einer Nervenzelle kann im Extremfall bis zu einem Meter lang werden. Die Übertragung eines Nervenimpulses von einem Neuron zum anderen geschieht an einer Synapse und je nach Stärke der Übertragung kann der gleiche Input das eine Neuron anregen, das andere jedoch nicht. Die etwa 100 Milliarden Neuronen des Großhirns sind mit jeweils bis zu 10 000 anderen Neuronen verbunden und bilden ein unüberschaubares Netzwerk, das alles Denken, Fühlen und Handeln hervorbringt.

> Wissen als Ergebnis von Lernprozessen ist im Gehirn ein komplexes und dynamisches System, das sich in der Vernetzung von Neuronen manifestiert. Wir speichern Muster und Strukturen.

Das Dogma der heutigen Neurobiologie lautet deshalb, dass alle Leistungen des Gehirns aus den Integrationsleistungen seiner Nervenzellen resultieren.

An dieser Stelle sei nur kurz auf die geisteswissenschaftlichen Parallelen hingewiesen, nämlich das Konzept der semantischen Netzwerke und die Theorie der kognitiven Landkarten aus der Kognitionspsychologie, die ebenfalls Wissensstrukturen als dreidimensionales Netzwerk beschreiben (s. S. 45f.). Das Gehirn hat die Fähigkeit, sich ständig den Erfordernissen seines Gebrauchs anzupassen (»Neuroplastizität«). Dieses dynamische und individuelle »Konstrukt« der Welt wird im Lernprozess verändert und angepasst. Sämtliche Außeneinflüsse werden entweder in das vorhandene Wissensnetz integriert oder verworfen.

Das menschliche Gehirn ist zu einem sehr großen Teil seiner Aktivität mit sich selbst beschäftigt. Das heißt, dass die Neuronen ihren Input überwiegend von anderen Neuronen im Gehirn empfangen. Nur ein verschwindend geringer Teil der Außeneinflüsse haben überhaupt Einfluss auf die Hirnaktivität (s. »Vom seltsamen Umgang mit großen Datenmengen«, S. 45). Das Gehirn strukturiert alles Wahrgenommene und interpretiert es permanent. Alle von außen über die Sinnesorgane aufgenommenen Informationen bieten dem Gehirn nicht Qualität, sondern allein Quantität.

 Das heißt beispielsweise, dass das Gehirn nicht Musik von außen wahrnimmt, sondern Impulse in Form von Nervenreizungen. Der Musikeindruck wird erst im Gehirn erzeugt. Ebenso sehen wir nicht Dinge, sondern unsere Sehzellen werden gereizt und leiten wiederum Impulse an das Gehirn weiter: Wir sehen nicht die Dinge, wie sie sind, sondern so, wie unser Gehirn sie interpretiert.

Wie genau daraus unser subjektives »Erleben« von Musik wird, ist allerdings noch ein ungelöstes Problem der Bewusstseinsforschung (mehr zu diesem so genannten *Qualia-Problem* im Abschnitt »Ethik, Werte und kritische Betrachtungen«, S. 57).

Lernen aus neurobiologischer Sicht

Zunächst werden die Eindrücke durch unsere Sinnesorgane in den Signalcode des Nervensystems »übersetzt«, was folgendermaßen funktioniert: Die Sinneswahrnehmungen, zum Beispiel chemische Veränderungen der Sehpigmente in der Netzhaut des Auges beim Sehen werden als Erregungsspur (elektrisch als Aktionspotenziale in den Nervenfasern und chemisch als Trägersubstanzen an den Synapsen) von Neuron zu Neuron in das Sehzentrum im Großhirn übertragen. Da wir ständig enorm viele Informationen unterschiedlichster Art (bewusst und unbewusst) aufnehmen (ungefähr 10^9 Bit pro Sekunde), verschwinden die meisten von ihnen – aufgrund von begrenzter Verarbeitungskapazität und geringer Bedeutung für das System – nach Sekunden oder Minuten wieder. Diesen »Kurzaufenthalt« nennt man *Kurzzeitgedächtnis*.

Manche Eindrücke (genauer: Reizweiterleitungen) sind jedoch stärker, sodass eine dauerhafte elektrische und/oder chemische Veränderung an dieser Erregungsspur bewirkt wird. Kommt später ein Reiz, der gleich oder ähnlich diesem vorherigen ist, verstärkt er diesen »vorgebahnten« Weg. Diesen Vorgang nennt man Lernen.

Reize sind dann »stärker«, das heißt nachhaltiger, wenn sie einerseits an »vorgebahnte« Reizspuren anschließen können (= an bereits Vorhandenes anknüpfen) und andererseits wenn möglichst viele Nervenfasern »elektrisch und chemisch erregt« werden (= ganzheitliches Lernen durch Fühlen, Denken und Handeln).

Gemäß Luc Ciompi gilt im Gehirn eine klare Hierarchie im Sinne von »Fühlen vor Denken«. Vereinfacht gesagt: Je mehr Emotionalität, desto stärker und nachhaltiger ist die Wirkung im Neuronennetz.

Die Hirnforscher unterscheiden zwischen sensorischem, primärem, sekundärem und tertiärem Gedächtnis. Das Gedächtnis ist jedoch kein lokalisierbarer, anatomisch definierter Bereich im Gehirn, sondern ein hochdynamisches, elektrisch und chemisch aktives Neuronennetzwerk.

Sensorisches Gedächtnis: Im sensorischen oder Ultrakurzzeitgedächtnis werden Reize in Sekundenbruchteilen automatisch in den Speicher aufgenommen. Dort werden sie entweder für das primäre Gedächtnis, den Kurzzeitspeicher »codiert« oder sie verblassen. Sie können auch aktiv durch kurz nacheinander eintreffende Informationen »überschrieben« werden. Die Übertragung in ein dauerhaftes Gedächtnis erfolgt über das primäre Gedächtnis.

Primäres Gedächtnis: Das primäre oder Kurzzeitgedächtnis kann die Informationen kurzzeitig aufnehmen. Es hat eine geringe Kapazität. Die Informationen werden durch das Ankommen neuer Reize entweder elektrisch und chemisch »überschrieben« (= vergessen) oder aber durch gleiche oder ähnliche elektrische und chemische Spuren in einen dauerhafteren Zustand gebracht (= Codierung und Verstärkung der elektrischen und chemischen Reizspur durch Bahnung).

Sekundäres Gedächtnis: Das sekundäre Gedächtnis ist ein großer und dauerhafter Speicher. Die Zugriffszeit ist jedoch um einiges größer als im primären Gedächtnis. Auch in diesem Speicher ist Vergessen möglich. Vermutlich geschieht dies durch Interferenzen durch vorher (= proaktive) oder nachher (= reaktive) aufgenommene Informationen. Durch den großen Vorrat an Informationen ist die proaktive Hemmung der wichtigere Faktor. Das heißt, dass das bereits Gelernte an einem Großteil des Vergessens Schuld hat. In Bezug auf die Nervenfasern bedeutet das, dass (elektrisch und chemisch) gut gebahnte Spuren die Neuanlage von Bahnen hemmen. Das ist vergleichbar mit einem kräftigen Bachlauf, der durch sein tief ausgeschwemmtes Bachbett neuere kleinere Wasserläufe zu sich kanalisiert und integriert. In anderen Worten: Neues hat nur dann eine Chance, wenn es an Bekanntes anknüpfen kann!

Eine Ausnahme bilden starke, das heißt von hoher Emotionalität begleitete Reize, wie zum Beispiel der Griff auf eine heiße Herdplatte. In der Bachmetapher gesprochen heißt das, dass ein wuchtiger Regenguss auch einen neuen Bachlauf erzeugen kann.

 Tertiäres Gedächtnis: Beim tertiären Gedächtnis handelt es sich ebenfalls um einen sehr großen Speicher. Alle Informationen, die hier angelangt sind, gehen normalerweise nicht mehr verloren. Man spricht hierbei vom *impliziten Wissen,* das in Form so genannter Engramme gespeichert ist. Das sind Informationen, die praktisch nicht mehr vergessen werden, wie zum Beispiel der eigene Name oder die Fähigkeiten »lesen oder schwimmen zu können«. Das tertiäre Gedächtnis unterscheidet sich durch seine schnelle Zugriffszeit vom sekundären Gedächtnis.

 Wir müssen zum Beispiel nicht nachdenken und im Gedächtnis forschen, bevor wir mit Schwimmbewegungen beginnen. Weitere Beispiele solcher Engramme sind Sprechen, Gehen, Autofahren oder das Erkennen von Familienmitgliedern.

Unter dem Begriff *Langzeitgedächtnis* versteht man das sekundäre und tertiäre Gedächtnis. Sowohl die subjektive Wichtigkeit für das System als auch die Zugriffshäufigkeit auf Informationen entscheiden, ob die Informationen im tertiären oder sekundären Speicher landen, das heißt, ob die Informationen schnell verfügbar sind (sein müssen) oder ob es auch einmal etwas länger dauern darf.

Während der Kurzzeitspeicher für neue Lerninhalte immer wieder frei gemacht wird, überlagern sich im Gehirn die anschließenden Langzeitprozesse für die gesamten unterschiedlichen Informationen eines Tages. Daraus ergibt sich, dass die Tagesration verschiedener langfristig speicherbarer Inhalte begrenzt ist, das heißt das Langzeitgedächtnis hat nur begrenzte Tagesaufnahmekapazität.

Konkurrieren also zu viele wahllos im Laufe eines Tages aufgenommene Informationen um Abspeicherung, so verwässern und/oder verdrängen sie sich gegenseitig. Eine solche negative Auswirkung hat ungebremster Reizkonsum zum Beispiel in Form von exzessivem Fernseh-Video-Internet-Konsum.

Jeder kennt diesen Effekt: Schaut man sich einen Spielfilm am Abend an und diskutiert danach darüber (= Wiederholung + Vertiefung), so erinnert man sich oft noch nach längerer Zeit an Details. Wenn man aber lange passive »Berieselungszeiten« vor dem Fernseher verbringt, können bereits am nächsten Tag kaum noch Titel von Filmen, Dokumentationen oder Ähnlichem, geschweige denn Inhalte wiedergegeben werden.

Vom seltsamen Umgang mit großen Datenmengen

Unser Gehirn reduziert die Menge der pro Zeiteinheit insgesamt aufgenommenen Information von ungefähr 10^9 Bit pro Sekunde im limbischen System (das »Gefühlszentrum« im Gehirn) auf eine Größenordnung von bis zu 10^2 bit/sec herunter, um danach in der Großhirnrinde die Informationsmenge selbstständig wieder auf bis zu 10^7 bit/sec zu erweitern. Die Reduktion von 10^9 bit/sec auf 10^2 bit/sec ist durch die oben erläuterten Gedächtnis- und Filterfunktionen leicht nachvollziehbar. In die Computersprache übersetzt bedeutet diese Reduktion, dass unser »Arbeitsspeicher« die enorme Informationsflut nicht verarbeiten kann (oder will – Stichwort »Spamfilter«) und sich daher auf das für das System Wichtigste konzentriert! Interessant ist daran auch, dass die »Engstelle« im Informationsfluss im Wesentlichen durch Gefühle (Engstelle »limbisches System«) bestimmt wird. Letztendlich ist das die neurobiologische Erklärung für die Abhängigkeit von Lernvorgängen und Lernerfolg von Gefühlen beim Lernen, zum Beispiel einer hohen Lern-Motivation oder im umgekehrten Sinne »Lernen durch Leidensdruck«.

Unerwartet und zunächst verwunderlich ist jedoch die Erweiterung der reduzierten Informationsmenge auf bis zu 10^7 bit/sec in der Großhirnrinde. Woher kommt diese Information und worin liegt hier der Sinn? Diese Erweiterung liefert die neurobiologische Erklärung für »Konstruktivismus« (s. Kapitel »Konstruktivismus«, S. 253 ff.), insofern als das Gehirn die emotional »eingefärbten« Informationen aus dem limbischen System mit bereits bestehenden Informationen verknüpft (erweitert) und sich dadurch seine eigene »Realität« selbst konstruiert.

Dies ist übrigens auch der Grund, warum Lernen (fast) immer eine Anknüpfung an bereits Bekanntes darstellt. Ausnahmen sind starke emotionale Reize, wie zum Beispiel der bereits zitierte »Griff auf die heiße Herdplatte«. Solche heftigen Lernreize gehen direkt und ohne Verzögerung durch ins tertiäre Gedächtnis. Einfach formuliert: Das limbische System versieht derart für das System wichtige Reize mit einer klaren Vorfahrtsregel. In die Computersprache übersetzt bedeutet diese Erweiterung, dass die als relevant identifizierten aber gezippten (gepackten) Dateien in das individuell angelegte Ablagesystem auf der Festplatte gespeichert und dort entpackt werden. Erst das Entpacken mit guten und bewährten Entpackungsprogrammen machen die Informationen anschließend verfügbar.

Das Gehirn bildet seine Regeln selbst

»Gehirne sind Regelextraktionsmaschinen« sagt Manfred Spitzer: »Unsere Fähigkeit, die Welt zu meistern, steckt in den synaptischen Verbindungen zwischen den Nervenzellen in unserem Gehirn. Da die Welt regelhaft ist, brauchen und müssen wir uns nicht jede Einzelheit merken. Hätten Sie jede Tomate, die Ihnen je begegnete, als jene ganz bestimmte Tomate abgespeichert, dann hätten Sie den Kopf voller (einzelner) Tomaten.«

Menschen lernen das Allgemeine nicht abstrakt, sondern dadurch, dass sie Beispiele verarbeiten und aus diesen Beispielen Regeln selbst produzieren (= *Beispiel-Regel-Sequenz*). Aus konkreten Beispielen werden die tragenden Muster selbst entwickelt und es entstehen die so genannten *neuronalen Landkarten*. Jede Einzelerfahrung wird registriert, im Hippocampus (= Teil des limbischen Systems) gespeichert, weitergegeben an die Großhirnrinde, dort zusammengefasst mit anderen Einzelerfahrungen, abstrahiert und endgültig abgespeichert. Offenbar ist der Hippocampus notwendig, um Neues dauerhaft im Gedächtnis zu verankern. Dabei scheint es auf die gleichzeitige Aktivität von Hirnzellen anzukommen. Doch nur bestimmte Vorgänge durchlaufen den Hippocampus: das sind vor allem Zusammenhänge, räumliche Orientierung und Leitstrukturen wie zum Beispiel die Beispiel-Regel-Sequenzen.

> Es kann deshalb beim Lernen nicht darum gehen, Regeln auswendig lernen zu lassen. Was wir brauchen sind Beispiele, sehr viele Beispiele und – wenn möglich – praxisnahe und gute Beispiele.

Lernen erfolgt am Beispiel und nicht durch Instruktion (s. Lernmodelle im Kapitel »Handlungslernen: Was steckt dahinter?«, S. 222 ff.). Wichtig ist ferner die ständige und regelhafte Wiederholung der Beispiele bis die Regel gelernt und verinnerlicht ist. Der nächste Lernschritt nach dem Ableiten und Erarbeiten der Regeln ist das Generieren von Beispielen durch die Teilnehmer. Erarbeitete Regeln sollten im Training verwendet werden, um damit immer wieder neue Beispiele zu konstruieren und zu bearbeiten. Besonders wirkungsvoll sind folglich praktische Beispiele und Problemlösungsaufgaben wie zum Beispiel die Lernprojekte beim Handlungslernen und die Verwendung von Metaphern (s. Kapitel »Handlungslernen: Methodische Ansätze«, S. 237 ff.).

Lernen mit Struktur und Prioritäten

Nichts ist unproduktiver als chaotischer Input – denn wenn der Input keine Regelhaftigkeit aufweist, können keine Regeln extrahiert werden, kann also nicht gelernt werden. Die Folgerung ist: Menschen brauchen zum Lernen strukturellen Input. Struktureller Input landet durch die stärkere elektrische und chemische Bahnung im schnell verfügbaren tertiären Gedächtnis. Chaotischer Input dagegen gelangt – wenn überhaupt – ins schwer abrufbare und langsame sekundäre Gedächtnis.

 Beispiele für chaotischen Input sind ein nicht genügend lernpsychologisch und didaktisch aufbereiteter Einsatz des Internets und generell jegliche Form von Informationsüberflutung, zum Beispiel durch passiven Parallelkonsum von Reizen und Informationen beim Lernen (beispielsweise laute Musik beziehungsweise Fernsehen während des Lernens).

Die Neurodidaktiker sind sich in der kritischen Einschätzung des Computers im Hinblick auf Lernen einig: »Tödlich« für alles, was gelernt wurde, ist die »Dauerdaddelei«

vor dem Computer. Dieser Informationsflut hält keine Information stand, solange sie sich noch im Kurzzeitgedächtnis befindet.

Einzelheiten machen nur im Zusammenhang Sinn, und es ist dieser Zusammenhang und dieser Sinn, der die Einzelheiten interessant macht. Strukturen beziehungsweise Muster werden langsam erworben, das heißt »Inputs« müssen konstant gehalten werden, bis ein Lernvorgang abgeschlossen ist. Ständige Veränderungen von Situationen und Bedingungen verwirren und behindern damit das Lernen. Besonders negativ auf den Lernprozess wirkt sich das Fehlen von Leitstrukturen aus. Wer noch keine Orientierung über ein bestimmtes Sachgebiet hat, wer die grundlegenden Begriffe nicht kennt, der kann mit den Fakten nichts anfangen. Daher ist jeder verfrühte Einsatz von Details sogar kontraproduktiv.

Das Gehirn muss sich davor schützen, zu viel zu lernen. Wie bereits erwähnt, wetteifern Sekunde um Sekunde enorm viele Reize um seine »Aufmerksamkeit«.

> Wissen im Gehirn zu verankern ist ein Einordnungsprozess. Jede neue Information muss einen sinnvollen Platz im bereits vorhandenen Wissen einnehmen und sich entsprechend damit vernetzen.

Würden sie alle gespeichert, das Gehirn wäre binnen kürzester Zeit von einer Flut sinnlosen Datenmülls lahm gelegt. Hinzu kommt, dass die Informationen zerfallen oder überlagert werden, wenn Inputs zu schnell aufeinander folgen und keine Möglichkeiten des Datentransfers geboten sind. Deshalb muss das Gehirn vor allem zwei schwierige Aufgaben bewältigen: Wichtiges von Unwichtigem unterscheiden – das heißt Prioritäten setzen – und Kategorien bilden.

Kein Denken, Handeln und Lernen ohne Fühlen

»Aufregung verbessert die Gedächtnisleistung, auch wenn der Grund der Emotion nichts mit dem Gelernten zu tun hat.« sagt Kristy Nielsen von der Universität Wisconsin. Und sogar Freud irrte: Nicht das »Ich« – die Ratio, der Verstand bestimmt das Handeln, sondern letztlich das »Es« (Triebe, Gefühle).

Das »emotionale« limbische System ist eng mit dem »kognitiv-rationalen« Großhirn vernetzt: Die Neuronen des limbischen Systems sind über Dendriten mit sämtlichen Großhirnbereichen verbunden. Kognition (Wahrnehmen, Denken, Verstehen und Urteilen) ist nicht ohne Emotion möglich. Entscheidungen werden zwar im Großhirn vorbereitet, aber im limbischen System gefällt. Berühmt wurde Antonio Damasios Patient Elliot, bei dem wichtige Zentren im limbischen System zerstört wurden: Obwohl körperlich gesund und intelligent, war Elliot emotionslos und dadurch nicht zu »vernünftigen« (angemessenen) Entscheidungen und Handlungen fähig.

Die »Emotionalisierung« von Lerninhalten zum Beispiel durch handlungs- und erfahrungsorientiertes Lernen wie beispielsweise im Handlungslernen und im NLP erfährt hierdurch ihre neurobiologische Bestätigung. Die so häufig verlangte Trennung von Sach- und Beziehungsebene in der Kommunikation ist deshalb zwar nett gemeint, aber Wunschdenken. Das schließt nicht aus, dass eine Vereinbarung getroffen werden kann, sich darum zu bemühen. Besser ist jedoch, Gefühle sichtbar zu machen: Das gilt es zu lernen und zu üben. Dazu gehören trotz gelegentlich schwieriger Rahmenbedingungen eine freundliche Lernatmosphäre und die Fähigkeit des Trainers aus trockenen Fakten emotional eingefärbte Beispiele, Geschichten und Metaphern zu machen oder aber erfahrungsorientiert zu arbeiten.

Unser Gehirn kennt keine Objektivität!

Wie bereits erwähnt strukturiert sich das Gehirn permanent selbst, um dem Individuum ein Überleben zu ermöglichen. Es schafft sich ein Konstrukt der Welt, um damit arbeiten zu können. Damit macht es sich die Welt passend. Das Kriterium der »Welterzeugung« ist Überlebensfähigkeit, nicht Wahrheit. Es gibt kein objektives Wissen über die Welt, sondern immer nur unsere Wahrnehmung der Welt. Und diese Wahrnehmung der Dinge lässt sich stets nur mit unserer Wahrnehmung von den Dingen vergleichen, nicht mit den Dingen selbst. In anderen Worten: Wir sind die Erfinder unserer Wirklichkeit und Verstehen heißt, sich eine Interpretation aufzubauen, die in bestimmten Situationen funktioniert. Dadurch gewinnt das konstruktivistische Postulat »es gibt keine Objektivität« (beziehungsweise das Zitat von Paul Watzlawick: »Die Wahrheit ist die Erfindung eines Lügners«) ihre neurobiologische Rechtfertigung (s. Konzept »Konstruktivismus«, S. 253 ff.).

Die Hemisphärentheorie und ihre Konsequenzen

Innerhalb der menschlichen Großhirnrinde gibt es zwei komplementäre (= sich ergänzende) Zentren, die als links- beziehungsweise rechtshemisphärischer Funktionskomplex bezeichnet werden. Die ursprüngliche Annahme von Sperry und Ornstein aus den 1960er-Jahren einer deutlichen anatomischen Trennung von linker und rechter Großhirnhemisphäre konnte allerdings durch die Forschung der 1990er-Jahre nicht bestätigt werden. Vielmehr handelt es sich um Funktionskomplexe, die lediglich Tendenzen zu einer anatomischen Seite vorweisen. Nichtsdestotrotz haben sich die anatomischen Begriffe im allgemeinen Sprachgebrauch gehalten.

Ein effektiver Weg zu Lernen ist auf der Basis der Hemisphärentheorie die so genannte *Doppel-Kanal-Speicherung*, die auf die Arbeit des Gedächtnisforschers Allen Paivio und dessen Dual-Code-Theorie zurückgeht.

 Erhalten wir zum Beispiel das Schriftbild »Auto« und ergänzen das mit dem Bild eines Autos, so prägt sich die Information weit besser ein als nur Schriftbild oder Bild. Diese Methode wird beispielsweise auch bei Schulanfängern verwendet: Hier wird das Wort »Baum« zusammen mit dem Bild eines Baumes gezeigt, der Behaltensquotient wird dadurch wesentlich erhöht. Dies bedeutet in der Umkehrung, dass Verständnis ohne Bezugnahme erschwert ist.

Wenn wir in dieser Art und Weise lernen, benutzen wir beide Funktionskomplexe: die linke Hälfte verarbeitet das digitale Schriftbild, die rechte Hälfte das analoge Bild. Neuere Untersuchungen zeigen jedoch, dass in vielen Bereichen beide Funktionskomplexe eingesetzt werden.

 Wenn wir zum Beispiel beim Lesen ein einzelnes Wort betrachten, arbeitet der linke Komplex, wenn wir hingegen mehrere Wörter gleichzeitig betrachten, das heißt, wenn wir uns also einen Gesamtüberblick verschaffen, arbeitet der rechte Komplex.

Beobachtbar werden solche Aktivitätsmuster durch die bereits erwähnten bildgebenden Methoden wie die Positronen-Emissions-Tomographie oder die Magnetfeld-Resonanz-Tomographie.

Eine unmittelbare praktische Konsequenz aus der Hemisphärentheorie ist die »Darreichung« des zu vermittelnden Lernstoffes auf möglichst vielen unterschiedlichen Reizkanälen, wie es zum Beispiel NLP und Handlungslernen empfehlen (s. die methodischen Ansätze der Kapitel »Handlungslernen«, S. 237 und »Neurolinguistisches Programmieren«, S. 147).

Die gehirneigene Drogenapotheke – die Neurotransmitter

Die Neurotransmitter sind der chemische Anteil an der elektrisch-chemischen Reizverarbeitung im Gehirn. Sie spielen bei den Übertragungen an den Synapsen die entscheidende Rolle. Mittlerweile hat die Hirnforschung über 100 solche Neurotransmitter mit jeweils unterschiedlichen Wirkungen an den Synapsen isolieren können. Die Komplexität der Auswirkungen wird durch die Wechselwirkungen dieser Stoffe untereinander noch um ein Vielfaches erhöht.

> Insbesondere Noradrenalin und Dopamin spielen für das Lernen eine bedeutende Rolle.

Wenn wir etwas Neues lernen, erleben wir oft ein Glücksgefühl. Wenn wir ein »Aha«-Erlebnis haben, belohnt sich das Gehirn mit der Ausschüttung von Dopamin. Lernen macht offensichtlich Lust auf mehr, denn Dopamin, zusammen mit Noradrenalin, steuert auch die Aufmerksamkeit. Und selbstständig eine Lösung zu finden – so die Hirnforscher – bereitet offensichtlich große Lust.

Ein Mensch lernt immer dann am besten, wenn er Aufgaben selbstständig löst. Das Lustgefühl, das damit einhergeht, ist viel nachhaltiger als es jede Belohnung von außen sein könnte.

> Die Devise muss lauten: Den Teilnehmern nicht möglichst viele Details vermitteln zu wollen, sondern sie zum eigenen Problemlösen anzuregen, denn das aktiviert das Belohnungszentrum. Außerdem sollten die Teilnehmer im Selbstversuch die Grenzen von Erfolg und Misserfolg selbst ausloten dürfen. Praktische Übungen, Lernobjekte, Rollenspiele und Problemlösungsaufgaben stellen die geeignete Methodik bereit.

Folglich hat die mittlerweile hinlänglich bekannte enge Verknüpfung von guter Stimmung, Motivation und Lernen auch auf der Ebene der Neurotransmitter eine eindeutige neurobiologische Grundlage. Dopamin wird auch durch Aktivität und Bewegung gefördert beziehungsweise Aktivität und Bewegung verursachen eine erhöhte Dopaminausschüttung. Hier liefert die Neurobiologie erneut einen Hinweis für die Wirksamkeit von Handlungslernen (s. Kapitel »Handlungslernen«, S. 219 ff.).

Im Gegensatz dazu hemmen vor allem Angst und Stress das Lernen (zum Beispiel durch Erwartungsdruck von Vorgesetzten, Furcht vor peinlichen Situationen, die erwarteten Stapel von Arbeit nach der Rückkehr aus dem Training und vieles mehr). Angst und Stress führen im Körper zur Ausschüttung des Hormons Cortisol, das die Funktion des Hippocampus beeinträchtigt. Bei permanent hoher Cortisol-Ausschüttung schrumpft dieses Hirnareal sogar. Der Tiefschlaf, auch Delta-Schlaf genannt, ist gekennzeichnet durch ein sehr niedriges Niveau des Stresshormons Cortisol. Konkret heißt das, dass ausreichender Schlaf für effektive Lernvorgänge unabdingbar ist. Schlafforscher der Universität Lübeck konnten zeigen, dass man die Gedächtnisbildung blockieren kann, indem man Schlafenden geringe Mengen Cortisol verabreicht.

Auf den Anfang kommt es an

Wie und wofür ein Kind sein Gehirn nutzt, ist entscheidend dafür, welche Verschaltungen zwischen den Milliarden Nervenzellen besonders gut gebahnt und stabilisiert und welche nur unzureichend entwickelt und ausgeformt werden. Um diese Verschaltungen ausbilden zu können, müssen Kinder möglichst viele und möglichst unterschiedliche eigene Erfahrungen machen. Damit es ihnen gelingt, sich im Wirrwarr von Anforderungen, Angeboten und Erwartungen zurechtzufinden, brauchen sie Orientierungshilfen, also äußere Vorbilder und innere Leitbilder, die ihnen Halt bieten und an denen sie ihre Entscheidungen ausrichten.

Bildung kann beispielsweise nicht gelingen, wenn Kinder in einer Welt aufwachsen, in der die Aneignung von Wissen und Bildung keinen Wert besitzt (Stichwort »Spaßgesellschaft«), sie keine Gelegenheit bekommen, sich aktiv an der Gestaltung der Welt zu beteiligen (Stichwort »passiver Medienkonsum«) oder mit Reizen überflutet, verunsichert und verängstigt werden (Stichwort »Überforderung«).

Tägliche schulische Erfahrungen in dafür »anfälligen« Schulklassen zeigen, dass sich diese Befunde leider bereits in einer Fülle an lernunwilligen, lernschwachen und desinteressierten Schülern niederschlagen.

Die Hirnforschung hat darüber hinaus nachgewiesen, dass sichere emotionale Bindungsbeziehungen eine wesentliche Voraussetzung für eine optimale Hirnentwicklung sind. Störungen dieser emotionalen Beziehungen stellen eine kaum zu bewältigende Belastung dar und haben destabilisierende Einflüsse auf bereits entstandene neuronale Verschaltungen. Das Beste, was man für ein Kind tun kann ist, sorgfältig darauf zu achten, welche Fragen es stellt, und sie dann möglichst erschöpfend und eindeutig zu beantworten.

Lebenslanges Lernen

Das Gehirn hat die Fähigkeit, sich beständig den Erfordernissen seines Gebrauchs anzupassen, wenn auch mit zunehmendem Alter langsamer. Entgegen früherer Auffassung sind unsere neuronalen Netze das ganze Leben lang plastisch, das heißt, sie lassen sich bis ins hohe Alter verändern und entwickeln. Jeder Mensch kann daher lebenslang lernen. Die Großhirnrinde erweist sich dabei als einzigartig anpassungsfähige und sich zugleich beständig selbst optimierende Struktur.

Bei Kindern ist die Lerngeschwindigkeit höher, dafür verfügen ältere Menschen jedoch über die Möglichkeiten des Lernens durch Analogiebildung (Analogie = Entsprechung, Ähnlichkeit) und eine bessere Priorisierung der Informationen, welche bei Kindern so nicht vorhanden ist.

In der Entwicklung jedes Menschen gibt es sensible »Zeitfenster«, die für eine Weile offen stehen und in denen nach funktionellen Kriterien entschieden wird, welche Gehirnverbindungen übrig bleiben und welche wieder »eingeschmolzen« werden. Im Laufe der Entwicklung öffnen sich neuronale Fenster quasi explosionsartig und in noch viel stärkerem Maß als bisher angenommen wird die Entwicklung des menschlichen Gehirns durch nutzungsbedingte Bahnungs- und Strukturierungsprozesse bestimmt. Dennoch ist aus der Schlafforschung bekannt, dass um das 40. Lebensjahr herum der lernfördernde Delta-Schlaf (s. Abschnitt »Neurotransmitter«, S. 49 f.) beim Menschen rapide abnimmt – mit entsprechenden negativen Folgen für die Langzeitspeicherung.

Handlungslernen

Handeln im Sinne von Verfolgen von (möglichst selbst gesetzten) Zielen unterscheidet sich grundlegend vom bloßen Reagieren auf bestimmte Sinnesreize. Die Teilnehmer lernen etwas dadurch, dass sie es »tun«, immer wieder, in den unterschiedlichsten Kontexten und im Austausch mit den verschiedensten Menschen (s. dazu auch das Konzept »Handlungslernen«, S. 219 ff., insbesondere die methodischen Ansätze daraus).

Dabei sollten die Trainer für viele und gute Handlungsbeispiele sorgen und die Menschen dann auch »handeln« lassen.

> Durch die neuere Hirnforschung wird bestätigt: Menschen lernen dann am besten, wenn sie selbst tätig sind. Bloßes Zuschauen oder Zuhören genügt nicht. Wir müssen schon in einen aktiven Dialog mit unserer Mitwelt eintreten, wenn wir lernen wollen.

Die fundamentale Erkenntnis, dass Handlungslernen hocheffektiv ist, wird von den Hirnbiologen bestätigt: Menschen erwerben in rasanter Geschwindigkeit Wissen und generieren Fähigkeiten, wenn sie dabei möglichst viel selbst ausprobieren und tun können. Die neurobiologischen Grundlagen sind unter anderem die Ausschüttung entsprechender Neurotransmitter (zum Beispiel Dopamin, s. S. 49) und die enge Vernetzung der Großhirnrinde mit dem limbischen System (s. S. 47).

Selbstorganisation

Lernarrangements, die sich durch einen hohen Grad an Selbstorganisation auszeichnen, erlauben dem Individuum, sich seine eigene Denkstruktur zu »konstruieren«. Nicht zuletzt erfährt die Rolle des Trainers als zentraler Faktor beim Lernen eine entscheidende Veränderung: Er wird zum Berater und Moderator von Lernprozessen und muss Abschied nehmen von der überkommenen Auffassung vom »Instruktor« und »Stoffvermittler«.

Übung macht den Meister

Nur wenn die gelernten Regeln immer wieder angewendet werden, gehen sie vom expliziten und sehr flüchtigen Wissen im Kurzzeitgedächtnis in das implizite Wissen im tertiären Gedächtnis über. Inhalte werden in verschiedenen Großhirnregionen gespeichert und – je nach Vorerfahrung – mit unterschiedlichen anderen Inhalten verknüpft. Wichtige Inhalte müssen immer wieder »gelernt« und das Begriffene stetig angewendet werden.

> Eine ganz wichtige Aufgabe von »Lehren« muss es sein, durch Wiederholungen und durch verstärktes Aufgreifen bereits bekannter Zusammenhänge neuronale Prozesse der gehirninternen Verarbeitung zu nutzen. Es gilt: Bekanntes immer wieder ansprechen und damit erneut in den Aufmerksamkeitshorizont bringen!

Da unser Gehirn, wie bereits erwähnt, nach dem Prinzip der neuronalen Vernetzung arbeitet, bilden neue Eindrücke neue Strukturen heraus oder die eingehenden Impulse werden mit bereits vorhandenen Strukturen vernetzt. Die Häufung ähnlicher Reizmuster führt zu einer Erweiterung des entsprechenden Areals, da das Gehirn die Informationen durch das kontinuierliche Beschäftigen damit für bedeutsam hält.

Lernen im Schlaf – Suggestopädie

Ungestörter und ausreichender Schlaf ist eine unbedingte Voraussetzung für gelingende Lernprozesse, damit der Transfer der Erfahrungsdaten vom Kurzzeitgedächtnis ins Langzeitgedächtnis erfolgen kann. Mit anderen Worten: Der Hippocampus fungiert im Schlaf als »Lehrer des Großhirns«. Immer dann, wenn der Hippocampus etwas (vorläufig) gelernt hat, wird nachfolgend im Schlaf das Gelernte zum Großhirn übertragen. Das Langzeitgedächtnis wird also »im Schlaf konsolidiert«.

Die besten Leistungen erbrachten Versuchspersonen bei etwa acht Stunden Schlaf. Inhalte, die dauerhaft in unserem Gehirn verankert werden sollen, erfordern einen grundlegenden Umbauprozess an den Nervenzellen und brauchen Zeit und ausreichende Ruhepausen zwischen den Input-Phasen: »Ohne Pausen wissen die Neuronen nicht mehr, was sie speichern sollen.«

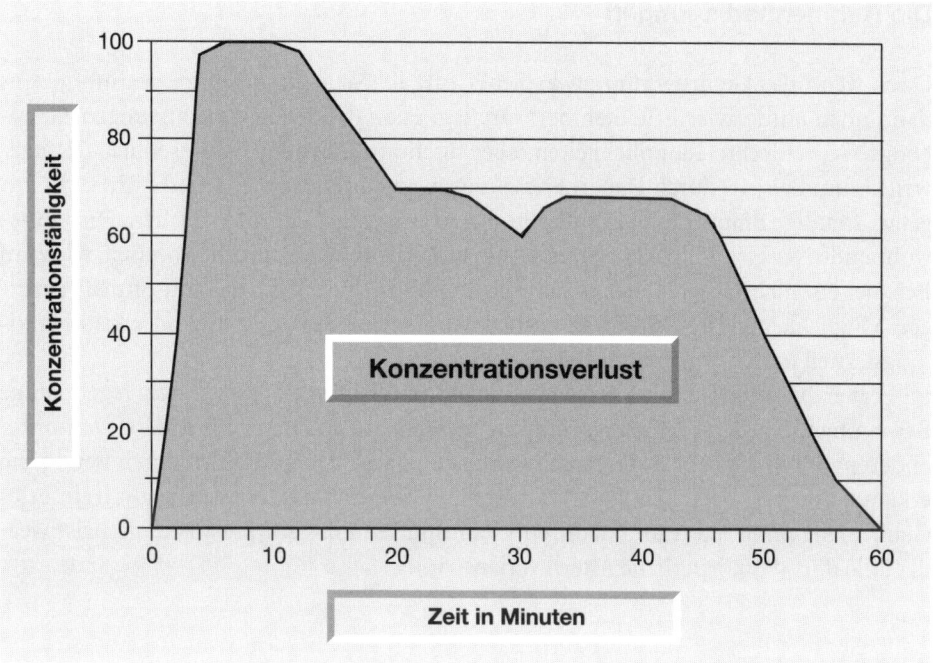

Wie aus dem Diagramm ersichtlich, bleibt die Konzentration im Verlauf einer Stunde nicht auf einem gleich bleibenden Niveau. Die Konzentrationsfähigkeit nimmt während einer Stunde spürbar ab. In der Konsequenz bedeutet das, dass in etwa 45-minütigen Abständen Pausen zur Konsolidierung des Inputs sinnvoll sind.

Mit den Auswirkungen von Schlaf und Pausen auf das Lernen hat sich die »Suggestopädie« beschäftigt, deren Aussagen durch neurobiologische Erkenntnisse eindeutig gestützt werden.

Die Qualität der Suggestopädie wird von der wissenschaftlichen Forschung belegt: So spricht Professor Ludger Schiffler (Freie Universität Berlin) von »durch Suggestopädie erzielter Steigerung der Lernleistung« und »der Erweiterung der Speicherkapazität des Langzeitgedächtnisses«.

Und Professor Rupprecht Baur von der Universität Essen stellt fest: »Ein großer Teil der Schüler erreicht das im ersten Lernjahr gesetzte Lernziel bereits nach einem zweiwöchigen Intensivunterricht.« Die Suggestopädie arbeitet ganzheitlich und stimuliert dabei sowohl die linke als

> **Suggestopädie** ist eine ganzheitliche Lernmethode, die in den 1960er-Jahren von Professor Georgi Lozanov, einem bulgarischen Neurologen, entwickelt wurde. Die Suggestopädie setzt den Wechsel von Konzentration und Entspannung bewusst ein, um die menschliche Aufnahme- und Lernfähigkeit deutlich zu steigern. Suggestopädie wird deshalb auch als »Superlearning« bezeichnet.

auch die rechte Gehirnhälfte. Durch den Einsatz von Musik, Spiel und Bewegung werden alle Wahrnehmungskanäle gleichermaßen angesprochen und optimal genutzt. Dazu Rupprecht Baur: »Der suggestopädische Unterricht bewirkt eine hohe Motivation.«

Die Rahmenbedingungen

Doch wenn das Gehirn kaum etwas lieber tut, als Neues zu erfahren, warum gibt es dann noch unmotivierte Teilnehmer? Oft liegt es an den Rahmenbedingungen: Gruppengröße, schlechte Räumlichkeiten, aber auch »unfreiwillige Anwesenheit«, Langeweile (zum Beispiel durch Dauerberieselung) und Unterforderung sind nicht dazu angetan, freudige Empfindungen aufkommen zu lassen und dämpfen die dem Hirn innewohnende Neugier. Hinzu kommen wenig motivierende Herangehensweisen, wie zum Beispiel ein nicht ausgelotetes didaktisch-methodisches Spektrum mit oftmals geringen Möglichkeiten der Selbstorganisation von Lernprozessen, wenig oder kein Handlungslernen und Störungen im Beziehungsgefüge.

Ferner bestätigen einige Untersuchungen eindrucksvoll, dass durch regelmäßige Bewegung die geistige Leistungsfähigkeit messbar steigt. Dieser Effekt lässt sich unter anderem durch die verstärkte Ausschüttung von Dopamin im Gehirn durch Bewegung erklären. Auch ist nach heutigem Wissensstand bekannt, dass ein geistig gut trainiertes Gehirn langsamer altert und dadurch Vitalimpulse in das Körpersystem gespeist werden, die dort das körperliche Altern verlangsamen.

Soziales Lernen – die Spiegelzellen

Warum können Menschen sich spontan verstehen, fühlen was andere fühlen und sich intuitiv eine Vorstellung davon machen, was andere in etwa denken? Die Erklärung dieser Phänomene liegt in den Spiegel-Nervenzellen, einer in den 1990er-Jahren entdeckten neurobiologischen Sensation.

Spiegelungsphänomene sind von zentraler Bedeutung für die Aufnahme und Weitergabe von sozialer Kompetenz, denn sie bilden die neurobiologische Basis für das »Lernen am Modell« (Lernen von anderen Menschen und vor allem von Vorbildern).

> Die **Spiegelzellen** versorgen uns mit Informationen über die nonverbalen Signale und dadurch die Absichten und Einstellungen von Personen, deren Handlungen wir beobachten. Sie melden uns, was Menschen in unserer Nähe fühlen, und lassen uns deren Freude oder Schmerz mitempfinden. Spiegelzellen sind die Grundlage emotionaler Intelligenz. Sie sind die neurobiologische Basis von Intuition, Empathie, Sympathie, Mitgefühl und Authentizität.

Da die Spiegelzellen vorzugsweise erfahrungsbasierte Informationen speichern, ergeben sich daraus wichtige Hinweise für soziales Lehren und Lernen. Spiegelneuronen sind das neuronale Format, über das Wissensbestände nicht nur zwischen Personen, sondern auch über die Generationen hinweg weitergegeben werden. Insofern ist das System der Spiegelneuronen eine Art »Gedächtnis sozialer Systeme« und wenn man so will das »Gedächtnis der Menschheit«.

Ethik, Werte und kritische Betrachtungen

Welche ethischen Fragen sind mit der modernen Neurobiologie verbunden und welche Risiken mit der Übertragung der aktuellen Forschungsergebnisse in den Lehr- und Trainingsalltag?

Ethische Fragen, die sich mit der neurobiologischen Forschung und deren Konsequenzen stellen, gibt es viele. Einige davon sollen im Folgenden kurz thematisiert werden. Allgemein gilt für die Neurobiologie, was auch bei anderen wissenschaftlichen Ergebnissen zu beachten ist. Man sollte sich davor hüten, die Erkenntnisse zu verabsolutieren und sich bewusst sein, dass die damit verbundenen Interpretationen immer auch Ausdruck des gerade herrschenden »Zeitgeistes« beziehungsweise des momentanen Denk- und Forschungsparadigmas sind.

So galt es im 19. Jahrhundert (bei manchen Forschern auch bis ins 20. Jahrhundert) als Allgemeingut, dass aufgrund der anatomischen Gegebenheiten (Größe und Volumen des Gehirns) der Mann intelligenter als die Frau sein müsse. Heute geht man davon aus, dass die Hirngröße keine wesentliche Rolle spielt. Vielmehr ist die Dichte, Anzahl und Art der Verschaltung entscheidend für das Leistungsvermögen.

Ein anderes Beispiel stammt aus der Hochzeit des Behaviorismus in der ersten Hälfte des 20. Jahrhunderts: Die Annahme, dass der Mensch zunächst eine »Tabula rasa« (eine leere Tafel) sei sowie Tierexperimente brachten den amerikanischen Psychologen John B. Watson (1878–1958) dazu, folgende (nach heutigem Kenntnisstand absurde) These aufzustellen: »Gebt mir kleine Kinder und ich werde aus allen Genies machen.« Er übertrug die Methoden seiner bis dahin rein tierpsychologischen Experimente (Sinnesleistung und Lernen bei Ratten, Affen und Vögeln) auf den Menschen.

Tierexperimente

Auch heute noch stammen viele Forschungsdaten der Neurobiologie aus Tierexperimenten. So werden beispielsweise nach bestimmten Lernexperimenten mit Ratten diese Tiere anschließend getötet. Dann werden die Gehirne seziert oder Neurotransmitter extrahiert, um den Einfluss von bestimmten Umgebungsreizen auf Hirnstruktur beziehungsweise Physiologie nachzuweisen.

Dabei ist im Einzelfall – falls man Tierexperimente nicht grundsätzlich ablehnt – immer wieder zwischen Nutzen für den Menschen und der Situation des Tieres abzuwägen. Zum anderen ist sicher auch die Übertragbarkeit der Resultate auf den Menschen zu hinterfragen.

Willensfreiheit

Eine seit über 20 Jahren sehr kontrovers geführte Debatte dreht sich um die Konsequenzen der Forschung des Neurophysiologen Benjamin Libet und anderen Forschern zum Thema »menschliche Willensfreiheit«. Diese gilt in unserer Kultur als ein Grundzug des Menschseins und ist eine Grundvoraussetzung für unser juristisches System. Libets Ergebnisse zeigen jedoch, dass dem Eindruck einer bewussten Handlung ein im EEG nachweisbares Hirnpotenzial um bis zu 0,5 sec vorausgeht. Der Eindruck eines willentlichen Entschlusses ist also nicht die Ursache für eine Handlung, es ist eine Begleiterscheinung die auftritt, nachdem das Gehirn seinen Entscheidungsprozess bereits abgeschlossen oder zumindest begonnen hat.

Die Entscheidungskriterien bezieht das Gehirn dabei – zumindest deuten alle bisherigen Untersuchungen darauf hin – aus dem limbischen System. Das limbische System ist, wie bereits erwähnt, der Ort der unbewussten Erfahrungen und der Gefühle. Das Gehirn als System scheint also autonom zu entscheiden, es braucht unseren freien Willen nicht.

Gerhard Roth, Hirnforscher an der Uni Bremen, äußert dazu: »Dass ich als bewusst handelndes Subjekt der Herr meiner Handlungen bin, ist eine Illusion. Das Gehirn hat entschieden, bevor ich das Gefühl habe, dass ich das will, was ich gleich tun werde.«

Benjamin Libet gestand dem Bewusstsein zumindest noch ein Vetorecht zu. Nachdem unser Gehirn eine Handlung vorbereite, könnten wir diese Handlung durch Planen, Abwägen und bewusstes Eingreifen noch abbrechen oder steuern.

Die Diskussion über die Interpretation solcher und anderer Forschungsergebnisse wird sicherlich weitergehen, mit möglicherweise weit reichenden Konsequenzen für unsere Gesellschaft und unser Menschenbild.

Hirnoptimierung durch Medikamente

Die molekularen und biochemischen Prozesse auf denen die geistigen Leistungen des Menschen basieren, werden seit fast 100 Jahren immer genauer erforscht und entschlüsselt. Eine Motivation hierfür ist der Wunsch, Medikamente zur Behandlung verschiedener Erkrankungen des Zentralnervensystems zu finden. Vieles davon ist noch Zukunftsmusik, anderes wird bereits angewendet.

 Bei Parkinson-Patienten werden heute bereits kleine Sonden implantiert, um als Schrittmacher das Zittern zu unterdrücken. Neurotransmitter produzierendes Gewebe menschlicher Föten oder anderer Säugetiere wird bei degenerativen Stoffwechselerkrankungen therapeutisch genutzt.

Unter dem Stichwort »Hirnoptimierung« wird heute mit einer Vielzahl von Optionen experimentiert. Das geht von der gezielten Entwicklung von Substanzen zur Steigerung der Lern- und Konzentrationsfähigkeit bis hin zu Implantaten für Neugeborene, welche die Hirnentwicklung fördern sollen. Ähnlich wie bei der Diskussion über Chancen und Risiken der Gentechnik gibt es hier eine Reihe von grundlegenden (ethischen) Fragen: Fragen nach der Menschenwürde, der Machbarkeit und der Chancengleichheit. Zur Beantwortung dieser Fragen ist sicher eine übergreifende gesamtgesellschaftliche Diskussion notwendig.

Das Qualia-Problem

Die große Euphorie der teilweise spektakulären Erkenntnisse der Hirnforschung reicht jedoch (bislang) nicht in einen sehr bedeutsamen Bereich menschlichen Seins: die »subjektive Erfahrung«.

Auch die subtilste Analyse neuronaler Vorgänge sagt absolut nichts über die subjektive Seite der menschlichen Erfahrung aus (das so genannte *Qualia-Problem*): Niemand hat bis dato irgendeine plausible Erklärung vorgelegt, wie beispielsweise die Erfahrung der Röte von Rot aus den Vorgängen im Gehirn entsteht. Das Bewusstsein mag sich darstellen als unendliches Feuern der Neuronen, als Zusammenwirken der Gene, Proteine und Neurotransmitter, als Summe von Biochemie, Sozialem und Ererbtem. Der Mensch erlebt all das jedoch in einem anderen »Aggregatszustand«: als vielschichtigen inneren Erzählstrom aus Bildern, Worten und Gefühlen – vage, flüchtig, mit Sprache nur annähernd zu beschreiben. Warum finde ich Erfüllung? Warum gefällt mir Blau besser als Rot? Warum fühle ich mich schuldig? – Zu diesen Fragen hat die Neurobiologie bislang keinen Zugang gefunden.

Methodische Ansätze

Die Auswirkungen auf eine gehirngerechte Methodik sind im Kapitel »Was steckt dahinter« (s. S. 41 ff.) als Konsequenzen auf die dort beschriebenen Erkenntnisse ausführlich beschrieben. Um einen umfassenden Überblick zu geben, sind die gesammelten Konsequenzen mit den daraus resultierenden methodischen Ansätzen nachfolgend nochmals zusammengefasst. Gemäß moderner Hirnforschung lernt der Mensch dann effizient:

- wenn etwas neu, bedeutsam und herausfordernd ist;
- wenn es selbsttätig, freiwillig und selbst gesteuert geschieht;
- wenn das Gelernte möglichst zeitnah angewendet werden kann;
- wenn Lernen mit möglichst starken (positiven) Emotionen verbunden ist;
- wenn Lernen entlang von Leitstrukturen und klaren Prioritäten erfolgt, das heißt, erst der Überblick, dann die Details!
- wenn weniger äußere Belohnung, sondern mehr innere Motivation erfolgt, beispielsweise durch Ansprechen des Neugiertriebs, durch Unerwartetes, Spannendes und Herausforderndes;
- wenn Lernerfolge durch Regelmäßigkeit konsolidiert werden können;
- wenn die Trainer authentisch sind in ihrer Begeisterung für das Thema und ihrer Wertschätzung für die Teilnehmer;
- wenn in kleinen Gruppen, in denen auch ein individuelles Herangehen möglich ist, gelernt wird;
- wenn Lernen mit allen Sinnen erfolgt;
- wenn eine positive Lernumgebung vorhanden ist;
- wenn durch Beispiele, Geschichten und Metaphern das Gehirn zur Ableitung von Regeln eingeladen wird (Gehirn = Regelextraktionsmaschine);
- wenn durch Beispiele, Geschichten und Metaphern das Gehirn zur Selbstinterpretation eingeladen wird;
- wenn durch Eselsbrücken »Brücken im Geist« geschaffen werden;
- wenn das Gelernte sich während reizarmer Phasen (Pausen, Entspannung und genügend Schlaf) konsolidieren, also verankern und vernetzen kann.

Essenz und Bedeutung

Die Hirnforschung zeigt, dass Lernen ein sehr komplexer Vorgang ist. Einige Erkenntnisse beinhalten neue und spannende Konsequenzen im Hinblick auf unsere Tätigkeiten als Trainer und Pädagogen und einige altehrwürdige pädagogische Ansätze kommen zu neuen Ehren: Die Hirnforschung kann nun für einige durch Beobachtung gewonnene Schlussfolgerungen als zusätzliche Legitimation angeführt werden. In dieser Stringenz war das bisher nicht möglich.

Die neueren Forschungsergebnisse zeigen, dass vielen Aussagen und Methoden aus den Bereichen von Erfahrungs- und Handlungslernen, Suggestopädie, NLP sowie den systemisch-konstruktivistischen Ansätzen ihre Berechtigung haben und jetzt auch naturwissenschaftlich begründbar sind.

Das Bedürfnis der Teilnehmer nach Struktur, Überblick und Prioritäten wurde schon früher erkannt. Heute kann es in seiner Bedeutung hirnphysiologisch erklärt werden.

> Lernen, so die Neurobiologen, ist ein höchst subjektiver Vorgang, mit individueller Struktur und individuell unterschiedlichen Verknüpfungen.

Damit ergeben sich weit reichende Konsequenzen für lehrende Tätigkeiten: Nicht alle Teilnehmer können – wie in der »alten Schule« – zur gleichen Zeit möglichst das Gleiche lernen, sondern müssen in möglichst autonomen Lernsituationen offenere Lernumgebungen erhalten, damit Lernen als subjektiver Vorgang stattfinden und gelingen kann, mit individuellen Zugängen, individuellem Zeitbedarf, individuellem Niveau und unterschiedlichen Verknüpfungen mit jeweils anderen Inhalten.

Auch Wissen ist kein *objektiver Tatbestand,* sondern eine aktive und zunächst sehr *individuelle Konstruktion.* Geht es um den Austausch von Wissen und Information ist eine Kommunikationskultur und damit auch Training in diesem Bereich notwendig.

Lehren macht seit 20 bis 30 Jahren und in Anknüpfung an reformpädagogische Ansätze einen Paradigmenwechsel durch, das von der herkömmlichen Nürnberger-Trichter-Didaktik (»gelernt wird, was gelehrt wird«) über eine erfahrungs- und handlungsorientierte Methodik zur Konstruktion individueller Lernsettings geht. Die neurobiologischen Erkenntnisse lassen hoffen, dass jetzt zügig ein Schritt nach vorne getan wird.

> Lernen muss Spaß machen, dies ist eine entscheidende Botschaft der Hirnforscher. Dann wird das Gelernte schnell und nachhaltig an der richtigen Stelle gespeichert. Bedeutsam sind ferner Motivation und Emotionen für das Lernen, die Notwendigkeit von Schlaf und Traum, das Lernen von sozialem Verhalten am Modell, die negativen Auswirkungen von passivem Reizkonsum, die negative Wirkung von Stress sowie die Bedeutung lernförderlicher Rahmenbedingungen und eines guten Trainer-Teilnehmer-Verhältnisses.

Die Erkenntnisse der Hirnforschung erlauben eine teilweise neue Sicht des Phänomens »Lernen«. Denn die lange Zeit aufrechterhaltene und bis heute zum Teil noch vorgenommene Trennung zwischen der Hirnentwicklung und der Entwicklung des Verhaltens, Denkens und Fühlens, ja selbst des Gedächtnisses hat sich ebenso als Irrtum erwiesen wie die Vorstellung, dass der Prozess der strukturellen Ausreifung des menschlichen Gehirns gegen Ende des dritten Lebensjahres weitgehend abgeschlossen sei. Der Mensch ist von Natur aus ein Lernender – und das, so zeigt die moderne Hirnforschung, bis ins hohe Alter.

Literatur

Bauer, Joachim: Warum ich fühle, was du fühlst – Intuitive Kommunikation und das Geheimnis der Spiegelneurone. Hoffmann und Campe, Hamburg 2005

Birkenbihl, Vera F.: Stroh im Kopf. mvg, Landsberg am Lech 2004

Beyer, Günther: Erfolgreich Lernen – Superlearning. Humboldt, München 1985

Ciompi, Luc: Gefühle, Affekte, Affektlogik. Picus, Wien 2002

Damasio, Antonio R.: Ich fühle also bin ich. Die Entschlüsselung des Bewusstseins. List, Berlin 2004

Hüther, Gerald: Bedienungsanleitung für ein menschliches Gehirn. Vandenhoeck & Ruprecht, Göttingen 2001

Roth, Gerhard: Das Gehirn und seine Wirklichkeit. Suhrkamp, Frankfurt am Main 1994

Singer, Wolf: Der Beobachter im Gehirn – Essays zur Hirnforschung. Suhrkamp, Frankfurt am Main 2002

Spitzer, Manfred: Lernen – Gehirnforschung und die Schule des Lebens. Spektrum Akademischer Verlag, Berlin – Heidelberg 2002

Spektrum der Wissenschaft Spezial: Das verbesserte Gehirn 3/2004. Spektrum der Wissenschaft, Heidelberg 2004

Konzept 2

Kommunikation:
Wie bring ichs rüber?

*Die Kommunikationsmodelle von Friedemann Schulz von Thun
in der Trainingspraxis*

Sabine Mara Roth

Einführung und Geschichte

> *»Dürfte ich das Unwort des Zeitalters bestimmen, so käme nur eines infrage: kommunizieren.*
> *Ein Autor kommuniziert nicht mit seinem Leser. Er sucht ihn zu verführen, zu amüsieren, zu*
> *provozieren, zu beleben. Welch einen Reichtum an (noch lebendigen) inneren Bewegungen*
> *und entsprechenden Ausdrücken verschlingt ein solch brutales Müllschluckerwort!«*
> (Botho Strauß: Der Untenstehende auf Zehenspitzen. München 2004)

Sicher kann der eine oder die andere dieser Aussage nur zustimmen. Friedemann
Schulz von Thun gehört zu denen, die dem Begriff Kommunikation Leben einhau-
chen. Seine Modelle helfen, die vielen Ebenen und Nuancen zwischenmenschlicher
Verständigung achtsam wahrzunehmen und einzusetzen. Wer einmal erlebt hat, wie
schnell Gruppen das Kommunikationsquadrat verstehen und begreifen, dass es lohnt,
die eigenen Ohren zu schulen, wird dem nur zustimmen können.

Geschichte: Friedemann Schulz von Thun wurde 1944 in Soltau geboren, wuchs
in Hamburg auf und studierte dort von 1967 bis 1971 Psychologie, Philosophie
und Pädagogik, vor allem bei Reinhard Tausch. Nach seinem Diplom wurde er Assis-
tent bei diesem und wählte das Thema »Verständlichkeit der Wissens- und Informa-
tionsvermittlung« als Schwerpunkt seiner Arbeit. Darüber promovierte er auch und
veröffentlichte 1974 zusammen mit Inghard Langer und Reinhard Tausch das Trai-
ningsprogramm zur Diagnose und Verbesserung von Texten »Sich verständlich ausdrücken«. Seit 1975 ist er Professor in Hamburg am Fachbereich Psychologie, seit 1976
zuständig für den Studienschwerpunkt Training und Beratung. Schon während seines
Studiums begann er 1970 als Berater und Trainer in wirtschaftlichen und sozialen Institutionen tätig zu werden.

Anfangs bestimmten die Ideen des Verhaltenstrainings und der angewandten
Gruppendynamik die Arbeit von Schulz von Thun. Mit dem Ziel einer »inneren Demokratisierung« leitete er Kurse für Lehr- und Führungskräfte. Die Auseinandersetzung mit der Individualpsychologie Alfred Adlers und eine Lehrzeit bei Ruth Cohn
erweiterten sein Verständnis zwischenmenschlicher Kommunikation. Individualpsy-
chologische, humanistische und systemische Gedanken sowie die Erfahrung in den
praktischen Kursen führten zur Formulierung des Kommunikationsquadrates (s.
S. 67 ff.), das 1977 erstmals publiziert wurde und 1981 Inhalt des ersten Bandes der
Trilogie »Miteinander reden« war, die als Standardliteratur der Kommunikationspsychologie gilt. Die Modelle und das Handwerkszeug der Kommunikationspsychologie
wurde so auch Nicht-Psychologen zugänglich gemacht.

Was steckt dahinter?

Kommunikation nach Schulz von Thun

Das Ideal der Stimmigkeit

Friedemann Schulz von Thun geht es um angemessene Kommunikation, deren zentrales und übergeordnetes Kriterium die Stimmigkeit ist. Für ihn ist sie (2000) »doppelt definiert: Als Übereinstimmung mit mir selbst und mit dem Charakter der Situation und dem Anlass, der mich mit anderen zusammenführt«. So gilt es, in Kommunikationssituationen eine zweifache Spur zu verfolgen: Die nach außen, die auf den situativen Kontext gerichtet ist, seine Bestandteile und deren Zusammenhang, Gebote und Forderungen. Die Kenntnis und Beachtung dieser Faktoren führt zu situationsadäquater Kommunikation. Die zweite Spur führt nach innen: Welche Stimmen gibt es in mir, welche inneren Gebote und Forderungen, welche Äußerungen können somit authentisch sein? Mit welchen Äußerungen bin ich in Übereinstimmung mit meiner inneren Verfasstheit, meinen Werten und Überzeugungen?

Stimmige Kommunikation ist also authentisch und situationsgerecht. Diese »doppelte Geländekenntnis« (Schulz von Thun 1999) erfordert es, zwei Denkschulen miteinander zu verknüpfen: das Ideal der sich verwirklichenden autonomen Persönlichkeit, das die humanistische Psychologie vertritt, und die Erkenntnis, dass Menschen als Teil des Ganzen Identität gewinnen, die in der systemischen Sichtweise vertreten wird. Ziel der Kommunikationsberatung nach Schulz von Thun ist es, diese Prinzipien in Einklang zu bringen.

Metakommunikation

Metakommunikation ist das Reden über Kommunikation. Die Art, wie zwei oder mehr Menschen im Gespräch miteinander umgehen, wird also zum Gegenstand der Auseinandersetzung gemacht und für die Entwicklung der (Arbeits-)Beziehung genutzt.

In der Metakommunikation werden Selbstverständlichkeiten infrage gestellt (die vorausgesetzte gleiche Definition für Begriffe und Situationen) und die jeweils individuelle Sicht dargestellt: Wie sind gesendete Nachrichten gemeint, wie werden empfangene Nachrichten entschlüsselt, auf welchen Aspekt darin wird reagiert.

Metakommunikation kann sparsam regelmäßig eingesetzt werden, um beispielsweise in einem Prozess zu überprüfen, ob ein gemeinsames Situationsverständnis existiert. Explizit notwendig ist sie nach Schulz von Thun, wenn Missverständnisse geklärt werden sollen und die Grundlage für gemeinsames Weiterkommen gelegt werden soll.

Modelle für die Wahrnehmung und Diagnose von Kommunikationssituationen

Um sich dem Ideal der Stimmigkeit zu nähern, entwickelte Schulz von Thun fünf kommunikationspsychologische Modelle für die Wahrnehmung und Diagnose zwischenmenschlicher Kommunikationssituationen und Verwicklungen (damit auch als Modelle für Metakommunikation), aber auch als Anstoß für die persönliche Entwicklung:

- Das Kommunikationsquadrat
- Der Teufelskreis
- Das innere Team
- Das Werte- und Entwicklungsquadrat
- Das Situationsmodell

Die fünf Modelle sind jeweils für sich alleine anwendbar, stehen aber gleichzeitig in einem inneren Zusammenhang und ergänzen einander, können so auch gemeinsam in Praxissituationen herangezogen werden. Sie werden im Kapitel »Methodische Ansätze« erklärt.

Ethik, Werte und kritische Betrachtungen

Die duale Ethik der Kommunikation

Friedemann Schulz von Thun sagt zu den Anfängen seiner Arbeit (1999): »Damals herrschte Aufbruchstimmung. Der Protest galt allem, was nach dem alten Obrigkeitsstaat roch: autoritären Eltern, Professoren, Lehrern und Vorgesetzten. Das neue Ziel war Partnerschaftlichkeit. Wir führten die ersten Kommunikationstrainings durch und fühlten uns als Pioniere einer neuen Zeit. Es ging darum, die Demokratisierung der Politik und der Institutionen mit der Demokratisierung des menschlichen Umgangs zu verbinden ... Wir glaubten zu wissen, wie gute Kommunikation aussieht und wie man sie den Leuten beibringt. Aber wir waren auf dem Holzweg.« Die »Kommunikationspioniere« entdeckten schnell, dass partnerschaftliche und wertschätzende Kommunikation nur funktioniert, wenn die Menschen diese Werte auch integrieren (1999): »So kamen wir darauf, dass Authentizität viel wichtiger ist als irgendein Idealverhalten. Kommunikation muss aus dem Holz sein, aus dem der Mensch geschnitzt ist.« So kam es zum neuen *Ideal der Authentizität*. Dabei entstand allerdings ein Druck, sein Innerstes nach außen zu kehren, unabhängig von den beteiligten Personen, den Situationen sowie dem Zeitpunkt. Heute ist das Ziel die *Stimmigkeit* (s. S. 73). Dabei ist es Schulz von Thun wichtig, sowohl den weit reichenden existenziellen Hintergrund der authentischen Reaktion im Blick zu haben als auch den größeren Zusammenhang, in dem die Situation steht und der sie Entstehung und Sinn verdankt.

Kommunikation hat ihren jeweiligen Zweck, sie verdirbt jedoch, wenn sie nur darauf ausgerichtet ist. Schulz von Thun übersetzt dazu eine Stelle aus dem Korintherbrief folgendermaßen (2000): »Und wäre ich auch rhetorisch geschult und dialektisch trainiert, hätte aber kein Herz für mein Gegenüber, kein Gefühl für mich selbst und kein Gespür für die Situation, dann wäre alle meine Kunst nur eine Optimierung von Sprechblasen ohne eine Verbindung von Mensch zu Mensch.« Schulz von Thun nennt dies eine »duale Ethik«, die auf eine doppelte Pflicht setzt (1999): »... zum Gelingen des Ganzen beizutragen, von dem der Mensch ein Teil ist – und zum Gelingen des Ganzen beizutragen, der er selbst ist!«

Er ist überzeugt davon, dass ein Kommunikationsideal nicht zu entwickeln ist, ohne einen ethischen Kompass zu entwerfen. Dafür gilt es, das humanistische Ideal der autonomen und sich selbst verwirklichenden Persönlichkeit und die systemische Erkenntnis des Menschen als Teil des Ganzen miteinander zu versöhnen und zu verknüpfen. Aus dieser Weltsicht entsteht sein Anspruch, Professionalität und Menschlichkeit im beruflichen und politischen Bereich miteinander zu verbinden.

Die Grenzen

Friedemann Schulz von Thun stellt in verständlicher und einfach nachzuvollziehender Form Instrumente zur Analyse und Entwicklung zwischenmenschlicher Kommunikation vor. Sicherlich erscheinen diese Modelle bisweilen »zu« einfach, die Sprache manchmal dem einen oder anderen zu verständlich für einen wissenschaftlichen Gegenstand. Sicher gut geeignet sind seine Modelle, um am eigenen Kommunikationsverhalten und dessen Hintergründen zu arbeiten. Auch für die Vermittlung in Gruppen und den Anstoß zur Etablierung sinnvoller und konstruktiver Kommunikationsrituale eignen sich die Modelle.

Natürlich ist es nicht zu empfehlen, ständig sein Gesprächsverhalten und das anderer zu reflektieren. Schulz von Thuns Instrumente sind »Hilfsmittel in Situationen, in denen man mit Bordmitteln, dem gesunden Menschenverstand, allein nicht mehr weiterkommt« (Schulz von Thun 2002, S.190).

Was Schulz von Thun nicht bietet, sind Interventionstechniken. Seine Modelle eignen sich für die Analyse. Im Konfliktfall ist es möglich, in der oberen (Sach-)Ebene des Konfliktes damit zu arbeiten, bei einer (emotionalen) Eskalation sind sie nicht ausreichend.

Methodische Ansätze

Das Kommunikationsquadrat

Schulz von Thun greift die Konzepte von Karl Bühler und Paul Watzlawick auf. Bühler unterscheidet drei Aspekte der Sprache: Darstellung, Ausdruck und Appell. Nach Watzlawick haben Mitteilungen eine Sach- und eine Beziehungsebene.

Diese Theorien baut Schulz von Thun aus in das so genannte Kommunikationsquadrat. Dabei nimmt er Bezug auf das »interpretierende System« von G. Bateson. Jede Äußerung eines Menschen wirkt auf vierfache Weise und enthält vier Botschaften gleichzeitig:

- Ein Sachinhalt (worüber ich informiere).
- Eine Selbstkundgabe (was ich von mir zu erkennen gebe).
- Einen Beziehungshinweis (was ich von meinem Gegenüber halte und wie ich zu ihm stehe).
- Einen Appell (was ich bei meinem Gegenüber erreichen, wozu ich ihn veranlassen möchte).

Schulz von Thun entwickelte daraus das Kommunikationsquadrat:

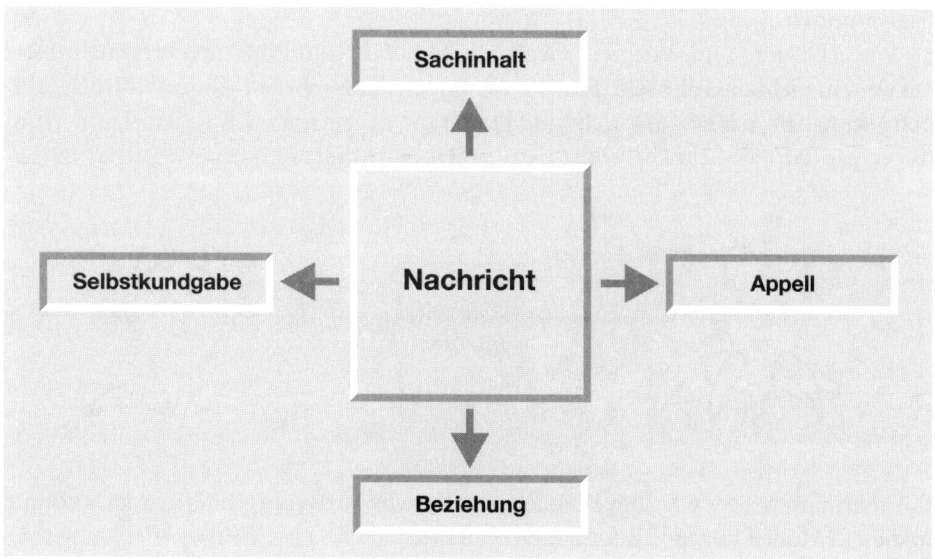

Der Sachinhalt: Er wird meist explizit ausgesprochen und sollte im beruflichen Kontext auch tatsächlich die Hauptrolle spielen. Auf der Sachebene gilt es, drei Kriterien zu berücksichtigen:

- Wahrheit: Ist der ausgesprochene Sachverhalt zutreffend?
- Relevanz: Ist er von Belang für das anstehende Thema?
- Hinlänglichkeit: Sind die aufgeführten Inhalte ausreichend oder muss noch anderes bedacht werden?

Der Beziehungsaspekt: Gewollt oder ungewollt gebe ich bei jeder Äußerung (zum Beispiel durch Tonfall, Formulierung, Mimik) zu erkennen, wie ich zu meinem Gegenüber stehe und was ich von ihm beziehungsweise ihr halte. So steckt auch ein Beziehungshinweis in jeder Äußerung. Die Nachrichtenempfangenden haben für diese Seite ein besonders feines Ohr, weil sie sich hier als Person in bestimmter Weise behandelt fühlen.

Die Selbstkundgabe: Wenn ich etwas von mir gebe, gebe ich immer auch etwas preis, explizit oder implizit: Einen Hinweis darauf, wie ich zum ausgesprochenen Sachverhalt stehe, wie ich meine Rolle auffasse, ... Bei der Selbstkundgabe geht es um Authentizität, die je nach Situation unterschiedlich ausgeprägt sein sollte.

Der Appell: Schließlich will ich mit jeder Äußerung auch Einfluss nehmen, etwas erreichen. Im beruflichen Kontext ist diese Seite sehr wichtig, gerade wenn es um Anweisungen und Aufträge geht.

Auf allen vier Seiten können explizite wie implizite Botschaften enthalten sein, manchmal wird sogar die Hauptbotschaft implizit, zum Beispiel durch Gestik, Mimik, Tonfall, vermittelt.

Was ich sende und was mein Gegenüber empfängt und interpretiert, muss dabei bei weitem nicht dasselbe sein. Für alle vier Seiten der Nachricht gibt es natürlich je einen »Schnabel«, der sie ausspricht und je ein Ohr, das sie hört. Schulz von Thun nennt das Ganze das Vier-Schnäbel- oder das Vier-Ohren-Modell:

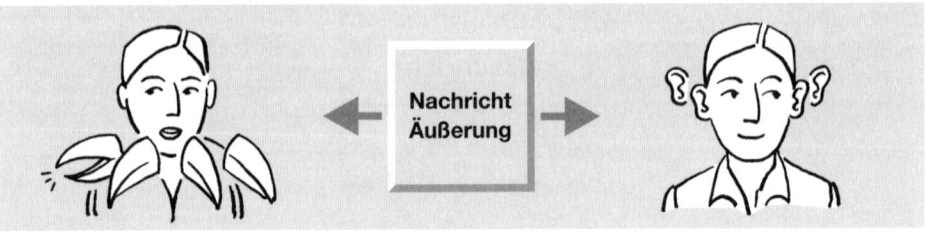

Nachricht
Äußerung

Ein »harmloser« Satz wie zum Beispiel »Der Bericht muss morgen fertig sein.« könnte in diesem Modell folgende Botschaften enthalten:

Der Chef sagt:	Der Angestellte hört:
Sachinhalt: Der Bericht muss morgen fertig sein.	*Sachinhalt:* Der Bericht muss morgen fertig sein.
Selbstkundgabe: Ich stehe unter Druck.	*Selbstkundgabe:* Ich bin ungeduldig.
Appell: Bitte unterstützen Sie mich.	*Appell:* Strengen Sie sich an.
Beziehung: Sie sind so zuverlässig, ich vertraue Ihnen.	*Beziehung:* Sie sind zu langsam.

Jede gesendete Nachricht enthält also ein Geflecht von Botschaften mit sprachlichen und nicht sprachlichen Anteilen, die zudem noch kongruent oder inkongruent sein können auf den verschiedenen wie auch auf ein und derselben Seite.

Das Modell ist eine Möglichkeit, sowohl die eigenen Äußerungen zu analysieren und in ihrem Gehalt zu präzisieren als auch die Wirkung der Äußerungen anderer auf mich zu betrachten und gezielt nachzufragen. Schnäbel und Ohren können geschult werden.

Im Berufsleben sollte und muss der sachliche Aspekt überwiegen, alle Beteiligten sind gehalten, ihre Emotionen zurückzustellen. Selbst bei Gesprächen, bei denen übereinstimmend der Sachaspekt im Vordergrund steht, spielt jedoch immer die persönliche Be- und Getroffenheit der Einzelnen hinein und wirkt sich aus. Die Sachlichkeit ist immer nur ein Aspekt.

 ## Übung zum Kommunikationsquadrat

Das Modell kann im Training verdeutlicht werden, indem im Raum ein Quadrat festgelegt wird, dessen Seiten mit Begriffen versehen werden: Sachinhalt, Selbstkundgabe, Beziehung, Appell. Nun wird ein Satz oder mehrere Sätze auf je vier Blätter geschrieben und auf die vier Seiten des Quadrats verteilt. Die Teilnehmer werden nun aufgefordert, sich im Raum zu bewegen und ihre verschiedenen Ohren »anzuschalten«, die Sätze also mit jeweils allen vier Ohren zu »hören«. Das Empfangene schreiben sie dann unter den jeweiligen Satz in der jeweiligen Ecke.

So entsteht eine Sammlung von Möglichkeiten, wie ein und derselbe Satz beim Empfänger ankommen kann. Diese Sammlung kann dann als Grundlage für die weitere Arbeit dienen.

Die Sätze können alltägliche Aussagen sein (»Die Suppe ist grün«), wenn es um die Verdeutlichung des Prinzips geht. Sie können aber auch aus dem Arbeitskontext der Teilnehmer stammen oder von ihnen selbst formuliert werden. Natürlich können auf diese Weise auch Sätze analysiert werden, über die Teilnehmer oder Klienten »gestolpert« sind.

Der Teufelskreis

Das kleine Einmaleins der Beziehungsdynamik nennt Schulz von Thun dieses Kreislaufschema, das Kommunikationsschwierigkeiten innerhalb von sozialen Systemen betrachtet. Dabei beleuchtet dieses Modell die Dyade, also die Beziehung zwischen zwei Personen, zwischen Gruppen oder Einheiten.

In Konflikten empfinden häufig beide Parteien, dass sie lediglich auf provozierende Eigenschaften der anderen reagieren, also das Opfer sind. Beide sehen eindeutig im Verhalten der jeweils anderen den Auslöser für ihr eigenes Verhalten. »Wenn du so ..., dann kann ich ja nicht anders als ...« Es ist wie bei der berühmten Frage nach dem Huhn oder dem Ei: Es gibt nicht Ursache und Wirkung, der ursprüngliche Auslöser (falls es ihn gab) lässt sich meist nicht mehr herausfinden, Verhalten und Äußerungen beider Beteiligten bilden einen Kreislauf, aus dem es scheinbar kein Entrinnen gibt.

Vier Stationen haben diese Teufelskreise, wobei es äußerlich sichtbare und wirksame Verhaltensweisen (Äußerungen) und innere Reaktionen (Innerungen) zu unterscheiden gilt:

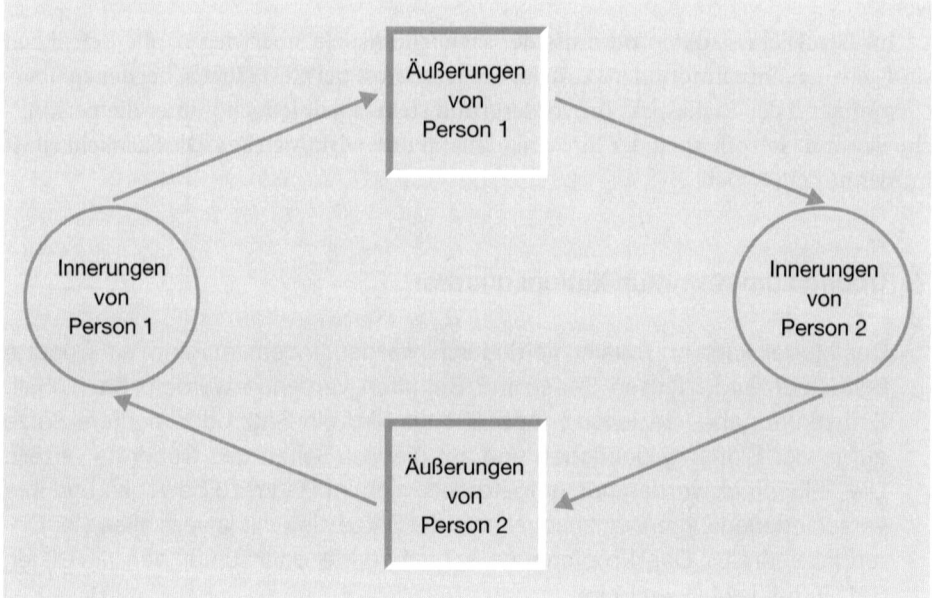

Ein Beispiel, das häufig in der Zusammenarbeit in Teams auftritt, ist folgendes: Frau Müller ist besonders engagiert, weiß deshalb besonders viel und übernimmt bald eine inoffizielle Führungsrolle im Team. Nachdem anfangs alle Beteiligten mit diesem Arrangement zufrieden waren, entsteht mit der Zeit Unzufriedenheit: Frau Müller wirft den anderen Teammitgliedern mangelndes Engagement und fehlende Zuverlässigkeit vor, diese fühlen sich bevormundet und unterstellen ihr Machtgehabe. Die Rollen verfestigen sich, das Arbeitsklima wird immer schlechter.

Nun bleibt ja die Frage, warum sich die Beteiligten an Teufelskreisen stets weiterhin gegenseitig das Leben schwer machen. Oft lohnt es sich nachzufragen, was sie denn davon haben, dass sich der Teufelskreis immer weiter dreht. Häufig gibt es außer dem offensichtlichen noch einen unter der Oberfläche liegenden Kreislauf, der unbewusste Bedürfnisse befriedigt und der Systemerhaltung dient.

 In unserem Beispiel könnte das so aussehen: Die Teammitglieder fühlen sich zwar bevormundet und kritisiert, sind aber gleichzeitig entlastet, haben weniger Druck bei der Arbeit und genießen dies auch. Frau Müller wiederum hat den Gewinn, sich besonders kompetent und wichtig zu fühlen.

Mit dem versteckten Kreis, der innen eingezeichnet ist, sieht die Situation also folgendermaßen aus:

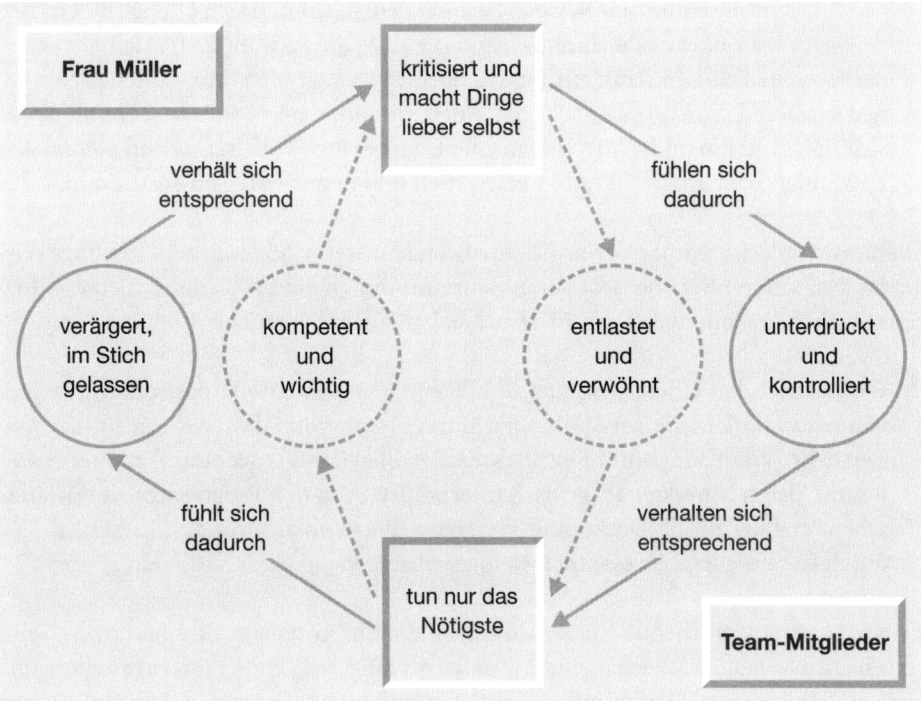

Die »unbewusste Lobby« im Innenkreis wird verhindern, dass der Teufelskreis gestoppt wird; es gilt also, den verdeckten Kreis zu erkennen und zu bearbeiten.

- Teufelskreise können aufgelöst werden, indem (mindestens) einer der beiden Beteiligten den Teufelskreis und die dahinter steckende Beziehungsdynamik erkennt.
- Dieser kann so vom reagierenden Opfer zum agierenden Täter werden und sich damit anders verhalten.

● Einer oder alle Beteiligten können prüfen, ob sich das Verhalten des Gegenübers anders deuten lässt (s. »Reframing«, S. 158 f.), und sich damit die Gefühle verändern, was einen Ausstieg aus dem Teufelskreis ermöglicht.

Dann können sich beide Seiten in einem »Metagespräch« über ihren gemeinsamen Teufelskreis austauschen, das heißt aussprechen, was in ihnen vorgeht, wenn sie sich »gezwungen« fühlen, in der etablierten Weise zu reagieren.

In Training und Beratung hilft es häufig, solche Kreisläufe nach den Aussagen der Beteiligten aufzuzeichnen und dann gemeinsam die Situation zu analysieren. Natürlich kann auch im Einzelgespräch versucht werden, die Positionen und Motivation der anderen Beteiligten zu formulieren.

In unserem Beispiel könnte es Frau Müller sein, die im Coaching den Teufelskreis anspricht und aufzeichnet. In der nächsten Situation, in der ihr der Teufelskreis einfällt, kann sie dann zum Beispiel bewusst delegieren und sich offensichtlich freuen, wenn ihr Kollege oder ihre Kollegin die Aufgabe zu ihrer Zufriedenheit erfüllt hat. Eventuell fällt ihr dann auf, dass es durchaus schon öfter Situationen gab, in denen sie diese Erfahrung gemacht hat: Auch die anderen leisten etwas. Damit deutet sich die Situation anders. Es besteht die Chance, den Teufelskreis aufzulösen. Alle zusammen können die Situation betrachten und neue Strategien entwickeln.

Diese Methode ist immer dann gut anzuwenden, wenn Menschen beziehungsweise Teams sich schon über einen längeren Zeitraum mit einem Problem oder einer Situation beschäftigen und dabei den Eindruck haben, nicht »voranzukommen«.

Ein Beispiel: Bei einem Seminar zum Thema »Präsentation« passiert einem Teilnehmer beim Üben einer spontanen Kurzpräsentation »das, was mir immer passiert«: Er ist aufgeregt und erschrickt, als er Blickkontakt zu einer Zuhörerin aufnimmt, deren Mimik er als kritisch interpretiert. Um den Faden nicht zu verlieren, schaut er nun an die Decke und vermeidet Blickkontakt mit den Zuhörern. Dadurch ist sein Vortrag wesentlich weniger überzeugend als er hätte sein können.

Er bekommt entsprechende Rückmeldungen, die ihn in seinem Bild bestärken, »einfach nicht vor Leuten überzeugend auftreten zu können«. Die Trainerin reagiert und versucht eine weitere Manifestation dieses Gedankens zu vermeiden. Mit der Gruppe wird der Teufelskreis entwickelt und aufgezeichnet: Herr Meier wird nach seinen Wahrnehmungen und Gefühlen gefragt, ebenso die »kritische Zuschauerin« Frau Schneider und die ganze Gruppe. Folgender Teufelskreis entsteht:

● Herr Meier sieht einen »kritischen« Blick und fühlt sich verunsichert.
● Er versucht Blickkontakt zu vermeiden.
● Frau Schneider fühlt sich nicht wahrgenommen.
● Sie schaut »kritisch« – ...

Die einzelnen »Stationen« des Teufelskreises werden aufgezeichnet. Die Gruppe sammelt Optionen, welche Verhaltensmöglichkeiten es jeweils gäbe. Diese unterschiedlichen Möglichkeiten werden nicht kommentiert und bewertet. Sei werden von der Trainerin lediglich aufgeschrieben.

 Herr Meier beschließt, jetzt gleich in diesem Seminar die Chance zu nutzen, neue Verhaltensweisen in geschützter Umgebung auszuprobieren. Er sucht sich drei der gesammelten Optionen aus und unternimmt folgende Experimente:
- Während einer Kurzpräsentation schaut er sehr bewusst Frau Schneider drei Sekunden länger an, als er es angenehm findet.
- Er spricht Frau Schneider direkt an – »Sie schauen kritisch – haben Sie etwas anzumerken?«
- Er sucht immer wieder den Blickkontakt mit einer Person, die ihm freundlich gestimmt scheint und kann aus dieser Sicherheit heraus auch Blickkontakt zu den anderen Zuhörern aufnehmen.

In den Experimenten verändert sich die Wahrnehmung von Herrn Meier, seine Verhaltensmöglichkeiten erweitern sich. Die Erarbeitung des Teufelskreises hat ihm den Ansatzpunkt für Veränderungen klar gemacht.

Das innere Team

Neben der Frage nach der situationsgerechten Haltung und Kommunikation gehört zur Stimmigkeit die *Übereinstimmung mit mir selbst.*

Wir alle kennen die zwei oder mehr Seelen in unserer Brust, »innere Stimmen«, die sich vor allem in neuen und unklaren Situationen zu Wort melden und sich selten einig sind: Interaktion also nicht nur zwischen Menschen, sondern in uns selbst. Je nach Situation melden sich die verschiedenen Teile in uns mit unterschiedlicher Lautstärke und Vehemenz zu Wort. Nach Schulz von Thun ähneln die Verhältnisse und Gesetze unserer inneren Teams stark denen von Arbeitsteams.

Für Führungskräfte bedeutet dies doppelte Entwicklungsarbeit: die nach außen und die nach innen. Um in schwierigen Situationen zu einem klaren Standpunkt und einer durchführbaren Linie zu kommen, braucht es innere Klarheit. Schulz von Thun empfiehlt, dann »innere Ratsversammlungen« durchzuführen.

Dabei werden alle inneren Stimmen identifiziert und es wird ihnen allen das Wort erteilt, statt der schnellsten und lautesten die Entscheidung zu überlassen. Im ersten Schritt wird allen Stimmen, die sich in einer bestimmten Situation oder Konstellation in uns regen, ein Name und eine Stimme gegeben und wir bitten sie, ihr Befinden, ihre Meinung und ihr Anliegen in Worte zu fassen. Das innere Team wird aufgezeichnet und mit Sprechblasen versehen.

Dieser Ist-Zustand bildet die Grundlage für eine »innere Teamentwicklung«, die wiederum situations- und rollenadäquate Kommunikation ermöglicht.

 Ein Beispiel: Der Geschäftsführer eines Autohauses bekommt zunehmend Beschwerden über die Verkaufspraktiken seines Vertriebsleiters. Er überlegt, wie er vorgehen soll. – Auf der inneren Bühne erscheinen:

- *Der mit der Firma Identifizierte:* »Der Typ verdirbt mir den guten Ruf unseres Hauses. Das soll er mir mal erklären.«
- *Der Kumpel:* »Wir verstehen uns ja privat so gut, ich will ihm nicht auf die Füße treten. Und die gemeinsamen Mittagspausen sollen nicht *zusätzlich* belastet sein.«
- *Der Gesundheitsbewusste:* »Wenn ich Herrn X anspreche, gibt das noch mehr Stress, und das kann ich nicht vertragen. Die Herzattacke vor einem halben Jahr war schon ein Warnschuss.«
- *Der Korrekte:* »Da gibt es doch klare Richtlinien, was wir tun und lassen. An die soll er sich gefälligst halten.«
- *Der Unsichere:* »Vielleicht hat er ja recht und in der derzeitigen Situation braucht es neue Herangehensweisen.«

Für eine innere Ratsversammlung nennt Schulz von Thun folgende Schritte:

- *Identifikation der Teilnehmer:* Wer meldet sich in dieser Situation zu Wort?
- *Anhörung der Einzelstimmen:* Was hast du zu sagen?
- *Freie Diskussion:* Was habt ihr einander zu sagen?
- *Verhandlung leiten:* Was willst du genau? Was kannst du zur Situation beitragen?
- *Entwurf einer integrierten Stellungnahme:* Wie will ich (das Oberhaupt) jetzt reagieren? Wer soll in dieser Situation Vorrang haben? Wie und was können die anderen ergänzen?

 So kann zum Beispiel unser Geschäftsführer die Ratsversammlung leiten, seinen verschiedenen Anteilen bei der Diskussion zuschauen und so einen Schritt zur Klärung gehen, was er wie ansprechen will.

Dieses Modell kann in ganz unterschiedlicher Weise angewendet werden. In der (Einzel-)Supervision und im Coaching kann der oder die Betroffene damit Situationen klären, Entscheidungen finden, schwierige Gespräche vorbereiten. Dies geschieht, indem er die Mitglieder des inneren Teams findet und benennt (eventuell mithilfe des Coachs). Dann zeichnet er das innere Team auf. Nun kann er sie miteinander diskutieren lassen und dabei die Gesprächsleitung übernehmen. Eine Möglichkeit ist es auch, sich nacheinander auf die verschiedenen Stühle des inneren Teams zu setzen und aus der jeweiligen Position zu sprechen. Diese Übung verstärkt das Erleben.

In Gruppen kann nach der Aufzeichnung des Teams folgen, dass einzelne Gruppenmitglieder die Rolle übernehmen, der sie sich besonders nahe fühlen (oder für die der »Teamleiter« sie auswählt). Alle bekommen ein paar »Schlüsselsätze« mit auf den Weg, stellen sich dann in den Innenkreis (oder auf einen mit Kreppband abgesteckten Kreis) und führen die innere Diskussion. Dabei sind auch Bündnisse erlaubt.

Eventuell kommt es zu einer Einigung, ansonsten bricht der Trainer nach einiger Zeit die Diskussion ab. Wichtig ist dann, nachzufragen, ob eine Stimme gefehlt hat und ob die innere Situation adäquat wiedergegeben ist.

Die Arbeit kann sich fortsetzen, indem der Protagonist und die Innenkreisspieler nach ihren Regungen und Reaktionen gefragt werden, dann der Außenkreis um Feedback und Stellungnahmen gebeten wird und schließlich der Protagonist eine Zwischenbilanz vornimmt. Danach gilt es, das Erlebte »sacken zu lassen« (vgl. Schulz von Thun 2003, S. 125 ff.).

Das Werte- und Entwicklungsquadrat

Aufbauend auf das Wertequadrat von Paul Helwig arbeitet Friedemann Schulz von Thun mit dem Werte- und Entwicklungsquadrat als Wahrnehmungs- und Leitinstrument. »… jeder Wert … (kann) nur dann zu einer konstruktiven Wirkung gelangen, wenn er sich in ausgehaltener Spannung zu einem positiven Gegenwert, einer Schwestertugend, befindet« (2003a, S. 38). Der positive Gegenwert bringt Balance, ohne die ein Wert zu seiner »entwertenden Übertreibung« verkommt.

 So braucht der Wert Sparsamkeit den positiven Gegenwert Großzügigkeit, um nicht zum Geiz zu verkommen. Auch der positive Gegenwert hat eine entwertende Übertreibung (in diesem Fall Verschwendung), weshalb die Dynamik in alle Richtungen gilt.

Die hierbei entstehenden Begriffe lassen sich zu einem Quadrat anordnen, wobei die positiven Werte oben, die entwertenden Übertreibungen unten stehen. Im Beispiel »Sparsamkeit – Großzügigkeit – Geiz – Verschwendung« sieht das Quadrat dann folgendermaßen aus:

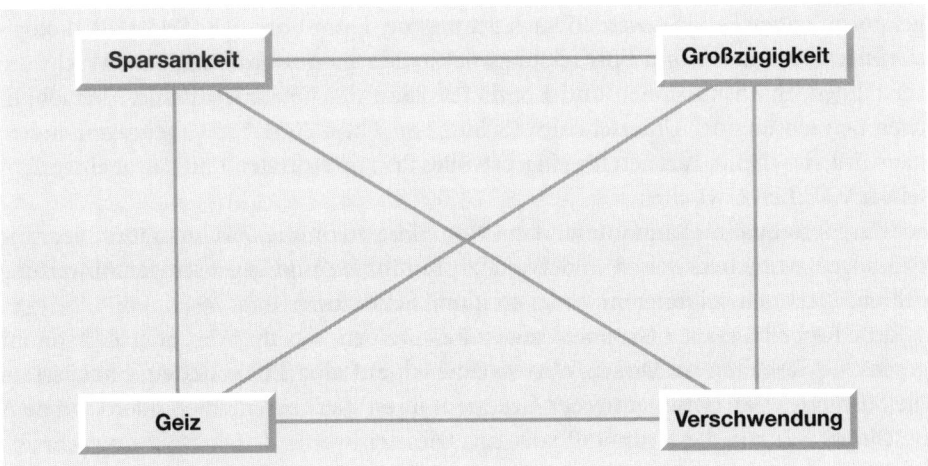

So entstehen vier Arten von Beziehungen:

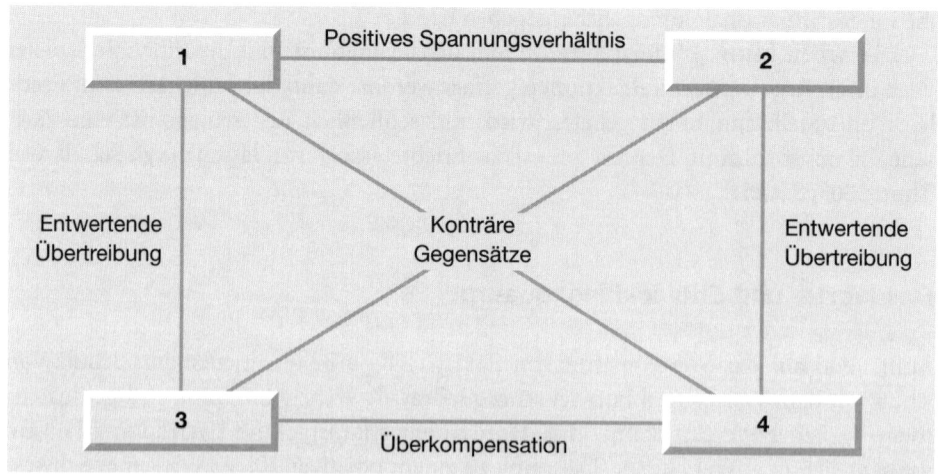

Auf diese Weise können Werte- und Entwicklungsquadrate konstruiert werden, ausgehend von positiven wie von negativen Werten.

 Ich kann beispielsweise von einem positiven Wert ausgehen und diesen links oben an Position 1 einsetzen. Nun frage ich weiter in beliebiger Reihenfolge nach dem positiven Gegenwert, dem konträren Gegensatz und der entwertenden Übertreibung. Ebenso kann ich eine für mich negative Eigenschaft auf Position 3 einsetzen und dann nach und nach die anderen Positionen ergänzen.

Werte- und Entwicklungsquadrate dienen zur Bestimmung der eigenen Entwicklungsrichtungen. Sie können helfen, den positiven Kern und die Entwicklungsmöglichkeiten in einer Situation und eigenen »Defiziten« zu erkennen und den schlummernden Gegenpol zu entwickeln. So werden nach Schulz von Thun unnötige (Selbst-)Pathologisierungen vermieden und Entwicklungsrückstände als Aufforderung zum Wachstum verstanden. In Diskussionen und Konflikten kann das Quadrat zu einer »versöhnlichen Betrachtung der Unterschiede« (Schulz von Thun 2003, S. 53) beitragen, indem klar wird, dass beide Parteien für ein wertvolles Prinzip eintreten und damit einen Zipfel der Wahrheit erwischen.

Das Wertequadrat kann immer dann zum Einsatz kommen, wenn unterschiedliche Haltungen, Vorgehensweisen und Werte zu Konflikten und gegenseitiger Abwertung führen, aber auch bei innerem Widerstreit und Selbstabwertung.

In Gruppen lasse ich Gruppe A zuerst beschreiben, was ihr Wert oder das von ihr geschätzte Verhalten ist. Diesen Wert zeichne ich auf eine Tafel oder ein Flipchart an die Position 1. Nun kann entweder Gruppe B ihren Wert beschreiben oder Gruppe A beschreibt, was sie der Gruppe B vorwirft. Diese entwertende Übertreibung schreibe ich dann an Position 4, von dort aus kann es über Position 2 (dem positiven Gegenwert, den Gruppe B vertritt) zu Position 3 gehen, an der Gruppe A landen würde, wenn sie nicht den positiven Gegenwert von Gruppe B auch vertritt.

 In einer Gruppe von Praxisanleitern für Krankenpflegeberufe entbrennt eine Diskussion über die Werte, die den Auszubildenden zu vermitteln sind. Dabei legen die einen großen Wert auf Wirtschaftlichkeit und Effizienz, um reibungsloses Arbeiten und gleich bleibende Qualität zu sichern. Die andere Gruppe vermisst dabei die Menschlichkeit und hält es für viel wichtiger, den Auszubildenden Respekt und liebevolle Aufmerksamkeit für die kranken Menschen nahe zu bringen. Es kommt zu erbitterten Kämpfen mit gegenseitiger Abwertung. Im Gespräch wird mit den Gruppen ein Wertequadrat entwickelt:

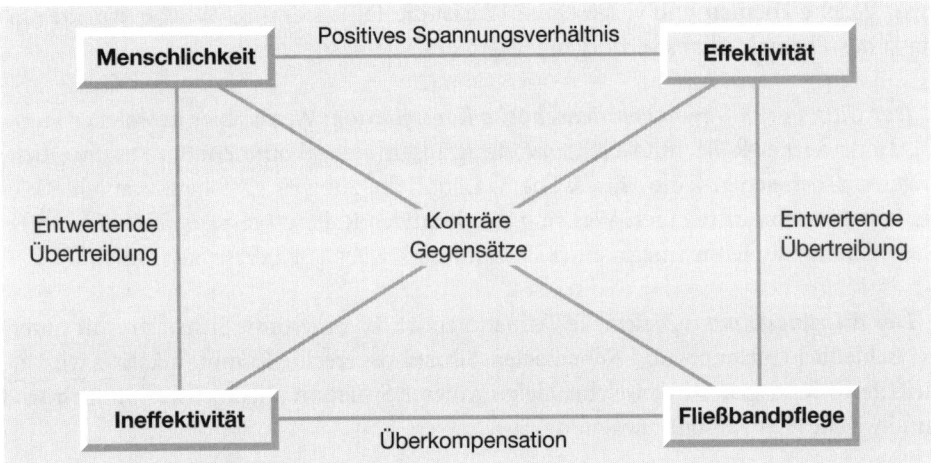

Das Wertequadrat hilft beiden Gruppen, zu erkennen, dass ihre jeweiligen Werte zusammen zum Ziel führen. Es wird möglich, konstruktiv die Zwänge und Möglichkeiten zu betrachten und verschiedene Vorgehensweisen zu entwickeln.

Das Situationsmodell

Dieses Modell setzt nicht bei den menschlichen Eigenarten und der »Chemie« an, sondern betrachtet Kommunikationssituationen unter rein strukturell-situativen Gesichtspunkten. Dabei unterscheidet Schulz von Thun vier Komponenten:

- *Der Eingangskanal:* Vorgeschichte und Anlässe, die zu der Situation geführt haben.
- *Der Oberbauch:* die thematische Struktur.
- *Der Unterbauch:* die zwischenmenschliche Konstellation, die Struktur der beteiligten Menschen und ihrer Rollen.
- *Der Ausgangskanal:* Ziele.

Der Eingangskanal – Vorgeschichte und Anlässe: Berufliche Begegnungen finden oft aufgrund einer Einladung oder Verabredung statt. Fragen, die die Vorgeschichte erhellen, sind zum Beispiel solche nach dem Anlass für das Treffen, nach dem Initiator, den vorausgegangenen Gesprächen und deren Ergebnissen. Um sicher zu sein, dass alle Beteiligten ein gemeinsames Situationsverständnis haben, ist es häufig sinnvoll, am Anfang einer Veranstaltung oder eines Gespräches auf die Vorgeschichte einzugehen. Manchmal kommen dabei Störungen ans Tageslicht, die den Ablauf empfindlich hätten stören können. Ist beispielsweise jemand Wichtiges nicht eingeladen worden oder fühlt sich jemand völlig fehl am Platz, so muss dies am Anfang klar sein.

Der Oberbauch – thematische Struktur: Hier gilt es, sich und anderen klar zu machen, worum es in dieser Situation geht und worum nicht. – Es stellen sich Fragen wie: Welche Themen sind vorgesehen? Wie ist die Tagesordnung? Welche Aspekte umfasst das Thema? Gibt es verborgene Seiten des Themas?

Der Unterbauch – zwischenmenschliche Konstellation: Wer ist hier in welcher Funktion, welcher Rolle, mit welchem Auftrag zusammengekommen? Sind es die »Richtigen«, also diejenigen, die Anlass, Thema und Zielsetzung entsprechen? Wer fehlt? Wer ist ohne klaren Auftrag hier? Was sind die situativen Rollen (beispielsweise eine Abteilungsleiterin als Teilnehmerin einer Fortbildung), wie passen diese zusammen?

Der Ausgangskanal – Ziele: Alle Teilnehmenden kommen mit Sicherheit mit unterschiedlichen Haupt- und Nebenzielen. Situationsgerechte Kommunikation wird erleichtert, wenn klar wird, welche Ziele in dieser Situation allgemeinverbindlich sind und welche eher »abseits« liegen.

Aus diesen vier Komponenten lässt sich die »Wahrheit einer Situation« definieren und damit ein klares Situationsverständnis schaffen. Das Situationsmodell ermöglicht eine Klärung sowohl für die Einzelnen als auch für alle Beteiligten.

Am Anfang eines Seminars kann ich als Trainer folgende Themen ansprechen:

- Warum sind wir hier, auf wessen Veranlassung? (Kann/Muss-Veranstaltung)
- Mit wem gab es schon vorher Kontakte?
- Was ist die inhaltliche Struktur des Seminars, welche Themen sollen behandelt werden? Ist dies der Inhalt, den die Teilnehmer erwartet haben? Gibt es Wünsche, die erfüllt werden können?
- Wer ist da? In welcher Funktion?
- Wer kennt sich bereits?
- Was sind die Erwartungen an das Seminar? Stimmen die Erwartungen der Einzelnen überein? Gibt es gemeinsame Ziele?

Dies kann in mündlicher Form geschehen, die Ergebnisse können aber auch durch eine Grafik an Tafel oder Flipchart dargestellt werden.

Essenz und Bedeutung

Oberstes Ziel Schulz von Thuns ist die stimmige Kommunikation, das bedeutet authentisch und situationsadäquat. Um dieses Ziel zu erreichen, braucht es den Blick nach innen und nach außen: Wie kann ich als Mensch mir selbst gerecht werden, authentisch sein und gleichzeitig das System, in dem ich mich befinde, im Blick haben und es fördern?

Mit dieser Fragestellung entwickelte Schulz von Thun die fünf dargestellten Kommunikationsmodelle:

- Das Kommunikationsquadrat
- Der Teufelskreis
- Das innere Team
- Das Werte- und Entwicklungsquadrat
- Das Situationsmodell

Alle stehen in einem inneren Zusammenhang und können je nach Situation in Kombination oder einzeln angewandt werden. Immer wieder geht es darum, mehrere »Seiten einer Medaille« anzuschauen, unter der Oberfläche liegende innere Stimmen, Motivationen zu erkennen und ihnen Platz einzuräumen.

Alle Modelle eignen sich für die Analyse und das Planen von Kommunikationssituationen, zur Veranschaulichung von Prinzipien der Kommunikation ebenso wie als Anstoß für die persönliche Weiterentwicklung.

Ohne Frage sind die Arbeiten Friedemann Schulz von Thuns und seiner Mitarbeiter von großer Bedeutung für die Arbeit in Training und Beratung. Schulz von Thun stellt sehr praktikable und in der Praxis erprobte Modelle vor, die zugeschnitten sind auf die Arbeit mit Menschen im professionellen Kontext. Er bietet Modelle an, die sich für Analyse und Planung von Gesprächssituationen ebenso eignen wie für die Arbeit an der Entwicklung des persönlichen Kommunikationsverhaltens.

Seine Modelle sind transparent und einsichtig. Ihre Essenzen sind verständlich und schnell zu lernen. Sie sind auf beliebige Kommunikationssituationen anwendbar. Seine Modelle ermöglichen Menschen unterschiedlichster Herkunft und Zielsetzung, sich mit dem Thema Kommunikation zu befassen.

Die Herangehensweise an zwischenmenschliche Kommunikation ermöglicht eine Annäherung über den Kopf, analytische und intellektuelle Fähigkeiten werden wertgeschätzt. Dies macht es auch Menschen, die Emotionen im professionellen Kontext ablehnen, einfach, sich auf die Arbeit mit den Modellen einzulassen. Jeder Teilnehmer kann selbst entscheiden, wie tief er in die Arbeit einsteigt. Es gibt keine Bewertung der Tauglichkeit. Die Arbeit am eigenen Kommunikationsverhalten und den inneren Anteilen kann so als professionelle Herausforderung verstanden werden.

Literatur

Goetsch, Monika: Der Stimmentwirrer, im Gespräch: Friedemann Schulz von Thun. In: Deutsches Allgemeines Sonntagsblatt Nr. 28, 14. Juli 2000

Schulz von Thun, Friedemann: Lass uns drüber reden! In: Personalführung Plus, 1998

Schulz von Thun, Friedemann: Miteinander reden. Band 1–3. Sonderausgabe Rowohlt, Reinbek bei Hamburg 2003a

Schulz von Thun, Friedemann: Praxisberatung in Gruppen. Beltz, Weinheim und Basel ⁵2003b

Schulz von Thun, Friedemann: Wie kommunizieren wir »richtig«? In: Denken + Glauben Nr. 99, 1999

Schulz von Thun, Friedemann/Ruppel, Johannes/Stratmann, Roswitha: Miteinander reden: Kommunikationspsychologie für Führungskräfte. Rowohlt, Reinbek bei Hamburg 2002

Konzept 3

Transaktionsanalyse (TA): Gelungene Kommunikation ist kein Zufall

Ethik, Reflexionshintergrund und Methodenkoffer in der Erwachsenenbildung und Beratung

Jan Gittinger

Einführung und Geschichte

»Ich bin o.k., du bist o.k., oh ja, das kenne ich, ist doch ein alter Stiefel!« Das ist ein Satz, den ein Trainer immer wieder in Seminaren zu hören bekommt, sobald die Transaktionsanalyse (TA) als Modell zur Beobachtung von zwischenmenschlicher Kommunikation eingeführt wird. Möglicherweise liegt das an der einfachen Sprache dieses Modells, denn die TA wurde bewusst in allgemeinverständlichen Begrifflichkeiten von ihrem Begründer Erik Berne beschrieben. Und genau darin liegt der Charme dieses Ansatzes. Aufbauend auf einer alltagstauglichen Sprache bietet die TA differenzierte und tiefgehende Konzepte für die Betrachtung der menschlichen Kommunikation, der Gestaltung des Miteinanders sowie der menschlichen Entwicklung. Dieses Kapitel soll ein kritisch-konstruktives Plädoyer für dieses faszinierende und wirksame Konzept der humanistischen Psychologie sein.

 »Meine Mitarbeiterin führt sich auf wie ein kleines Kind, sie ist unmöglich. Jedes Mal wenn ich ihr auftrage, etwas zu tun, nickt sie und sagt eifrig Ja, und wenn ich dann später nachfrage, ob es erledigt ist, findet sie 1.000 Gründe, warum es nicht klappen konnte. Was kann ich nur mit ihr tun, damit sie endlich das tut, was sie eigentlich tun sollte?«

Dies könnte die Einstiegsfrage einer Führungskraft in einem Coaching sein. Es gäbe nun viele mögliche Dinge, die der Mitarbeiterin angeboten werden könnten, wie Fortbildung in Selbstmanagement, Stressresistenz etc. Dies würde jedoch einen zentralen Aspekt dieser Situation nicht in Betracht ziehen: Die Kommunikationsdynamik zwischen Vorgesetztem und der Mitarbeiterin sowie die Haltung des Chefs gegenüber dieser Person. Die Transaktionsanalyse bietet hier einen guten Reflexionshintergrund sowie konkrete Möglichkeiten zur veränderten Gestaltung in der Kommunikation.

 Warum steigen zum Beispiel Chef und Mitarbeiterin in eine Kommunikationsdynamik wie »zwischen Papa und trotziger oder angepasster Tochter« ein und wie können sie es schaffen, sich stattdessen als erwachsene Menschen zu begegnen? Wie kann die Führungskraft ihren Beitrag zu einer Kommunikation »auf Augenhöhe« leisten und damit die Mitarbeiterin zum selbst verantwortlichen und gesteuerten Handeln einladen?

Genau hierzu bietet die TA eine gute Grundlage für die Reflexion des eigenen Verhaltens und der Gründe für ein Einsteigen in Kommunikationsdynamiken, in die man *ei-*

gentlich gar nicht einsteigen möchte. Darüber hinaus liegt der Charme und die einfache Umsetzbarkeit dieses Ansatzes in der Sprache dieser Methode: Die Führungskraft in dem beschriebenen Beispiel hat fast schon in der Sprache der Transaktionsanalyse die Situation analysiert: »Meine Mitarbeiterin führt sich auf wie ein kleines Kind (angepasstes oder rebellisches Kind, siehe »Funktionalmodell« Seite 87).

Geschichte: Die Geschichte der Transaktionsanalyse ist eng mit dem Leben und Denken ihres Begründers Eric Berne verbunden. Eric Lennart Bernstein wurde 1910 in Montreal, Kanada geboren. Nach seinem Studium der Medizin und dem Abschluss der Promotion 1935 zog er in die USA, wo er auch seinen jetzt bekannten Namen annahm. 1941 begann er seine Ausbildung als Psychoanalytiker zunächst bei Paul Federn, später bei Erik Erikson. Während des Zweiten Weltkrieges arbeitete er als Sanitätsoffizier bei den amerikanischen Streitkräften.

Bereits in den frühen Jahren seiner Ausbildung sammelte er kritische Notizen über die Psychoanalyse. Häufig wird seine Kritik am »Establishment« der Psychoanalyse oder die Ablehnung der Aufnahme in die Psychoanalytische Gesellschaft 1956 als der Motivationspunkt für die Entwicklung »seines« Konzeptes genannt.

Viel wichtiger als der Auslöser für die Entwicklung dieses Modells ist die Grundmotivation und Haltung von Berne. Sein Ideal war die rasche Heilung der Patienten anstelle einer langjährigen Therapie mit mäßigen Fortschritten. Er wollte ein für alle Menschen verständliches und nachvollziehbares Konzept schaffen, das es dem Patienten ermöglicht, aktiv den eigenen Heilungsprozess mitzugestalten und in diesem Sinne effektiv mit dem Therapeuten zusammenzuarbeiten. Das spiegelt sich auch in der »alltagstauglichen« Sprache der Transaktionsanalyse (zum Beispiel Ich-Zustände, Zuwendung, Spiele) wider.

Als weitere Aspekte waren ihm einerseits der Kontakt zur eigenen Intuition sowie das von ihm beschriebene »marsische Denken« wichtig. Berne beschrieb einen Marsmenschen, der auf die Erde geschickt worden ist und nun vollkommen unvoreingenommen das beobachtet, was um ihn herum geschieht. Genau diese Haltung, sich auf die beobachtbaren Phänomene zu konzentrieren, frei von eigenen Vorstellungen und etablierten Ansätzen, wurde von ihm als die wichtigste Grundlage für die Arbeit mit der Transaktionsanalyse gesehen.

Früh begann Berne mit Veröffentlichungen in Fachzeitschriften, in denen sich die ersten Ansätze der TA nachvollziehen lassen. 1957 veröffentlichte er zwei Artikel über die Intuition, in denen er zum ersten Mal sein Konzept der Ich-Zustände und die strukturelle Analyse vorstellte. Somit war der Grundstein der TA gelegt. In darauf folgenden Veröffentlichungen vertiefte und bekräftigte er seine Konzepte.

1958 gründeten Berne und seine Mitarbeiter die San Francisco Social Psychiatry Seminars (SFSPS). Diese Treffen und der Austausch erwiesen sich in der Folge als eine fruchtbare Grundlage für die Entwicklung der TA-Konzepte. 1961 erschien das erste Buch zur TA von Berne: »Transactional Analysis in Psychotherapy«. 1964 wurde die International Transactional Analysis Association gegründet und mit dem Buch »Spiele der Erwachsenen« ein Durchbruch in der Bekanntheit des Ansatzes erreicht.

Zu dieser Zeit gehörten bereits Menschen der – sich inzwischen als San Francisco Transactional Analysis Seminars umbenannten – Gruppe an, die die Entwicklung des Konzeptes und unterschiedlicher Schulen nachhaltig geprägt haben. So nahmen zum Beispiel Claude Steiner (Zuwendungsökonomie), Jaquie Lee Schiff (Konzept der Neubeelterung, Passivität) an den Treffen teil.

Mit dem Tod von Berne 1970 war die Entwicklung der TA keinesfalls beendet. Zu dem inzwischen ausgereiften Modell der TA kamen in der Folge noch wichtige Ergänzungen hinzu, die heute Anerkennung und Anwendung finden.

Von Taibi Kahler wurde zum Beispiel das Konzept der Antreiber entwickelt. Fanita English prägte eine neue Definition des Skriptbegriffes, der nicht nur negative beziehungsweise destruktive, sondern auch konstruktive und fördernde Anteile mit einbezog.

Heute ist die Transaktionsanalyse in vielen Ländern bekannt und wird sowohl in der Therapie als auch in Trainings und Coachings angewendet. In vielen Ländern gibt es Gesellschaften für Transaktionsanalyse (zum Beispiel in Deutschland mit der DGTA, der deutschen Gesellschaft für Transaktionsanalyse), die jährliche Konferenzen veranstalten. Am interessantesten ist der regelmäßig stattfindende internationale TA-Kongress, an denen die einschlägig bekannten Personen teilnehmen und sich dem Diskurs über ihre Modelle und Ansätze mit jungen Menschen stellen.

Was steckt dahinter?

Die Konzepte der TA als Reflexionshintergrund und Methodenkoffer im Training und in der Beratung

Alle Modelle und Konzepte der Transaktionsanalyse, die von Eric Berne oder von Menschen der unterschiedlichen Schulen der Transaktionsanalyse entwickelt wurden, basieren auf einer deutlich eingeforderten Grundhaltung beziehungsweise Ethik, auf der alles Arbeiten des Transaktionsanalytikers basieren soll. Die Grundhaltung der TA ist auf den Seiten 96 ff. detaillierter beschrieben. Ausgehend von der Annahme, dass

- alle Menschen in ihrem Grundwesen in Ordnung sind und ein Anrecht auf Leben und Anerkennung ihrer Bedürfnisse haben (people are o.k.!),
- jeder physisch gesunde Mensch fähig ist zu denken und
- jeder Mensch über sein eigenes Denken, Fühlen und Handeln selbst und bewusst entscheiden kann,

beinhaltet die Transaktionsanalyse Modelle und Konzepte

- zum Verständnis der Persönlichkeit (Ich-Zustands- und Funktionalmodell),
- zur Analyse und Gestaltung von Kommunikation und Beziehung (Funktionsmodell, Transaktionen, Spiele, Dramadreieck) und
- zum Verständnis des menschlichen Entwicklungsprozesses (Skript, Grundpositionen, Grundbedürfnisse, Strokes) mit seinen Auswirkungen auf die persönliche Lebensgestaltung heute (Bezugsrahmen, Redefinitionen, Symbiose, Abwertungen, Passivität).

Im Folgenden werden besonders die für Trainer und Berater zentral wichtigen TA-Modelle beschrieben.

Übersicht

Im Folgenden sind für die Bezeichnung der einzelnen Ich-Zustände nur noch die Kürzel verwendet, diese sind hier zur besseren Übersicht noch einmal kurz aufgeführt:

EL: Eltern-Ich differenziert in
  – kEL: kritisches Eltern-Ich und
  – nEL: nährendes Eltern-Ich
ER: Erwachsenen-Ich

K: Kind-Ich differenziert in
  – fK: freies Kind,
  – aK: angepasstes Kind und
  – rK: rebellisches Kind

Konzepte zum Verständnis der Persönlichkeit

Die Basis der Transaktionsanalyse bilden das Ich-Zustands-Modell sowie das Funktionalmodell. Während das *Ich-Zustands-Modell* (oder *Strukturmodell*) den Inhalt der Ich-Zustände beschreibt (das »Was«), wird im *Funktionalmodell* der Vorgang, der Prozess im Verhalten und der Kommunikation (das »Wie«) beschrieben.

Das *Strukturmodell* geht von drei so genannten Ich-Zuständen aus, die üblicherweise in drei übereinander gestellten Kreisen dargestellt werden. Das Modell beschreibt, dass wir als Menschen aus drei Ich-Zuständen heraus denken, fühlen und handeln:

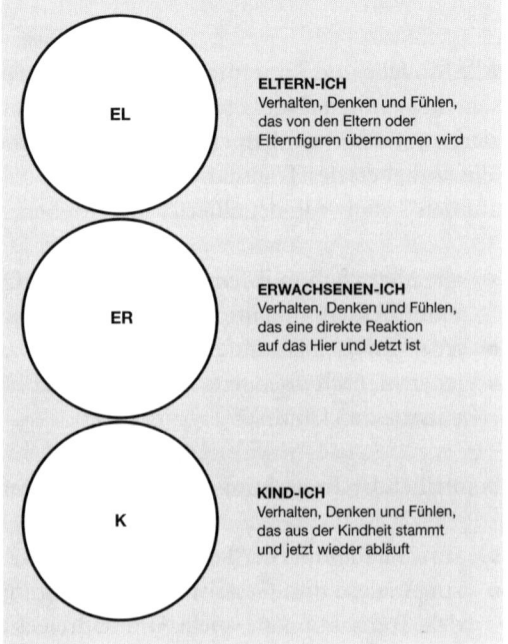

ELTERN-ICH
Verhalten, Denken und Fühlen, das von den Eltern oder Elternfiguren übernommen wird

ERWACHSENEN-ICH
Verhalten, Denken und Fühlen, das eine direkte Reaktion auf das Hier und Jetzt ist

KIND-ICH
Verhalten, Denken und Fühlen, das aus der Kindheit stammt und jetzt wieder abläuft

- aus dem Eltern-Ich, was wir von Eltern(-figuren) gelernt und verinnerlicht haben,
- aus dem Erwachsenen-Ich, als Antwort auf das Hier und Jetzt sowie
- aus dem Kind-Ich, was wir in früher Kindheit erfahren und erlebt haben und jetzt reproduzieren.

Das Strukturmodell beschreibt im Prinzip, was in einem Menschen vorgeht zu einem konkreten Zeitpunkt beziehungsweise in einer Verteilung über einen Zeitraum. Die Zuordnungen wird man eher nur über eine Selbstreflexion beziehungsweise eine Befragung der betreffenden Person herausfinden können.

 So stellt das Beispiel eines Radfahrers der im Spätherbst in einer Kurve auf nassem Laub ins Rutschen gerät anschaulich das Verhalten, Denken und Fühlen in den unterschiedlichen Ich-Zuständen dar: Als das Rad ins Rutschen gerät, erschrickt der Radfahrer, die Augen weiten sich und er balanciert geschickt das schlingernde Rad, durch das gezielte Loslassen der Bremsen fängt er das Rad wieder auf, er spürt den Adrenalinschub in sich (Erwachsenen-Ich). Im nächsten Moment erinnert er sich an einen Fahrradunfall als Kind und die Schmerzen, die er durch das gebrochene Bein erfahren hatte (Kind-Ich). Beim Weiterfahren ärgert er sich innerlich über die »faulen Typen« von der Stadtreinigung, auf die man ja überhaupt nicht bauen könne, und die eigentlich für so etwas bestraft werden müssten (Eltern-Ich).

Auf die gleiche Art und Weise können durch eine Befragung der betroffenen Person die Hintergründe des Handelns in konkreten Situationen analysiert werden.

Demgegenüber beschreibt das *Funktionalmodell* beobachtbare Handlungen, Aussagen, Gestik und Mimik. Im Funktionalmodell sind die Ich-Zustände noch einmal weiter unterteilt.

Das Zusammenspiel aus Gestik, Mimik, Tonfall, Körpersprache und dem rein gesprochenen Wort gibt die Grundlage für die Zuordnung des gerade Beobachteten zu einem bestimmten Ich-Zustand. Letztendlich wird die Verteilung der Häufigkeit der über einen längeren Zeitraum hinweg beobachteten Ich-Zustände die Einzigartigkeit eines Menschen und dessen Charakter beschreiben.

Leicht kann der Eindruck entstehen, dass es »gute« und »schlechte« Ich-Zustände geben könne. Die Kon-

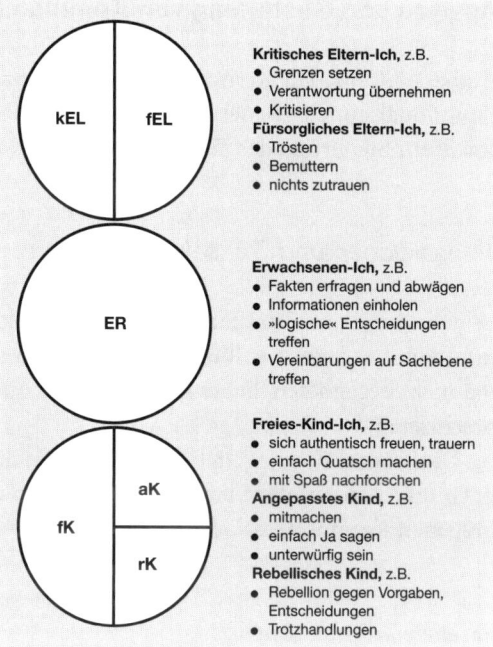

zepte der TA besagen eindeutig, dass jeder Ich-Zustand seine konstruktiven und weniger hilfreichen Seiten hat, was sich in den folgenden Beispielen zeigt:

- Das *kritische Eltern-Ich,* aus dem heraus eine deutliche und vernichtende Kritik zu einem Arbeitsergebnis gesendet werden kann, übernimmt gleichzeitig viel Verantwortung für ein gutes Ergebnis und zeigt im positiven Sinne Grenzen auf.
- Das *fürsorgliche Eltern-Ich* bietet Unterstützung und Hilfe an, unter Umständen aber auch, weil es der anderen Person die Kompetenz nicht zutraut.
- Das *Erwachsenen-Ich* wägt logisch Informationen ab und trifft scheinbar rationale Entscheidungen, jedoch wird es wenig neue und kreative Lösungen finden.
- Das *freie Kind* forscht und ist kreativ, freut sich und trauert authentisch, es wird sich jedoch in den wenigsten Fällen an Absprachen halten, auf die es keine Lust hat.
- Das *angepasste Kind* wird wenig Verantwortung für das, was es macht, übernehmen, aber prinzipiell auch einfach mitmachen, ohne alles besser zu wissen.
- Das *rebellische Kind* trotzt gegen Entscheidungen oder machtvolle Personen und stellt sich scheinbar grundlos quer. Jedoch ist das rebellische Kind zum Beispiel in Seminaren und Besprechungen ein guter Indikator für einen langweiligen Vortrag beziehungsweise »Ehrenrunden« bei der Themenbearbeitung (Unruhe, auf die Toilette gehen und vieles mehr).

Wird eine Person an einem »normalen« Arbeitstag über eine gewisse Zeit beobachtet, so wird man alle Ich-Zustände in einer Abfolge erleben können. Gewiss wird das Erwachsenen-Ich am häufigsten zu beobachten sein.

Analyse und Gestaltung von Kommunikation und Beziehungen

Aufbauend auf den Kernmodellen der Transaktionsanalyse, des Struktur- sowie des Funktionalmodells, bietet die TA nun Modelle zur Beobachtung von Kommunikation sowie zur Steuerung des eigenen Kommunikationsverhaltens.

Transaktionen und Transaktionsregeln

Wird in Seminaren das Funktionalmodell erklärt, entsteht schnell die Frage, was man nun damit anfangen soll und was denn passiert, wenn sich nun zwei dieser »Schneemänner« begegneten. Diese Dynamik wird durch die so genannten Transaktionsregeln beschrieben.

Die Transaktionsregeln beschreiben jedoch nicht nur ein beobachtbares Phänomen in Gesprächen, sondern liefern wertvolle Hinweise für den eigenen Beitrag zu einer gelungenen Kommunikation.

Parallele Transaktionen

Parallele Transaktionen beschreiben die Kommunikation zwischen den gleichen Ich-Zuständen sowie dem Eltern-Ich und dem Kind-Ich der beiden Kommunikationspartner. Beispiele sind:

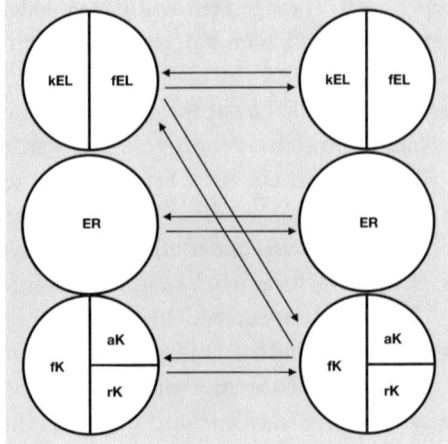

- »Wie weit ist es bis zur Tankstelle?« (ER-ER)
  Antwort: »Drei Kilometer.« (ER-ER)
- »Die Jugend von heute …« (kEL-kEL)
  Antwort: »Da haben Sie recht, unmöglich …« (kEL-kEL)
- »So geht das nicht weiter!« (kEL-aK)

Antwort: »Tut mir Leid, ich werde nie wieder zu spät kommen.« (kEL-aK)

Die erste Kommunikationsregel der TA beschreibt, dass wenn parallele Transaktionen vorliegen, die beiden Partner sich verstehen und folglich die Kommunikation endlos weiterlaufen könnte.

Gekreuzte Transaktionen

Gekreuzte Transaktionen beschreiben Situationen, in denen die Antwort auf eine Botschaft eine Kreuzung der Kommunikationslinien darstellt. Beispiele für gekreuzte Transaktionen sind:

- »Wie viel Uhr ist es?« (ER-ER)
  Antwort: »Zu spät!« (kEL-aK)
- »So geht das nicht weiter!« (kEL-aK)
  Antwort: »Was meinen Sie konkret mit *so*?« (ER-ER)

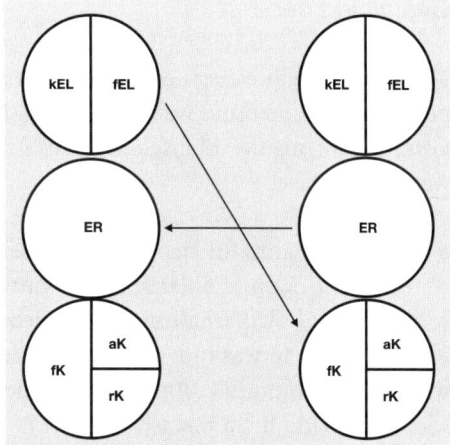

Die zweite Kommunikationsregel der Transaktionsanalyse beschreibt die Dynamik, die aus der Situation der gekreuzten Transaktion entsteht: Wird eine Transaktion gekreuzt, so entsteht ein Moment der Verwirrung, und die Kommunikationspartner werden eingeladen, die Ich-Zustände zu wechseln, um die Kommunikation weiterzuführen.«

Verdeckte Transaktionen

Verdeckte Transaktionen beschreiben die Kommunikationssituation, in der hinter einer offenen eine verdeckte Botschaft gesendet oder wahrgenommen wird. Dabei entsteht das Phänomen, das die verdeckte Botschaft die weitere Kommunikation beeinflusst. Ein Beispiel für verdeckte Transaktionen ist:

- Chef zum Mitarbeiter: »Wie viel Uhr ist es?« Antwort: »Ich weiß, dass ich zu spät bin, tut mir Leid!«

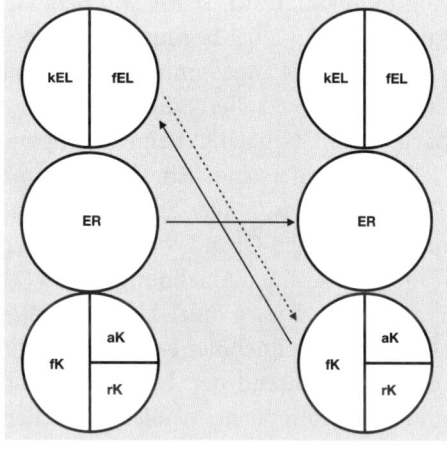

Die dritte Transaktionsregel der Transaktionsanalyse beschreibt die Dynamik: Wenn eine verdeckte Botschaft gesendet oder wahrgenommen wird, beeinflusst diese den weiteren Kommunikationsverlauf (wie im genannten Beispiel, bei dem der Mitarbeiter direkt auf die »verdeckte Kritik« des Zu-spät-Kommens eingeht).

Wichtig bei allen Transaktionen ist es, dass ich mein Gegenüber nur *einladen* kann, mir aus einem bestimmten Ich-Zustand heraus zu antworten, mein Gegenüber wird aber (unbewusst oder bewusst) selbst entscheiden können, aus welchem Ich-Zustand heraus die Antwort nun gegeben wird.

Gestaltung der Zeit

Die TA beschreibt verschiedene Gestaltungsformen der Zeit, die Menschen und Gruppen im Zusammensein wählen können. Dies geschieht aus dem später beschriebenen Grundbedürfnis der Menschen nach Struktur. Folgende Gestaltungsformen der Zeit werden beschrieben:

- *Rückzug* (Raum für sich selbst nehmen, für sich sein).
- *Rituale* (bekannte Abläufe und »Routinen«, zum Beispiel Kennenlernrunde).
- *Zeitvertreib* (Unterhaltung über Erlebtes, ohne aktiv zu werden).
- *Aktivitäten* (etwas tun, etwas organisieren oder Ähnliches).
- *Spiele* (Kommunikation mit dem Ziel sich selbst und dem anderen zu beweisen, dass jemand nicht o.k. ist).
- *Intimität* (Austausch von authentischen Gefühlen).

Spiele der Erwachsenen

Da das *Konzept der Spiele* für die Seminararbeit von Bedeutung ist, werde ich kurz darauf eingehen: Wie beschrieben ist das (unbewusst verfolgte) Ziel in dieser Form der Kommunikation sich selbst und dem Gegenüber zu beweisen, dass wir nicht in Ordnung sind. Ein Spiel beginnt mit einer »harmlosen« Spieleinladung, die vom Gegenüber »dankbar« angenommen wird. Zunächst gibt es normale Reaktionen auf das Gesagte, danach »eskaliert« die Situation. Letztendlich verlassen beide Kommunikationspartner das Gespräch mit einem »unguten« Gefühl.

Es gibt unterschiedliche Spieldynamiken, eine häufig vorkommende Situation in Trainings ist das *Ja-aber-Spiel*: Der Trainer schlägt eine Methode vor und ein Teilnehmer findet einen Grund, warum gerade das nicht funktioniert. Ein weiterer Vorschlag findet ebenso einen Ablehnungsgrund (»Ja, in der Theorie vielleicht richtig, aber in der Praxis …«). Dieses Spiel läuft eine Weile weiter, bis es dann zur *Spielauszahlung* kommt: Der Teilnehmer denkt oder sagt »Ich wusste ja sowieso, dass Trainings nichts bringen.«, während der Trainer möglicherweise an den vorgeschlagenen Methoden und seiner Kompetenz zweifelt oder aber sich über den Teilnehmer ärgert. Ein wichtiges Indiz für ein beginnendes Spiel ist die »zunehmende Abwesenheit« von Erwachsenen-Ich-Transaktionen, das als Alarmsignal für den bewussten Kommunikationspartner genutzt werden kann.

Spiele lassen sich sehr häufig in konfliktbehafteten Kommunikationssituationen beobachten. So sind Gespräche zwischen Beziehungspartnern, Kollegen oder im Kunden-Dienstleister-Kontakt von Spieldynamiken geprägt.

 Ein sehr plastisches Beipiel ist der Loriot-Sketch um das gekochte Ei zwischen Hausfrau und Ehemann.

Das Dramadreieck

Eine besondere Ausprägung der Spieldy-
namik ist das Dramadreieck. Das Dramadreieck lässt sich in den unterschiedlichsten stressbehafteten Kommunikationssituationen erleben.

Das Ergebnis dieses Spiels ist in der
Regel, dass alle Beteiligten ein gewisses
Unwohlsein über den Ausgang der Kom-
munikation haben.

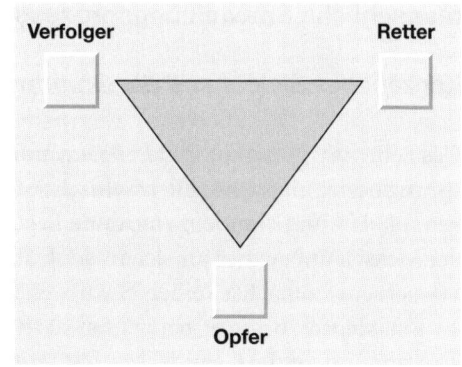

Kommunikationsdynamik Dramadreieck

Der Spielablauf des Dramadreiecks lässt sich folgendermaßen beschreiben: Es gibt eine
Einladung aus einer der drei Positionen, dem Verfolger, dem Opfer beziehungsweise
dem Retter und die Einladung wird von den anderen Personen angenommen. In der
Folge ergänzen sich die drei Positionen in der Kommunikation: Das Opfer fühlt sich
schlecht behandelt und fühlt sich und seine Bedürfnisse nicht ernst genommen (ange-
passtes Kind). Der Verfolger ärgert sich über das »dumme« Opfer und schickt kritische
Eltern-Ich-Botschaften, letztendlich schreitet der Retter ein und versucht das »arme«
Opfer zu verteidigen und greift dabei den Verfolger an.

Die Rollen können im Verlauf des Spieles auch wechseln (so wird der Chef, der vorher den Mitarbeiter kritisiert hat und dann von einem anderen Mitarbeiter vorgehal-
ten bekommt, wie ungerecht er sich verhalte, eventuell in die Opferrolle kommen, indem er sagt: »Alles muss ich wieder alleine machen, auf niemand ist hier Verlass, dabei
bin ich sowieso schon überlastet …!«). Das Dramadreieck ist gekennzeichnet durch
unterschiedliche Abwertungsdynamiken gegenüber der eigenen oder der Problemlö-
sungskompetenz des Gegenübers. Ebenso wird in dieser Kommunikationssequenz
kaum ein Erwachsenen-Ich zu beobachten sein. Es wird zumeist negative Zuwendung
verteilt.

Ein Ausstieg aus der Dynamik des Dramadreiecks ist im Prinzip einfach. Der erste
Schritt ist das Erkennen, zu welchen Positionen ich selbst neige. Auf Basis dieser Erkenntnis können dann Strategien überlegt werden, wie in einer Konfliktsituation der
Einstieg in diese Dynamik verhindert werden kann. In der konkreten Situation ist es
letztlich hilfreich, bewusst die Erwachsenen-Ichs durch konkrete unaufdringliche Fragen zu adressieren (zum Beispiel: Was konkret benötigen Sie jetzt?).

Menschliche Entwicklungsprozesse verstehen

Konzept des Skripts und der Grundpositionen

Das Lebensskript ist ein weiteres Kernmodell der Transaktionsanalyse, welches den Ursprung beziehungsweise die psychische Steuerungsgröße beschreibt, die unserem Denken, Fühlen und Handeln zugrunde liegt. Das Skript ist wie ein Lebensdrehbuch, das der Mensch unbewusst für sich in der frühen Kindheit entworfen hat und zu dem er als Erwachsener zunächst keinen bewussten Zugang hat.

Ein Mensch beginnt bereits bei der Geburt, sein Lebensskript zu entwerfen. Mit vier Jahren steht die Grundskizze fest, mit sieben Jahren ist das Skript im Wesentlichen fertig. Bis zum Alter von zwölf Jahren erhält es einen Feinschliff, Besonderheiten werden ergänzt. Als Jugendlicher überarbeitet der Mensch dieses Skript noch einmal kritisch, aber dies geschieht meist unbewusst.

Die (unbewussten) Skriptentscheidungen geschehen auf Basis dessen, wie das Kleinkind und der Heranwachsende seine Umwelt wahrnimmt und wie für sich die Entscheidungen getroffen werden, was das beste Verhalten in dieser Umwelt ist, um gut durchzukommen und letztendlich zu überleben. Diese Entscheidungen entstehen immer auf einer kindlichen Interpretation der Wirklichkeit.

 So wird zum Beispiel ein Kind, das unter einem aggressiven Vater aufwächst, die Entscheidung treffen, dass man eher durchkommt, wenn man sich nur ruhig verhält. Ebenso kann ein Kind, dass nur positive Zuwendung und viel Aufmerksamkeit bekommt, innerlich entscheiden, dass man diesem nicht trauen kann, weil es ja gar keinen Grund dafür zu geben scheint.

Genauso sind aber auch positive Skriptentscheidungen unter beiden beschriebenen Szenarien möglich. Natürlich werden Eltern oder Elternfiguren auf diesen Prozess den größten Einfluss haben.

Als Erwachsene leben wir nach diesem inneren Lebensplan. Er wird uns an vielen Punkten hilfreich sein und uns eine innere Steuerung für viele Entscheidungen bieten. An einigen Punkten führt uns unser Skript jedoch zu Verhaltensweisen und Denkmustern, die für die aktuelle Situation nicht angemessen und dadurch hinderlich sind.

 Ein Erwachsener zum Beispiel, in dessen Skript keine positive Zuwendung und Aufmerksamkeit vorkommt, wird sich auch im Berufsleben immer wieder negative Aufmerksamkeit, zum Beispiel durch Fehlverhalten (wiederum unbewusst!) organisieren. Hierdurch wertet diese Person die eigene Fähigkeit ab, sich positive Zuwendung zu organisieren beziehungsweise wertet überhaupt die Existenz von positiver Zuwendung ab.

Die Arbeit am Lebensskript ist die nachhaltigste und intensivste Möglichkeit das eigene Verhalten, Denken und Fühlen konstruktiv zu verändern.

Aus dem Skript ergeben sich auch die Grundpositionen, die die generelle Sichtweise eines Menschen gegenüber sich selbst und gegenüber den anderen beschreiben. Die Grundpositionen sind durch das eigene Lebensskript mitgeprägt, können sich aber situativ auch einstellen beziehungsweise verändern.

Ich bin nicht OK
du bist aber OK

Alle anderen können es besser als ich, ich mache es falsch, während die anderen es richtig tun.

Ich bin OK
du bist auch OK

Ich sehe mich und meine Lebensgestaltung als in Ordnung an und erkenne andere Meinungen an.

Ich bin nicht OK
du bist auch nicht OK

Das Leben ist schrecklich, wir werden nie etwas schaffen.

Ich bin nicht OK
du bist für mich nicht OK

Ich denke, dass ich besser als die anderen bin. Ich habe recht und die anderen Meinungen sind falsch.

Die eigenen Grundpositionen sind eine unbewusste Steuerungsgröße in der Kommunikation eines Menschen. Die (bewusst übertrieben) beschriebenen Glaubenssätze zeigen, in welcher Haltung ein Mensch auf einen anderen zugeht. Die konstruktivste Haltung ist die, die gleichzeitig eine der Grundforderungen für die Arbeit eines Menschen mit der Transaktionsanalyse ist.

Aus dem Konzept des Skripts heraus ergeben sich konkrete Ableitungen, die beschreiben, wie wir unser Leben (unbewusst) gestalten, damit unser eigenes Skript weiterhin erfüllt wird. An den beschriebenen Themen zu arbeiten, bedeutet Aspekte des eigenen Skriptes zu erkennen und gegebenenfalls zu verändern.

Bezugsrahmen

Der Bezugsrahmen ist die Art und Weise, wie der Mensch die Eindrücke, die auf ihn einströmen, organisiert *und* verwertet.

Das eindrücklichste Beispiel zum Thema Entwicklung des Bezugsrahmens ist das Phänomen, dass kleine Kinder in dem Spiel »Memory« gegen Erwachsene regelmäßig gewinnen. Dies passiert, weil da kleine Kinder die Wahrnehmungen, die auf sie einströmen, unvoreingenommener aufnehmen und nicht filtern. Sie werden sich deshalb deutlicher an die bereits aufgedeckten Karten erinnern. Ein Erwachsener dagegen hat gelernt, Wahrnehmungen zu filtern, Wichtiges von vermeintlich Unwichtigem zu trennen.

Dieser Prozess wird einerseits durch Logik, aber auch durch das eigene Skript gesteuert. Das Filtern von Wahrnehmungen ist ein Teil des Bezugsrahmens. Der andere Teil ist die Art und Weise, wie der Mensch diese Information nun verarbeitet und innerlich bewertet. Wie bewerte ich nun einen Menschen, der in einem fremden Land freundlich auf mich zugeht, mich begrüßt und anfängt mir persönliche Fragen zu stellen. In meinem Bezugsrahmen, der durch meinen Kulturkreis geprägt ist, mag dies aufdringlich oder gar gefährlich erscheinen. In dem fremden Land, das ich gerade besuche, ist dies dagegen eine ganz normale Sache gegenüber einem Fremden.

Am wichtigsten erscheint es, sich dem eigenen Bezugsrahmen bewusst zu sein, um situationsangemessen zu reagieren beziehungsweise auf andere Personen zuzugehen. Den eigenen Bezugsrahmen zu erweitern bedeutet Lernen, Lernen bedeutet den eigenen Bezugsrahmen (»Horizont«) zu erweitern.

Grundbedürfnisse und Zuwendung

Die Transaktionsanalyse beschreibt drei Grundbedürfnisse (Berne beschreibt diese sogar als essenziellen Hunger) des Menschen: Nach Struktur, nach Zuwendung (so genannte »Strokes«) sowie nach einer seelischen und/oder körperlichen Stimulation. Eines dieser Grundbedürfnisse soll hier genauer beschrieben werden: *der Zuwendungshunger*.

Das Konzept der Zuwendung (Strokes) beschreibt die Bedürftigkeit des Menschen nach Aufmerksamkeit und Anerkennung. Aufmerksamkeit bekommen Menschen schon durch die kleinsten Gesten (zum Beispiel ein freundliches »guten Morgen«). Auf der Basis der Annahme, dass ein Mensch sich stetig Zuwendung sucht, wird er sich eher negative Zuwendung suchen, als überhaupt keine Zuwendung zu bekommen.

In der TA werden vier verschiedene Arten von Zuwendung unterschieden:

- Positive und unbedingte Zuwendung. (Ich liebe dich! – Schön, Sie als Kollegen zu haben!)
- Positive und bedingte Zuwendung. (Mir gefällt Ihr Bericht über den Kongress wegen der präzisen Beschreibung der Diskussionspunkte.)
- Negative und bedingte Zuwendung. (Ihre Ausführungen weisen folgende Fehler auf ...)
- Negative und unbedingte Zuwendung. (Sie sind ein Idiot!)

Nach welcher Form der Zuwendung wir nun suchen beziehungsweise welche wir geben und welche Form der Zuwendung uns »erreicht« hängt wiederum vom eigenen Lebensskript ab.

Das Filtern von – beziehungsweise das Suchen von – bestimmten Zuwendungsformen bezieht sich nicht nur auf die genannten Kategorien. Über diese hinaus gibt es die Stroke-Kategorien, nach denen ein Mensch seine Form des Zuwendung-Empfangens und -Gebens organisiert. Diese sind: gutes Denken; allgemeine Leistungsfähigkeit; soziale Fähigkeiten; gutes Aussehen, Körper; Gefühle; Spontaneität sowie Kreativität.

Ein prägendes Element für die eigenen Skriptüberzeugungen zum Thema Zuwendung ist die Gesellschaft, die nach Claude Steiner dies mit restriktiven »Zuwendungsregeln« tut. Diese finden sich auch in vielen Sprichwörtern wieder. Folgende »Zuwendungsökonomie« beschreibt Steiner, die es seiner Meinung nach mit Erlaubnissen zu durchbrechen gilt:

- Gib *keine* Zuwendung, auch wenn du es gerne möchtest. (»Nichts gesagt ist genug gelobt.«)
- Bitte *nicht* um Zuwendung, wenn du welche brauchst. (»Fishing for compliments.«)
- Nimm *keine* Zuwendung an, wenn du welche willst. (Die Antwort auf Dank lautet: »War nicht der Rede wert.«)
- Lehne *keine* Zuwendung ab, wenn du sie nicht willst. (»Was uns nicht umbringt, härtet uns ab!«)
- Gib dir selbst *keine* Zuwendung. (»Eigenlob stinkt.«)

Die Zuwendungserlaubnis ergibt sich jeweils aus dem Streichen der kursiven Verbote. Steiner postuliert, dass wir jederzeit ein unerschöpfliches Reservoir an positiver Zuwendung haben. Somit entsteht ein neues Bild – das der Zuwendungserlaubnis:

- Gib anderen Zuwendung, wenn du sie hast. (Zum Beispiel das spontane Loben von guten Mitarbeiterleistungen, einen Menschen anlächeln.)
- Bitte um Zuwendung, wenn du welche brauchst. (Beispielsweise Abfragen von Feedback zur Arbeit des Moderators oder Trainers am Ende einer Veranstaltung.)
- Nimm Zuwendung an, wenn du welche willst. (Die Antwort auf Dank lautet: »Gern geschehen!«)
- Lehne Zuwendung ab, wenn du sie nicht willst. (Zum Beispiel bei der Auswertung eines Seminarfeedbacks und bewusste Auswahl, welche Vorschläge und Rückmeldungen man nicht annimmt.)
- Gib dir selbst Zuwendung. (Zum Beispiel sich etwas gönnen nach einem erfolgreichen Gespräch.)

Ethik, Werte und kritische Betrachtungen

Alle Modelle und Methoden der Transaktionsanalyse basieren auf den bereits beschriebenen Grundüberzeugungen. Erst durch diese Haltung des Therapeuten, der Trainerin beziehungsweise des Coaches werden die Methoden authentisch und nachhaltig wirksam. In der Prüfung zum Transaktionsanalytiker der Gesellschaften für Transaktionsanalyse ist das kritische Hinterfragen der Haltung bei der Arbeit ein zentraler Bestandteil.

Die Grundüberzeugungen beziehen sich nicht nur auf das Modell der Transaktionsanalyse, sondern zeigen eine Haltung gegenüber dem Leben, dem Miteinander und den Menschen an sich.

Die Menschen sind in Ordnung (People are okay!)

Jeder Mensch ist im Grunde seines Wesens in Ordnung und hat somit seinen Wert und eine eigene Würde. Mein Ziel in der Arbeit mit Kunden ist es, ihnen auf Augenhöhe zu begegnen, das heißt mich selbst und mein Gegenüber als in Ordnung zu betrachten.

Dieser Grundüberzeugung werden viele spontan zustimmen und sagen: Ja, so sehe ich es auch. Es ist dennoch eine große Herausforderung an jeden Menschen in Training und Beratung, gerade diese Haltung stets beizubehalten (vor allem bei Widerständen und Kritik). Diese Grundüberzeugung fordert mich immer wieder heraus, mich selbstkritisch (aber wiederum wohlwollend) bei meiner Arbeit zu reflektieren beziehungsweise die Indikatoren für ein »Abrutschen« in eine Nicht-o.k.-Haltung schnell zu erkennen.

Jeder Mensch hat die Fähigkeit zu denken

Jeder Mensch, sofern er nicht eine schwere Hirnschädigung hat, ist in der Lage zu denken. Das heißt, dass jeder Mensch eine Verantwortung für seine eigenen Entscheidungen, sein daraus folgendes Handeln und letztendlich die Konsequenzen daraus selbst trägt.

Für die Arbeit mit der Transaktionsanalyse bedeutet dies, meinem Gegenüber immer wieder zum eigenen Denken herauszufordern und es eben nicht für ihn zu übernehmen. Dies ist nicht nur eine ethische Grundhaltung, sondern gleichzeitig auch eine Leitlinie, zum Beispiel für die Gestaltung von Seminaren.

Jeder Mensch kann über sein Handeln und sein Schicksal selbst entscheiden

Jeder (medizinisch) gesunde Mensch kann denken und auf dieser Basis sein eigenes Handeln reflektieren und sich jederzeit neu entscheiden. Somit gehe ich in meiner Arbeit davon aus, dass mein Gegenüber die eigenen Geschicke selbst in die Hand nehmen kann. Verhält sich ein Mensch in einer bestimmten Situation nicht angemessen (entsprechend dem Grundsatz, dass jeder seinen Wert und Würde hat), so tut er es vielleicht aus einer früheren Entscheidung heraus, die aufgrund bestimmter Erfahrungen (eher unbewusst) getroffen wurde. Heute kann diese Person ihr eigenes Handeln und die Entscheidung überdenken, um sich zukünftig für eine andere Verhaltensweise (bewusst) zu entscheiden. Auf Basis dieser Grundhaltung ergeben sich zwei zentrale Ableitungen für die Arbeit mit Menschen:

Jede Arbeit geschieht auf der Basis eines klaren Vertrages: Wenn ich mit Menschen zusammenarbeite, geschieht dies auf Basis von Verträgen, das heißt klaren Absprachen darüber, was das Ziel der Kooperation ist, was eventuell Grenzen sind und was der Beitrag der Beteiligten zur Zielerreichung ist. So ist für mich das »Contracting«, der Vertragsschluss, ein wichtiges Element zu Beginn von Seminaren. Es geht dabei nicht nur um die Abfrage von Erwartungen, sondern ein Bewusst-Machen des Vertragsdreieckes Auftraggeber – Teilnehmer – Trainer und der klaren Absprache, was alle Beteiligten zum Gelingen der Veranstaltung beitragen werden.

Die Kommunikation ist offen und verständlich: Ich spreche eine Sprache, die für mein Gegenüber verständlich und nachvollziehbar ist. Ich erkläre meinem Kunden die Modelle, mit denen ich arbeite und schaffe eine Transparenz bezüglich meiner Interventionen. So würde ein Therapeut auf die Frage »Angenommen Sie hätten nur eine Sitzung Zeit für eine Therapie, was würden Sie tun?« antworten, dass er dem Klienten das Ich-Zustands-Modell erklären würde. Im Coaching ist das Flipchart, auf dem während des Gespräches die Modelle aufskizziert werden, ein wichtiges Utensil für die Arbeit. In Seminaren werden Konzepte, anhand derer ein Trainerfeedback gegeben wird, kurz skizziert.

Risiken

Die einfache Sprache der Transaktionsanalyse war und ist der Auslöser dafür, dass dieser Ansatz immer wieder als zu einfach und zu flach bezeichnet wurde. Dieser Kritik braucht sich die TA nicht zu stellen, da gerade in der Einfachheit der Sprache der Charme dieses Ansatzes liegt. Hinter der einfachen Sprache stehen komplexe und tief greifende Konzepte.

Aus diesem Grund und auf der Basis der Ansätze und Denkweisen dieses Konzeptes ergeben sich folgende Risiken in der Arbeit mit den TA-Modellen:

Reduktion auf einfache Ursache-Wirkungszusammenhänge und eine mechanistische Auslegung der Modelle: »Wenn ich nur jemanden aus dem Erwachsenen-Ich anspreche, dann reagiert er automatisch im Erwachsenen-Ich«: Was einerseits den Reiz des TA-Ansatzes ausmacht, verleitet andererseits dazu, die menschliche Kommunikation auf einfache Ursache-Wirkungszusammenhänge zu reduzieren. Damit kann die Idee entstehen, durch die »richtigen« Aussagen beziehungsweise Botschaften aus konkreten Ich-Zuständen Kommunikation kontrollieren zu können. Hier ist es wichtig, sich stets bewusst zu sein, dass in der Kommunikation das Gegenüber zu bestimmten Reaktionen eingeladen werden kann, diese Einladung aber auch (bewusst oder unbewusst) ausschlagen kann, das heißt sich anders zu *entscheiden*.

Eine Anekdote hierzu war der Versuch in den 1970er-Jahren im Verkauf durch das ansprechen des trotzigen Kindes Menschen zum Erwerb von bestimmten Dingen zu bewegen: »Diese Kamera ist wohl etwas zu teuer für Sie …« Der Käufer denkt (besser: sollte denken) »Na warte« und kauft die teure Kamera. Zum Glück gab es damals schon das Umtauschrecht, von dem die Käufer dann auch rege Gebrauch machten.

Jeder Mensch kann sich ändern – und soll es »gefälligst« auch tun, und zwar so wie ich es für o.k. halte …: Das Modell geht sehr stark von der Möglichkeit der Menschen aus, sich stets neu zu entscheiden. Dies impliziert, dass jeder Mensch entscheidungsfreudig bezüglich seiner eigenen Geschicke und seines eigenen Verhaltens ist. So kann leicht die Annahme entstehen, dass sobald der Klient das Modell erklärt bekommen hat, er also seine eigenen Dynamiken erkannt hat, so könne er sich in Zukunft »perfekt« verhalten. Jeder Mensch hat seine eigene Geschwindigkeit für Veränderungen und ein Trainer oder Berater kann mögliche Abkürzungen aufzeigen, mehr aber auch nicht. Und ausgehend von der Grundannahme, dass jeder Mensch selbst denken und entscheiden kann, kann es auch sein, dass sich jemand gegen eine Veränderung entscheidet.

Letztendlich ist hier die Haltung wichtig, dass es keine objektiv richtige Lösung gibt, sondern nur eine subjektiv richtige aus Sicht der jeweiligen Person. Der Trainer konzentriert sich darauf, bei diesem Suchprozess nach der subjektiv richtigen Lösung Anleitung, Ideen und Feedback als Unterstützung anzubieten. Dies lässt sich zum Beispiel in Seminaren durch eine Methodenvielfalt von theoretischen Inputs, Einzelreflexionen, gegenseitigem Feedback sowie Rollenspielen verwirklichen.

Schubladendenken und abschätziges Bewerten: Die zunächst einfach erscheinenden Modelle verleiten dazu, Menschen einzusortieren und dies als die objektive Wahrheit zu betrachten. Es erschließt sich dem Beobachter darüber hinaus eine Fülle an Begriffen, um neben dem »Wie« gleich das »Warum« mit zu interpretieren: »Du bist da voll im angepassten Kind gewesen, das ist wohl *dein* Hang zum Dramadreieck.« An diesem Punkt hat der Beobachter bereits die O.K.-Position verlassen, die beobachtete Person ist einsortiert in die Schublade der »Spielbereitschaft«.

Dies widerspricht der geforderten Haltung des »marsischen« Denkens, das heißt, unvoreingenommen und wertfrei die Situation zu beobachten. Die Beachtung von Feedbackregeln ist hierfür ein wertvolles Hilfsmittel.

Kritik

Die Transaktionsanalyse ist über die Jahre weiter entwickelt und damit auch abgerundet worden. Der Diskurs über die Ansätze und Modelle ist nicht eingeschlafen und die TA ist damit ein lebendiges Modell, das der eigenen Maxime »jeder Mensch kann sich immer wieder neu entscheiden« gerecht wird. Jedes Modell, dass versucht das Abenteuer »reales Leben« abzubilden wird sich diesem natürlich nur annähern können. Hieraus ergeben sich die folgenden Kritikpunkte.

Defizitorientierung der Sprache und der Modelle: Die Grundhaltung der TA ist von einer sehr positiven Einstellung gegenüber dem Menschen geprägt: Der Mensch ist im Grunde seines Wesens in Ordnung und hat eine Würde. Demgegenüber stehen viele aus meiner Sicht eher defizitorientierte Begriffe und Modellbeschreibungen, die sowohl den Trainer und Coach als auch den Kunden in eine »Nicht-o.k.-Haltung« einladen können. Hier fehlt mir die Haltung, die zum Beispiel in der systemischen Beratung nach der positiven Absicht einer Handlung sucht (s. Kapitel »Systemik«, S. 279 ff.).

Ein Beispiel für die (manchmal nur sprachliche) Defizitorientierung von Modellen ist das Konzept des Skriptes, dessen ursprüngliche Definition lange nur die »*negativen*« Einflussgrößen auf das eigene Leben beschrieb. Im Funktionalmodell können die Begriffe wie »kritisches Eltern-Ich« und »angepasstes Kind« auch unterschiedliche Wertigkeiten der Ich-Zustände implizieren, obwohl eigentlich alle Ich-Zustände funktionale und dysfunktionale (weniger hilfreiche) Anteile aufweisen. Einige der nicht in diesem Kapitel beschriebenen Ansätze prägen die Defizitorientierung der Sprache noch stärker, wie zum Beispiel »Abwertungsskala« und Skriptthemen wie »Verliererskript«.

Wichtig bleibt für mich als Berater und Trainer, die Grundethik »im Herzen« zu tragen, genauso aber auch sehr bewusst im Beratungsprozess auf eigene Abwertungsdynamiken zu achten, die aus meiner Sprache entstehen könnten.

Konzentration auf das Individuum und die Zweier-Kommunikation: Die Transaktionsanalyse bietet viele Ansätze und Modelle wie Menschen denken, handeln, fühlen und kommunizieren. Darüber hinaus bietet die TA dem Trainer und Berater nur wenige Modelle zum Betrachten von Gruppen und deren Selbststeuerung für die Anleitung eines Gruppenprozesses. Ein Modell, das das Phänomen beschreibt, dass eine Gruppe weitaus mehr als die Summe ihrer Einzelteile (oder auch deutlich weniger) leisten kann, fehlt gänzlich. Aus diesem Grund sei hier eine Kombination mit dem Ansatz der systemischen Beratung empfohlen. Dieser Ansatz bietet genau für diese Betrachtungsrichtung von Situationen eine Vielfalt an Denkanstößen und Interventionsmöglichkeiten.

Unklarheiten in den Modellen, logische Brüche: Die TA hat den frühen Tod ihres Begründers verkraften müssen und ist in der Folge von vielen unterschiedlichen Menschen und Schulen weiterentwickelt worden. Aus beiden Gründen findet man beim näheren Hinschauen häufiger Unschärfen in den Modellen (zum Beispiel Übergang und Zusammenhang von Strukturmodell und Funktionsmodell), bei denen sich Anwender oft schwer tun, eine runde Beschreibung zu liefern. Die Unterschiedlichkeit der Entwicklungen der Modelle (zum Beispiel Skript als rein negative Steuerungsanteile oder Skript als das umfassende Lebenskonzept mit positiven und negativen Anteilen) können beim Lernenden zu Verwirrung führen (oder zu heftigen Diskussionen zwischen den Schülern unterschiedlicher Lehrtherapeuten). Die Transaktionsanalyse hat die unterschiedlichen Entwicklungsrichtungen zugelassen. Aufgabe für den Anwender wird deshalb sein, die für sich selbst stimmige Deutung der Ansätze zu wählen, um letztlich die für einen selbst subjektiv richtige Lösung zu finden.

Methodische Ansätze

Aus den beschriebenen Konzepten ergibt sich eine Vielzahl an Möglichkeiten in der Arbeit mit Menschen in Trainings, Coachings und in der alltäglichen Zusammenarbeit. Die TA-Modelle können zum Beispiel für die Analyse und Reflexion der Kommunikation, für Feedbacks, in Rollenspielsituationen, zur Hypothesenbildung und zur Lösungsfindung eingesetzt werden.

Dadurch bieten sich folgende Anwendungsmöglichkeiten in der Praxis: Als erstes bietet die TA dem Trainer, Berater und Coach eine eigene Steuerungsmöglichkeit sowie einen Reflexionshintergrund für die eigenen Handlungen. Anhand des Modells der Grundpositionen, der Transaktionen und Transaktionsregeln, dem Konzept der Spiele, dem Zuwendungsmodell kann das eigene Handeln stets überprüft und der Situation angepasst werden. So wird das eigene Handeln zur Vorbildfunktion für die Gruppe. Die Grundforderung, dass jede Arbeit nur auf Basis eines klaren Vertrages mit dem Kunden geschehen kann, bietet eine gute Strukturierungsmöglichkeit für alle Kundengespräche. Die stetige Überprüfung, ob es überhaupt noch einen Vertrag mit dem Kunden oder Kundensystem gibt und ob alle Beteiligten ein zumindest ähnliches Verständnis darüber haben, wird zur regelmäßigen »Prüfschleife« in der Arbeit. Die bereits beschriebene Vertragsphase in Trainings benötigt angemessene Zeit und Raum: Bewusstmachen und Ausleuchten der Vertragsbeziehungen, Aushandeln von Zielen, Abfragen möglicher Beiträge zum Gelingen. Meine Erfahrung ist es, dass mit einer gelungenen Contractingphase die Qualität des Seminars und der Lernerfolg der Teilnehmer erheblich wachsen.

Weiterhin bieten die Modelle und Konzepte eine Struktur für die Beobachtung des Kundensystems in den unterschiedlichsten Settings. Aus den Beobachtungen und möglichen Einschätzungen heraus können Hypothesen und Interventionsstrategien entwickelt und im Kundenkontakt umgesetzt werden. So kann zum Beispiel eine Seminargruppe bezüglich der vorherrschenden Kommunikationsebenen beobachtet werden, ebenso ein Team in einer Teamentwicklung. Bei dysfunktionalen Kommunikationsstrukturen können dann anhand des vorgestellten Kommunikationsmodells Handlungsalternativen für konkrete Gesprächssituationen erarbeitet und anschließend in Rollenspielen auf ihre »Alltagstauglichkeit« geprüft werden

Letztendlich bietet die TA einen prall gefüllten Methodenkoffer für den Einsatz in Trainings, Coachings sowie in der Beratungsarbeit. Dieser Methodenkoffer ist im Folgenden für Sie geöffnet und zeigt eindrucksvoll die Transaktionsanalyse in Aktion. Allen Übungen liegt das Ziel zugrunde, zu einer gelungenen Kommunikation beizutragen.

Einsatzmöglichkeiten in Seminaren und Trainings

Übungen zu den Ich-Zuständen

Input zum Funktionalmodell und den Transaktionsregeln, Übungen und Rollenspiele zum Erreichen von Erwachsenen-Ich – Erwachsenen-Ich-Vereinbarungen, Rollenspiele zu schwierigen Gesprächssituationen und Strategien zur Einladung des Gegenübers auf die Erwachsenenebene. Erarbeiten von Handlungsalternativen und Strategien zu konkreten Fallbeispielen.

 **Übung 1**

Die Hälfte der Teilnehmenden eines Seminars wird mit auf den Gang gebeten. Sie bekommen die Anweisung nun in den Seminarraum zu gehen, sich eine Person auszusuchen und alles in der Kommunikation dranzusetzen (bitte keine Gewaltanwendung!), um anschließend auf dem Stuhl dieser Person zu sitzen. Die Teilnehmenden werden dann losgeschickt und dürfen ihr Glück probieren.

Nach dieser ersten Runde wird dann die andere Hälfte der Gruppe mit auf den Gang gebeten. Diese Gruppe bekommt den Auftrag, sich wiederum einer Person im Seminarraum nach dieser Einführung zuzuwenden und sie um folgende Unterstützung zu bitten: »Es ist Freitagnachmittag 16 Uhr, alle Kolleginnen und Kollegen sind am Aufbrechen ins Wochenende, die Sonne scheint und ich weiß, dass mein Kollege einen Ausflug mit Freunden geplant hat. Sie merken, dass sie vergessen haben eine wichtige Präsentation vorzubereiten und brauchen hierfür die Unterstützung ihres Kollegen (Wissen und Erklärung des Präsentationsprogrammes), was noch einige Stunden dauern wird.

Ehe die Teilnehmenden in den Seminarraum gehen, wird der Rest der Gruppe kurz über die eigene Rolle und den Zeitpunkt der Situation informiert (»Sie sind Kollegen, es ist Freitag 16 Uhr und sie wollen gerade zu einem Ausflug mit Freunden ins Wochenende aufbrechen«).

Nach der Übung werden die Zweiergruppen gebeten, die Kommunikationsstrategie in beiden Situationen nach dem Modell der Ich-Zustände zu reflektieren:

- Wie habe ich versucht, den anderen zum Aufstehen zu überreden beziehungsweise wie habe ich den Kollegen um Mithilfe gebeten?
- Wie habe ich reagiert? Aus welchen Ich-Zuständen habe ich gehandelt?

Danach erfolgt eine Auswertung im Plenum. Hier können die verschiedenen »Überzeugungsstrategien« ausgetauscht werden und gegebenenfalls noch Wissenslücken bezüglich des TA-Modells geschlossen werden.

Übung 2

Anhand eines konkreten Fallbeispiels eines der Teilnehmenden wird ein Rollenspiel durchgeführt. Ziel ist es, dass möglichst viele Erwachsenen-Ich-Vereinbarungen im Rahmen des Gespräches getroffen werden (zum Beispiel Delegation von der Chefin an den Mitarbeiter).

Die Person, die das Fallbeispiel eingebracht hat, soll das Gegenüber in der konkreten Situation spielen und bekommt auf dem Gang die Anweisung, »es der anderen Person möglichst schwer zu machen« (zum Beispiel Reaktion aus dem trotzigen Kind oder kritischen Eltern-Ich. Ein anderer Teilnehmer übernimmt die Rolle der Fallgeberin. Der Rest der Teilnehmenden übernimmt die Beobachtungsrolle und notiert sich die beobachteten Ich-Zustände.

Nach etwa fünf bis zehn Minuten wird das Rollenspiel unterbrochen. Zunächst werden beide Rollenspieler nach ihrem Eindruck bezüglich des Gesprächsverlaufs gefragt. Dann geben die Beobachter Feedback, abschließend gibt es ein zusammenfassendes Feedback der Seminarleitung.

Bewusstmachen der eigenen Kommunikationsdynamik – Egogramm

Selbstreflexion zur eigenen Verteilung der Ich-Zustände. »Egogramm«: Auf einer Skala wird die selbst beobachtete Häufigkeit der vorkommenden Ich-Zustände in der eigenen Kommunikation eingetragen. Identifikation der Ich-Zustände, die sich in Stresssituationen verstärken.

Übung Egogramm

Die Teilnehmenden werden gebeten, auf einem Blatt Papier folgendes Diagramm zu zeichnen:

hoch						
niedrig						
Häufigkeit	kEL	nEL	ER	aK	rK	fK

Dann soll in diesem Diagramm die Einschätzung bezüglich der Verteilung der Häufigkeit der im Alltag gebrauchten Ich-Zustände in Balkenform eingezeichnet werden. Im nächsten Schritt werden die Teilnehmenden gebeten die Dynamik in Stresssituationen einzuzeichnen: Welche Ich-Zustände werden dann häufiger, welche in Stresssituationen seltener gebraucht. Die Auswertung findet in Dreiergruppen statt: Jede Person stellt ihr Ergebnis vor und bekommt ein Feedback der anderen beiden Teilnehmer in der Kleingruppe.

Übung zu den Grundpositionen

Die Reflexion von Kommunikationssituationen erfolgt vor dem Hintergrund der Grundpositionen.

Übung Grundpositionen

Die Teilnehmer werden gebeten, sich in Gruppen zu je drei Personen zusammenzufinden. Jede Person soll sich eine konkrete Situation überlegen, in der er oder sie eine kritische Rückmeldung an einen Kollegen, Bekannten, Freund oder Beziehungspartner gegeben hat oder demnächst geben möchte.

Nun startet eine Person mit dem kritischen Feedback. Hierzu sucht sich dieser Teilnehmer eine Person aus der Kleingruppe aus. Die dritte Person beobachtet den Gesprächsverlauf. Nach zwei Minuten wird dieses Gespräch unterbrochen und der Beobachter gibt Feedback zur eigenen Wahrnehmung bezüglich der eingenommenen Grundpositionen beider Rollenspielpartner in diesem Gespräch. Anschließend werden die nächsten beiden Fallbeispiele in der gleichen Weise angespielt.

In einer Abschlussdiskussion in der Kleingruppe werden Möglichkeiten diskutiert, wie eine »Ich-bin-o.k. – du-bist-o.k.«-Haltung in dieser eher schwierigen Feedbacksituation auf beiden Seiten gehalten werden kann, und wo für die Kommunikationspartner die Fallen zum Einstieg in eine »Nicht-o.k.«-Haltung waren.

Das Modell des Dramadreiecks

Input zum Modell des Dramadreiecks und Erklärung von Spieldynamiken: Spielerisches Austesten der eigenen bevorzugten Spielrollen, dabei nehmen die Rollenspieler bewusst und übertrieben die unterschiedlichen Positionen des Dramadreiecks ein, um die eigenen »Vorlieben« zu reflektieren. Entwicklung von Ausstiegsszenarien in Gruppenarbeit und Umsetzung in Rollenspielen.

Übung Dramadreieck

Die Seminargruppe wird in Gruppen von je vier bis fünf Personen aufgeteilt und bekommt den folgenden Auftrag: »Spielen Sie wie möglichst gute Schauspieler die Kommunikationsdynamik eines Dramadreiecks: Hierzu werden sie in der Kleingruppe einmal alle Positionen besetzen: Einmal die externe Beobachterrolle, dann die drei Rollen des Dramadreiecks: Verfolger, Retter und Opfer. Bitte starten Sie mit der Vereinbarung, wer mit welcher Rolle beginnt.

Dann fangen Sie bitte ein Gespräch unter Kollegen an zum Thema: Die Kaffeeküche ist verschmutzt. Es ist der ausdrückliche Auftrag, dieses Gespräch so richtig ›eskalieren‹ zu lassen.

Nach drei Minuten wechseln die Rollen ›im Kreis‹. Bitte führen Sie das Gespräch fort, bis jeder alle Rollen mindestens einmal gespielt hat. Werten Sie bitte danach aus, welche Rollen des Dramadreiecks Ihnen ›leichter gefallen‹ sind einzunehmen, in welchen Sie sich ›eher wohlgefühlt haben‹ und welche weniger gut funktioniert haben. Die Beobachter können hier auch ihren Eindruck zurückspiegeln.

Reflektieren Sie dann, wo sich im Alltag eine ähnliche Dynamik zeigt. Abschließend besprechen Sie dann in Tandems, welche Möglichkeiten des Ausstiegs aus Ihren ›Lieblingsrollen‹ (das heißt, die Rollen in die ich in Konfliktsituationen eher einschwenke) Ihnen zur Verfügung stehen und wie Sie den Ausstieg konkret in der Kommunikation gestalten könnten.«

Umgang mit Zuwendung

Der Umgang mit Strokes wird ganz bewusst geübt, insbesondere beim positiven Feedback.

Übung »Maikäferspiel«

Nach dem Input der Zuwendungsökonomie (s. Kapitel »Grundbedürfnisse und Zuwendung«, S. 94 f.) bekommen alle Teilnehmenden ein Blatt Flipchartpapier auf den Rücken geklebt. Der Auftrag an die Gruppe ist nun, sich gegenseitig so viele bedingte (positive wie negative) »Strokes« wie möglich auf das Flipchartpapier auf dem Rücken der jeweiligen Person zu schreiben. Diese Feedbacks sollen sich konkret auf die Person beziehen, so wie ich sie erlebt habe. Die Gruppe wird auch darauf hingewiesen, dass das Schreiben allein ja fast schon eine »Streicheleinheit« ist. Die Seminargruppe braucht etwas Zeit um »in Schwung« zu kommen, die Seminarleitung kann auch konkrete Feedbacks auf die Flipchartpapiere schreiben.

Nach etwa 20 Minuten werden die letzten fünf Minuten des Schreibens angekündigt. Zum Abschluss nehmen die Teilnehmenden die Flipcharts vom Rücken und können sie durchlesen. Es gibt dann eine Runde im Plenum bezüglich Verständnisfragen. Am Ende der Übung weist die Seminarleitung die Gruppe noch einmal darauf hin, dass es nun an den Einzelnen liegt, wie sie mit den Feedbacks umgehen, dass jeder selbst auswählen kann, welches angenommen wird und welches auch nicht.

Einsatzmöglichkeiten in Coachings

Im Coaching bietet die Transaktionsanalyse zunächst dem Coach einen handlungssteuernden Reflexionshintergrund für das Gestalten der Coaching-Gespräche. So soll im Coaching vor allem die Ethik Steuerungsgröße für das Handeln des Beraters werden. Folgende drei Grundsätze der TA kommen im Coaching besonders zum Tragen und finden sich somit auch in den beschriebenen Anwendungsmöglichkeiten wieder:

- Jede Arbeit geschieht auf Basis eines klaren Vertrages.
- Die Sprache ist offen und verständlich.
- Jeder Mensch ist im Grunde seines Wesens in Ordnung und kann seine eigenen Geschicke selbst in die Hand nehmen.

Die TA liefert keinen konkreten Leitfaden für ein Coachinggespräch, deshalb sind an dieser Stelle auch eher Anregungen beschrieben, wie sich die TA im Arbeitsalltag des Coaches zeigen kann.

Klare Verträge als Grundlagen für das Beratungsgespräch

Dies bedeutet zum Beispiel das Strukturieren des Coachings in unterschiedliche Phasen: Zunächst das »Entblättern« der Geschichte beziehungsweise des Anliegens (bewusstes Erforschen der »Geschichte« des Anliegens, zum Beispiel beteiligte Personen, erlebte Gefühle, Lösungsansätze und Lösungsversuche der Vergangenheit und so weiter). Dann folgt die eigentlich wichtigste Phase: der Vertragsschluss. Hier wird zwischen dem Coach und dem Coachee vereinbart, was das Ziel des Coachings sein soll, welche Vorgehensweisen und Methoden angewendet werden, aber auch wo Grenzen in der Beratung liegen und was letztlich beide Parteien zur Zielerreichung beitragen können. Erst nach dem Vertragsschluss folgt die eigentliche Beratung. Eine interessante Dynamik ist es häufig, dass ein guter Vertrag eigentlich schon ein großer Schritt in der Bewältigung eines Anliegens ist und manchmal die folgende Beratung »nur« noch Details klärt.

Konkret bedeutet dies, das der Coach zu Beginn eines Coaching-Zyklusses sowie zu Beginn jedes Coaching-Gesprächs mit dem Kunden folgende Fragen klärt:

- Was ist das konkrete Anliegen?
- Was wollen Sie erreichen?
- Welche Unterstützung wünschen Sie sich bei diesem Anliegen von mir?

Durch diese drei Dimensionen wird sichergestellt, dass die folgende Beratung im Einverständnis bezüglich Thema, Ziel und Rollen der Beteiligten geschieht. Im Gespräch selbst macht sich der Coach diese Vereinbarung immer wieder bewusst, um abzuprüfen, ob das Gespräch noch im Rahmen der eingangs getroffenen Vereinbarung steht.

Falls nicht, wird eine »Pause« eingelegt, und der Vertrag neu definiert (zum Beispiel: »Ich habe den Eindruck, es geht hier auch um folgendes Thema, sollen wir dies auch heute und hier besprechen?«).

Die Sprache ist offen und verständlich

Aus dieser Grundhaltung leiten sich eher grundsätzliche Methoden im Coaching ab: Zunächst ist der Coach stets darauf bedacht, die eigene Sprache *angemessen* der des Coachees anzupassen und vor allem den Kunden nicht durch unverständliche Fachausdrücke und komplizierte Erklärungsmuster zu überfordern.

Darüber hinaus werden alle im Coaching verwendeten Modelle angemessen erklärt beziehungsweise kurz skizziert. So ist zum Beispiel das Flipchart ein ständiger Begleiter des Coachs in diesen Gesprächen, um situationsangemessen die Modelle der TA aufzuzeigen (zum Beispiel eine kurze Einführung in das Konzept der Ich-Zustände und der Kommunikationsregeln, um vom Kunden beschriebene Kommunikationsdynamiken aufzuzeigen).

Jeder Mensch ist im Grunde seines Wesens in Ordnung und kann die eigenen Geschicke selbst in die Hand nehmen

Die dritte Dimension der ethischen Grundhaltung der TA fordert wiederum ein hohes Bewusstsein des Coachs bezüglich der Vorgehensweise in der konkreten Arbeit mit dem Kunden. So wird sich der Coach immer wieder bewusst machen müssen, ob er dem Coachee immer noch in der »Du-bist-o.k.«-Haltung begegnet oder diese bereits verlassen hat (»Mann, kapiert der das denn eigentlich nie …«). Ebenso fordert diese Grundhaltung eher die Einstellung, dass es kein Patentrezept, keine *objektiv* richtige Lösung gibt, sondern nur eine *subjektiv* richtige Lösung aus Sicht des Coaches. Der Coach hat somit die Rolle des Prozessbegleiters, der den Kunden im Beratungsprozess darin unterstützt, die für ihn richtige Lösung zu finden. Und hierbei helfen unterschiedliche methodische Vorgehensweisen.

Kommunikation: Anhand des Funktionalmodells und der Transaktionsregeln werden dem Coachee seine Kommunikationsdynamiken erklärt und ausgewertet. Handlungsstrategien und Alternativen für konfliktbehaftete Situationen werden entwickelt. Hierzu wird zunächst kurz das Modell der Ich-Zustände (Funktionalmodell) sowie der Kommunikationsregeln vorgestellt. Dann werden »typische« Situationen bezüglich eines konkreten Anliegens vor dem Hintergrund des Funktionalmodells beleuchtet und auf dieser Basis konkrete Neuformulierungen und das Ausprobieren in der kommenden Zeit erarbeitet und vereinbart.

Auf Basis der vorhandenen Modelle, die dabei kurz erläutert werden, erfolgt ein Feedback zu beschriebenen Problemsituationen. Es werden Handlungsstrategien vor dem Hintergrund der erkannten Dynamik entwickelt. Hier ist immer der Input des Coachs zum konkreten Modell erster Schritt in der Arbeit. Im Folgenden werden dann Ausstiegsszenarien aus den destruktiv erlebten Dynamiken anhand des Modells erarbeitet.

Skript: Bewusstmachen von verinnerlichten und destruktiven Eltern-Ich-Botschaften aus der Vergangenheit, die jetzt das Erwachsenen-Ich beeinflussen (»Auflösung von Trübungen«). Ergründen der positiven und eher hinderlichen Anteile des Eltern-Ichs sowie des Kind-Ichs (zum Beispiel Angst einer Mitarbeiterin beim Präsentieren vor einer konkreten Gruppe Männern, die sie an früher erinnern). Erarbeiten von förderlicheren Botschaften aus den Ich-Zuständen.

Dies ist eher eine grundsätzlichere Form der Arbeit am Skript des Klienten und geht bereits in den Grenzbereich zur Therapie über und ist nur erfahreneren Coaches empfohlen.

Eine eher spielerische Herangehensweise ist das Aufschreiben von Assoziationen die der Coachee zu den folgenden Punkten hat:

An welche Geschichten, Lieder, Filme, Bilder, Gebete oder Ähnliches (keine eigenen Erlebnisse!) erinnere ich mich, beziehungsweise waren zu folgenden Zeiten in meinem Leben wichtig:
– Baby/Kleinkind bis 4 Jahre
– Kind, 7–8 Jahre
– Heranwachsender, 15–21 Jahre
– letzten 3 Jahre, aber nicht die letzten 3 Monate.

Die Auswertung dieses Aufgeschriebenen geschieht eher über die Assoziationen, die der Kunde zu diesen Bildern und Geschichten hat, was als angenehm und was eher als unangenehm erlebt wird. Der Coach kann durch ein Feedback zu den beschriebenen Themen neue Betrachtungsrichtungen hinzufügen.

Zu konkreten Anliegen lassen sich ebenso die skriptgesteuerten Anteile des eigenen Verhaltens in den vom Coachee als problematisch beschriebenen Situationen erfragen und bewusst machen. Dies ist eine bewusste Konfrontation von einengenden Aspekten des Bezugsrahmens des Kunden, zum Beispiel das nicht Wahrnehmen von positivem Feedback durch Kollegen. Dies bedeutet in der konkreten Arbeit mit dem Coachee das Erfragen der Botschaften aus dem Eltern-Ich beziehungsweise Kind-Ich:

● Was hätte Ihr Vater oder Ihre Mutter (oder Ihnen wichtige Personen) früher zu so einem Verhalten gesagt, wie hätten Ihre Eltern sich in einer vergleichbaren Situation verhalten?
● Wer war Ihnen eher eine sehr positiv gestimmte Unterstützung? Wer hat Ihnen früher »aus der Patsche« geholfen?
● Können Sie sich an ähnliche oder vergleichbare Situationen in Ihrer Kindheit erinnern, und wie haben Sie sich da verhalten, was haben Sie gedacht und gefühlt?

Anhand der Rückmeldungen zu diesen Fragen wird reflektiert, welche Hinweise, Reaktionen früher eventuell hilfreich und wichtig waren, aber nicht in den heutigen Kontext passen.

 Das bisher eindrücklichste Beispiel war für mich der Auftritt eines Teilnehmers in einem Präsentationsseminar, der immer so schien, als fürchte er sich vor einem Klaps auf den Hinterkopf. Als ich nachfragte, erzählte er, dass sie früher in der Kindergruppe Gebete auswendig lernen und diese dann vortragen mussten. Die Betreuerin drohte bei falsch aufgesagten Zeilen mit Klapsen.

Einsatzmöglichkeiten in der Beratungsarbeit mit Teams und Organisationen

Bewusstmachen von destruktiven Kommunikationsdynamiken (EL-aK-Vereinbarungen, Spiele, Dramadreieck und anderes) in Teams und Organisationen. Üben von Erwachsenen-Ich orientierter Kommunikation. Dies kann besonders in Teamentwicklungen geschehen. Wichtig hierbei ist es, eine Dynamik zu beschreiben und nicht zu bewerten. Ebenfalls von Bedeutung ist, den Beitrag aller zu dieser Dynamik hervorzuheben. Eine Einladung zu einer parallelen kEL-aK-Kommunikation kann von beiden Seiten kommen.

Dies bedeutet konkret, dass während einer Teamentwicklung das Modell der Ich-Zustände und der Kommunikationsregeln vorgestellt wird. Im Folgenden werden dann typische Kommunikationssituationen im Team gesammelt, die eher als unzufriedenstellend erlebt werden. In Arbeitsgruppen werden dann die Situationen anhand des Funktionalmodells analysiert. Dann erarbeiten die Gruppenmitglieder Vorschläge, wie jeder Beteiligte zu einem konstruktiveren Verlauf der Kommunikation beitragen kann. Abschließend werden die Vorschläge in Rollenspielen erprobt. Für die kommende Zeit werden dann konkrete Vereinbarungen für die Gestaltung der Kommunikation getroffen. Dies kann zum Beispiel bedeuten, dass konstruktiv auf Konfliktdynamiken hingewiesen wird, gleichzeitig ein Ritual startet, um die beginnende Dynamik aufzufangen.

Betrachtung der Organisation mit der gleichen »Brille« (unter Zuhilfenahme der gleichen Modelle) wie bei Individuen: Was ist das Skript der Organisation, wie zeigt sich die Gesamtorganisation in ihrer Kommunikation nach außen? Welche Themen der Vergangenheit haben einen starken destruktiven Einfluss auf das Heute? Abgeleitet aus dieser Betrachtung können dann Beraterinterventionen neue Sichtweisen, beziehungsweise die Erweiterung des Bezugsrahmens der Organisation ermöglichen. Dieser Ansatz ist besonders bedeutend zum Beispiel in der Arbeit mit »Tendenzorganisationen«. In diesen Betrieben, die ihre Arbeit auf konkrete Werte stützen (zum Beispiel kirchliche Entwicklungswerke, Menschenrechtsorganisationen und andere) prägen häufig (angenommene) Botschaften aus dem kritischen Eltern-Ich die Einstellungen der Mitarbeiter zu Arbeit und Leistung beziehungsweise Entscheidungen (»Wenn ich jetzt Urlaub mache, verhungert ein Mensch, deshalb darf ich keinen Urlaub machen.«).

Zum Bewusstmachen von Skriptaspekten des Handelns einer Organisation eignen sich besonders kreative Methoden, die die jeweilige Organisation als eine Person, ein Fabeltier, eine Stadt oder ein Gebäude beschreiben.

 **Übung**

So kann zum Beispiel in einem Analyseworkshop mit Vertretern aller Hierarchieebenen in unterschiedlichen Gruppen ein Bild der Organisation nach folgendem Frageraster erarbeitet und auf Packpapier gemalt werden:

- Angenommen Ihre Organisation wäre eine Person, wie sähe diese konkret aus? Wie ist der Körperbau, die Haltung, das Aussehen, die Kleidung dieser Person. Ist sie männlich oder weiblich? Wie alt ist sie?
- Wo fährt diese Person am liebsten in Urlaub hin? Mit welchen Menschen umgibt sie sich? Über welchen Besuch freut sie sich am ehesten, welchen bekäme sie eigentlich lieber nicht? Was sind die Hobbys dieser Person?
- Angenommen, Sie würden diese Person auf der Straße treffen, was wäre Ihnen an ihr sympathisch, was eher unsympathisch?
- Auf was müsste ein Arzt bei dieser Person am ehesten achten?
- Ein älterer Kollege schreibt dieser Person eine Geburtstagskarte zu einem runden Geburtstag, was wünscht er ihr?

Nach dem Erarbeiten des Bildes dieser Person stellen die Gruppen ihre Ergebnisse im Plenum vor. Es wird überlegt, wo die besonderen Qualitäten dieser Person liegen und was sie erfolgreich macht. Ebenso wird überlegt, was diese Person einschränkt, wo sie »kränkelt« beziehungsweise in welche Fallen sie immer wieder reintritt.

Später kann dann überlegt werden, wie die eher kritischen Aspekte dieser Person angemessen zum Postiven entwickelt werden können. Dies kann auf einer sehr pragmatischen Ebene geschehen. Zum Beispiel überarbeitet sich die Person gerne und gönnt sich nicht die notwendigen Aus- und Ruhezeiten: So kann organisiert werden, dass eine gemeinsame Kaffeepause in den Teams zu festgelegten Zeiten stattfindet, auf gemeinsame Ruhezeiten wird geachtet, Achten der Führungskräfte darauf, dass der Jahresurlaub verteilt genommen wird und Ähnliches.

Essenz und Bedeutung

Die wichtigsten Grundüberzeugungen der Transaktionsanalyse besagen, dass jeder Mensch im Grunde seines Wesens in Ordnung ist, die Fähigkeit zum Denken besitzt sowie sich immer wieder neu entscheiden kann. Daraus resultiert, dass jede Arbeit mit einem Kunden oder Klienten sich auf einen Vertrag stützt sowie die Kommunikation frei und offen ist. Darüber hinaus bietet die TA Modelle und Konzepte in den folgenden Feldern:

Verständnis der Persönlichkeit: Dies gelingt zum einen über das Strukturmodell mit den drei Ich-Zuständen Eltern-Ich (Verhalten, Denken und Fühlen, das von den Eltern oder Elternfiguren übernommen wurde), Erwachsenen-Ich (Verhalten, Denken und Fühlen als Antwort auf das Hier und Jetzt) und Kind-Ich (Verhalten, Denken und Fühlen, das aus der Kindheit stammt und jetzt wieder abläuft). Diese Informationen lassen sich zum Beispiel über eine Befragung einer Person ermitteln. Zum anderen gelingt es über das Funktionalmodell (Wie zeigt sich ein Verhalten?): kritisches und fürsorgliches Eltern-Ich, Erwachsenen-Ich, freies, angepasstes und rebellisches Kind. Das Funktionalmodell dient zur Beobachtung des Verhaltens einer Person. Dies geschieht auf Basis der Informationen Gestik, Mimik, Tonfall und den reinen Worten.

Analyse und Gestaltung von Kommunikation und Beziehung: Hierunter fallen die Transaktionsregeln (parallele, gekreuzte und verdeckte Transaktionen), die Gestaltung der Zeit (Rückzug, Rituale, Zeitvertreib, Aktivitäten, Spiele und Intimität), Dramadreieck, Zuwendung.

Verständnis des menschlichen Entwicklungsprozesses: Mit den Konzepten Skript, Grundpositionen, Grundbedürfnisse, Strokes, Maschen und mit ihren Auswirkungen auf die persönliche Lebensgestaltung heute (Bezugsrahmen, Redefinitionen, Symbiose, Abwertungen, Passivität).

Die Modelle und Konzepte der TA wende ich seit über 15 Jahren in der Arbeit als Berater, Trainer, Coach und als (Outdoor-)Teamentwickler an. Ich habe mit der Methode in vielen unterschiedlichen Ländern und Kulturkreisen Erfahrungen gesammelt und war häufig nach anfänglicher Skepsis (Wie werden Philippinen auf dieses Modell reagieren?) immer wieder von der »globalen« Einsatzmöglichkeit der Transaktionsanalyse überrascht und begeistert. Neben dem Spaß an der Anwendung des Modells machen für mich folgende Punkte die TA in der Beratungsarbeit bedeutend:

- Die Grundhaltung der TA entspringt aus einem sehr positiven Menschenbild. Diese Haltung in der Beratungsarbeit ermöglicht es mir, mich auf neue und unbekannte Personen und Systeme aus unterschiedlichen Kulturkreisen (sowohl regional als auch organisationsbezogen) einzustellen und das wichtige »Andocken« an das Kundensystem zu schaffen, ohne eine angemessene Distanz zu verlieren. Für die Arbeit mit dem Kundensystem ist diese Grundforderung eine gute Reflexionsmöglichkeit für meine Arbeit. (Bin ich als Berater noch in der O.k.-o.k.-Position?)
- Die einfache und eingängige Sprache des Ansatzes der TA ermöglicht es, die Konzepte schnell und verständlich unterschiedlichen Gruppen zu vermitteln. Dabei beschränkt sich die TA nicht nur auf griffige Beschreibungen von kleinen Ausschnitten der Wirklichkeit, sondern fußt auf ein solides Fundament eines in sich »runden« Konzeptes.
- Das Konzept der TA entwickelt sich noch nach über 30 Jahren der Existenz stetig weiter, und lässt dies auch zu. Die TA sieht sich nicht als alleinige Wahrheit über die Welt und das Leben an sich, sondern zeigt sich andockfähig und kombinierbar mit anderen Ansätzen (zum Beispiel der systemischen Beratung und Therapie), um sich gegenseitig zu ergänzen.
- Letztlich fordert das Modell alle Beteiligten – und vor allem auch den Berater – heraus, stets das eigene Handeln wertschätzend zu hinterfragen und erlaubt stetig eine sinnvolle Neuentscheidung über das eigene Handeln.

Im Titel zu diesem Konzept steht, dass gelungene Kommunikation kein Zufall ist: Ich lade Sie ein, dieses interessante und effektive Konzept durch Fortbildungen, Lektüre oder Erzählungen tiefer zu ergründen, um Ihren Beitrag zu einer gelungenen Kommunikation zu leisten, dies zu einem Teil Ihres professionellen Arbeitsalltages werden zu lassen!

Literatur und Adressen

Stewart, Ian/Joines, Vann: Die Transaktionsanalyse. Herder, Freiburg 1990

Hagehülsmann, Ute/ Hagehülsmann, Heinrich: Der Mensch im Spannungsfeld seiner Organisation. Jungfermann, Paderborn 1998

Gührs,Manfred/Nowak, Claus: Trainingshandbuch zur konstruktiven Gesprächsführung. Limmer, Meezen 1995

Stewart, Ian: Transaktionsanalyse in der Beratung. Junfermann, Paderborn 2000

Schlegel, Leonhard: Handwörterbuch der Transaktionsanalyse. Herder, Freiburg 1993

English, Fanita: Es ging doch gut was ging denn schief? Gütersloher Verlagshaus, Gütersloh [8]2004

www.fanitaenglish.com: Das Leben und Arbeiten, die Veröffentlichungen von Fanita English

www.dgta.de: Website der Deutschen Gesellschaft für Transaktionsanalyse

Konzept 4

Themenzentrierte Interaktion (TZI): Alles im Blick!

TZI als Basis für partnerschaftliche Kommunikation in Systemen

Almud Maria Kranz

Einführung und Geschichte

Die Themenzentrierte Interaktion (TZI) ist ein didaktisches Handlungskonzept, mit dem Seminare und Workshops sowohl themen- und zielorientiert als auch teilnehmerorientiert geplant und geleitet werden können. Ziel ist ein lebendiges Lernen, das vor allem durch die Verbindung der Sach- und Beziehungsebene erreicht wird. TZI ist ein umfassendes Konzept und kann betrachtet werden als Modell und Handlungskonzept zum Planen und didaktischen Gestalten von Seminaren, Unterricht und Workshops, Modellen zur Erklärung und Analyse von Gruppenprozessen und zur Prozessbegleitung in Teams und Gruppen sowie als ethische Grundhaltung. Die später folgenden Praxisbeispiele werden dies veranschaulichen.

Geschichte: Das Konzept der Themenzentrierten Interaktion wurde in den 1950er- und 1960er-Jahren von Ruth Cohn entwickelt. Sie wurde 1912 in Berlin geboren und emigrierte später in die Schweiz, um als Jüdin aus dem Einflussbereich der deutschen Nationalsozialisten zu fliehen. Nach einer Ausbildung zur Psychoanalytikerin emigrierte sie 1941 in die Vereinigten Staaten.

Hier war sie vor allem daran interessiert, pädagogische Methoden zu entwickeln, die ganzheitliches und »lebendiges« Lernen in Schule, Familie, Universität, Unternehmen und anderen Organisationen ermöglichen. So gewann Ruth Cohn die entscheidenden Anstöße für das von ihr entwickelte Modell. Dieses basiert auf der humanistischen Haltung der Themenzentrierten Interaktion, auf psychoanalytischen Theorien (Arbeit am Widerstand vor Arbeit am Inhalt), gruppen- und erlebnistherapeutischen Erfahrungen, Aspekten der Gestalttherapie sowie Prämissen der humanistischen Psychologie. Ziel des neuen Konzepts TZI sollte sein, psychoanalytische Kenntnisse über die Einzelanwendung hinaus für Gruppen in Lernprozessen nutzbar zu machen. Wie schon der Name des Konzepts sagt, geht es um themenbezogene Interaktionen. Das Thema einer Gruppe kann dabei ein Lernthema, ein Arbeitsthema, ein politisches Thema und vieles mehr sein. Ruth Cohns Anliegen war, mit TZI Theoretisches mit lebendigem Lernen und Arbeiten zu verbinden.

In den frühen 1960er-Jahren setzte Ruth Cohn das Konzept TZI erstmals in Wirtschaftsunternehmen ein. 1966 wurde in New York der Verein WILL (Workshop Institute for Living Learning) gegründet, mit dem Ziel, die Forschung, Praxis und Ausbildung der TZI voranzutreiben. Im Jahr 1972 wurde in Zürich das europäische Schwesterinstitut WILL International gegründet, das mittlerweile in Basel angesiedelt ist und seit 2003 RCI (Ruth Cohn Institute) heißt. Das Ruth Cohn Institute in Basel ist heute die weltweite Hauptvertretung des TZI-Vereins.

Was steckt dahinter?

Wesentliches zum Fundament der Themenzentrierten Interaktion

Humanistische Grundannahmen der TZI: die Axiome

Die ethische Basis der Themenzentrierten Interaktion bilden drei Axiome, die der Werthaltung der humanistischen Psychologie entsprechen. Sie drücken die grundsätzliche *Haltung* der TZI aus und sollen verhindern, dass die Themenzentrierte Interaktion als reine Technik angewandt wird. Diese Axiome stehen untereinander in einem engen Zusammenhang.

Das existenziell-anthropologische Axiom: »Der Mensch ist eine psychobiologische Einheit. Er ist auch Teil des Universums. Er ist darum autonom und interdependent. Autonomie (Eigenständigkeit) wächst mit dem Bewusstsein der Interdependenz.«

Das ethisch-soziale Axiom: »Ehrfurcht gebührt allem Lebendigen und seinem Wachstum. Respekt vor dem Wachstum bedingt wertende Entscheidungen. Das Humane ist wertvoll; Inhumanes ist wertbedrohend.«

Das pragmatisch-politische Axiom: »Freie Entscheidung geschieht innerhalb bedingender innerer und äußerer Grenzen. Erweiterung dieser Grenzen ist möglich« (Cohn 1997).

- Der Mensch ist demnach also eine psychobiologische Einheit: In Seminaren sitzen folglich nicht nur Köpfe, sondern auch die dazugehörigen Körper mit ihren Bedürfnissen und ihrer (begrenzten) Konzentrationsfähigkeit.
- Er ist nicht nur dafür verantwortlich, Entscheidungen zu treffen und damit dem eigenen Leben eine Richtung zu geben. Dem Mensch obliegt hierbei auch die schwierige Unterscheidung zwischen dem wertvollen Humanen und dem wertbedrohenden Inhumanen.
- Als Individuum ist er einerseits autonom, andererseits interdependent (gegenseitig abhängig). Je klarer dem Einzelnen seine konkreten Abhängigkeiten sind, desto größer wird seine Autonomie, sein Entscheidungsspielraum. TZI geht davon aus, dass Grenzen nicht absolut sind, sondern dass Menschen ihren Verhaltens- und Entscheidungsspielraum vergrößern können.

Postulate der TZI

Aus den Axiomen leitete Ruth Cohn zwei Postulate ab. Sie sind die praktische Seite der Axiome, sozusagen der Umsetzungsweg.

Erstes Postulat: Übernehmen Sie Verantwortung für sich und Ihr Handeln. In TZI-Begrifflichkeiten wurde dieses Postulat ursprünglich folgendermaßen formuliert: »Seien Sie Ihre eigene Chairperson«, übersetzt »Seien Sie Ihr eigener Vorsitzender«. In diesem Postulat liegt die Aufforderung, sein Leben selbst in die Hand zu nehmen und Verantwortung für die eigenen Entscheidungen zu übernehmen. In der Themenzentrierten Interaktion gibt es einen Bezugsrahmen aus vier Grundperspektiven, die diese Eigenverantwortlichkeit spezifizieren. Bei der Entscheidung sollen berücksichtigt werden:

- die eigene Perspektive, die eigenen Interessen, Gedanken, Wertungen … (»Ich«),
- die Perspektive der anderen Menschen, die ebenfalls selbst verantwortlich sind (»Wir«, die »Gruppe«),
- die gemeinsame Aufgabe (»Sache« oder »Thema«) und
- die Rahmenbedingungen (»Umfeld«).

Kennzeichnend ist bei diesem Postulat das grundsätzliche Ernstnehmen der eigenen Person, der anderen Personen und der Arbeit an der Aufgabe.

Zweites Postulat: Störungen haben Vorrang. Der Begriff »Störung« steht hier für alles, was eine Person hindert, in Gruppen am Thema mitzuarbeiten, zum Beispiel Termindruck, Unklarheiten, Ärger, Müdigkeit oder Lärm. Oft sind Störungen Indikatoren für vermiedene Themen, unausgesprochene Interessen, Unter- oder Überforderungen und müssen deshalb beachtet werden.

Ruth Cohn geht davon aus, dass Störungen sowieso Vorrang haben, ob entsprechende Anweisungen gegeben werden oder nicht. Unausgesprochen können sie die Vorgänge in Seminargruppen verdeckt bestimmen und die Produktivität mindern. Der offene und konstruktive Umgang mit ihnen bedeutet, die Störung und den »gestörten« Menschen ernst zu nehmen und dient dazu, den Teilnehmern eine produktive Mitarbeit zu ermöglichen.

Störungen können auf verschiedenen Ebenen stattfinden. Sie sind leicht zu klären, wenn es sich zum Beispiel um unangemessene Raumtemperaturen, fehlendes Material oder dem Bedürfnis nach einer Pause handelt, weil die Konzentration nachlässt. Geht es um Störungen aufgrund unterschiedlicher Interessen und Prioritäten, um emotionale Verärgerung, ist die Klärung oft viel langwieriger. Trotzdem lohnt es sich, Zeit in die Klärung zu investieren, denn der Zeitgewinn durch die beseitigten Reibungsverluste überwiegt in der Regel deutlich, da das Seminar anschließend viel effektiver voranschreitet. Ziel ist dabei, die Arbeitsfähigkeit der Gruppe zu erhalten oder wieder herzustellen. Darüber hinaus soll im Kontext von Seminaren und Workshops nicht tiefer gehend (zum Beispiel therapeutisch) interveniert werden.

Die zwei Ebenen der Interaktion

Ein grundlegender Aspekt am Modell der Themenzentrierten Interaktion ist die Verbindung von sach- und psychosozialer Ebene. Auf der *Sachebene* findet die sachliche, themenbezogene Interaktion statt. Auf der *psychosozialen Ebene* liegen tiefere interaktionelle Inhalte wie Gefühle, Werte, Motivation, unausgesprochene Regeln und Bedürfnisse. Dabei steuert die psychosoziale Ebene die sachliche Interaktion mit.

 Ein Beispiel: ein Seminarteilnehmer wäre zwar in der Lage, zu einer inhaltlichen Frage Auskunft zu geben, tut dies aber nicht, weil er zum Beispiel kein Vertrauen zu den anderen Teilnehmern hat oder weil er in Gedanken mit einem anderen, ihm wichtigeren Thema beschäftigt ist.

Anschaulich wird dieses Phänomen im so genannten Eisbergmodell. Die Ebenen werden im Bild durch die Wasserlinie getrennt. Damit wird beschrieben, dass – gerade in beruflichen Situationen – vor allem die Sachebene sichtbar wird. Die psychosoziale Ebene liegt seltener im Blickfeld, sondern befindet sich eher »unter Wasser«. Sie nimmt dabei allerdings einen wesentlich größeren Raum ein als die Sachebene und steuert den Verlauf der Interaktion (metaphorisch: den Kurs des Eisbergs auf dem Meer) stärker. Was bedeutet das für die Erwachsenenbildung? Im klassischen Frontalunterricht, beispielsweise einer Vorlesung, wird vor allem auf der Sachebene kommuniziert. Ruth Cohn geht jedoch davon aus, dass das Einbeziehen der psychosozialen Ebene Lern- und Arbeitsprozesse erfolgreicher macht. Das bedeutet in der Praxis: Sowohl die Sach- als auch die Sozialkompetenz sollen weiterentwickelt werden. Hierbei hilft, getane Arbeit nicht nur auf der sachlichen Ebene (Haben wir das Ziel erreicht?), sondern auch auf der psychosozialen Ebene auszuwerten (Wie haben wir es erreicht? Was lief gut? Was können wir in Zukunft besser machen?).

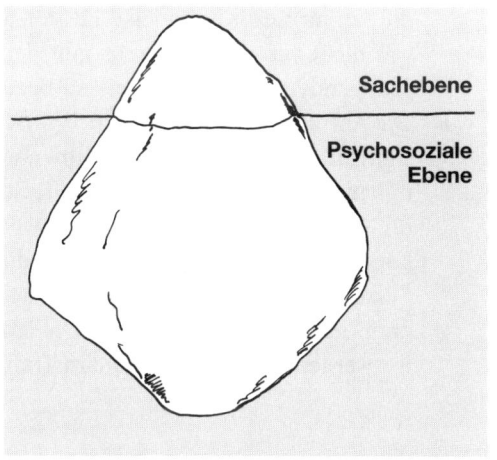

Doch nicht nur die nachträgliche Auswertung macht Lern- und Arbeitsprozesse erfolgreicher. Auch am Beginn von Seminaren lohnt es sich, genügend Zeit in das Kennenlernen, das Klären von Fragen und das Schaffen von Sicherheit zu investieren. Ruth Cohn geht davon aus, dass diese anfangs in die Beziehungsebene investierte Zeit sich im späteren Seminarprozess durch konstruktives und effektives Arbeiten auszahlt. Aus unserer Trainings- und Beratungspraxis können wir diesen Effekt bestätigen: der »Return on Investment« eines gründlichen Seminaranfangs unter Berücksichtigung der sachlichen und psychosozialen Ebene ist in der Regel sehr hoch.

Wie kann nun eine Anfangsphase entsprechend gestaltet werden?

- Es ist eine Aufgabe des Trainers, dafür zu sorgen, dass die Teilnehmer sich gegenseitig kennen lernen. Falls das nicht schon im Vorfeld der Fall ist, müssen anfangs Methoden eingebaut werden, die es allen ermöglichen, sich ein Bild von den anderen Teilnehmern zu machen und so auch einen eigenen Platz im sozialen Gefüge der Seminargruppe zu finden. Dazu sollte zu Beginn jeder Teilnehmer zu Wort kommen, zum Beispiel im Rahmen einer Vorstellungsrunde, eines Partnerinterviews oder mit anderen geeigneten Methoden.
- Ebenfalls sinnvoll ist, dass der Trainer zu Anfang aktiv ist, sich und die Seminarinhalte vorstellt und sich damit den Teilnehmern zeigt. Für diese ist es wichtig, sich ein Bild vom Trainer beziehungsweise von der Trainerin zu machen, um sich bei ihm/ihr als Teilnehmer sicher fühlen zu können.
- Auch eine hohe Transparenz schafft zu Beginn Vertrauen: Stellen Sie die Seminarziele und -inhalte vor, erläutern Sie Ihre Arbeitsmethodik, besprechen Sie organisatorische Rahmenbedingungen wie Seminarzeiten, Pausenzeiten, Räumlichkeiten und klären Sie zu Beginn alle offenen Fragen – wo geraucht werden darf, wo sich die Sanitärräume befinden … Bitten Sie die Teilnehmer nachzufragen, wenn sie etwas nicht verstehen. All dies gibt den Teilnehmern die Sicherheit, nach der sie – gruppendynamisch gesehen – zu Beginn suchen.
- Die Abfrage der individuellen Wünsche und Ziele ist zu Seminarbeginn ebenfalls sinnvoll – fragen Sie die Teilnehmer, warum und mit welcher Zielsetzung sie am Seminar teilnehmen und welche Wünsche sie an das Seminar haben. Sorgen Sie dafür, dass die Wünsche visualisiert werden, damit Sie später darauf Bezug nehmen können. Die Teilnehmer wissen dadurch, dass sie den Seminarverlauf mit beeinflussen können, dass das Seminar teilnehmerorientiert, also an ihren Wünschen orientiert durchgeführt wird. (Die letzte Entscheidung, welche Inhalte wie vermittelt werden, liegt allerdings beim Trainer – auch das muss deutlich werden.)

Die vier Faktoren der TZI

Die TZI geht davon aus, dass jede Gruppeninteraktion vier Faktoren enthält, die in der Arbeit mit Gruppen ständig wirksam sind und sich gegenseitig beeinflussen:

- das Ich, also jedes beteiligte Individuum und seine Anliegen,
- das Wir, also die Gruppe, die Gruppenkultur, die Beziehungen der einzelnen Personen untereinander,
- das Es, das Thema oder die Sache, also die gemeinsame Aufgabe oder das gemeinsame Lernthema, das den Verbindungsanker der Gruppe bildet sowie
- das Umfeld der Gruppe, das die gemeinsame Arbeit beeinflusst (räumliche, zeitliche, ökonomische, soziale und andere Gegebenheiten, in TZI-Begrifflichkeiten häufig »Globe« genannt).

Die dreieckige Form des Eisbergs wiederholt sich im *grafischen Grundsymbol* der
TZI: dem Dreieck im Kreis.

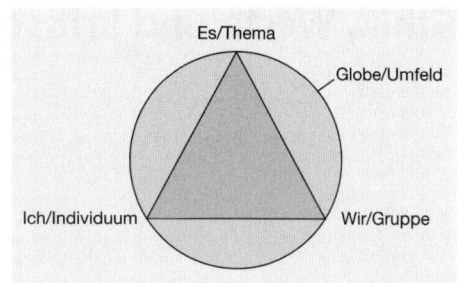

Das Ziel der Themenzentrierten Interaktion ist, zwischen diesen Faktoren eine
dynamische Balance herzustellen. Sie ist
Grundvoraussetzung für die gemeinsame
Arbeit am Thema. Das Herstellen der dy-
namischen Balance ist die Aufgabe des Se-
minarleiters: Er oder sie ist dafür verantwortlich, dass kein Faktor vernachlässigt wird.
Ich, Wir, Sache und Globe sind alle gleich wichtig. Da aber nie alle Faktoren gleichzeitig fokussiert werden können, ist eine statische Balance nicht möglich: Der Schwerpunkt liegt mal auf dem einen, dann auf einem anderen Faktor. Damit befindet sich
das System in ständiger Bewegung, es findet lebendiges Lernen und Arbeiten statt. In
der Praxis bedeutet dies zum Beispiel:

- Die Seminarleitung fokussiert wieder auf das Thema, wenn die Gruppe sich zu sehr
  mit sich selbst beschäftigt.
- Die Seminarleitung beachtet Störungen. Zum Beispiel fragt sie einen häufiger gäh-
  nenden Teilnehmer, ob etwas nicht in Ordnung sei oder ob er eine Pause benötige.
  Damit fokussiert sie vom Thema auf das Individuum und von der Sachebene auf
  die psychosoziale Ebene.
- Unterschiedliche Arbeitsformen werden genutzt. Einzelarbeit, Kleingruppenarbeit
  oder das Arbeiten im Plenum werden eingesetzt, um die Balance zwischen Ich, Wir
  und Es zu halten.
- Die Themen und Übungen, mit denen als Nächstes gearbeitet wird, berücksichtigen die Balance. Nach einer sehr kopf- und konzentrationslastigen Phase kann es
  zum Beispiel Sinn machen, eine Aufgabe kreativ anzugehen und außer dem Thema
  auch die Gruppe wieder zu fokussieren, indem entsprechende Methoden wie Rollenspiele oder Brainstorming eingesetzt werden.

Ethik, Werte und kritische Betrachtungen

Ethische und politische Verantwortung

Die ethische Dimension des Modells wurde bereits in den vorhergehend beschriebenen Axiomen (s. S. 115) deutlich:

- *Das existenziell-anthropologische Axiom:* »Der Mensch ist eine psychobiologische Einheit. Er ist auch Teil des Universums. Er ist darum autonom und interdependent. Autonomie (Eigenständigkeit) wächst mit dem Bewusstsein der Interdependenz.«
- *Das ethisch-soziale Axiom:* »Ehrfurcht gebührt allem Lebendigen und seinem Wachstum. Respekt vor dem Wachstum bedingt wertende Entscheidungen. Das Humane ist wertvoll; Inhumanes ist wertbedrohend.«
- *Das pragmatisch-politische Axiom:* »Freie Entscheidung geschieht innerhalb bedingender innerer und äußerer Grenzen. Erweiterung dieser Grenzen ist möglich« (Cohn 1997).

Für Ruth Cohn hat die Themenzentrierte Interaktion auch eine politische Dimension im Sinne einer persönlichen Verantwortung jedes Einzelnen für sein Verhalten und damit auch für die Gestaltung seines politischen Umfelds. Der Globe wirkt nicht nur auf Menschen in Gruppen, sondern er wird auch von Menschen beeinflusst.

Lebendiges Lernen mit TZI sieht sie als präventive Maßnahme für eine gesunde Gesellschaft.

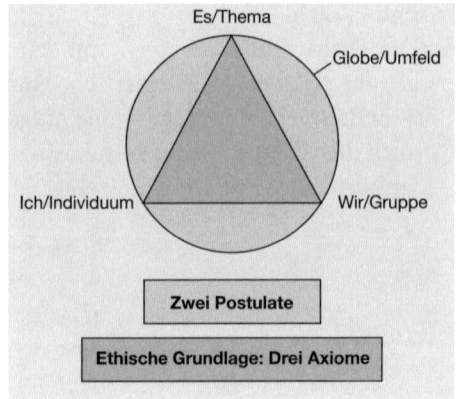

Kritik und mögliche Risiken

In Seminargruppen kann die Gefahr bestehen, dass die Besprechung von Störungen zu viel Raum einnimmt. Hier ist zu beachten, dass nicht nur Störungen bezüglich der eigenen Person, sondern auch bezüglich der Gruppe, des Themas und des Globes wichtig sind. Wenn zu viel Zeit in die Bedürfnisse Einzelner investiert wird, kann es zur Störung »Wir möchten uns endlich wieder mit dem Thema beschäftigen« oder »Der Auftraggeber (Globe) erwartet Ergebnisse« kommen. Diese Prozesse ausgewogen zu steuern erfordert Kompetenz und Fingerspitzengefühl des Seminarleiters.

Bei der expliziten Anwendung von TZI, zum Beispiel der Einführung der Hilfsregeln, der Axiome und Postulate ist auf die sprachliche Anschlussfähigkeit der Teilnehmer zu achten: Die Grundregel, die Teilnehmer dort abzuholen, wo sie stehen, ist auch im sprachlichen Bereich wichtig. Die TZI benutzt Begriffe, die für manche Menschen esoterisch oder unangemessen klingen. Um diesen Teilnehmern eine Brücke zu bauen, macht es Sinn den eigenen sprachlichen Ausdruck den Gewohnheiten der Teilnehmer anzupassen.

Methodische Ansätze

Ziel des Konzepts ist, durch eine dynamische Balance zwischen Individuum, Gruppe, Thema und Umfeld ein lebendiges und effektives Lernen und Arbeiten zu ermöglichen. Die Methoden, die dabei eingesetzt werden können, sind vielfältig und nicht unbedingt TZI-spezifisch. Speziell ist eher, wann und warum welche Methoden eingesetzt werden. Dies drückt sich auch im Leitungsverständnis der TZI aus, das ein Bild davon vermittelt, was TZI-Seminarleiter in der Praxis ausmacht.

Das Leitungsverständnis der TZI

Die Seminarleitung soll idealerweise mit sechsfacher Aufmerksamkeit das komplexe Geschehen im Auge behalten und dem angemessen handeln (vgl. Literaturempfehlung Langmaack, »Einführung in die Themenzentrierte Interaktion«, 2001). Sie soll jeweils ein Auge haben für

- das Erfüllen des Auftrags (Thema),
- die Realität des Umfeldes (Globe),
- die inhaltlichen Ziele und den Weg dorthin,
- den Prozess, die Dynamik der Gruppe (Gruppe),
- die einzelnen Teilnehmer (Individuum) und für
- sich selbst, die Seminarleitung.

Dabei ist es Aufgabe der Leitung, Themen und Strukturen zu setzen, auf Störungen zu achten und die dynamische Balance sowohl zwischen Ich, Wir als auch Thema zu finden. Wesentliche Merkmale sind hier:

- Die Seminarleitung ist partizipierender Teil der Gruppe und agiert als solche, das heißt, sie gibt im gegebenen Rahmen soviel von ihrer Person preis, wie sie möchte (selektive Authentizität). Sie nimmt wenn passend an Methoden selbst teil, macht zum Beispiel in einer Blitzlichtrunde selbst eine Aussage.
- Die Seminarleitung behält nicht nur das Thema (Sachebene) im Auge, sondern auch die psychosoziale Ebene. Das bedeutet unter anderem, dass sie Störungen im Prozess aufnimmt, statt sie zu ignorieren oder zu vermeiden.
- Die Seminarleitung behält ganz explizit auch sich selbst im Auge, achtet auf ihre eigenen Fähigkeiten, Ressourcen und Bedürfnisse.

● Es geht nicht nur um »objektive« Wissensvermittlung, sondern die »subjektive« Bedeutung dieses Wissens: was bedeutet der Inhalt X für den einzelnen Teilnehmer? Die Seminarleitung versucht, Wissensvermittlung lebendig und in Bezugnahme auf die Teilnehmer zu gestalten.

Wir möchten Ihnen anhand des Praxisbeispiels »Präsentationsseminar« die »sechs Augen« der Seminarleitung verdeutlichen:

Praxisbeispiel: Die sechs Augen der Seminarleitung

① *Ein Auge für das Erfüllen des Auftrags (Thema):* Für jedes Seminar und jeden Workshop gibt es einen Auftraggeber. In diesem Beispiel ist der Auftraggeber ein großer Maschinenbaukonzern. Der Auftrag wurde mündlich besprochen und die Inhalte des Seminars mit der Seminarausschreibung schriftlich fixiert. Dazu gehört unter anderem, mit den Teilnehmern mehr Selbstsicherheit als Redner und Präsentierende aufzubauen sowie den professionellen Einsatz von Notebook und Beamer zu vermitteln. – Es ist eine Aufgabe der Seminarleitung, diesen Auftrag im Auge zu behalten.

② *Ein Auge für Realität des Umfelds (Umfeld oder Globe):* Das Seminar findet in einem bestimmten Umfeld statt. Es ist sehr wichtig, dass die Seminarleitung diese Umgebungsbedingungen beachtet und berücksichtigt. In diesem Präsentationsseminar, gibt es folgende Rahmenbedingung: Einen Tag vor Seminarbeginn wurde ein spektakulärer Wechsel in der Konzernführung bekannt, der die Teilnehmer sehr beschäftigt.

Die Seminarleitung hat dies bei den Nebengesprächen während des Eintreffens der Teilnehmer wahrgenommen und dann entsprechend Raum dafür eingeräumt, nämlich zu Seminarbeginn danach gefragt und mit den Teilnehmern zwanglos einige Minuten über dieses Thema gesprochen, bevor sie in das eigentliche Thema (Präsentation) einsteigt. Sie hat auch angeboten, die erste Kaffeepause etwas zu verlängern, damit die Teilnehmer sich weiter darüber unterhalten können. Der Effekt war, dass sich die Teilnehmer während des Seminars auf das Seminarthema konzentrierten, da auf ihr Thema »Führungswechsel an der Konzernspitze« bereits eingegangen worden war und sie wussten, dass sie in der Pause eine weitere Gelegenheit erhalten würden, darüber zu sprechen.

Würde die Seminarleitung die Rahmenbedingung »Führungswechsel« gar nicht wahrnehmen (oder zwar wahrnehmen, aber ignorieren), bestünde eine relativ große Gefahr, dass das Thema sich trotzdem durchsetzt. Dies geschieht dann meist an Stellen, die wenig geeignet sind: in Nebengesprächen, in Kleingruppenarbeiten, in Pausenzeiten, die nicht eingehalten werden und so weiter.

Zu beachtende Rahmenbedingungen müssen aber nicht immer so spektakulär sein wie ein Führungswechsel in der Konzernspitze. Es kann sich ebenso um banalere Dinge handeln, die fast jeder Trainer kennt:

- Das Seminarhotel kündigt kurzfristig an, dass das Mittagessen erst eine Stunde später als geplant stattfinden kann. Das heißt: Der Seminarablauf muss kurzfristig entsprechend angepasst werden. Die Herausforderung dabei ist, dass Pausen (die immer einen »Schnitt« bedeuten) in einem Seminar nicht an beliebigen Stellen gleich gut passen, sondern auf Inhalte und Gruppendynamik abgestimmt werden.
- Nach langem Regenwetter scheint endlich die Sonne und die Teilnehmer möchten gerne die Kleingruppenarbeit draußen durchführen und die Pausen verkürzen, damit sie früher in den Feierabend (und die Sonne) gehen können. Die Seminarleitung muss entscheiden, inwieweit sie auf diese Rahmenbedingung »Wetter« reagiert, um das Seminar möglichst erfolgreich zu gestalten.
- Die Seminarleitung hat das Seminar so geplant, dass sie dafür drei Gruppenarbeitsräume benötigt. Kurzfristig stehen nur zwei zur Verfügung, die geplante Seminarstruktur muss entsprechend angepasst werden.

③ *Ein Auge für die inhaltlichen Ziele und den Weg dorthin:* Ein inhaltliches Ziel des Präsentationsseminars ist der professionelle Umgang mit dem Beamer. Die Seminarleitung muss sich überlegen, wie die Teilnehmer dieses Ziel erreichen und welche Methodik und welche Inhalte sie auswählen muss, um das zu ermöglichen. Im Beispiel des Präsentationsseminars bittet die Seminarleitung die Teilnehmer selbst zu sammeln, was sie schon über den Umgang mit Beamern wissen und ergänzt dann, was noch fehlt. Darauf folgt das Üben von Präsentationen mit Beamer, damit die Teilnehmer anwendungssicher werden.

④ *Ein Auge für den Prozess und die Dynamik der Gruppe:* Bei einem Seminar, bei dem die Teilnehmer das Präsentieren vor der Gruppe üben, ist es besonders wichtig, dass das Klima in der Gruppe stimmt.

Eine elementar wichtige Fähigkeit ist, Feedback zu geben und zu erhalten. Dies wird in unserem Beispiel dadurch gefördert, dass die Präsentierenden nicht nur Feedback von der Seminarleitung, sondern auch von den Seminarkollegen erhalten.

Die Seminarleitung kann dabei steuernde Akzente setzen. Wenn die Teilnehmer beispielsweise nur positives Feedback geben (»Kuscheldynamik«) macht es Sinn, auch Verbesserungsvorschläge einzufordern, damit der Präsentierende dazulernen kann. Wenn dagegen das Feedback Wertschätzung vermissen lässt (»Konkurrenzdynamik«), ist es Aufgabe der Seminarleitung, einzugreifen, darauf hinzuweisen, dass gutes Feedback konstruktiv ist und

 gemeinsam mit den Beteiligten zu üben, wie das geht (und selbstverständlich selbst ein gutes Vorbild zu sein).

⑤ *Ein Auge für die einzelnen Teilnehmer (Individuum):* Es liegt nahe, dass die Seminarleitung jeden einzelnen Teilnehmer im Blick haben muss. In unserem Beispiel wurde früh klar, dass ein Teilnehmer große Angst hat, vor der Gruppe zu präsentieren. Aufgabe der Leitung ist es, diesen Teilnehmer zu unterstützen, ihm Sicherheit zu geben, ihm Wertschätzung entgegenzubringen. Eine gute Intervention kann hier sein, vor der ganzen Gruppe – ohne Bezugnahme auf den speziellen Teilnehmer! – zu verdeutlichen, dass das Seminar fehlerfreundlich ist, dass die Teilnehmer hier die Chance haben, ihr Können in einem geschützten Rahmen auszuprobieren. Es kann auch hilfreich sein, als Seminarleitung, die heute (hoffentlich!) selbstsicher und professionell vor Gruppen spricht, von der ersten eigenen Präsentation und der damaligen Nervosität zu sprechen. Das macht die Seminarleitung menschlich und zeigt Solidarität und Wertschätzung.

An dieser Stelle lässt sich gut verdeutlichen, dass die Seminarleitung zwischen den »sechs Augen« auch abwägen muss. Man könnte dem schüchternen Teilnehmer schnell anbieten, dass er nicht vor der Gruppe präsentieren muss – worüber er vermutlich sehr glücklich wäre. Da der Auftrag aber ist, dass die Teilnehmer das Präsentieren lernen und selbstsicherer dabei werden, wird die Seminarleitung darauf hinarbeiten, den schüchternen Seminarteilnehmer so zu unterstützen, dass er trotz seiner Angst präsentiert und dabei Wesentliches lernt.

⑥ *Ein Auge für sich selbst, die Seminarleitung:* Die Seminarleitung spielt eine wichtige Rolle für den Erfolg eines Seminars. Deshalb ist es wichtig, dass sie fit und handlungsfähig bleibt. Das heißt zum Beispiel, dass sich das Pausentiming nicht nur nach dem inhaltlichen Prozess und den Bedürfnissen der Teilnehmer, sondern auch nach den Bedürfnissen der Seminarleitung richtet. Der Umstand, dass eine Seminarleitung seit zwei Stunden müde und hungrig ist, den Teilnehmern (oder dem eigenen Ehrgeiz) zuliebe aber weiter »ackert«, trägt sicher nicht zu einem erfolgreichen Seminar bei. Professionell und mit »sechs Augen« kann nur arbeiten, wer wach ist und sich fit fühlt.

Planen und Steuern von Seminaren mithilfe von TZI

Sie stellen sich vielleicht die Frage: Wie gehe ich vor, wenn ich ein Seminar oder einen Workshop mithilfe von TZI planen und leiten möchte? Sie werden sehen, dass der Referenzrahmen der Themenzentrierten Interaktion Ihnen nicht nur hilft, das eigene Verhalten strukturiert zu reflektieren. In Bezug auf Planung und Leitung gibt es viele Möglichkeiten – zur Veranschaulichung werden weitere Praxisbeispiele dargestellt.

Praxisbeispiel: Einen Seminarbeginn planen in einer Muss-Gruppe

In so genannten Muss-Gruppen nehmen die Teilnehmer nicht auf eigene Initiative teil, sondern weil jemand anderes, zum Beispiel der Vorgesetzte, es möchte. Diese Situation kann sich auf die Motivation der Teilnehmer auswirken. Damit diese potenzielle Störung nicht im »Untergrund« arbeitet und wächst, ist es hilfreich, sie zum Thema zu machen und den Teilnehmern Gelegenheit zu geben, sich damit auseinander zu setzen.

Damit die Thematisierung »Muss-Gruppe« hier in einem sinnvollen Rahmen steht, beschreibe ich nachfolgend einen kompletten Seminareinstieg.

Der Trainer stellt sich vor, begrüßt die Teilnehmer, klärt Organisatorisches (Seminarzeiten, Räumlichkeiten …).

TZI-Hintergrund: Die Teilnehmer haben Gelegenheit, einen ersten Eindruck von der Seminarleitung zu erhalten.

Der Seminarleiter bittet die Teilnehmer, sich nach verschiedenen Kriterien im Raum aufzustellen (Soziometrie):

- In einer Reihe in alphabetischer Reihenfolge des Namens.
- Über den Raum verteilt nach dem Geburts- oder Wohnort (Trainer muss angeben, wo im Raum Norden, Süden sind).
- In einer Firmengruppe zum Beispiel: Wer arbeitet mit wem zusammen?
- Entlang einer gedachten Linie: Wer hat keine, wer wenig, wer mittlere, wer große Vorerfahrung bezüglich des Seminarthemas, zum Beispiel Rhetorik.

Nach jeder Aufstellung geht der Trainer kurz darauf ein, fragt zum Beispiel die Teilnehmer nach dem Geburtsort. Vor allem bei der vierten Aufstellung kann er gezielt nachfragen, wer welche Vorerfahrungen mitbringt.
Als Teil der Gruppe kann der Seminarleiter bei inhaltlich passenden Aufstellungen selbst eine Aussage dazu machen.

TZI-Hintergrund: Der Anfang ist eine sehr wichtige Gruppenphase, in der der Grundstein für die weitere Zusammenarbeit gelegt wird.
Sich hier Zeit zu nehmen lohnt sich. Ruth Cohn: »Wenn du wenig Zeit hast, nimm dir am Anfang viel davon.«
In dieser Übung haben die Teilnehmer Zeit, innerlich anzukommen, sie beziehen »Stellung«, haben Gelegenheit sich und den Trainer besser kennen zu lernen. Die ersten Redebeiträge der Teilnehmer sind hier meist weniger mit Nervosität verbunden als in Vorstellungsrunden.
Die Übung lässt die Teilnehmer miteinander ins Gespräch kommen und wirkt auflockernd.

Der Seminarleiter gibt eine inhaltliche Einführung in das Thema und einen Überblick über den groben Seminarverlauf, eventuell die Methodik, mit der er arbeitet und andere Dinge, die am Beginn zu klären sind.
Die Teilnehmer können Fragen stellen und werden ermutigt, während des gesamten Seminars nachzufragen, wenn ihnen etwas nicht klar ist oder wenn sie einen Wunsch oder ein Problem haben.

> *TZI-Hintergrund:* Der Überblick gibt den Teilnehmern Sicherheit über das, was ungefähr auf sie zukommt (Sicherheit ist ein strukturelles Grundbedürfnis von Gruppen in Anfangsphasen).
> Die Teilnehmer werden dazu eingeladen, Störungen anzusprechen.

Die Teilnehmer bilden zwei Kreise, einen Innenkreis und einen Außenkreis mit jeweils gleich vielen Personen. Jeweils eine Person aus dem Innenkreis wendet sich an eine ihr gegenüberstehende Person aus dem Außenkreis. So entstehen Gesprächspaare. Sie sprechen jeweils ungefähr fünf Minuten über ein Thema, das der Trainer vorgibt. Dann dreht sich der Außenkreis eine Position weiter, es entstehen so neue Gesprächspaare, die sich über das nächste Thema unterhalten (so genannte Kugellager-Methode).

Die Themen (am Beispiel Rhetorik-Seminar):

- Was verbinde ich eigentlich mit Rhetorik?
- Wo setze ich bereits Rhetorik ein?
- Warum soll ich an diesem Seminar teilnehmen?
- Was halte ich davon, dass ich an diesem Seminar teilnehmen muss?

Danach setzt die Gruppe sich ins Plenum, am besten in einen Stuhlkreis oder eine U-Form mit Tischen. Jeweils ein Viertel der Gruppe berichtet zu einer der vier Fragen kurz, worüber gesprochen wurde.

Gegebenenfalls werden Fragen und Bedenken geklärt.

> *TZI-Hintergrund:* Die Methodik »Kugellager« fördert die Interaktion in der Gruppe. Die beiden ersten Fragen knüpfen eine Verbindung zwischen »Ich« und »Thema«. Die beiden letzten Fragen thematisieren den Aspekt der **Muss-Gruppe**. Damit diese potenzielle Störung nicht im »Untergrund« arbeitet und wächst, wird sie hier zu Beginn seitens der Leitung aufgenommen.

Der Umgang mit Muss-Gruppen ist ein gutes Beispiel dafür, dass es sich lohnt, in der Anfangsphase Zeit zu investieren. Die späteren Störungen, die durch die »verordnete Teilnahme« leicht entstehen, würden in der Regel wesentlich mehr Zeit kosten als die kurze Kugellager-Methode.

Praxisbeispiel: Seminarkonzept auf Methodenwechsel prüfen (Ich/Wir/Thema)

Während der Seminarleiter ein Seminar konzipiert, kann er immer wieder auf die Balance, die Ausgewogenheit in verschiedener Hinsicht achten:

Ausgewogenheit der Arbeitsformen: Es macht Sinn, in der Arbeitsform zwischen Einzelarbeit, Kleingruppenarbeit und Plenumsarbeit (= Arbeit mit der gesamten Gruppe) zu wechseln. Diese Abwechslung erhöht die Lebendigkeit des Seminars und damit die Konzentrations- und Arbeitsfähigkeit der Teilnehmer. Bei der Bildung der Kleingruppen ist es wichtig, darauf zu achten, dass sich immer wieder verschiedene Zusammensetzungen ergeben. Dies fördert das »Wir« und die kooperative Atmosphäre, es verhindert die Bildung von isolierten Untergruppen. Wenn möglich, können die Teilnehmer selbst wählen, in welcher Kleingruppe sie mitarbeiten möchten (Selbstverantwortung).

Ausgewogenheit der Lernformen: Die Methoden der Erwachsenenbildung reichen vom Vortrag bis zur Outdoorübung. Wichtig ist, Abwechslung zu ermöglichen und die Methodik passend zum Inhalt und zum Prozess auszuwählen. Um theoretische Inhalte zu vermitteln, ist eine (kurze) konzentrierte Präsentation ebenso möglich wie der Einsatz von Arbeitsmaterialien, mit denen sich die Teilnehmer die Inhalte selbst erarbeiten. Welche Methodik besser passt, hängt vom Prozess ab. Erfahrungslernen ist ebenfalls eine wichtige Lernform, vor allem wenn es um die Sozialkompetenz geht: Teilnehmer erleben eine konkrete Situation, müssen zum Beispiel miteinander eine komplexe Teamaufgabe lösen und reflektieren dies anschließend auf die eigentlich zu vermittelnden Inhalte hin, zum Beispiel die Gruppenphasen oder Regeln für Teamarbeit. Der Vorteil ist, dass sie so theoretische Modelle mit eigenen Erfahrungen verknüpfen können.

Ausgewogenheit der angesprochenen Sinne: Die Wahrnehmungssinne der Teilnehmer im Auge zu behalten, spielt eine wichtige Rolle: Haben sie Gelegenheit, zu hören, zu sehen (Visualisierung von Inhalten), zu fühlen beziehungsweise zu erfahren (durch Übungen, praktische Aufgaben, Rollenspiele)?

Eine interessante – und häufig eingesetzte – Übung ist das »Blind führen«: Ein sehender Teilnehmer führt einen anderen, der durch verbunde Augen »blind« ist, durch einen Parcours, das Seminarhaus oder den Wald.

Die genannte Übung ist unter anderem deshalb so interessant, weil damit unser Hauptsinn – das Sehen – außer Kraft gesetzt wird. Alle anderen Sinne werden intensiviert: der Teilnehmer fühlt den Untergrund, die Temperatur und so weiter, er hört genauer als sonst die Geräusche, zum Beispiel nahende Schritte, er riecht genauer, zum Beispiel die Feuerstelle des Outdoorseminars oder den Duft der Hotelküche. Über das Sinneschärfen hinaus ist dies eine exzellente Übung zu Führung und Vertrauen.

Themen formulieren

Die Formulierung von Themen spielt in der TZI ebenfalls eine sehr wichtige Rolle. Das Thema kann dabei der Seminartitel sein, das Thema eines Tages oder der Titel einer kleineren Sequenz. Die Sequenzen eines Seminars sozusagen unter »Überschriften« zu stellen, gibt den Teilnehmern Klarheit und Struktur. Die Art, wie Themen formuliert werden, hat Einfluss auf die Erwartungen, die Motivation und das Vorgehen der Teilnehmer. TZI rät, Themen folgendermaßen zu formulieren:

- kurz und klar,
- sprachlich auf die Teilnehmer zugeschnitten (im Sinne Wortwahl),
- lösungsorientiert (statt problembezogen),
- so offen, dass Raum für Kreativität bleibt,
- so konkret, dass es als Leitlinie dienen kann,
- den Fokus auf den jetzt für die Balance wichtigen Faktor (Ich, Wir, Sache, Umfeld) lenkend,
- ansprechend, aktivierend und motivierend.

Praxisbeispiel: Themen für ein Seminarkonzept formulieren

Zur Verdeutlichung hier zwei Beispiele für die Umformulierung von Themen nach TZI-Gesichtspunkten:

Vorher:	Nachher:
»Nervosität, Angst und Beklemmung bei Präsentationen – Ursachenanalyse und Entwicklung möglicher Vermeidungsstrategien«	»Wie gelingt es mir, bei Präsentationen überzeugend und selbstbewusst aufzutreten?« *(prägnanter, lösungsorientierter, aktivierender, einfachere Wortwahl)*
»Probleme mit Mitarbeitern in schwierigen Führungssituationen professionell bewältigen«	»Konstruktiver Umgang mit Mitarbeitern auch in ›spannenden‹ Situationen – welche Tipps und Tricks kennen wir schon und was benötigen wir noch?« *(weniger problem-, mehr ressourcenorientiert, aktivierender, mehr persönlicher Bezug, fokussiert auf »Wir«-Faktor zum Beispiel als Thema einer Gruppenarbeit)*

Welche Formulierungen wecken bei Ihnen mehr Interesse?

Kritische Situationen im Seminar

Wenn es zu kritischen Situationen (Konflikte in der Gruppe, schwierige Rahmenbedingungen, stockende Kommunikation, wenig Interesse seitens der Gruppe und Ähnliches) im Prozessverlauf kommt, kann der Seminarleiter die Ebenen wechseln. Ein Ebenenwechsel ist immer eine Intervention des Trainers oder Beraters. Es gibt viele Möglichkeiten, die Ebenen zu wechseln, und in der Regel erreicht man damit, eine neue Dynamik in die Situation zu bringen.

Wichtig ist es, dazu seine eigene Hypothese zu kennen: Was ist der Hintergrund, weshalb möchte ich auf eine andere Ebene wechseln und was ist die entsprechende Intervention (im Sinne von: was ist hinterher anders als vorher …). Im Umgang mit schwierigen Situationen im Workshop kommt dem Wechsel von der Sach- auf die psychosoziale Ebene eine besondere Bedeutung zu. Er markiert auf der inhaltlichen Ebene eine Unterbrechung, ein Innehalten und ermöglicht das erneute Ausrichten der Basis und die Wiederherstellung der Arbeitsfähigkeit.

Praxisbeispiel: Ebenenwechsel in kritischen Situationen

Wir bewegen uns in Workshops und Seminaren immer auf zwei Hauptebenen (vgl. »Zwei Ebenen der Interaktion«): Die Sachebene bezieht sich darauf, »was« tatsächlich vor sich geht, während die psychosoziale Ebene in erster Linie nach dem »wie«, also nach Prozessen fragt.

Hier einige Möglichkeiten des Ebenenwechsels auf die psychosoziale Ebene:

- Metakommunikation einleiten, zum Beispiel Erfragen der Zufriedenheit mit den bisherigen Arbeitsschritten.
- Mit soziometrischen Elementen arbeiten, zum Beispiel das bisherige Arbeitssystem aufstellen lassen (Arbeitsfähigkeit, Nähe zum Thema …).
- Gruppenarbeit einleiten, um Beispiel unterschiedliche Gruppen formulieren ihre Annahmen über die jeweils anderen.
- Einen neuen Kontrakt erarbeiten (lassen), zum Beispiel Regeln für die Zusammenarbeit oder die Diskussionen aufstellen.
- Die Gruppe in Bewegung bringen, zum Beispiel Reflexionsspaziergang allein; eine zentrale Fragestellung mitbringen.
- Mit Bildern und Metaphern arbeiten, zum Beispiel: Zeichnen Sie ein Bild oder schreiben Sie eine Geschichte, die die Situation in dieser Runde für Sie auf den Punkt bringt.
- Systemisches und zirkuläres Fragen, zum Beispiel: Was glauben Sie, denkt B über A in dieser Hinsicht? Oder: Was müsste über Nacht geschehen, damit diese Gruppe mit Energie an die Themen gehen kann?
- Der Gruppe die Situation spiegeln, zum Beispiel: Bei mir ist … angekommen; was würden Sie an meiner Stelle tun?

Das Seminarende gestalten

Ähnlich wie die Anfangsphase von Seminaren verlangt auch die Abschlussphase etwas Zeit. Ziel ist, das Thema abzuschließen, den Transfer in den Alltag zu fördern, das Seminar auszuwerten und sich zu verabschieden.

Praxisbeispiel: Ein Seminarende planen

Sie sollten Folgendes beachten:

- Geben Sie genügend Zeit, um offene Fragen der Teilnehmer zu klären.
- Ermöglichen Sie den Teilnehmern, das Gelernte in den Alltag zu transferieren. Die Teilnehmer können zum Beispiel in Kleingruppen besprechen, was sie auf welche Weise im Alltag integrieren möchten. Es kann auch angebracht sein, hier eine Einzelarbeit anhand eines Transfer-Arbeitsblattes einzusetzen.
- Bei Workshops zu Teamarbeit kann man beispielsweise ein Arbeitsblatt mit dem folgenden Text verteilen.

Arbeitsblatt zur Teamarbeit

»Sie haben sich im Rahmen des Workshops ›Teamentwicklung‹ mit dem Seminarthema und Ihren eigenen Verhaltensweisen in Gruppen und Teams beschäftigt.

Was sind Ihre wichtigsten Erkenntnisse?«

....

....

»Was möchten Sie aufgrund dieses Seminars tun oder verändern?«

....

....

Das Transferblatt bleibt bei den Teilnehmern. Sie können es im Arbeitsalltag immer wieder anschauen, um sich daran zu erinnern. Eine gute Möglichkeit ist auch, das Transferblatt von den Teilnehmern in Umschläge stecken zu lassen, die sie an sich selbst adressieren. Die Seminarleitung sammelt die Umschläge ein und schickt sie einige Wochen später an die Teilnehmer – für viele ist das eine besonders gelungene Form der Transferunterstützung und zudem eine ziemlich ungewohnte!

Lassen Sie die Teilnehmer auch im Plenum ein Resümee des Seminars ziehen, das Ihnen als Seminarleiter auch als Feedback dient.

Interessante Reflexionsfragen sind:

- Was habe ich gelernt, was nehme ich mit? (Ich/Thema)
- Was hat mein Lernen gefördert? Was hat mich behindert? (Ich/Thema/ Umfeld/Prozess)
- Wie haben wir zusammengearbeitet? (Wir)

Explizite Nutzung des TZI-Modells in Seminaren

Bisher wurde in diesem Kapitel die implizite Nutzung von TZI verdeutlicht, also der Einsatz, ohne dass die Teilnehmer das Modell wahrnehmen. Natürlich können Sie das Modell auch explizit nutzen, also als Instrument für die Teilnehmer einführen.

Im Folgenden wird eine Seminareinheit beschrieben, in der das Modell im Rahmen eines Seminars zu Teamarbeit und -fähigkeit vorgestellt wurde. Anlass war, dass den Teilnehmern bisher wenig präsent war, welche Faktoren neben der sachlichen Ebene den Erfolg von Zusammenarbeit beeinflussen.

Praxisbeispiel: Plane wenden – Faktoren, die den Erfolg von Zusammenarbeit beeinflussen

Die Teilnehmer erhalten die Aufgabe, sich gemeinsam auf eine rechteckige Plane zu stellen, die auf dem Boden liegt. Die Plane muss so groß sein, dass alle Teilnehmer darauf Platz haben, aber dass alle dennoch relativ eng aneinander stehen. Nun sollen sie die Plane umdrehen, ohne dass einer der Teilnehmer den Boden berührt.

TZI-Hintergrund: Diese Übung aus dem Erfahrungslernen schafft die Basis für die nachfolgende Arbeit mit TZI. Die Teilnehmer haben so ein gemeinsames Beispiel für Teamarbeit.

Nachdem die Gruppe die Aufgabe gelöst (oder eventuell auch aufgegeben hat), stellt der Seminarleiter das Eisbergmodell vor (s. S. 117). Er visualisiert das Modell auf einer großen Metaplanwand.

TZI-Hintergrund: Eisbergmodell mit den zwei Ebenen der Interaktion einführen.

In Dreiergruppen wird besprochen, was während der Übung auf den beiden Ebenen passiert ist. Danach Plenum. Die Kleingruppen kommen einzeln nach vorne und tragen in einen auf Metaplan vorbereiteten, noch nicht beschrifteten Eisberg ein, was sie auf den beiden Ebenen beobachtet haben. Der Seminarleiter moderiert.

 *TZI-Hintergrund:* Die Teilnehmer können das vorgestellte Modell mit ihren Erfahrungen verknüpfen (Verbindung von Ich und Thema).
Sie wechseln die Arbeitsform (zunächst Kleingruppe, dann Plenum).

Der Seminarleiter stellt nun auf einer zusätzlichen Metaplanwand das TZI-Dreieck vor, das zunächst die gleiche Form hat wie der etwa dreieckige Eisberg. In der Spitze befindet sich das Thema, unten Ich und Wir. Zusätzlich wird der Globe eingezeichnet. Der Seminarleiter erklärt in kurzen und anschaulichen Worten die Grundzüge des Modells.

TZI-Hintergrund: Einführung des TZI-Grundmodells Ich-Wir-Sache-Globe.

Aus der Seminargruppe werden vier Kleingruppen gebildet. Je eine beschäftigt sich danach etwa 30 Minuten mit einem der vier TZI-Faktoren Ich, Wir, Sache und Umfeld. Die Leitfrage lautet:»Was ist wichtig für gute Zusammenarbeit in Gruppen und Teams?« Die Frage wird jeweils in Bezug auf den Faktor beantwortet, mit dem die Gruppe sich beschäftigt.
Die Kleingruppen bilden sich nach den Interessensschwerpunkten der Teilnehmer. Jede Gruppe visualisiert ihre Ergebnisse und stellt sie dann dem Plenum vor. Danach Klärung offener Fragen.

TZI-Hintergrund: Die Methodik wechselt von Plenum mit Vortrag des Trainers zu Kleingruppenarbeit. Anschließend folgen Präsentationen der Teilnehmer im Plenum. Inhaltlich beschäftigen sich die Teilnehmer mit dem TZI-Modell und dem Gelingen von Zusammenarbeit.

Hilfsregeln der TZI

Die folgenden Hilfsregeln für Seminar- und Arbeitsgruppen wurden von Ruth Cohn entwickelt, um direkte und offene Kommunikation zu fördern und damit letztlich der Verwirklichung der Postulate (s. S. 116) zu dienen. Sie schaffen eine akzeptierende Gruppenatmosphäre und Raum für unterschiedliche Wahrnehmungen und Meinungen. Obwohl diese Regeln für die Arbeit in Gruppen sehr hilfreich sein können, sollen sie in der spezifischen Situation angemessen (und nicht dogmatisch) angewandt werden.

- *Sprechen Sie per »Ich« statt per »Wir« oder per »Man«.* Ziel: Selbstverantwortung für eigene Aussagen übernehmen, sich nicht hinter der Meinung anderer verstecken.
- *Seien Sie authentisch und selektiv in Ihrer Kommunikation.* Selektiv: zeigen Sie nur, was Sie von sich zeigen möchten, Sie müssen nicht alle Gedanken, Gefühle, Ideen etc. offen legen. Privatsphäre ist wichtig. Authentisch: wenn Sie etwas von sich sagen/zeigen, seien Sie ehrlich und spielen Sie nichts vor.

- *Stellen Sie Ihre persönlichen Eindrücke dar und vermeiden Sie wann immer möglich Interpretationen.* Ziel: Vermeiden von (Fehl-)Interpretationen, die leicht zu Kommunikationsstörungen führen.
- *Es soll nur eine Person zur gleichen Zeit sprechen.* Ziel: die Kommunikation in der Gruppe überschaubar halten, dem Sprechenden Wertschätzung durch Zuhören entgegenbringen.
- *Seitengespräche haben Vorrang. Sie stören und sind meist wichtig.* Ziel: Seitengespräche sind häufig ein Signal, dass Teilnehmer entweder wichtige Beiträge haben, die sie in der Gruppe nicht loswerden, oder sie signalisieren Widerstand oder Langeweile. In allen Fällen ist die Beachtung wichtig für die Zusammenarbeit.
- *Wenn Sie eine Frage stellen, sagen Sie auch, warum Sie sie stellen.* Ziel: Schützt andere davor, ausgefragt zu werden. Den Grund für eine Frage zu wissen, ist oft eine wichtige Information, damit der Gefragte weiß, worauf der Fragende hinaus will.
- *Übernehmen Sie Verantwortung für Ihr Handeln.* Ziel: Eigenverantwortung stärken.
- *Schenken Sie Störungen – den eigenen und denen anderer – angemessene Aufmerksamkeit.* Ziel: die eigene und die Arbeitsfähigkeit der Gruppe erhalten.

Als Seminarleiter haben Sie verschiedene Möglichkeiten, mit diesen Regeln umzugehen. Sie können sie explizit einführen. Sie können sie aber auch implizit als eigene Regeln nutzen, an die Sie sich selbst halten und die sie einfließen lassen, wenn Teilnehmer destruktive Kommunikationsmuster anwenden. Zum Beispiel kritisiert ein Teilnehmer, macht aber keine Verbesserungsvorschläge. Fragen Sie ihn, was er stattdessen tun würde. Ein anderer macht verallgemeinernde Aussagen und vertritt seine eigenen Standpunkte nicht oder nur indirekt. Bitten Sie ihn, für eine klare Kommunikation Ich-Aussagen zu formulieren.

Eine weitere Möglichkeit ist, die Teilnehmer selbst Regeln für den Umgang miteinander entwickeln zu lassen (die bei Bedarf noch ergänzt werden können).

Grundsätzliches zur Planbarkeit von Seminaren

Seminare werden selten genau so durchgeführt, wie sie vorher geplant wurden. Wie könnte das auch funktionieren? Die Bedürfnisse der Teilnehmer, ihre Konstellation zueinander und zum Trainer, die auftretenden Störungen, die aktuellen Bedingungen des Umfelds – all dies kann der Seminarleiter nicht im Voraus wissen und kennen.

TZI ist eine prozessorientierte Methode. Das bedeutet in der Praxis, im Seminarverlauf sensibel auf Ich, Wir, Thema und Globe zu achten und entsprechend zu agieren. Das bedeutet, mit Unplanbarem konstruktiv und flexibel umzugehen.

Wozu dann überhaupt vorplanen, wenn der Leiter doch den Gruppenprozess beachten soll? Weil die Vorplanung ihm eine Struktur für das Seminar gibt und verschiedene Handlungsmöglichkeiten, Ideen für Methoden und Themen eröffnet. Mit diesem Fundus kann er weit adäquater und flexibler auf aktuelle Situationen reagieren als er es ohne gründliche Vorbereitung könnte.

Essenz und Bedeutung

Zur Übersicht noch eine kurze Zusammenfassung des Kapitels:

- Das Modell TZI basiert auf den Grundlagen und dem Menschenbild der humanistischen Psychologie.
- Es wurde in den 1960er-Jahren von Ruth Cohn entwickelt.
- Sie geht davon aus, dass in Lern- und Arbeitsgruppen das Thema, das Individuum, die Gruppe und das Umfeld grundsätzlich von gleicher Wichtigkeit sind. Das Thema ist dabei der Verbindungsanker der Gruppe, der Grund, warum die Gruppe zusammenarbeitet.
- Die eigentliche Kunst des Gruppenleitens besteht im ständigen, prozessorientierten Balancieren zwischen den vier genannten Faktoren, um lebendiges und effektives Lernen und Arbeiten zu ermöglichen.
- Die Wege, dies zu erreichen, sind letztlich individuell und eine Kombination von Methodik und Haltung.
- TZI ist ein methodenoffener Ansatz: Es können Methoden aus allen Bereichen, zum Beispiel dem Rollenspiel, dem Erfahrungslernen oder der Transaktionsanalyse angewandt werden, soweit sie mit den Zielen der TZI übereinstimmen.
- Die Themenzentrierte Interaktion ist nicht nur ein didaktisches Handlungsmodell, sondern steht auch für eine Haltung der Wertschätzung gegenüber sich selbst, anderen Menschen, dem Umfeld und der Arbeit am Thema.
- Die Postulate fordern die Selbstverantwortung des Einzelnen für sein Handeln und das Beachten von Störungen. Über die Axiome und Postulate hat das Konzept einen ethischen und auch politischen Anspruch auf die Entwicklung einer gesunden Gesellschaft.

Als Titel für die Darstellung von TZI in diesem Konzepteband wählten wir »Themenzentrierte Interaktion: Alles im Blick! TZI als Basis für partnerschaftliche Kommunikation in Systemen«. Diese Überschrift weist auf den wesentlichen Nutzen hin, den TZI in unserer Arbeit hat.

»Alles im Blick!«

Die Prozesse, die Seminarleiter im Auge haben sollen und wollen, sind sehr vielfältig. TZI hilft wesentlich dabei, diese Prozesse zu strukturieren, die Menge an verbalen und nonverbalen Informationen zu verarbeiten, das eigene Vorgehen methodisch zu planen und im Prozess flexibel reagieren zu können.

Wir setzen TZI ein, um Seminare zu planen, um in der eigenen Reflexion Prozesse zu analysieren, um gemeinsam mit Teilnehmern Prozessanalysen durchzuführen und um die Gruppe immer wieder auf das zu fokussieren, was notwendig ist, um erfolgreich Lernen und Arbeiten zu können.

»TZI als Basis für partnerschaftliche Kommunikation in Systemen«

TZI umfasst eine Haltung gegenüber sich selbst und anderen, die partnerschaftliche Kommunikation und eine akzeptierende Atmosphäre fördert. Dies ist nicht nur bei Seminaren mit persönlichen Themen (zum Beispiel mit Feedbackphasen und dem Abgleich von Selbst- und Fremdbild) hilfreich, sondern verbessert themenunabhängig die Lernfähigkeit. Unabdingbar ist partnerschaftliche Kommunikation in der Prozessbegleitung und allen anderen Einsatzbereichen, in denen mit Kritik und an Konflikten gearbeitet wird.

Wer gerne weiter lesen möchte, findet im Anschluss ausgewählte Literaturempfehlungen.

Als sehr hilfreich für die tägliche Praxis des Planens und Durchführens von Seminaren und Workshops empfehlen wir das Buch »Wie die Gruppe laufen lernt« (Langmaack/Braune-Krickau).

Literatur und Adressen

Cohn, Ruth: Von der Psychoanalyse zur Themenzentrierten Interaktion. Klett-Cotta, Stuttgart 1997

Langmaack, Barbara: Einführung in die Themenzentrierte Interaktion. Beltz, Weinheim, Basel, Berlin 2001

Langmaack, Barbara/Braune-Krickau, Michael: Wie die Gruppe laufen lernt. Anregungen zum Planen und Leiten von Gruppen. Beltz Psychologie Verlags Union. Weinheim [7]2000

Keese, Henning: Humane Arbeitswelt in profitorientierten Unternehmen. Organisations- und Personalentwicklung mit Themenzentrierter Interaktion. Matthias-Grünewald-Verlag, Mainz 1996

www.ruth-cohn-institute.org – Webseite des europäischen TZI-Instituts mit allgemeinen Informationen, Seminarangeboten und Ausbildungscurricula

Umfassendere Literaturangaben finden Sie in der TZI-Bibliographie, erhältlich über die genannte Internetadresse und direkt bei: RCI Ruth Cohn Institute International, St. Alban-Rheinweg 222, Postfach CH-4006 Basel, Telefon: 0041 61 317 66 01, Telefax: 0041 61 317 66 02, E-Mail: sekretariat@tzi-forum.com

Konzept 5

Neurolinguistisches Programmieren: Abenteuerland NLP

NLP im Trainingsalltag

Thomas Späth und Carlos Salgado

Einführung und Geschichte

Begeisterung und Euphorie einerseits, Kritik und Abwehr andererseits: Das Neurolinguistische Programmieren polarisiert, wo immer es diskutiert und angewendet wird. Ist NLP nun eine sinnvolle Methode im Training oder nicht?

Als NLP in den frühen 1980er-Jahren nach Deutschland kam, wurde die Methode sehr stark mit den Quickfix-Ansätzen des Co-Entwicklers Richard Bandler verbunden. In vielen Köpfen ist es immer noch das vorherrschende Bild. Seit dem sind über 20 Jahre vergangen und viele Menschen haben dieses offene Modell weiterentwickelt. Das moderne NLP ist nicht mehr eine Quickfix-Methode, sondern vielmehr ein Modell für effektives und ganzheitliches Lehren und Lernen.

Diese Entwicklung festigte sich 1996 in der Zusammenführung der zwei größten deutschen NLP-Verbänden, der Deutschen Gesellschaft für NLP (DGNLP) und der German Assoziation of NLP (GANLP) zum Deutschen Verband für NLP (DVNLP), dem größten NLP-Verband weltweit mit über 1.200 Mitgliedern. Über 80 Prozent der NLP-Ausbilder in Deutschland sind Mitglied im DVNLP. Seit dem Jahr 2000 gibt es ein einheitliches Curriculum für alle NLP-Ausbildungsstufen. Diese hohe Ausbildungsqualität hat bereits bei vielen Bildungsträgern und Unternehmen zu einem positiven Umdenken in Bezug auf NLP bewogen.

NLP steht im modernen NLP für eine sprachlich geführte (Linguistik), prozessorientierte Veränderung (statt Programmierung) der Wahrnehmung (Neuro). NLP bietet Konzepte zum ganzheitlichen Lernen, zum Lernen mit allen Sinnen und zum Lernen durch Erfahrung. Der Trainer als Wissensvermittler hat ausgedient, gefragt ist jemand der Erfahrungsräume kreiert. Mit dem Verstand etwas zu erfassen ist eine Sache, es mit dem ganzen Körper zu erfahren eine andere.

Geschichte: Das Neurolinguistische Programmieren, kurz NLP, wurde in den 1970er-Jahren von Richard Bandler (Mathematiker und Psychologe) und John Grinder (Linguist), gemeinsam mit Robert Dilts, Leslie Cameron-Bandler und Judith DeLozier entwickelt.

Ausgangspunkt war die Frage: »Was ist der Unterschied zwischen Kompetenz und Exzellenz, das heißt, zwischen jemandem, der ›nur‹ kompetent ist, und jemandem, der in der gleichen Fertigkeit überdurchschnittliche Ergebnisse erzielt?«

Die Leistung von Bandler, Grinder und Co. bestand darin, nach dem »Erfolgsgeheimnis« der weltbekannten und besonders erfolgreichen Psychotherapeuten Virginia Satir (Familientherapie), Milton Erickson (Hypnotherapie) und Fritz Perls (Gestalttherapie) zu forschen. Sie beobachteten das Verhalten dieser Therapeuten und versuchten es so zu systematisieren, dass sie es anderen zugänglich machen konnten. Ihre wissenschaftliche Neugier trieb sie zu der Fragestellung: »Welche Elemente der Kommunikation ermöglichen – unabhängig vom Inhalt – einen schnellen und intensiven Kontakt zum Gesprächspartner, eine effektive und schnelle Veränderung negativer Gefühlszustände sowie ein konstruktives Denken, Planen und Handeln.«

Aus den Gemeinsamkeiten die Bandler, Grinder und Co. trotz aller Unterschiede bei den untersuchten Therapeuten fanden, leiteten sie die Modelle und Techniken des Neurolinguistischen Programmierens ab. Sie erprobten diese Werkzeuge selbst in der Praxis und konnten überzeugend demonstrieren, dass sie ähnliche Erfolge erzielten wie ihre Vorbilder.

Im Zuge ihrer Forschungen nahmen die NLP-Begründer auch Bezug auf viele andere Disziplinen und Forschungsbereiche.

- Dazu gehörten – um hier nur die wichtigsten Einflüsse zu nennen – die bahnbrechenden Forschungen des Kulturanthropologen und Kommunikationsforschers Gregory Bateson, der zu den Mitbegründern des kybernetischen Denkens in den Geistes- und Sozialwissenschaften zählt und als Vater der modernen Ökologie-Bewegung gilt.
- Ferner inspirierte sie die wegweisenden Arbeiten von Alfred Korzybski, des Begründers der »Allgemeinen Semantik«, der bereits in den 1940er-Jahren so genannte »Neuro-Linguistische-Trainings« durchführte.
- Weiter beeinflusste sie das Werk des Linguisten und Sozialphilosophen Noam Chomsky,
- die Erkenntnistheorie des deutschen Neo-Kantianers Hans Vaihinger,
- die richtungsweisenden Untersuchungen des Anthropologen Edward T. Hall, des Nestors der »interkulturellen Kommunikation«,
- die Modelle des britischen Kybernetikers William Ross Ashby sowie
- die Befunde der so genannten »Split-Brain«-Forschungen (zu Unterschieden zwischen der rechten und linken Großhirnhälfte s. Kapitel »Hirnforschung«, S. 37 ff.) des Psychologen und Neurowissenschaftlers Michael Gazzaniga.

Nach beziehungsweise während diesen Forschungen stellte sich die Frage, welcher Name das Besondere ihrer Entdeckungen am besten zum Ausdruck bringen konnte: Am treffendsten erschien der Begriff »Neurolinguistisches Programmieren«. Es ist zwar ein komplizierter Ausdruck, er enthält jedoch die drei Grundgedanken des NLP. Es sind dies die Verhaltensweisen, die aus Wechselwirkungen zwischen Gehirn (Neuro), verbaler und nonverbaler Sprache (linguistisch) und inneren Denkprogrammen (Programmierung) entstehen.

Was steckt dahinter?

Konzepte für individuelles Lernen durch Erfahrung und mit allen Sinnen

Das Neurolinguistische Programmieren ist – wie bereits erwähnt – das Ergebnis eines »Master-Modellings«, eines »Modellierens von Meistern«, sozusagen ein »Lernen von den Besten«. Modellieren ist ein natürlicher Prozess, Kinder zum Beispiel modellieren intuitiv ihre Eltern und andere Vorbilder und lernen so auf unbewusste Weise komplexe Verhaltensweisen, Einstellungen und Sichtweisen. Im NLP versucht man, Prozesse dieser Art rational und bewusst nachzuvollziehen, um sie in einfache Zusammenhänge und Vorgehensweisen zu übersetzen und dadurch selbst anwenden zu können. NLP ist ein offenes Modell, jeder Anwender entwickelt und nutzt es auf seine individuelle Art und Weise und mit seinen persönlichen Erfahrungen und Erkenntnissen weiter.

> NLP ist daher keine eigenständige Theorie oder Therapie sondern ein lernpädagogisches Modell mit vielen Techniken und Modellen, in NLP Sprache **Formate** genannt, durch die Menschen lernen können, mit anderen Menschen besser umzugehen und ihre eigenen Ressourcen besser zu nutzen.
>
> NLP ist – auf den kürzesten Nenner gebracht – ein Methodenset für verbesserte Kommunikation und konstruktive Veränderung.

NLP sensibilisiert auf die fünf Sinne des Menschen. In NLP-Sprache sind dies die *Repräsentationssysteme* oder *Wahrnehmungskanäle*, die bei Menschen unterschiedlich ausgeprägt sind. Der Trainer setzt bei dem jeweils besonders stark ausgeprägten Wahrnehmungskanal eines Menschen an. Erkannt wird dieser Kanal durch Sprachmuster, Augenbewegungen, Körperhaltung und Gestik (s. »Methodische Ansätze«, S. 147 ff.). Die fünf Wahrnehmungskanäle und ihre dazugehörigen Sinne sind: visuell (Sehsinn), auditiv (Hörsinn), kinästhetisch (Tastsinn), olfaktorisch (Geruchssinn) und gustatorisch (Geschmackssinn), in NLP-Sprache *VAKOG* abgekürzt, entsprechend den jeweils ersten Buchstaben der fünf Kanäle.

 Ist jemand beispielsweise besonders visuell orientiert, wird er bewusst eine bildhafte Sprache verwenden und es werden vor allem visuelle Lernmedien in den Vordergrund gestellt.

NLP vermittelt einerseits die Fähigkeit zu anderen Menschen willentlich und bewusst gute Beziehungen herzustellen (in der NLP-Sprache: *Rapport herstellen*). Dies wird über ein verbessertes Verständnis von Kommunikationsprozessen und eine geschärfte Wahrnehmung erreicht – hier finden sich die beiden Begriffe *Neuro* (für die Abbildung von Wahrnehmungen der fünf Sinne im Gehirn) und *linguistisch* (verbale und nonverbale Sprache). Andererseits bietet NLP auch Techniken, mit denen unerwünschte Gefühlsreaktionen, unangemessene Verhaltensweisen und problematische Überzeugungen verändert werden können. Das ist dann der Bereich des *Programmierens.*

Neurolinguistisches Programmieren

Genau genommen steht **Neuro** für die Tatsache, dass die Gesamtheit aller Wahrnehmungsprozesse und Verhaltensäußerungen auf der Basis unseres Nervensystems ablaufen. NLP berücksichtigt die modernen Erkenntnisse der Neurobiologie und der Kognitionspsychologie.

Linguistisch weist auf die Fähigkeit des Menschen, verbale und nonverbale Reize von anderen Menschen wahrzunehmen sowie die eigenen Wahrnehmungen und Vorstellungen in sprachlichen Mustern auszudrücken. Dadurch entsteht die Möglichkeit, das »Weltbild« eines Menschen anhand seines Sprachgebrauchs zu erkennen und mittels Sprache Veränderungen in der Einstellung zu sich und zu anderen zu bewirken.

Programmieren weist darauf hin, dass viele Verhaltensmuster erlernt sind und für das jeweilige Individuum sinnvolle Erleichterungen des Lebensalltags sind oder waren. Darüber hinaus besteht die Möglichkeit unerwünschtes Verhalten zu verändern, mehr Flexibilität zu entwickeln und die persönlichen Möglichkeiten zu erweitern.

NLP – die Annahmen

NLP beruht auf einer Reihe von Grundannahmen, die die Basis für die Zusammenarbeit zwischen Klienten und Trainer definieren.

- Menschen reagieren auf ihre individuellen Abbildungen der »Realität«.
- Körper und Geist sind Teile des gleichen kybernetischen Systems und beeinflussen sich gegenseitig. Alles, was gedanklich in einem Menschen passiert, bewirkt auch eine körperliche Reaktion.
- Hinter jedem Verhalten steckt eine für das Individuum positive (förderliche) Absicht. Es gibt zumindest immer einen Kontext, in dem jedes Verhalten nützlich ist, defizitäres Verhalten gibt es nicht.
- Der positive Wert eines Individuums bleibt konstant, obwohl die Angemessenheit seines Verhaltens infrage gestellt werden kann.
- Menschen treffen immer die für sie beste Wahl, die ihnen im jeweiligen Moment möglich ist.
- Menschen verfügen über alle Ressourcen, die sie brauchen, um ihre erwünschten Veränderungen zu erreichen. Was manchmal fehlt ist der Zugang zu diesen Ressourcen.
- Fehler oder Versagen gibt es nicht. Es gibt nur Feedback.
- Flexibilität ist wichtig. Wahlfreiheit ist besser als keine Wahlfreiheit. Wenn ein bestimmtes Verhalten nicht funktioniert, versucht man etwas anderes.

- Jede Aufgabe kann bewältigt werden, wenn man sie in genügend kleine Stücke (chunks) unterteilt (Motto: »Wie isst man einen Elefanten? – Einen Bissen nach dem anderen«).
- Menschen kommunizieren stets in allen Repräsentationssystemen, das heißt auf allen Wahrnehmungskanälen.

Aus diesen Annahmen wird ersichtlich, dass NLP auf Ressourcen und nicht auf Probleme oder Defizite fokussiert. Ferner steht die Relativität aller Ansichten und Verhaltensweisen im Mittelpunkt. Bewertungen wie »richtige oder falsche« Ansichten oder Verhaltensweisen werden verhindert, Toleranz wird so gefördert.

Die fünf wichtigsten NLP-Basisfähigkeiten gemäß dem Curriculum des DVNLP (Deutscher Verband für NLP, siehe Literatur und Adressen) für den NLP-Practitioner, die erste Stufe der NLP-Qualifikationen, sind:

- Training der Sinneswahrnehmung.
- Erhöhung der Flexibilität (Schaffen von Wahlmöglichkeiten).
- Entwickeln der Fähigkeit, gute Beziehungen zu entwickeln (Rapport).
- Entwickeln von klaren Zielvorstellungen.
- Veränderung von Glaubenssätzen.

Die Beeinflussung durch Sprache ist enorm, sei es in der Werbung, der Politik, der Wirtschaft oder im Liebesleben. Mit Sprache bewusst und professionell umzugehen ist für Trainer und Coaches unerlässlich. NLP umfasst zahlreiche Modelle und Techniken, die die Verwendung von Sprache trainieren und dadurch Veränderungen schnell und zielgerichtet ermöglichen. Fragen sind dabei der Weg in die Gedankenwelt des anderen. Dabei geht es um die Erforschung der inneren Landkarte eines Menschen. Der zweite Fokus ist die Erweiterung von Wahl- und Handlungsmöglichkeiten, das Führen durch Bewusstseinsräume. Hierbei werden bestimmte emotionale und mentale Zustände im Klienten hervorgerufen und vertieft. Wichtig ist, dass der Klient die Fragen größtenteils innerlich beantwortet, für sich – was er während oder nach diesem Prozess tatsächlich verbalisiert, ist zweitrangig.

Daher gilt die Devise: »Höre, sehe und fühle, was der Klient dir mitteilt, nicht nur, was er sagt.«

Ethik, Werte und kritische Betrachtungen

Ethik und Werte

NLP ist wie eine Kettensäge: Eine Kettensäge kann man nutzen, um für kalte Winter gutes Brennholz zu sägen, man kann sie allerdings auch dazu verwenden, einen Menschen zu zerstückeln. Ist die Kettensäge dadurch gut oder schlecht? – NLP als Instrument manipuliert nicht, die Manipulation erfolgt durch die Menschen!

Die Frage der Ethik stellt sich beim NLP letztendlich nicht, da es sich, wie bereits erwähnt, um ein lernpädagogisches Methodenset handelt. Die Ethikfragen (professionelle Ethik, persönliche Ethik, Menschenbild) sind daher auf der Ebene der Anwender, sprich der Trainer, die NLP-Formate für bestimmte Zwecke und Ziele nutzen, zu stellen.

Dennoch sagt Thies Stahl (einer der NLP-Wegbereiter im deutschsprachigen Raum): »Beim NLP ist eine ethische Anwendung sogar vor eingestellt« (Ötsch/Stahl 2003). Seine Begründung: »NLP ist direktiv in Bezug auf den Prozess aber abstinent in Bezug auf den Inhalt. Die Hoheit der Inhalte bleibt beim Klienten. Kennt der Trainer den Inhalt der inneren Arbeit nicht, ist Neutralität gegeben, Manipulation reduziert: Da der Trainer weder wissen muss, worum es sich handelt, noch welches das neue Verhalten ist, bedeutet das einen maximalen Schutz der Inhalte der Klienten.«

Auch die Vorannahmen des NLP (s. S. 141 f.) weisen auf eine inhärente ethische Ausrichtung von NLP. Und nicht zuletzt hat der DVNLP einen so genannten Ethikkodex verfasst. Die wesentlichen Aussagen lauten:

- Danach zu streben, integer, unabhängig und unparteiisch zu handeln und in Übereinstimmung mit den Vorannahmen des NLP zu handeln.
- Sich selbst sowie Qualifikation und Erfahrung aufrichtig darzustellen.
- NLP ausschließlich innerhalb der Grenzen ihrer eigenen Kompetenz und entsprechend ihres höchstmöglichen Niveaus auszuüben.
- Sich in ihren Fertigkeiten und ihrem Wissen fortlaufend weiterzubilden und auf den neuesten Stand zu bringen.
- NLP-Interventionen als eine Wahlmöglichkeit und niemals als einzige und ausschließliche Lösung für ein gegebenes Problem darzustellen.
- Die berechtigten Bedürfnisse der Kunden beziehungsweise Klienten nach Vertraulichkeit zu wahren.
- Sicherzustellen, dass den Erwartungen der Klienten auf einer Grundlage entsprochen wird, über die von beiden Seiten Übereinstimmung erzielt worden ist.

- Die Vielfalt unterschiedlicher NLP-Stile und die Zugänge verwandter Berufe zu respektieren.
- Den Gesetzen entsprechend zu handeln und nicht zu illegalem Verhalten zu ermutigen, dies zu unterstützen oder es heimlich zu billigen.
- Den Wert und die Würde eines jeden Menschen sowie dessen Recht auf Selbstbestimmung zu respektieren.

NLP bedeutet, mit den Augen zu schauen und mit den Ohren zu hören, statt zu interpretieren, was man sieht und hört. Da NLP einen großen Wert auf die Schärfung der Sinneswahrnehmungen richtet (s. Basisfähigkeiten, S. 142) und das Bewusstsein pflegt, dass jeder Mensch seine eigene Realität hat (s. NLP-Annahmen, S. 141 f.), reduziert sich die Wahrscheinlichkeit, dass der Trainer »seine eigene Realität«, »seinen persönlichen inneren Film« mit dem des Klienten vermischt oder sogar verwechselt.

Dass dies nie ganz gelingen wird, ist offensichtlich. Und dennoch wird diese Vorannahme dem Trainer immer bewusster, umso öfter er das Verhalten anderer Menschen aus deren Welt heraus beobachtet. Hierbei spielt die Metaposition eine große Rolle. Die Metaposition ist im NLP die Wahrnehmungsposition, bei der man sich völlig dissoziiert, das Geschehen also von außerhalb betrachtet. Erst wenn die eigenen Gedanken und Wünsche keine Rolle mehr spielen, werden die des Teilnehmers bewusster wahrgenommen.

Im NLP werden Verhalten, Identität und Absicht getrennt. Ein Modell das dies aufgreift sind die so genannten Neurologischen Ebenen (s. S. 156 ff.). Die Absicht mit der ein Trainer arbeitet, wird seine Wahl der Methoden beeinflussen. NLP als Modell erlaubt es, völlig unterschiedlich mit den Teilnehmern umzugehen.

 Dazu ein Beispiel: Ein Teilnehmer sagt in einer Feedbackrunde am Schluss eines Seminars folgenden Satz: »Sie sind zu wenig auf unsere Einwände eingegangen!« Folgende Reaktionen wären denkbar:

1. In welcher Art und Weise, hätte ich Ihrer Meinung nach auf die Einwände von wem genau eingehen können?
2. Wir haben einen engen Zeitrahmen für das Training, ich stehe nachher aber gerne noch für Sie zur Verfügung.
3. Schön, dass Sie das ansprechen, auch ich wäre gerne mehr auf jeden Einzelnen eingegangen und auf alle Einwände. Danke für Ihre Rückmeldung.
4. Ja, das habe ich auch so empfunden.
5. Nein, meiner Meinung nach bin ich schon zu viel darauf eingegangen.

Welche dieser Reaktionen entspricht nun am ehesten dem NLP? – Alle fünf könnten von einem NLP-geschulten Trainer sein. Genau das ist NLP! NLP ermöglicht es, je nach Kontext und Person angemessen zu reagieren. Das heißt der jeweiligen Person in ihrem Modell der Welt zu begegnen (Antwort 1. – 4.) oder aber auch bewusst – je nach Absicht – eine Irritation beziehungsweise Provokation vorzunehmen (Antwort 5). Es gibt im NLP keine »falsche« Kommunikation. Es gibt nur Kommunikation und diese geschieht permanent. Das bedeutet, wir können nicht »nicht« kommunizieren. Alles was wir tun oder sagen beziehungsweise nicht tun oder nicht sagen, hat eine Bedeutung.

Nun zu den einzelnen Reaktionen:

1. Die erste Antwort ist sachlich und geht auf die fehlenden Informationen ein.
2. Diese Antwort wechselt den Rahmen von zu wenig Aufmerksamkeit auf zu wenig Zeit und bietet diese Zeit nun an.
3. Diese Reaktion ist bestätigend und wertschätzend.
4. Die vierte Antwort ist bestätigend.
5. Die fünfte Antwort ist verneinend, polarisierend und provozierend

Vielleicht empfinden Sie die eine oder andere Reaktion als bessere oder schlechtere Wahl und das ist auch gut so. Hatten Sie in Ihrer Vorstellung von dem beschriebenen Beispiel eine bestimmte Situation vor Augen? Haben Sie sich die Situation assoziiert (mit Ihren Gefühlen verbunden) oder dissoziiert (mit innerlichem Abstand) vorgestellt? Falls assoziiert, waren Sie Teilnehmer oder Trainer? Falls dissoziiert, war der Teilnehmer oder der Trainer Ihrer Meinung nach im Recht? Bedeutet dies dann, dass Sie die Situation dissoziiert betrachtet haben, sich aber mit einer Person besser als mit der anderen identifiziert haben?

Sie haben es bestimmt schon gemerkt, dies ist ein Fass ohne Boden. Ob ein Verhalten positiv oder negativ ist, hängt folglich von vielen Faktoren ab.

Kritikpunkte

»Beherrsche NLP und du wirst exzellent«: So lauten Werbeschlagzeilen von Anbietern, die leider noch immer im Zusammenhang mit NLP zu lesen sind. Genau an solchen Schlagzeilen setzt natürlich auch berechtigte Kritik an. NLP ist schnell und wirkungsvoll, aber es ist kein Wundermittel. NLP ist ein kraftvolles Werkzeugset, weshalb Missbrauch grundsätzlich möglich ist.

 Beispielsweise meinte ein Verkaufsleiter, seine Außendienstmitarbeiter ließen sich durch eine intensive NLP-Schulung als (wörtliches Zitat!) »Verkaufsmaschinen« programmieren, ohne dabei Rücksicht auf die tatsächlichen Bedürfnisse der Mitarbeiter und Kunden zu nehmen.

Hier setzt natürlich auch die Kritik an, NLP sei »Gehirnwäsche«. Es kommen dann Aussagen wie: »Was geschieht mit mir im Training oder im Coaching?« – »Werde ich beim Programmieren manipuliert, zu ›Wachs in den Händen des Trainers‹?«

Entscheidend ist immer noch – und das wird stets so bleiben – der Anwender. So wie es gute und schlechte Maurer gibt, wird es immer gute, weniger gute und vielleicht auch schlechte NLP-Anwender geben. Die Ethik und persönliche Kompetenz des Anwenders ist und bleibt der zentrale Aspekt. Außerdem ist es für einen NLP-Anwender auch nicht zwingend, jeden Auftrag anzunehmen, wie etwa beim oben genannten Beispiel des Verkaufsleiters und seinem Wunsch nach »Verkaufsmaschinen«. Kommunikation ist Beeinflussung. Da wir ständig kommunizieren, beeinflussen wir auch permanent. Oft bewirkt der Trainer bei der Gruppe ein Verhalten, das er nicht haben möchte, ohne zu merken, dass er es macht. Wer NLP gelernt hat, kann erkennen, ob er beeinflusst wird und selbst entscheiden, dies zuzulassen oder es zu verhindern.

Einen weiteren Kritikpunkt äußerte Gundl Kutschera (Kutschera 1994), eine der ersten NLP-Anwenderinnen im deutschsprachigen Raum und langjährige NLP-Lehrtrainerin. Sie stellte fest, dass einzelne NLP-Interventionen angewendet werden ohne Rücksicht auf das Gesamtbild, das System, in dem sich der Klient oder die Klienten befinden. Hier spielt der persönliche Erfahrungshintergrund, wiederum die Berufsethik aber auch die Schulung des Anwenders eine Rolle. Es geht um die Frage: Hat der NLP-Anwender genügend »Überblick« und Hintergrund, um Menschen als komplexe Systeme mit anderen komplexen Systemen (inter-)agierend zu begreifen und hat der Anwender die Mittel, diese Erkenntnis bei seiner Arbeit auch zu berücksichtigen? Fundierte Aus- und Weiterbildungen, vor allem auch in systemischen Disziplinen, sind deshalb hilfreich, um die individuellen Bedürfnisse des Klienten oder der Teilnehmer besser zu verstehen (s. Konzept »Systemtheorie«, S. 279 ff.).

Die Curricula des DVNLP fordern von den Lehrtrainern (Ausbilder) Fortbildungen in mindestens drei Bereichen der humanistischen Psychologie. Mehr hierzu unter www.dvnlp.de im Internet.

Methodische Ansätze

Die Werkzeuge des NLP

Eine detaillierte Darstellung von NLP-Formaten kann es natürlich an dieser Stelle nicht geben, da dies den Rahmen des Buches sprengen würde. Wer sich intensiver mit NLP beschäftigen möchte, findet genügend Fachliteratur oder NLP-Kurse unterschiedlicher Dauer und Intensität (beim DVNKP) (s. S. 164). Damit Sie sich aber einen ersten Überblick verschaffen können, werden wir zunächst die Grundzüge der NLP-Methodik beleuchten und anschließend beispielhaft einige der übergeordneten NLP-Formate näher erläutern. Zu unterscheiden gilt es in erster Linie natürlich, ob es sich um ein NLP-Ausbildungsseminar handelt, bei dem NLP-Werkzeuge vermittelt werden oder ob es sich um ein Training mit einem speziellen Thema wie zum Beispiel Konfliktmanagement oder Teamentwicklung handelt, bei dem NLP-Formate themen- oder situationsbezogen zur Anwendung kommen.

Im ersten Fall, also bei der *NLP–Ausbildung*, ist folgender fünfstufiger Ansatz verbreitet. Dieses Vorgehen findet sich so zum Beispiel auch in der Regel in den NLP-Practitioner und NLP-Master Ausbildungen.

- Der Trainer führt eine neue Technik ein und erklärt den Hintergrund.
- Die neue Technik wird von dem Trainer anhand eines Teilnehmers den anderen demonstriert.
- Die Demonstration wird erklärt, offene Fragen beantwortet.
- Die Teilnehmer üben die Technik an persönlichen Beispielen, in der Regel in Kleingruppen. Hierbei wechseln die Rollen von Anwender, Klient und Beobachter.
- Im Plenum werden die in der Übung gemachten Erfahrungen reflektiert, Fragen beantwortet und Anwendungsmöglichkeiten diskutiert.

Diese Herangehensweise ist handlungs- und erfahrungsorientiert und dadurch intensiv und nachhaltig (s. Kapitel »Handlungslernen«, S. 219 ff. und Kapitel »Hirnforschung«, S. 37 ff.).

Ansonsten gibt es im Neurolinguistischen Programmieren keinen Standardaufbau in der Art, welche Themen und Techniken in welcher Reihenfolge angewendet werden. Eine Grundvoraussetzung für die Arbeit mit NLP ist jedoch der *Rapport*. Aus diesem Grund wird dieses Thema anschließend eingehender beschrieben. Ferner sind der *Zielfindungsprozess* und das *Konzept der Neurologischen Ebenen* oftmals zentrale Aspekte der NLP-Methodik, sodass auch auf diese beiden Ansätze etwas ausführlicher eingegangen wird. Ergänzend gibt es in diesem Abschnitt zur Verdeutlichung noch einige Praxisbeispiele für den Trainingsalltag.

Rapport und Pacing

Rapport (französich: Gleichklang) ist der gute emotionale und rationale Kontakt zwischen Trainer und Klient. Die deutschen Redewendungen »der gute Draht«, »gemeinsame Wellenlänge« oder »passende Chemie« beschreiben das Prinzip des Rapports ebenfalls treffend. Ein guter Rapport gründet auf einer möglichst großen Übereinstimmung der nonverbalen und verbalen Signale, die zwischen kommunizierenden Personen ausgetauscht werden.

Rapport kann bewusst über *Pacing* (Angleichen) und *Leading* (Führen) hergestellt werden – der Trainer passt sich (in der NLP-Sprache »spiegeln« genannt) in Sprache, Körperhaltung, Gestik seinem Klienten an. Rapport auf der sprachlichen (verbalen) Ebene nennt man *Matching*. Einige NLP-Trainer und -Trainerinnen wie zum Beispiel Martina Schmidt-Tanger (Schmidt-Tanger 2001), sehen Rapport als die innere Einstellung von Respekt und Wertschätzung für den anderen. Ist der Wille vorhanden, den anderen zu verstehen, wenden Menschen ganz automatisch die Techniken an, die NLP zur Herstellung von Rapport empfiehlt.

Die neurobiologische Basis für das »Spiegeln« von Verhalten, in NLP-Sprache »Herstellen von Rapport (Pacing)«, sind die Spiegelneurone (s. Kapitel »Hirnforschung« S. 37 ff.).

Die Idee des Rapports stammt aus der klinischen Hypnotherapie und geht auf Sigmund Freud und Milton Erickson (einer der modellierten Therapeuten, s. S. 128) zurück. Guter Rapport begünstigt eine gesteigerte Suggestibilität des Hypnotisanden. Freud war der Meinung, dass im hypnotischen Rapport eine Form frühkindlicher Liebe wirkt. Erickson verfiel bei hypnotischen Interaktionen in eine Kindersprache. In den klassischen Therapieschulen ist die Unfähigkeit Rapport zu erzeugen, als Widerstand bekannt.

An die Körpersprache des Gegenübers kann man sich angleichen durch:

- Atemrhythmus und Atemintesentität,
- Sprechgeschwindigkeit und Rhythmus,
- Stimmvolumen und Stimmfärbung,
- Mimik und Gestik,
- Körperhaltung sowie
- Sprache (zum Beispiel Begriffe und Wortprädikate).

Wenn der Rapport in einer Gruppe sehr gut ist, lässt sich oft beobachten, dass die Teilnehmer in einer sehr ähnlichen oder sogar gleichen Art und Weise sitzen und im gleichen Rhythmus atmen.

Am Anfang eines Trainings ist es hilfreich, zunächst für einen guten Rapport zu sorgen und dann erst mit den Inhalten zu beginnen. Bewährt hat sich, die ersten 15–20 Prozent der Trainingseinheit dafür zu investieren. Alles was in der Rapportaufbauphase an Beziehungsklärung geleistet werden kann, macht das anschließende Arbeiten mit und in der Gruppe um ein Vielfaches leichter.

Praxisbeispiel für die Rapportaufbauphase

Der Trainer begrüßt die Teilnehmer, indem er sich vorstellt und etwas von sich erzählt, beispielsweise eine kurze Geschichte. Diese nimmt Bezug auf das gerade begonnene Seminar. Dann geht er zu den Teilnehmern über und befragt diese zu ihrer Befindlichkeit und zu ihren Zielen in diesem Seminar. Anschließend schreiben die Teilnehmer ihre Ziele (ohne Namen) auf Moderationskarten und befestigen diese an einer Pinnwand. Dann holt jeder der Teilnehmer sich eine der Moderationskarten (nicht die eigene) und liest vor, was darauf steht. Der Trainer nennt am Ende seine Ziele und fasst die Ziele verbal noch einmal zusammen.

Erste Erweiterung: Die Teilnehmer formulieren, je nach Gruppengröße (3–4 Personen) auf einem Bogen Flipchartpapier ein Ziel für das Seminar. Dann werden alle Bögen aufgehängt. So lässt sich auch ein Gruppenbildungsprozess initiieren. *Zweite Erweiterung:* Aus den abstrakten Begriffen können die Teilnehmer in einem dritten Schritt ein Bild mit Symbolen malen, Bezug nehmend zu dem ersten Bogen. Hierdurch wird gewährleistet, dass auch die visuellen Teilnehmer erreicht werden, da sie ihre Ziele farblich visualisieren können. *Dritte Erweiterung:* Als Letztes kann noch ein Standbild oder eine Pantomine aufgeführt werden, in dem die angestrebten Ziele erreicht werden. Diese werden von der jeweiligen Gruppe entwickelt und dann der Gesamtgruppe im Plenum vorgestellt.

Die erarbeiteten Visualisierungen bleiben das ganze Seminar über präsent, dies sorgt für einen guten Rapport und für ein hohes Zielbewusstsein.

Die B.A.G.E.L.-Methode

Robert Dilts hat ein Raster entwickelt, anhand dessen man sich die einzelnen Elemente des *Pacing* leicht einprägen kann, die *B.A.G.E.L.-Methode* (der Begriff ist durch die Anlehnung an die amerikanischen Bagel-Brötchen leicht zu merken).

B = body posture (umfasst alle Elemente der Körperhaltung): Der Trainer spiegelt die Körperhaltung seines Gegenübers. Sitzt der Klient zum Beispiel entspannt nach hinten gelehnt, so nimmt der Trainer diese Haltung ebenfalls ein.

A = accessing cues (Hinweise auf die häufig benutzten Repräsentationssysteme durch Stimmlage, Atmung und Hinweise auf bestimmte Körperteile).
- *Visuell:* eher höhere Tonlage, schnelles Sprachtempo, flache Brustatmung, hohe Muskelspannung, Kopf wird hochgehalten, eher blasses Gesicht.
- *Auditiv:* gleichmäßiger Atem (Brustkorb), kleine rhythmische Bewegungen des Kopfes oder Körpers, klare, expressive, resonante Stimmlage. Balancierte oder leicht geneigte Kopfhaltung, so als würde man lauschen.

- *Kinästhetisch:* tiefe Bauchatmung, nach unten geneigter Kopf, tiefe Stimmlage, Sprechtempo langsam mit (langen) Pausen.
- *Innerer Dialog:* Kopf zur Seite geneigt, Kopf gestützt, Lippenbewegungen.

G = gestures (Mimik und Gestik): Auch hier spiegelt der Trainer sein Gegenüber. Hat der Klient zum Beispiel eine bewegte Gestik, so passt sich der Trainer ebenfalls an.

E = eye accessing cues (Hinweise über Augenbewegungen und die damit gerade aktiven Repräsentationssysteme): Bandler beobachtete, dass es gesetzmäßige Parallelen zwischen Augenbewegungen und den momentan aktiven Wahrnehmungskanälen und den inneren Zuständen gibt. So deutet beispielsweise die Augenstellung links oben (vom Beobachter aus gesehen!) einen visuellen und in die Zukunft orientierten Zustand an.

L = language patterns (Sprachmuster, die Hinweise geben über das genutzte Repräsentationssystem, über Sprachmodelle, Denkstrukturen und Metaprogramme).

Rapport entsteht auch über Angleichung der Sprache. Das heißt die eigene Sprache einerseits dem sprachlich erkennbaren Repräsentationssystem des Gegenübers anzugleichen und andererseits auch gezielt dessen Begriffe zu verwenden. So kann zum Beispiel eine sprachliche Annäherung an jugendliche Auszubildende durch die gelegentliche Verwendung von Begriffen dieser Zielgruppe wie »cool« oder »hip« begünstigt werden.

Repräsentationssysteme (VAKOG)

Jedem Menschen steht eine Anzahl verschiedener Möglichkeiten zur Verfügung, seine Erfahrungen der Welt zu repräsentieren. Wir besitzen fünf allgemein anerkannte Sinne, um mit der Umwelt Kontakt aufzunehmen: wir sehen, hören, fühlen, schmecken und riechen. Zusätzlich zu diesen sensorischen Systemen besitzen wir ein Sprachsystem, um unsere Erfahrungen zu repräsentieren. Wir können unsere Erfahrungen direkt in dem Repräsentationssystem speichern, das dem entsprechenden sensorischen Kanal am nächsten ist.

Mit der menschlichen Sprache ist es möglich, diese internalen (inneren) Repräsentationen widerzuspiegeln. Anhand der Wortprädikate können wir erkennen, welches Repräsentationssystem abgerufen wurde.

In einer kinästhetischen Situation beispielsweise »begreifen« wir einen Vorgang. In einer visuellen haben wir eine »klare Vorstellung«, in einer auditiven »keine Frage mehr«, in einer olfaktorischen »stinkt es uns« und in einer gustativen haben wir »es satt«.

Zweites Beispiel: Sie stürzte rückwärts und stolperte über das schreiende Tier, das vor Schmerzen vom bitteren Rauch, der die Sonne verdunkelte, zuckte.

Dieser Satz wirkt auf Sie bestimmt sehr seltsam, was daran liegt, dass in einem Satz alle Repräsentationssysteme angesprochen werden.

Die meisten Menschen haben ein bevorzugtes Repräsentationssystem, in dem sie vorwiegend Erfahrungen abspeichern und diese auch in ihrer Sprache ausdrücken. Das heißt, wir können anhand der Sprache (Wortprädikate) Rückschlüsse ziehen, welches Repräsentationssystem vorwiegend benutzt wird. Dies wiederum bedeutet in der Kommunikationspraxis, dass wir, um effizient kommunizieren zu können, die Sprachebene des anderen einnehmen (Matching, (s. S. 148) und die Wortprädikate benutzen sollten, die seinem bevorzugten Repräsentationssystem entsprechen.

Die folgenden Beispiele von Wortprädikaten sind für bestimmte sensorische Systeme kennzeichnend:

visuell	auditiv	kinästhetisch	olfaktorisch/gustatorisch
Perspektive	Einklang	Gefühl	Duft
sehen	hören	spüren	schmecken
beobachten	sprechen	begreifen	auf der Zunge zergehen lassen
zielen	zuhören	nachfühlen	schnuppern
bunt	lärmend	rau	würzig
erhellend	stimmig	glatt	stinkig

Dieses Wissen ist sehr hilfreich beim Beantworten von Verständigungsfragen. Oft fragen Teilnehmer nach, weil der Trainer in einem anderen Repräsentationssystem gesprochen hat und die Teilnehmer das Gesagte nicht übersetzen konnten. Zum Beispiel kann das folgendermaßen aussehen.

Trainer: Für das Erreichen ihres Seminarziels ist es wichtig, dass Sie es vor ihrem geistigen Auge bereits sehen können.
Teilnehmer: Ich weiß noch gar nicht, wo ich hingehen will.

In diesem Beispiel beschreibt der Trainer seine Aufforderung visuell und der Teilnehmer stellt eine kinästhetische Frage. Der Trainer könnte Folgendes fragen: Wenn Sie dieses Seminar für sich optimal nutzen würden, wie würden Sie sich dann am Ende des Seminars fühlen. Spüren Sie bitte da einmal nach.

Sprachmodelle

Die Denkstrukturen von Menschen spiegeln sich in den entsprechenden Sprachmodellen. Rational-analytische, auf Fakten und Details orientierte Menschen nutzen verstärkt das so genannte *Metamodell der Sprache*, bei dem vor allem direkte und präzise Fragen und Formulierungen Detailausschnitte aus der »Realität« fokussieren. Dabei handelt es sich um gezielte und fokussierte Fragen (so genannte *Metafragen*) und Formulierungen wie zum Beispiel »Was genau hat er gemacht?«, »Wie konkret soll das gehen?« oder »Exakt heißt das ...«. Im Metamodell geht man davon aus, dass die verbale Kommunikation voll ist von:

- Tilgungen,
- Verzerrungen,
- Generalisierungen.

 Getilgt wird zum Beispiel wer, wann, wo, was gesagt hat: Er hat bereits gesagt, was er nicht mag! Die Metamodellfrage lautet: Wer mag was nicht?
Oder es gibt Verzerrungen. Zum Beispiel heißt es dann: »Er langweilt mich!« Gemeint ist »Bei ihm langweile ich mich.« Die Metamodellfrage hier lautet: Wie schafft er es, Sie zu langweilen? Die Verzerrungen führen dazu, dass in diesem Beispiel die Verantwortung verschoben wird.
Ein Beispiel für Generalisierungen: »Hier ist es immer kalt.« – Metamodellfrage: Ist es hier wirklich immer kalt? Nicht generalisiert könnte der Satz lauten: »Wenn ich hier bin, ist es kalt.«

Tilgungen, Verzerrungen und Generalisierungen sind (nicht nur) im Trainingsalltag oft die Quelle für Verständigungsprobleme. Als Trainer können Sie durch geschicktes Einsetzen von Metamodellfragen helfen, diese Verständigungsprobleme deutlich zu reduzieren. Im Gegensatz dazu gebrauchen vernetzend-intuitive, auf Zusammenhänge und Überblick orientierte Menschen mehr das *Milton-Modell der Sprache*. Dieses Sprachmodell öffnet und weitet, schafft Wahlmöglichkeiten und arbeitet mit Konjunktiven, Suggestionen und Unschärfe. Beispiele hierfür sind Fragen und Formulierungen wie zum Beispiel »Vielleicht hast du ja Lust ...«, »Wahrscheinlich macht es dir sogar Spaß«, »Könntest du dir vorstellen, dass ...?« etc.
Das Metamodell (vor allem gezielte Metafragen) hilft das eigentliche »Thema« des Teilnehmers auf den Punkt zu bringen, während das Milton-Modell Wahlmöglichkeiten, Flexibilität und Lösungen ermöglicht.

Metaprogramme

Metaprogramme sind übergeordnete Wahrnehmungsfilter, die uns häufig und meist unbewusst in bestimmte Verhaltensweisen drängen. Solche Metaprogramme sind zum Beispiel die Orientierung (hin zu – weg von), Ausrichtung (extrovertiert – introvertiert), Bezogenheit (auf sich – auf andere), Gewissenhaftigkeit (perfektionistisch – sorgfaltslos) und Grad der Offenheit (offen, verändernd – sichernd, bewahrend)'. Tendiert ein Mensch zum Perfektionismus, so wird er – egal ob beruflich oder privat – einerseits zwar auf Qualität und Fehlervermeidung großen Wert legen, andererseits aber stets viel Zeit für seine Vorhaben benötigen, sich mit Spontaneität und Entscheidungen schwer tun und einen Fokus auf Fehler, bei sich und bei anderen, haben.

Metaprogramme können wie unsichtbare Fallen wirken, dadurch dass sie menschliches Verhalten bis zu einem gewissen Grad festlegen. Für Handlungsfreiheit, Flexibilität und konstruktive Veränderung ist es jedoch äußerst förderlich, sich seiner eigenen Metaprogramme bewusst zu sein und diese gegebenenfalls zu verändern, um nicht immer wieder in die gleichen Fallen zu treten.

 Ein weiteres Metaprogramm-Beispiel: Der Trainer möchte die Teilnehmer aktivieren, offen zu sein und kann mit folgendem Satz die »hin zu« orientierten Teilnehmer aktivieren: »Um ein gutes Lernklima zu haben, ist es wichtig offen zu sein.« Möchte der Trainer die »weg von« orientierten Teilnehmer aktivieren kann er sagen: »Offenheit kann verhindern, dass das Lernklima sich verschlechtert.«

Auf der Basis eines guten Rapports kann der Trainer den Klienten zum erwünschten Ziel führen. Im NLP-Jargon heißt das *Leading*. Ein wirkungsvolles NLP-Format für die Zielfindung ist der Zielfindungsprozess, der aufgrund seiner Bedeutung nachfolgend ebenfalls etwas ausführlicher beschrieben wird.

Der NLP-Zielfindungsprozess

Ziele sind das Herz von Veränderungsprozessen. Da der Weg dorthin oft noch im Dunkeln liegt, kann sich die Unsicherheit des Weges auch auf das Ziel selbst übertragen. Weg und Ziel müssen daher getrennt bearbeitet werden, Zielfindung und Zielerreichung sind also zwei getrennte »Baustellen«.

> »Wer das Ziel nicht kennt, kann den Weg nicht finden.«
> Christian Morgenstern

Zunächst wird im NLP-Zielfindungsprozess eine positive Beziehung zum Ziel aufgebaut. Mögliche innere Saboteure (Veränderungswiderstände) sollten erkannt und gegebenenfalls bearbeitet werden. Ziele müssen ferner im Einklang mit der Mitwelt des Zielsuchenden stehen, nur dann ist eine Zielerreichung auch wahrscheinlich. Ziele wollen aber auch realisiert sein. Jedes realisierte Ziel bereichert die Lebensqualität und steigert das Selbstbewusstsein. Ist das Ziel erst definiert, kann mit den eigenen Erfahrungswerten und Verhaltensmustern das Aktionsprogramm eingeleitet werden. Erfolgversprechende Ziele haben gemäß NLP folgende Merkmale:

- Ziele sollen positiv formuliert sein.
- Ziele müssen selbst erreichbar sein.
- Ziele sollen realistisch sein.
- Ziele brauchen einen festen Zeitplan.
- Ziele müssen sinnlich begründet geprüft werden (VAKOG-Abfrage). Alles was nicht sinnlich erlebbar ist, ist irrelevant. Daher zählen in einem solchen Prozess alle sinnlich konkreten Wahrnehmungen. Ziele brauchen ein Kriterium an dem erkannt werden kann, dass es erreicht wurde.
- Ziele müssen ökologisch, also mit der Umwelt (Mitmenschen) vereinbar sein!

Praxisbeispiel: Konkrete Fragestellungen zur Zielfindung

Gemäß dieser Kriterien können Fragen zur Zielfindung folgendermaßen aussehen. Der Fantasie des Fragestellers sind dabei keine Grenzen gesetzt.

1. Wie soll das Ziel konkret aussehen (möglichst in einem Satz formuliert)? Was wünschen Sie sich? Falls Probleme im Vordergrund stehen lautet die Frage: Was möchten Sie stattdessen? Was ist dann erreicht, was ist dann da?
2. Können Sie das Ziel selbst erreichen und ist es ein realistisches Ziel?
3. Mit wem – wem nicht – möchten Sie Ihr Ziel erreichen?
4. Wann genau wollen Sie das Ziel erreicht haben? Wann sollen welche Zwischenschritte gemacht sein?
5. Das Ziel wird in allen fünf Repräsentationssystemen sinnlich begründet abgefragt.
   - Visuell: Wie sieht das erreichte Ziel aus? Wie stellen Sie es sich vor?
   - Akustisch: Was hören Sie dann (sich und andere sagen)?
   - Kinästhetisch: Wie fühlt es sich an? Wie fühlen Sie sich dann?
   - Olfaktorisch: Was können Sie riechen? Welche Gerüche nehmen Sie dann wahr?
   - Gustatorisch: Können Sie etwas schmecken, wenn Sie Ihr Ziel erreicht haben?
6. Woran werden Sie erkennen, dass Sie Ihr Ziel erreicht haben?
7. Welche Vorteile würden sich durch die Veränderung für Sie ergeben?
8. Welche Nachteile würden sich durch die Veränderung für Sie ergeben?
9. Punkt der Entscheidung: Möchten Sie Ihr Ziel noch erreichen?
10. Welche Maßnahmen müssen getroffen werden um das Ziel zu erreichen? In welchen Zeitabschnitten sollen die Maßnahmen umgesetzt werden?

Fällt durch die neunte Frage letztendlich die Entscheidung für das Ziel, so legt die zehnte Frage den Weg zur Zielerreichung, den zeitlich definierten Maßnahmenplan fest.

Ein Kernelement des NLP-Zielfindungsprozesses ist die VAKOG-Abfrage. Nicht selten kommt es vor, dass durch die gezielten Fragen und die daraus resultierenden intensiven sinnesbegründeten Vorstellungen im VAKOG-Prozess ein Ziel als nicht mehr erstrebenswert erachtet wird. An diesem Punkt zeigt sich, dass rein rationale Ziele einer tief greifenden sinnlich-emotionalen Prüfung oft nicht standhalten.

Ein Beispiel dafür ist der Mann, der »schon immer gerne eine Kneipe eröffnen wollte«, aber bei den olfaktorischen VAKOG-Fragen »den Geruch des kalten Rauchs am anderen Morgen zutiefst verabscheute«. Das Thema Kneipe war damit für ihn endgültig und in Frieden erledigt.

Zielerreichung kann auch über das Ankern erfolgen. Wie bei den pawlowschen Hunden, denen das Wasser im Maul zusammenlief, wenn sie eine Glocke hörten, werden beim Ankern Körperreize wie zum Beispiel Hände falten, Faust ballen, am Ohrläppchen ziehen oder bestimmte innere Bilder verwendet, die bei wiederholtem Anwenden immer dieselbe Reaktion hervorrufen. Dadurch lassen sich Denken und Emotionen beeinflussen. *Ankern* ist ein NLP-Format, bei dem ein externer Reiz mit einem bestimmten (inneren) Erlebnis (zum Beispiel eine neue Überzeugung, eine zusätzliche Ressource, eine bestimmte Reaktion) so verbunden wird, dass eine spätere Reaktivierung dieses Reizes wiederum zu diesem Erlebnis führt. Beim Ankern wird also eine bewusste Assoziation zwischen einem Reiz und einem bestimmten Erlebnis hergestellt. Ankern macht einen bestimmten Reiz zum Anker (Ötsch/Stahl 2003, S. 22).

 Beispiele zum Ankern in der Gruppe: Trainer arbeiten oft mit Ankern ohne dieses bewusst so zu benennen. Beispielsweise signalisiert ein Ton oder der Anfang eines Musikstücks, dass das Seminar gleich weitergeht und die Pause vorbei ist. Oder ein Ball fungiert als »Anker« für eine Feedbackrunde, in der nur derjenige spricht, der den Ball in der Hand hat. Oft gibt es auch eine bestimmte Musik für bestimmte Zustände (zum Beispiel immer dieselbe Entspannungsmusik bei Selbstlernphasen).

Das bedeutet, dass die Teilnehmer unbewusst und schnell in den für den nächsten Schritt notwendigen Zustand kommen. Der Unterschied von der klassischen Konditionierung durch Wiederholung ist, dass beim Ankern im NLP eine besonders intensive Situation bewusst erzeugt wird und kurz vor dem emotionalen Höhepunkt der Reiz so instrumentalisiert wird, dass eine nachhaltige Verankerung möglich ist.

 Beispielsweise möchte der Trainer, dass die Teilnehmer bereits in der ersten Pause pünktlich zurück in den Seminarraum kommen und macht folgende Einführung: »In den Seminarpausen habt ihr Gelegenheit euch zu entspannen, euch zu unterhalten und an der Theke etwas zu essen oder zu trinken. Um unsere Seminarziele zu erreichen ist es notwendig, dass ihr nach den Pausen wieder pünktlich in den Seminarraum kommt. Damit ihr aber nicht ständig auf die Uhr sehen müsst, habe ich folgenden Ton als Hilfe für euch.« Dies kann eine Glocke sein, ein bestimmtes Musikstück, eine Trommel oder eine Klangschale. Wichtig ist nur, dass es etwas Auditives ist, ein Ton der auch bei lauten Sprechgeräuschen gut zu hören ist. Das Schaubild soll die Dynamik verdeutlichen. In der oben beschriebenen Einführung wird eine Spannungskurve aufgebaut und der Klang ertönt dann, wenn die Spannungskurve fast oben ist. Danach geht der Trainer mit der Stimme nach unten und nimmt die Spannung raus. Wenn er dann in der nächsten Pause das Geräusch ertönen lässt, werden sich die Teilnehmer erinnern und automatisch den Seminarraum ansteuern.

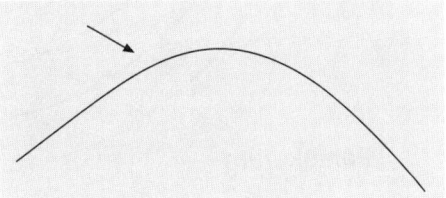

Das Konzept der Neurologischen Ebenen

Das Konzept der Neurologischen Ebenen ist ein einfaches Modell zur Beschreibung von persönlicher Veränderung, Lernen und Kommunikation, das diese Vorstellungen von Kontext, Beziehungen, Ebenen des Lernens und Wahrnehmungspositionen zusammenführt (O´Connor/Seymour 2004, S. 131). Es bildet ebenfalls einen Zusammenhang, in den man die Techniken des NLP einordnen kann. Die Kategorien gehen vom Abstrakten (die drei »virtuellen« Ebenen »Werte und Glaubenssätze«, »Identität« und »Zugehörigkeit«) zum Konkreten (die drei »beobachtbaren« Ebenen »Fähigkeiten«, »Verhalten« und »Umwelt«). Es bietet einen Rahmen, um Informationen zu sammeln und zu organisieren, sodass der Trainer oder der Coach die Ebene identifizieren kann, auf der der Klient »sendet« beziehungsweise ein Problem hat. Daraus kann der Trainer oder Coach ableiten, wo und wie er intervenieren kann, um beim Klienten eine Veränderung herbeizuführen. Die Neurologischen Ebenen sind wie ein Kompass, der hilft, sich auf der inneren Landkarte des Klienten zurechtzufinden.

Daraus ergibt sich auch die Empfehlung, Veränderungsarbeit auf der höchsten Neurologischen Ebene zu beginnen, die für das jeweilige Problem Sinn ergibt (Ötsch/Stahl 2003, S. 103). Die Neurologischen Ebenen sind:

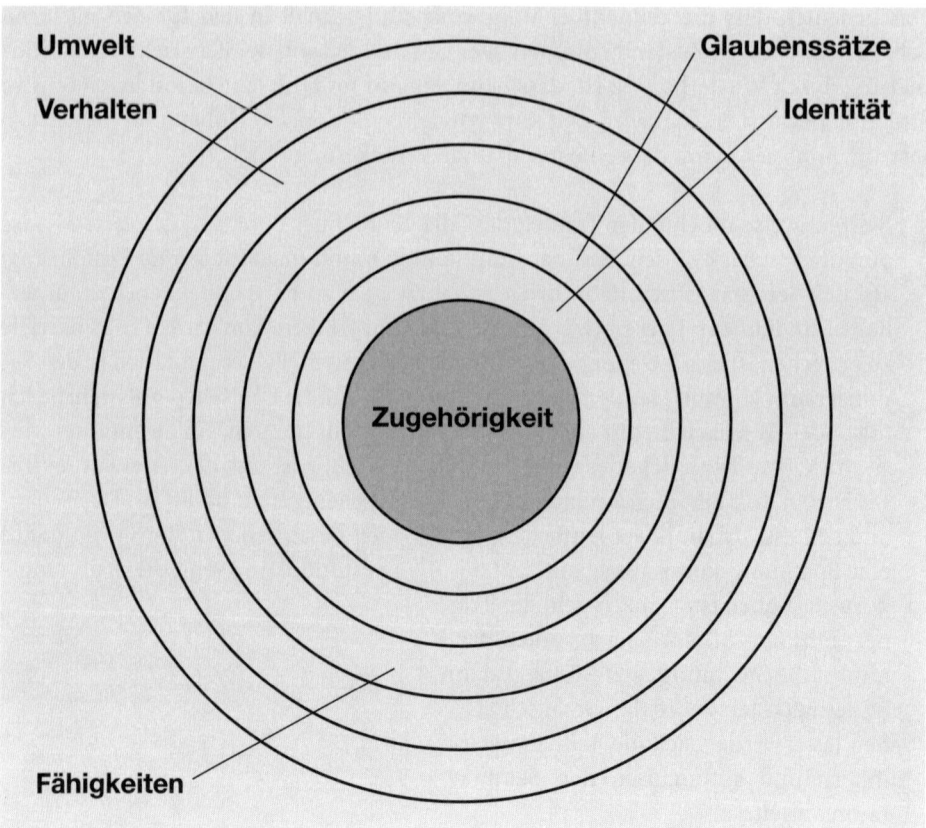

- *Umwelt und Umfeld:* Die uns umgebenden Bedingungen einschließlich anderer Menschen.
- *Verhalten:* Was wir tun. Die konkreten Handlungen, die wir ausführen.
- *Fähigkeiten:* Was wir können. Die speziellen und allgemeinen Fertigkeiten und Strategien, die wir in unserem Leben benutzen.
- *Glaubenssätze, Werte und Einstellungen:* Was wir glauben. Die verschiedenen Überzeugungen, die wir für wahr halten und als Grundlage unseres alltäglichen Tuns benutzen. Glaubenssätze, Werte und Einstellungen können sowohl Berechtigungen (»rechnen kann ich gut«) als auch Einschränkungen (»ich bin nicht kreativ«) beinhalten.
- *Identität:* Was wir innerlich sind, unser grundlegendes Selbstbild. Unsere tiefsten und zentralen Werte und unsere Aufgabe oder Mission im Leben.
- *Zugehörigkeit:* Was wir letztendlich anstreben, unsere höchsten Ziele. Dies ist die tiefste Ebene, wo wir die größten metaphysischen Fragen betrachten und umsetzen. Warum sind wir hier? Was ist der Sinn unseres Lebens? Zur Ebene der Zugehörigkeit gehört auch Spiritualität, die unser Leben entscheidend formen und unserer Existenz eine tiefe Grundlage geben kann. Jede Veränderung auf dieser Ebene hat tief greifende Auswirkungen auf alle anderen Ebenen.

Stets haben Veränderungen auf tiefer liegenden Ebenen Auswirkungen auf die darüber liegenden Ebenen. Anders herum gilt das nicht immer.

Beispiel: Ein Schüler hat ein Wort falsch geschrieben. Wenn Sie das ändern wollen (zum Beispiel weil Sie Lehrer sind), fragen Sie ihn weshalb und finden dabei heraus, auf welcher Ebene die Antwort (Ursache) angesiedelt ist.

- Liegt es an der *Umwelt*, weil zum Beispiel Lärm ihn abgelenkt hat?
- Oder liegt es auf der *Verhaltensebene* dadurch, dass er dieses Wort eventuell durch seine schludrige Handschrift verschusselt hat?
- Es könnte die Ebene der *Fähigkeit* sein, da er das Wort noch gar nicht kannte.
- Er könnte aber auch *glauben*, dass er grundsätzlich mit Rechtschreibung ein Problem hat (und immer haben wird).
- Oder er könnte seine *Identität* in Zweifel ziehen, indem er denkt: Ich bin dumm!
- Die tiefste Ebene wäre erreicht, wenn er sich zu den »dummen Menschen und Verlierern« dieser Welt *zugehörig* fühlt und dadurch auf dieser (oder jeder) Schule sowieso fehl am Platz ist.

Hier werden oft logische Fehler begangen: Auf der Verhaltensebene ein Wort falsch geschrieben zu haben, ist nicht gleichzusetzen mit dumm sein (auf der Ebene der Identität). Die möglichst klare Identifikation der betroffenen Ebene ist eine Grundvoraussetzung für effektive und zielgerichtete Veränderung. Erst wenn die betroffene Ebene erkannt ist, lassen sich passfähige Lösungen überhaupt erst entwickeln. Je nach Ebene ist die Lösung natürlich entsprechend anders gelagert. Am obigen Beispiel könnte das dann so aussehen:

- Die *Umweltebene* ließe sich leicht ändern, indem Sie (oder der Schüler selbst) für mehr Ruhe sorgen.
- Die *Verhaltensebene* wäre auch kein großes Problem, da er mit etwas mehr Zeit und Sorgfalt das Wort wahrscheinlich beim nächsten Mal richtig schreiben würde.
- Die Ebene der *Fähigkeiten* ist ebenfalls noch keine größere Sache, da er jetzt das Wort kennt und mit etwas Übung es vermutlich bald korrekt wiedergeben kann.
- Allmählich schwieriger wird es auf der Ebene der *Glaubenssätze*: Wiederholtes Stärken seiner Ressourcen (»Die anderen Worte hast du doch alle richtig geschrieben!«) wäre da ein möglicher Lösungsansatz.

Reframing

Genau an dieser Stelle kann mit einem weiteren NLP-Format interveniert werden, mit dem so genannten *Reframing* (englisch: »in einen anderen Rahmen setzen«). Reframing basiert auf der Grundannahme (s. »NLP – die Annahmen«, S. 141 f.), dass jedes auch noch so defizitär erscheinende Verhalten beziehungsweise jede Überzeugung irgendwann (zu einer bestimmten Zeit) und irgendwie (in einem bestimmten Kontext) für das Individuum sinnvoll war (oder ist). Sonst würde es dieses Verhalten beziehungsweise diese Überzeugung nicht geben! Das Problem ist nur, dass der momentane Zusammenhang (Rahmen) nicht stimmt, wodurch das scheinbare Defizit entsteht. Ein Reframing geht nun bewusst den umgekehrten Weg und sucht für das zu verändernde Verhalten beziehungsweise die Überzeugung einen neuen, passenden, Ressourcen orientierten Rahmen, in dem dieses Verhalten oder die Überzeugung sinnvoll ist (oder war). Dadurch soll beim Klienten zum einen eine Akzeptanz des Verhaltens/der Überzeugung entstehen und zum anderen ein Loslassen aus dem hinderlichen Kontext ermöglicht werden.

Konkret heißt das, dass der Glaubenssatz für den Klienten erst einmal bewusst gemacht werden muss (wofür die bereits erwähnten *Metafragen* ideal sind).

 Für unser Beispiel könnte das folgendermaßen aussehen: »Schreibst du wirklich immer alles falsch?« – »Hast du nicht ein ganze Menge Wörter auch richtig geschrieben?« – oder – auf der Ebene der Identität: »Bist du dir ganz sicher, dass du dumm bist?« »Halten dich die anderen, hält dich XY, auch für dumm?« – »Denkst du, dass du in jeder Situation dumm handelst?«
Nachdem der Glaubenssatz (beziehungsweise die defizitäre Identifikation) erkannt und benannt ist, folgt der zweite Schritt, die Suche nach dem passenden Rahmen: »Wann ist/war es sinnvoll für dich, falsch zu schreiben – oder – dumm zu erscheinen?« – »Was für mögliche Vorteile hast/hattest du davon?« Der nächste Schritt ist dann zu fragen: »Welche Überzeugung oder welches Verhalten hilft dir an dieser Stelle nun weiter?« – »Ist es die alte Überzeugung, oder behälst du diese bei ihrem passenden Kontext und formulierst für die jetzige Situation eine neue, eine für dich und die Situation angemessene und positive Überzeugung?«

Diese neue Überzeugung beziehungsweise das neue Verhalten (= neue Ressource) kann nun beispielsweise über einen Zielfindungsprozess weiter bearbeitet und/oder über einen *Anker* in das Repertoire des Klienten integriert werden.

Wichtig ist, dass der Glaubenssatz (beziehungsweise die Identifikation, Zugehörigkeit) des Klienten, unterstützt durch gezielte Fragen des Trainers oder des Coachs *(Metafragen)* isoliert und auf den Punkt gebracht wird. Erst dann gilt es, meist mittels *Milton-Fragen und Formulierungen*, geistige Flexibilität zu erzeugen, neue Rahmen und Bezüge herzustellen, **Wahlmöglichkeiten zu schaffen.**

Anwendungsgebiete für die Neurologischen Ebenen

Einige *Anwendungsgebiete* für die Neurologischen Ebenen sind:

- Analyseinstrument, um gezielt Persönlichkeitsstrukturen zu erkennen.
- Potenzial für Wachstum entdecken und Ansatzpunkte herausarbeiten.
- Widersprüche aufdecken.
- Gegenwartsbeschreibung und Zukunftsentwürfe erstellen.
- Leitbildentwicklung für Personen, Teams und Organisationen.

Praxisbeispiel: Leitbildentwicklung mit dem ersten Leitungskreis eines mittelständischen Unternehmens

Ausgangssituation: Der oberste Leitungskreis (LK) eines mittelständischen Unternehmens möchte ein Leitbild entwickeln. Zu diesem Kreis gehören der Geschäftsführer und die Leiter folgender Bereiche:

- Produktion,
- Forschung und Entwicklung,
- Personalmanagement,
- Logistik und Einkauf,
- Vertrieb und Marketing,
- Finanzen und
- Qualitätsmanagement-Beauftragter.

Die verschiedenen Anforderungen der Abteilungen haben naturgemäß viele Überschneidungen und unterschiedliche Herausforderungen. In einem Prozess der anschließend ausführlich beschrieben wird, wurde es den Führungskräften bewusst, dass auf den unteren Ebenen der Neurologischen Ebenen sehr unterschiedliche Kriterien zugrunde liegen, auf den höheren Ebenen aber viele Gemeinsamkeiten vorhanden sind. Am Anfang entwickelte die Gruppe gemeinsam eine Metapher für das Unternehmen. Sie wählte dafür ein Schiff. Als Nächstes wurden die Führungskräfte aufgefordert in einer Einzelarbeit

das Schiff näher zu beschreiben, indem sie ihre Aufgaben und ihre Sicht auf das Unternehmen übertragen. Als sie die Ergebnisse präsentierten, wurde schnell klar, dass unterschiedliche Vorstellungen vom Unternehmen existierten. Es wurde sogar teilweise äußerst verständlich, wieso einige Herausforderungen unüberwindbar schienen. Folgende Beschreibungen entstanden:

- Ausflugsdampfer mit Schaufelrad
- Galeere
- Segelschiff
- Kriegsschiff
- Fähre
- Kreuzfahrtschiff
- Sportsegelboot
- U-Boot

Beim Betrachten der Ergebnisse, die über Moderationskarten visualisiert wurden, entstand der Wunsch, ein gemeinsames Schiff zu erschaffen. Mithilfe der neurologischen Ebenen entstand ein Schiff, in dem von Umwelt bis Zugehörigkeit sich alle einigen konnten. So entstand ein großes Fährschiff. Die Führungskräfte definierten ihre Aufgaben, indem sie genau beschrieben, welche Aufgabe sie an Bord hatten. Die Diskussionen darüber, wer für was zuständig ist, wurde ebenfalls mithilfe der neurologischen Ebenen moderiert. Der Fertigungsleiter verwendete viele Begriffe, die auf der Ebene Verhalten und Fähigkeiten lagen. Hingegen sprach der Leiter für Vertrieb und Marketing viel über Werte und Glaubenssätze. Für den Geschäftsführer war mehr die Zugehörigkeit und die Mission des Unternehmens wichtig.

Um ein Unternehmen an die Spitze zu führen, müssen alle Mitarbeiter am gleichen Ziel arbeiten, der Wunsch an einer gemeinsamen Ausrichtung wurde während des Prozesses immer deutlicher. Die Leiter teilten sich in zwei Gruppen und erarbeiteten mit dem Team-Kaleidoskop nach Bernd Isert ein gemeinsames Leitbild für ihre Dreiergruppe. Einer aus jeder Gruppe und der Geschäftsführer erarbeiteten in einem weiteren Durchgang dann endgültig das Leitbild für den ersten Leitungskreis. Das geschah dadurch, dass alle den Prozess beobachteten und zum Schluss alle acht Führungskräfte den Rückweg von der Mission bis zur Umwelt gemeinsam gingen.

Team-Kaleidoskop nach Bernd Isert

VAKOG: Was ich sehe, höre, fühle, rieche und schmecke.
SEPARATO: Kurze Unterbrechung, damit sich jeder wieder auf sich konzentrieren kann.
*Bodenanker:*Moderationskarten mit dem Namen der jeweiligen Ebene.

Das Team-Kaleidoskop ist ein wirkungsvolles Instrument, um aus mehreren Personen ein Team entstehen zu lassen.

Die Vorbereitung läuft folgendermaßen ab: Bereiten Sie die Bodenanker für alle Beteiligten vor. Dann stellen sich die Personen ungefähr einen Meter voneinander auf. An dieser Stelle legen alle ihre Moderationskarte für Zugehörigkeit auf den Boden. Danach gehen alle sternförmig fünf Schritte rückwärts und legen nach jedem Schritt die weiteren fünf Moderationskarten der jeweiligen Ebene aus (s. folgende Abbildung).

Alle Beteiligten einigen sich auf ein Thema (im Beispiel das gemeinsame »Schiff«).

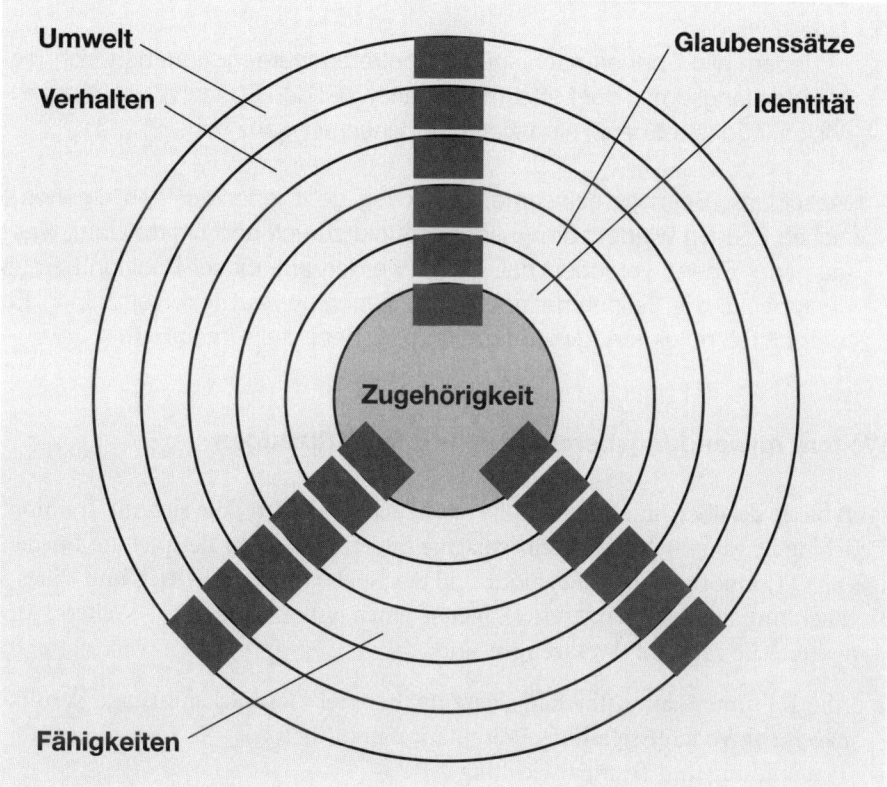

Alle Beteiligten beginnen auf ihren jeweiligen logischen Ebenen mit der Umwelt. Nacheinander teilen sie mit, was sie dort auf dieser Ebene in Bezug auf das Thema wahrnehmen (VAKOG).

SEPARATOR

Anschließend geht jeder Teilnehmende im Uhrzeigersinn auf die Umweltebene der Person daneben. Man assoziiert sich mit dieser Position und nimmt wahr, wie es einem dort geht (VAKOG), dann kann man eine oder mehrere Ressourcen anbieten, wenn man möchte. Es empfiehlt sich, die Ressource auf eine Moderationskarte zu schreiben und neben den Bodenanker zu legen.

SEPARATOR

Der vorhergehende Schritt wird so lange wiederholt bis sich jeder wieder an seinem Ausgangsplatz befindet. Hier kann man nun alle Ressourcen betrachten. Diejenigen, die hilfreich erscheinen, kann man aufnehmen und behalten, die anderen verbleiben am Boden.

SEPARATOR

Alle Ebenen werden so nacheinander betreten, jeweils mit dem Separator dazwischen. Auf jeder Ebene können Ressourcen angenommen oder zurückgelassen werden.

Indem alle Ebenen nacheinander betreten werden, kommen sich die Beteiligten langsam in der Mitte immer näher. Bei den Ebenen Zugehörigkeit und Vision (höchste Ebene) sind sich die Teilnehmer ganz nah.

Abschluss: Beim gemeinsamen Rückweg geht jeder auf den eigenen logischen Ebenen wieder zum Ausgangspunkt zurück und nimmt wahr, was sich auf jeder Ebene verändert hat. Dabei werden aus dieser Position heraus die Feedbacks der Teilnehmerinnen und Teilnehmer auf jeder einzelnen Ebene betrachtet, reflektiert, gewürdigt und gegebenenfalls integriert.

Weitere Anwendungsbereiche von NLP-Werkzeugen

NLP bietet darüber hinaus eine Fülle zusätzlicher Formate, die sich im Training und Coaching bewährt haben. Die einschlägige Literatur, so zum Beispiel die Bücher von Joseph O'Connor und John Seymour und das Buch von Walter Ötsch und Thies Stahl (s. Literaturempfehlungen, S. 164) bieten einen guten Überblick. Weitere Anwendungsbereiche von NLP-Werkzeugen sind:

- Alle Kommunikationsthemen wie zum Beispiel Gesprächsführung, Konfliktmanagement, Verkaufsschulung, Präsentation und Rhetorik.
- Teambildung und Teamentwicklung.
- Selbstmanagement und Selbststeuerung.
- Stressmanagement.
- Work-Life-Balance.
- Persönlichkeitentwicklung, Selbst- und Menschenkenntnis.
- Transfersicherung.
- Veränderungsprozesse wie zum Beispiel Changeprozesse in Organisationen.
- Trainings »into« und »out of the Job«.
- Führungskräfteentwicklung, Potenzialentwicklung.
- Problemlösung, Kreativität und Entscheidungsfindung.
- Lern-, Gedächtnis- und Konzentrationstrainings.
- Ziel- und Visionssuche.

Essenz und Bedeutung

Schon die Ausgangsfrage der NLP-Gründer Bandler und Grinder: »Was ist der entscheidende Unterschied zwischen jemandem, der nur kompetent ist, und jemandem, der in derselben Fertigkeit überdurchschnittliche Ergebnisse erzielt?« zeigt, dass es sich bei NLP um einen »Best-of-Practice«-Ansatz handelt. NLP ist das Ergebnis eines Master Modelings der damals besten Psychotherapeuten. NLP ist daher keine eigenständige Theorie oder Therapie, sondern ein lernpädagogisches Modell mit einfachen aber wirkungsvollen Werkzeugen, durch die Menschen lernen können, mit anderen Menschen besser umzugehen und ihre eigenen Ressourcen besser zu nutzen. NLP ist – auf den kürzesten Nenner gebracht – ein Methodenset für verbesserte Kommunikation und konstruktive Veränderung. NLP ist eine offene Disziplin, jeder Anwender entwickelt und nutzt es auf seine individuelle Art und Weise und mit seinen persönlichen Erfahrungen und Erkenntnissen weiter.

NLP vermittelt einerseits die Fähigkeit zu anderen Menschen willentlich und bewusst gute Beziehungen (Rapport) herzustellen. Dies versucht NLP über ein verbessertes Verständnis von Kommunikationsprozessen und einer geschärften Wahrnehmung zu erreichen – hier finden sich die beiden Begriffe Neuro (für die Abbildung von Wahrnehmungen der Sinne im Gehirn) und linguistisch (verbale und nonverbale Sprache). Andererseits bietet NLP auch Techniken, mit denen unerwünschte Gefühlsreaktionen, unangemessene Verhaltensweisen und problematische Überzeugungen verändert werden können (Programmieren). Die fünf wichtigsten NLP-Basisfähigkeiten sind:

- Entwickeln der Rapportfähigkeit
- Training der Sinneswahrnehmung
- Erhöhung der Flexibilität (Schaffen von Wahlmöglichkeiten)
- Entwickeln von klaren Zielvorstellungen
- Veränderung von Glaubenssätzen

NLP umfasst zahlreiche Modelle und Techniken, so genannte Formate, welche die Verwendung von Sprache trainieren und dadurch Veränderungen schnell und zielgerichtet ermöglichen. Dabei geht es um das Erforschen der inneren Landkarte eines Menschen. Der zweite Fokus ist die Erweiterung von Wahl- und Handlungsmöglichkeiten, das Führen durch Bewusstseinsräume. Hierbei werden bestimmte emotionale und mentale Zustände im Klienten hervorgerufen und vertieft.

Ansonsten gibt es im NLP keinen Standardaufbau in der Art, welche Themen und Techniken in welcher Reihenfolge angewendet werden.

Nachfolgend sind meine wesentlichen Argumente dafür, warum NLP in Training und Coaching sinnvoll und bedeutend ist, aufgeführt:

- NLP ist eine hervorragende Methode, um in kürzester Zeit gute Ergebnisse in den Bereichen Kommunikation und Veränderungsmanagement zu erzielen. Gezielte NLP-Werkzeuge ermöglichen es unter anderem schnell und effektiv:
- Persönliche Wunschziele klarer zu sehen und besser zu erreichen.
- Verhalten zu verändern, sich von eingefahrenen Mustern zu befreien.
- Kommunikation transparenter und konstruktiver zu gestalten (zum Beispiel besseres berufliches und privates Beziehungsmanagement, erfolgreichere Gesprächsführung, konstruktiveres Konfliktverhalten und produktivere Teamarbeit).
- NLP als Werkzeugset kommt ohne komplexen theoretischen Hintergrund und schwierige Erklärungsmodelle aus.
- Die NLP-Werkzeuge bestechen durch Pragmatismus und sind dennoch elegant und hocheffizient in der Anwendung.
- Die meisten NLP-Formate sind schnell zu lernen und ebenso im Trainingsalltag umsetzbar.
- NLP spielt mit offenen Karten »was es ist« und »was es nicht ist«, dadurch ist es transparent.
- NLP legt Wert auf einen größtmöglichen Verzicht auf inhaltlich-deutende Einmischungen.
- NLP ermöglicht einen sensitiven Umgang mit der Ökologie des »behandelten« Systems und ermöglicht Veränderungen sensibel in das Lebens- und Beziehungsgefüge des beziehungsweise der Klienten einzupassen.
- Bestechend ist die Ressourcenorientierung im NLP gemäß einer der NLP-Grundannahmen: »Wir haben alles in uns, manchmal nur am falschen Platz!«

Literatur und Adressen

Andreas, Steve/Faulkner, Charles (ed): Praxiskurs NLP. Junfermann, Paderborn 1994

Kutschera, Gundl: Tanz zwischen Bewusst-sein und Unbewusst-sein. NLP Arbeits-Übungsbuch. Junfermann, Paderborn 1994

O'Connor, Joseph/Seymour, John: Weiterbildung auf neuem Kurs. NLP für Trainer, Referenten und Dozenten. VAK, Kirchzarten 2003

O'Connor, Joseph/Seymour, John: Neurolinguistisches Programmieren: Gelungene Kommunikation und persönliche Entfaltung. VAK, Kirchzarten 2004

Ötsch, Walter/Stahl, Thies: Das Wörterbuch des NLP. Junfermann, Paderborn 2003

Schmidt-Tanger, Martina: Veränderungscoaching. Junfermann, Paderborn 2001

Shervington, Martin: Denk nicht an Orangen mit lila Punkten. Junfermann, Paderborn 2002

www.dvnlp.de – Webseite des DVNLP (Deutscher Verband für NLP)

www.dvnlp.de/hanlp – Webseite des »Helvetic Association for Neurolinguistic Programming« (HANLP): Dachverband in der Schweiz

Konzept 6

Gestaltansatz:
Vordergründig Hintergründiges

Der Gestaltansatz als Haltung und Anleitung

Sabine Mara Roth

Einführung und Geschichte

Würde die Gestalttherapie den Namen Existenzialpsychotherapie tragen, wie ihre Begründer das eigentlich vorhatten, würden sicher weniger Menschen dabei an Töpfern denken. An dieser Missdeutung ist Sartre »schuld«, von dessen Nihilismus die Namengeber sich abgrenzen wollten. Auch mit anderem Namen wäre unsere Frage allerdings dieselbe: Welchen Beitrag kann eine ausdrücklich nicht zielorientierte, therapeutische Arbeit zur Trainings- und Beratungspraxis leisten? – Gestaltarbeit leistet diesen Beitrag, häufig ohne ausdrücklich als solche deklariert zu werden. Die Haltung zeichnet uns aus, als Trainer wie als Gestalttherapeuten: eine Forscherhaltung.

 In einer Fortbildungsgruppe klagt Bernd über große Schwierigkeiten mit seinem Kollegen Ulf, der seit einigen Monaten in seinem Team arbeitet. Ulf ist einige Jahre älter als Bernd, beruflich erfahrener, wenn auch nicht in dieser Firma. Bernd misstraut ihm, fühlt sich beobachtet und hat die Fantasie, dass der andere ihn hereinlegen wolle, auch wenn es dafür noch keinen konkreten Anhaltspunkt gibt. Entsprechend reagiert er auf Kritik, die Ulf an ihm äußert, und es kam in der letzten Zeit öfter zu Zusammenstößen.

Der Trainer hat sofort die Idee, dass Bernds Familiensituation hier hereinspielen könnte, äußert aber diese Idee nicht, sondern schlägt Bernd ein Experiment vor: Er stellt einen leeren Stuhl gegenüber von Bernd und bittet ihn, sich Ulf darauf sitzend vorzustellen und mit ihm zu sprechen. Dabei könne er sich rückhaltlos äußern, weil er ja keine negativen Konsequenzen fürchten müsse. Bernd lässt sich auf den Versuch ein und wird schnell immer hitziger in diesem Gespräch mit dem leeren Stuhl, macht ihm heftige Vorwürfe und greift ihn sehr emotional an.

Nach einer Weile bittet ihn der Trainer, den Stuhl zu wechseln und sich in die Rolle von Ulf zu versetzen. Bernd sitzt eine Weile stumm auf Ulfs Stuhl und beginnt dann als Ulf zu sprechen. Die Zuhörer sind sehr erstaunt über seine völlig andere Sprechweise, die ruhige, betont vernünftige, aber ziemlich lehrerhafte Art, in der er als Ulf sein Verhalten erklärt und rechtfertigt. Nach einer Weile fordert ihn der Trainer auf, nochmals den Stuhl zu wechseln. Wieder auf seinem eigenen Stuhl und damit in seiner eigenen Rolle, platzt Bernd sofort heraus: »Genau wie mein älterer Bruder!« Hier beendet der Trainer das »Spiel« mit dem leeren Stuhl.

Die Projektion von Geschwistersituation und anderen privaten Konstellationen auf die berufliche Situation als Quelle für Konflikte wird Thema in der Gruppe. Eindringlich und lebendig ist die Problematik durch diese Arbeit in der Gruppe geworden.

Hinweis: Natürlich ist eine solche Arbeit nur in einer Gruppe möglich, die schon eine gute Vertrauensbasis untereinander und zum Trainer oder Coach aufgebaut hat und nur mit einem Teilnehmer, der nicht allzu schüchtern und kontrolliert ist.

Geschichte: Als eine der ersten »neuen« Therapieformen machte die Gestalttherapie der Psychoanalyse Konkurrenz. Entstanden ist sie in den 1940er-Jahren in einer Gruppe von Psychiatern, Psychoanalytikern und Künstlern in New York. Die bekanntesten und wegweisendsten waren das Ehepaar Laura und Fritz Perls, die als deutsche Juden über Südafrika in die USA emigriert waren sowie Paul Goodman.

Experimentell untermauerter Ausgangspunkt des Gestaltansatzes ist die Gestaltpsychologie. Sie wurde zunächst in den 1920er-Jahren in Deutschland begründet und dann aufgrund der Emigration ihrer führenden Vertreter (zum Beispiel Max Wertheimer, Kurt Koffka, Kurt Lewin) in den USA fortgeführt. Insbesondere Lore (später Laura) Perls brachte diese Grundlagen in die gemeinsame Arbeit ein, was sich unter anderem in der Übernahme einiger Grundgesetze, so des Gesetzes von der Geschlossenheit und des Zeigarnik-Effektes zeigt (siehe »Was steckt dahinter«).

Andere Wurzeln des Gestaltansatzes sind neben der Psychoanalyse die »Charakteranalytische Arbeit« Wilhelm Reichs, Existenzialismus und Phänomenologie, Anarchismus und Pragmatismus sowie der Zen-Buddhismus.

1950 wurde das erste Werk über Gestalttherapie, in der die neue Therapieform diesen Namen (Gestalt Therapy) trägt, veröffentlicht. Es entstand in Zusammenarbeit der Psychologin Laura und des Mediziners Fritz Perls mit dem Pädagogen und Schriftsteller Paul Goodman und dem Soziologen Ralph Helfferline. 1952 folgte die Gründung des »New York Institute for Gestalt Therapy«. Die erste Blütezeit erlebte die Gestalttherapie in den 1960er-Jahren. Seither wurde der Ansatz von vielen Therapeuten aufgenommen und beeinflusste andere Ansätze wie zum Beispiel Themenzentrierte Interaktion und Neurolinguistisches Programmieren.

In Westeuropa wurde der Gestaltansatz vor allem von Hilarion Petzold verbreitet und weiter entwickelt. Von ihm stammt auch der Begriff der »Gestaltpädagogik«. Sie zielt, fußend auf den Prinzipien der Gestalttherapie, darauf ab,

- die Bewusstheit über eigene Kompetenzen zu erweitern,
- »blinde Flecken« und Wahrnehmungsroutinen zu überwinden und dadurch
- den Bereich der bewussten, selbst verantworteten Steuerung von Verhalten zu erweitern und
- ungenutzte kreative Potenziale zu entfalten.

Auch in Training, Beratung und Coaching hat der Gestaltansatz seinen Platz gefunden, vor allem in den Bereichen Persönlichkeitsentwicklung, Selbsterfahrung, Lebensbewältigung, Selbstmanagement, Konfliktmanagement, Teamentwicklung und Organisationsberatung.

Was steckt dahinter?

Kernbegriffe, Theorie und Gesetze

In einem Interview, das Adelaide Bry Ende der Sechzigerjahre mit Fritz Perls führte, sagt er auf die Bitte, mehr über Gestalttherapie zu erfahren: »All das Diskutieren, Reden und Erklären erscheint mir unwirklich. Ich hasse es, zu intellektualisieren … Lassen Sie uns etwas anderes versuchen. Sie sind die Patientin« (1996). Es schließt sich eine therapeutische Sitzung an, in der die Flugangst der Journalistin Thema ist. Sie schlüpft abwechselnd in die Rollen der Passagierin und des Piloten, lässt diese miteinander reden und stellt so fest, dass der Wunsch nach Kontrolle eine große Triebfeder ihrer Angst ist. Ob ihre Flugangst nach dem Gespräch geheilt war, wissen wir allerdings nicht.

Bei aller Ablehnung der Intellektualisierung gibt es Grundlagen und Kernbegriffe des Gestaltansatzes, von denen ich die für Training, Beratung und Coaching Wichtigsten kurz darstelle:

- Figur und Gestalt
- Wahrnehmung
- Awareness (Bewusstheit)
- Kontakt
- Assimilation und Wachstum
- Hier und Jetzt
- Selbstverantwortung
- Gestalthaltung
- Würdigung

Kernbegriffe des Gestaltansatzes

Figur und Gestalt

Von den Gestaltpsychologen übernahm die Gestalttherapie das Figur-Hintergrund-Prinzip. Diese beschäftigten sich ohne jedes Anwendungsinteresse mit der Erklärung von Wahrnehmungsvorgängen und untersuchten dabei auch das Gehirn und die Sinnesorgane. So stießen sie auf das Phänomen »Gestalt«: Wahrnehmung ist nicht ohne Sinn. Wir nehmen »Gestalten« wahr, nicht einfach nur einzelne unverbundene »Daten«. Gestalt ist somit ein holistischer, ein Ganzheitsbegriff. Bereits im Wahrnehmungsprozess werden Einzelheiten zu einem sinnvollen Ganzen organisiert.

Figuren heben sich als geschlossene Bereiche von einem unstrukturierten Hintergrund ab. Bei der Herausbildung von Gestalten kommt nicht nur ein Mehr an Informationsgehalt zustande, sondern es gehen auch Informationen verloren. Das »Ganze« ist also nicht nur mehr als die Summe seiner Teile, sondern etwas grundsätzlich anderes. Menschen neigen dazu, starke und damit bedeutsame Gestalten zu bilden. Es fällt zum Beispiel sehr schwer, auf eine Raufasertapete zu blicken, ohne in dieser inhaltslosen Oberfläche irgendwelche Gebilde zu erkennen.

Im Vordergrund steht immer das momentan Bedeutsame. Dazu Laura Perls: »Was Figur wird, wird davon bestimmt, was für den Organismus zu der jeweiligen Zeit von größtem Interesse ist« (2001). Die Erkenntnisse der Neurobiologie unterstützen diese Annahmen (s. dazu auch »Hirnforschung«, S. 37 ff.). Fritz Perls (1992, S. 21) beschreibt zu diesem Thema eine Cocktailparty, bei der einige Nachzügler den Raum betreten.

 Während der Alkoholiker, der dringend etwas zu trinken braucht, sich schnurstracks an die Bar begibt und diese von allen Objekten im Raum für ihn als einziges in den Vordergrund tritt, wird die Malerin, die der Gastgeberin vor wenigen Tagen ein Bild verkauft hat, zuerst herausfinden, wie und wo dieses Bild hängt. Der junge Mann, der auf der Party seine Freundin treffen will, wird dagegen die Menge durchkämmen und zwischen den Gesichtern suchen, bis er sie gefunden hat. Die Freundin bildet also die Figur, alles Übrige den Hintergrund.

Figuren treten also in unseren (geistigen) »Vordergrund« und verblassen wieder, treten in den »Hintergrund«, wenn wir sie zu unserer Zufriedenheit abschließen konnten. Beim Übergang zur nächsten »Gestalt« tritt das zuvor Wahrgenommene, vielmehr die dem Wahrgenommenen zugemessene Bedeutung, in den »Hintergrund«.

Unerledigtes drängt allerdings weiter nach Vollendung, lässt uns nicht in Ruhe (Zeigarnik-Effekt). Probleme und Aufgaben, die in der Vergangenheit nicht abschließend gelöst werden konnten und in Vergessenheit gerieten, so genannte »ungeschlossene Gestalten« oder auch »unerledigte Geschäfte« stören unser tägliches Erleben und Verhalten. Sie lenken unsere Aufmerksamkeit auf bestimmte Dinge oder »Gestalten« und schränken so eine vollständige Wahrnehmung der Menschen und Dinge um uns herum ein.

Anmerkung: Für den Begriff »Gestalt« gibt es im Englischen keine genaue Entsprechung. Der Begriff wurde ins Englische übernommen und wird in der Gestaltarbeit weitgehend deckungsgleich mit »Figur« eingesetzt. »Gestalt« betont als Begriff noch stärker die Sinnhaftigkeit, die wir jeder Wahrnehmung geben.

Wahrnehmung

Eine der wissenschaftlichen Grundlagen der Gestaltarbeit ist die Phänomenologie. Deren Kernaussage lautet: Alles ist zweifelhaft, was wir als objektive Tatsache bezeichnen. Schließlich können uns unsere Sinne täuschen. Von vielem wissen wir sogar nur über

Aussagen anderer. Auch sie können sich irren oder sogar lügen. Absolut und unzweifelhaft richtig ist dagegen, dass wir wahrnehmen (s. Kapitel »Konstruktivismus: Wie wirklich ist die Wirklichkeit«, S. 253 ff.).

Wird beispielsweise ein Autounfall von zwei Zeugen beobachtet, werden beide unter Umständen über vollständig unterschiedliche Abläufe berichten. Beide Wahrnehmungen sind wahr, selbst wenn sie völlig unterschiedlich sind.

Die Phänomenologie nimmt den Begriff »Wahrnehmung« also ernst: Wahr ist, was wir für wahr »nehmen«. Die Perls haben aus dem erkenntnistheoretischen ein psychotherapeutisches Programm gemacht: Berichtet jemand beispielsweise über seine Kindheit, ist dieser Bericht sicher keine Repräsentation des objektiven Hergangs. Die Zuhörenden können nicht wissen, was »wirklich« stattgefunden hat, und dies ist im Zweifel auch nicht erheblich. Erheblich ist dagegen, wie der Mensch seine Kindheit in dem Moment, in welchem er von ihr berichtet, wahrnimmt. Wollten wir herausfinden, ob beispielsweise ein bestimmtes Ereignis tatsächlich stattgefunden hat, müssten wir detektivisch tätig werden und die »Geschichte« des Menschen anzweifeln, die für ihn subjektiv ja die Wahrheit ist. Auf der anderen Seite kann es auch nicht darum gehen, »alles zu glauben«, was andere uns erzählen.

Gestaltarbeit schlägt vor, sich mehr mit dem Wie des Berichtes zu beschäftigen, nicht so sehr mit dem Was. Erzählt eine Klientin beispielsweise über ein »trauriges« Ereignis in ihrem Betrieb, ihre Stimme erscheint mir dabei aber wütend, so werde ich diese Wahrnehmung ansprechen. Dabei muss mir klar sein, dass auch wir als Trainer, Prozessberater und Coaches dem phänomenologischen Programm unterliegen. Die Stimme meiner Klientin ist also nicht objektiv wütend, sondern ich nehme sie als wütend wahr und kann ihr diese Wahrnehmung zur Verfügung stellen. Welche Schlüsse die Klientin daraus zieht, ist wiederum ihre Sache. Ich kann sie lediglich in diesem Prozess unterstützen.

Awareness (Bewusstheit)

Awareness ist der Zustand »… des lebendigen Organismus, der mit sich und der Umwelt in Kontakt ist, ohne dass Blockierungen … die bewusste Wahrnehmung seiner selbst und des anderen trüben oder einschränken« (Fritz Perls 1976, S. 73). Es geht also darum, aufmerksame Wachheit zu erreichen.

Jede Gestaltarbeit zielt darauf ab, die Awareness zu erhöhen, das Bewusstsein für die momentanen körperlichen und seelischen Prozesse zu steigern. Dies geschieht unter anderem, indem die Aufmerksamkeit auf Haltung, Gestik, Stimme, Tonfall gerichtet wird und vor allem auf Widersprüche hingewiesen wird.

Jemand sagt beispielsweise mit eintöniger Stimme und hängenden Mundwinkeln: »Ich bin sehr glücklich, diese Stelle zu haben.«

Kontakt

Kein Individuum existiert für sich alleine, immer lebt es in einem es umgebenden Feld und ist Teil eines Feldes. Sein Verhalten ist damit eine Funktion des ganzen Feldes, das das Individuum und seine Umwelt einschließt. An der Kontaktgrenze zwischen Individuum und seiner Umwelt finden die psychischen Ereignisse statt. Mit unseren Gedanken, unseren Handlungen, unserem Verhalten und unseren Emotionen erleben und verarbeiten wir diese Grenzvorfälle. (Perls 1976, S. 74) Kontakt geschieht immer an der Kontaktgrenze.

Ein wichtiges theoretisches Modell im Gestaltansatz ist der *Kontaktzyklus*. Er beschreibt in idealisierter Form den Ablauf eines gelungenen Kontaktprozesses: Eine Figur hebt sich allmählich gegenüber einem Hintergrund ab, der Organismus nähert sich der Figur. Es folgt der Austausch (oder die Verschmelzung) mit der Figur. Die Figur wird assimiliert und verarbeitet, anschließend zieht sich der Organismus in ein inneres Gleichgewicht zurück, aus der neue Gestalten hervortreten.

Im Einzelnen besteht der Kontaktzyklus aus folgenden Phasen:

- *Vorkontakt:* Ein Verlangen oder Reiz taucht auf, der zur Figur wird (der übrige Organismus und die übrige Umwelt werden zum Hintergrund).
- *Kontaktnahme:* Das Verlangen wird Hintergrund, als Figur erscheint ein Suchbild für Möglichkeiten zur Befriedigung, die Möglichkeiten werden differenziert und ausgewählt.
- *Kontaktvollzug:* Körper und Umwelt sind Hintergrund, Figur und Kontakt selbst werden intensiv erlebt, die ganze Person wird vom Erleben erfasst.
- *Nachkontakt:* Die Figur tritt in den Hintergrund zurück, in Begegnung mit dem Nicht-Selbst hat sich ein Wachstums- und Reifeschritt vollzogen, der Organismus ist bereit für den nächsten Kontaktzyklus.

Immer ist nur eine Figur im Vordergrund. Das Leben ist eine unaufhörliche Aufeinanderfolge von Kontaktzyklen.

Figuren folgen ohne Unterlass aufeinander. Je nach Bedürfnislage tritt eine Figur aus dem Hintergrund und drängt nach Schließung. Ist die Kontaktaufnahme geglückt, sinkt sie in den Hintergrund zurück und macht einer

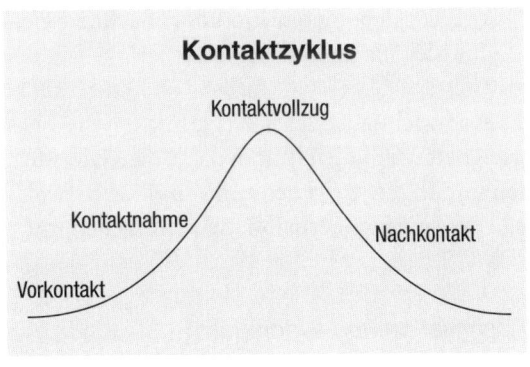

neuen Figur Platz. Misslingt die Kontaktaufnahme oder der Kontaktvollzug, bleibt die Figur ungeschlossen und zieht so lange Energie ab und behindert den freien Energiefluss, bis sie geschlossen wird. So schafft zum Beispiel das Vermeiden äußerer Konflikte und unerwünschter Gefühle innere Konflikte.

 Ein elementares Beispiel: Ein Mensch hat Hunger. Die Figur »Hunger« kommt also in den Vordergrund. Auf der Suche nach etwas Essbarem fällt der Mensch in eine Kiste, deren Deckel zufällt. Ohne Luftzufuhr kommt die Figur »Ich ersticke« in den Vordergrund. Die Figur »Hunger« bleibt ungeschlossen und taucht wieder auf, sobald der Mensch aus der Kiste befreit ist. Bekommt der Mensch dann etwas zu essen, ist das Bedürfnis befriedigt, die Gestalt geschlossen und verschwindet im Hintergrund. Die Energie steht für ein neues Vorhaben zur Verfügung.

Menschliches Leben ist ein fortwährender Prozess, ein Gleiten von Situation zu Situation, jede gekennzeichnet durch Bedürfnisse, Gefühle, Wahrnehmungen, Kontakte, Dialoge, Begegnungen, immer miteinander verwoben. »Leben, so verstanden, ist in jedem Augenblick ein packendes Experiment mit den eigenen Möglichkeiten und Erfahrungen – jede Leugnung von Bedürfnissen, Einengung der Erlebens- und Verhaltensmöglichkeiten, Vermeidung von Kontakt zu sich oder zur Umwelt ist Ausdruck einer Störung und erhält diese gleichzeitig aufrecht« (Kriz 1989, S. 184). Dabei sind wir immer im Kontakt, häufig allerdings mit Konstrukten, die uns nicht weiterbringen. Dazu nochmals Fritz Perls: »... das Wachstumsziel ist, dass du ... mehr zu deinen Sinnen kommst, mehr und mehr in Kontakt bist, in Kontakt mit dir selbst und in Kontakt mit der Welt, anstatt bloß in Kontakt mit den Fantasien, Vorurteilen, Befürchtungen und so weiter« (2002, S. 58).

Auch auf Seminare ist dieses Modell übertragbar: Um Kontakt mit dem jeweiligen Thema zu ermöglichen, ist das Ernstnehmen der Vorkontaktphase sehr wichtig. In dieser können die Teilnehmer unerledigte Geschäfte abschließen oder zumindest bewusst zur Seite stellen.

 Der Beginn eines Trainings könnte demnach beispielsweise sein, dass alle für kurze Zeit die Augen schließen, den bisherigen Tag Revue passieren lassen und ihre mitgebrachten »Päckchen« dann pantomimisch zum Beispiel in einem Schrank vor der Tür deponieren (und dort nachher wieder abholen). Daraufhin kann dann der Einstieg ins Thema erfolgen.

Ebenso wichtig ist der »Nachkontakt«, die Phase der Integration. Genügend Zeit und geeignete Methoden führen dazu, das Gelernte beziehungsweise Erfahrene zu verarbeiten und in die je eigene Denk- und Lebenswelt zu integrieren. Erst dann sind ein neues Thema, neuer Lernstoff, neue Aufgaben mit voller Energie anzugehen.

Assimilation und Wachstum

Leben und Wachstum von Organismen finden immer in Auseinandersetzung mit der Umwelt statt. Zur Grundfunktion des Überlebens von Organismen gehört Aufnahme und Verwerten der zur Verfügung stehenden Nahrungsmittel. Nahrung wird gekaut und geschmeckt und dabei Nahrhaftes vom Unverträglichen getrennt. Nährstoffe werden verwertet und zum Aufbau und zur Energieversorgung des Organismus verwendet (Assimilation), Unverdauliches und damit nicht Verwertbares wird ausgeschieden. Das Nahrhafte wird beim Durchkauen und Verdauen zerlegt und zerstört. Auf diese Weise wird das fremde Material vom Körper aufgenommen und kann nun dem Wachstumsprozess dienen.

Dieses Prinzip überträgt der Gestaltansatz auf die menschliche Entwicklung. Persönlichkeitsentwicklung und Wachstum finden dann statt, wenn fremdes Material aus der Umgebung so assimiliert wurde, dass neue »Gestalten«, also neue sinnvolle Strukturen mit neuen Bedeutungen für den Organismus entstehen konnten. So habe ich assimiliert, wenn ich mehrere Wochen nach einem Vortrag einen Gedanken daraus mit voller Überzeugung äußere – er ist »meiner« geworden.

 Dazu Laura Perls (LP) in einem Interview mit Edward Rosenfeld (ER) (2001):
ER: »*Die Gestalttherapie entspringt also dem Essen: Sie hat sich aus dem Konzept entwickelt, wie wir essen.*«
LP: »*Wie wir essen, wie wir etwas ergreifen und es assimilierbar machen.*«
ER: »*Die Art, wie wir uns auf etwas konzentrieren, es herunterbrechen, mit den verschiedenen Teilen umgehen.*«
LP: »*Der Geschmack, die Textur, der Prozess. Wenn man etwas schluckt, das unzerkaut ist, liegt es schwer im Magen. Entweder verlangt es dich nach mehr oder es wird unverdaut ausgeschieden.*«

Hier und Jetzt

»Come to your senses« war Perls Plädoyer für ein unmittelbares Erleben im »Hier und Jetzt«. Wir sind allzu oft in unseren Gedanken mit der Vergangenheit und der Zukunft beschäftigt. Nur im Hier und Jetzt, in jedem gegenwärtigen Augenblick vollen Gewahrseins, können wir die offensichtliche Realität erkennen, und es ist auch der einzige Moment, in dem wir neue Entscheidungen treffen, uns neu organisieren oder höhere synthetische Einheiten herausbilden können. Da Handeln immer in der Gegenwart stattfindet, ist Ausgangs- und Endpunkt der Betrachtung, der Intervention und der Aufklärung das Hier und Jetzt. Vergangenheit und Zukunft spielen immer nur insoweit eine Rolle, als sie Bedeutung für das aktuelle Handeln und Erleben haben.

Häufig handeln wir in einer aktuellen Situation nicht angemessen, sondern bezogen auf eine andere Situation oder einen anderen Ort. Jemand reagiert beispielsweise auf jeden Mann, der einen Bart trägt (was ihn an seinen Vater erinnert), mit Aggression und Ablehnung, selbst wenn dieser Bartträger freundlich und hilfsbereit ist. Gestaltarbeit macht dann nicht wie die Analyse die Erinnerungen an den Vater zum

> Ein Grundsatz der Gestalttherapie lautet: Wer die Gegenwart im Auge hat, ohne durch die Vergangenheit oder Zukunft abgelenkt zu sein, und sein Handeln in sinnvollen Einheiten – Gestalten – auf die Aktualität bezieht, handelt gut und richtig.

Kernpunkt, sondern regt an, das wahrzunehmen, was jetzt wirklich ist. Es gilt, die Unterschiede zwischen dem Gegenüber und dem Vater wahrzunehmen und sich ihm gegenüber so zu verhalten, wie er es verdient.

Bearbeitet wird also, was mich hier und jetzt hindert, alle Verhaltensmöglichkeiten zur Verfügung zu haben. Unerledigte Geschäfte aus der Vergangenheit lassen uns nicht los, binden unsere Gefühle, Gedanken und Energien und behindern den Lebensstrom. Werden diese angestauten »Giftherde« der Vergangenheit in der Gegenwart entdeckt, können sie durch deutliches emotionales Erleben und neues Verständnis ausgelöscht werden. Im Verhalten hier und jetzt zeigen sich ungeschlossene, unvollendete Gestalten – diese gilt es jetzt zu schließen! Im Hier und Jetzt kann auch mit neuen Ausdrucks- und Verhaltensmöglichkeiten experimentiert, können neue Zugangswege (zum Beispiel Medien) zu einem Thema ausprobiert werden.

Im Hier und Jetzt ist es wichtig, nicht neue ungeschlossene Gestalten zu produzieren, das heißt auch, Lern- und Kommunikationssituationen »rund« zu machen, gute Abschlüsse zu finden, Assimilation und Wachstum zu ermöglichen.

Selbstverantwortung

Gestaltarbeit ermutigt Menschen zur »Selbststeuerung«. Nicht Therapeuten, Trainer und Coaches kennen das Ziel, den Weg, die Lösungen und müssen sie den Klienten nur noch nahe bringen. Nein, die Klienten sollen und können ihre Lösungen selbst suchen und finden. Trainer, Prozessberater und Coaches können ihnen dabei Unterstützung anbieten.

Gestalthaltung

Fritz Perls definierte die Beziehung zwischen Klient und Therapeut völlig neu: In analytischen Therapiesettings teilt der Klient etwas mit, das der Therapeut mithilfe des Expertenwissens objektiv interpretiert, um die richtige Behandlung einzuleiten. Die Distanz der Therapierenden ist dabei von enormer Bedeutung, die Therapierenden sind in einem solchen Setting gar nicht als Person anwesend, sondern vor allem Projektionsfläche. Die gestalttherapeutische Haltung besteht dagegen darin, sich als Person einzubringen. Der Prozess der Therapie kommt als Austausch von Wahrnehmungen zustande: Dem Klienten wird die Wahrnehmung der Therapierenden zur Verfügung gestellt. Da Wahrheit nur in der Wahrnehmung zu finden ist, müssen die Therapierenden als wahrnehmende und wahrzunehmende Person in der Therapie anwesend, also präsent sein. In dieser Haltung unterstützen auch Trainer, Berater und Coaches ihre Klienten dabei, die eigene organismische Selbstregulation wieder »in Gang zu bringen«. Damit ist die bei jedem Menschen vorhandene Fähigkeit gemeint, seine eigenen Bedürfnisse wahrzunehmen und die notwendigen Schritte einzuleiten, diese Bedürfnisse zu befriedigen.

Das Spezielle der Gestaltarbeit liegt somit nicht in ihrer methodischen Ausrichtung, sondern in einer philosophischen Haltung. Diese Gestalthaltung ist eine Haltung des Erforschens ohne zu bewerten, eine phänomenologische Forscherhaltung. Zur Gestalthaltung gehören:

- Präsenz,
- Zugewandtheit,
- Authentizität in der eigenen Offenheit und Verschlossenheit,
- seelisches Berührt-Sein,
- inneres Erleben,
- Demut in der Arbeit sowie
- Würdigung.

Würdigung

Gestaltarbeit wirkt durch Würdigung. In jedem Verhalten sind Kräfte verborgen, die zur Verfügung stehen, um Herausforderungen zu begegnen. Durch die Würdigung dieser Kräfte kommt der Klient in Kontakt mit seiner Fähigkeit, Lösungen seines Problems für sich zu finden. Häufig sind aktuelle Probleme das Ergebnis früherer Problemlösungsversuche. Damals waren sie sinnvoll, heute schränken sie eher ein.

Aufgabe von Trainern und Coaches ist es, Raum zu schaffen für die Klientinnen und Klienten, damit diese sich und ihre Bedürfnisse und damit letztendlich ihren Weg (zum Beispiel zur Lösung eines Problems oder auch zum Erfassen eines bestimmten Inhalts) entdecken können.

Paradoxe Theorie der Veränderung

»Der Gestalttherapeut verweigert die Rolle des ›Veränderers‹, weil seine Strategie darin besteht, den Klienten zu ermutigen, ja sogar darauf zu bestehen, dass er sein möge, wie und was er ist. Er glaubt, dass Veränderung nicht durch Bemühen, Zwang, Überzeugung, Einsicht, Interpretation oder ähnliche Mittel zu bewirken ist. Vielmehr entsteht Veränderung, wenn der Klient – zumindest für einen Moment – aufgibt, anders werden zu wollen, und stattdessen versucht, zu sein, was er ist. Dies beruht auf der Prämisse, dass man festen Boden unter den Füßen braucht, um einen Schritt vorwärts zu machen, und dass es schwierig oder gar unmöglich ist, sich ohne diesen Boden fortzubewegen.« Damit formuliert Arnold R. Beisser (2003, S. 139 f.) die paradoxe Theorie der Veränderung, die für Coachingprozesse eine besondere Rolle spielt.

Trainer und Coaches, die in der Gestalthaltung arbeiten, ermutigen Klienten und Teilnehmer, zu sein wie und was sie sind und es noch mehr zu werden. Änderung wird also nicht angestrebt, indem ein bestimmtes Ziel gesteckt wird. Vielmehr geschieht sie. Trainer und Coaches sind dabei häufig nicht mehr als Zeugen der Veränderung. So werden sie Teilnehmer und Klienten in der Regel ermutigen, sich einfach zu erlauben, so zu sein und sich so zu verhalten wie sie es tun, aufzuhören, dagegen anzukämpfen. Alleine durch die Erlaubnis, zum Beispiel unsicher oder schüchtern zu sein, verändert sich häufig die eigene Wahrnehmung und neues Verhalten wird möglich.

Gesetze der Gestaltarbeit (nach Eric Marcus 1979)

- Lebe jetzt. Kümmere dich um die Gegenwart, statt um die Vergangenheit und die Zukunft.
- Lebe hier. Beschäftige dich mit dem Anwesenden, statt mit dem Abwesenden.
- Höre auf, dir etwas vorzustellen. Erfahre die Realität.
- Höre auf, unnötig zu denken. Besser: Probier und schau.
- Drücke dich lieber aus, anstatt zu manipulieren, zu erklären, zu rechtfertigen und zu urteilen.
- Lass dich auf Unerfreuliches und Schmerz ebenso ein wie auf Freude. Schränke deine Bewusstheit (awareness) nicht ein.
- Akzeptiere kein »sollte« oder »müsste« außer deinen eigenen. Bete keine Götzenbilder an.
- Übernimm die volle Verantwortung für deine Handlungen, Gefühle, Gedanken.
- Akzeptiere dich (und die anderen), wie du jetzt bist (wie sie jetzt sind).

Ethik, Werte und kritische Betrachtungen

Wahlfreiheit als Ziel: der mündige Mensch

Gestaltarbeit steht in einem anthropologischen, gesellschaftlichen und einem ethischen Zusammenhang. Sie ist angesiedelt in der humanistischen Psychologie, versteht sich als Teil der humanistischen Bewegung. Der Mensch wird als personales System, als Leibwesen, verstanden, ein ganzheitliches Körper-Seele-Geist-Wesen. Gestaltarbeit ist somit ganzheitlich. Sie will Menschen auf allen Ebenen des Menschseins erfassen. So werden Körper, Emotionalität, ko-

> »Gestalt ist tatsächlich mehr eine persönliche Übung, eine Lebensweise, als eine professionelle ›Therapie‹ oder eine ›Behandlung‹. Es ist etwas, das man mit anderen tut und nicht an ihnen.« (Detlef Kranz 1999)

gnitiver Bereich und Werte ebenso berücksichtigt wie die sozialen Fähigkeiten und der gesamte Lebenskontext.

Menschen streben nach Selbstverwirklichung, haben das Recht auf ihre eigenen Ansichten und Handlungen und sind in der Lage, die daraus resultierende Verantwortung zu übernehmen.

> »Gestalttherapie ist eine der rebellischen, humanistischen und existenzialistischen Kräfte in der Psychologie ... Unser Ziel als Psychotherapeuten ist es, die Möglichkeiten des Menschen durch den Prozess der Integration zu erweitern. Wir tun dies, indem wir die ursprünglichen Interessen, Wünsche und Bedürfnisse des Individuums unterstützen« (Fritz Perls).

Ziel jeder Arbeit mit dem Gestaltansatz ist es daher, die zur Verfügung stehenden Ressourcen und Verhaltensweisen anzuerkennen, zu erweitern und Wahlfreiheit zu ermöglichen.

Dabei hat Gestaltarbeit auch ein politisches und aufklärerisches Anliegen. Sie entwickelt keinen Maßstab vom richtigen Handeln, an den sie den Klienten heranzuführen versucht. Vielmehr klärt sie auf – zum einen über unbeabsichtigte, aber unvermeidliche Neben- und Mitwirkungen von bestimmten Handlungen und zum anderen über unbewusste außersachliche Hemmungen, das zu tun, was jemand will. Jede Arbeit mit Menschen steht dabei nicht isoliert für sich, sondern hat sowohl gesellschaftliche und politische als auch ethische und philosophische Dimensionen. So ist letztendlich das Ziel von »Gestaltarbeit«, eine Gesellschaft aufzubauen, in der es die sozialen Verhältnisse ermöglichen, dass jeder Mensch seine Ressourcen ausschöpfen kann und von der Gesellschaft nicht daran gehindert, sondern darin unterstützt wird. Gestaltarbeit bekämpft somit die sozialen Bedingungen, die das natürliche Mündig-Sein oder Mündig-Werden des Klienten verhindern (oder verhindert haben).

Kritische Betrachtungen: Gestaltwerdung im Zeitplan?

Die große Stärke der Gestaltarbeit liegt sicher im Erweitern der Wahrnehmungs- und Verhaltensmöglichkeiten in Bezug auf Kontakt zu sich selbst und zu anderen Menschen. Sobald es um die Vermittlung von »hard facts« und das Umsetzen eines Curriculums geht, treten Schwierigkeiten auf. Die starke Orientierung auf persönliches Wachstum führte zu einem didaktischen Vakuum bei der Vermittlung von Themen. Für das Finden des persönlichen Zugangs zu einem Thema ist der Gestaltansatz sicher hilfreich, bei der Themenvermittlung sind Seminarleitende dann bis heute eher auf eigene Ideen und Erfahrungen und andere Verfahren angewiesen.

Im beruflichen Fokus wird häufig zum Problem, was zu den großen Stärken der Gestaltarbeit zählt: Die Gestaltwerdung braucht Zeit. Zeit, die in Trainings, Seminaren und Coachings meist nicht zur Verfügung steht. Coachingklienten erleben die Gestaltwerdung oft als langwierig. Sie können mit einer rein wachstumsorientierten Methode oft wenig anfangen und vermissen beim Gestaltcoaching das konkrete Zugehen auf eine Problemlösung, das sie als ein planvolles Vorgehen mit vorhersagbarem Ergebnis erwarten. Die Seele mit ihrer Komplexität macht das ohnehin in komplexen Zusammenhängen erfolgende Handeln in Beruf und Organisationen scheinbar noch komplizierter.

> »Ein Klient, der sich einen Berater für zielgerichtetes Handeln sucht, hat Interesse an einer Lösung und nicht so sehr an Selbsterfahrung. Er wird Letzteres in Kauf nehmen, wenn es notwendig ist. Vor allem will er aber eine Problemlösung, einen Input für einen Plan oder, wenn er eher experimentell veranlagt ist, Ideen für den nächsten Schritt« (Arnold/Blankertz/Doubrawa 2004).

Merkmale, die im beruflichen Kontext eine große Rolle spielen, waren nie erklärtes Entwicklungsziel des Gestaltansatzes:

- Orientierung auf ein berufliches Entwicklungsziel.
- Ein roter Faden für die Arbeit.
- Struktur und Übersichtlichkeit.
- Kognitiv wahrnehmbare Ergebnisse.

Neue Ansätze wie Gestaltintegrierte Strategieentwicklung (GIS, s. S. 183) versuchen diese Lücke zu schließen, indem sie »traditionelle« Gestaltarbeit mit strategischer Orientierung verbinden.

Methodische Ansätze

Nach Fritz Perls würden im Grunde genommen fünf Fragen als Ausrüstung für die Arbeit reichen:

- Was tust du?
- Was fühlst du?
- Was möchtest du?
- Was vermeidest du?
- Was erwartest du?

Alle Methoden und Techniken sind somit nur Hilfsmittel, die Beantwortung dieser Fragen zu erleichtern. Gestaltarbeit ist existenziell, experimentell und erfahrungsorientiert. Welche Techniken eingesetzt werden, hängt zum großen Teil von Hintergrund, den Erfahrungen im Beruf und im Leben sowie von den Fertigkeiten der Anwendenden ab. Gestaltarbeitende benutzen sich selbst mit allem, was sie im Moment haben und was sie in der aktuellen Situation für angemessen halten.

In der Arbeit mit Menschen geht es keinesfalls darum, einfach die gelernten Techniken anzuwenden. Vielmehr gilt es, den Anforderungen der jeweiligen Situation entsprechend neue Gestalttechniken selbst zu entwickeln, neue Interventionen zu schöpfen, selbst zu kreieren. »*Psychotherapie ist eher eine Kunst als eine Wissenschaft. Die Intuition und Unmittelbarkeit eines Künstlers sind notwendiger für einen guten Therapeuten als eine wissenschaftliche Ausbildung*« (Laura Perls 2001).

Ziel jeder Gestaltmethode ist es, die Awareness zu steigern durch Konzentration auf das Hier und Jetzt. Alle Sinne sollen angesprochen werden, der ganze Mensch im Hier und Jetzt. Die Körperdimension der Gestaltarbeit wurde vor allem von Laura Perls begründet, die lebenslang Modern Dance und Gindlers Bewegungsarbeit ausübte und eine tiefe Leidenschaft für Musik hegte. Ihre Erfahrungen mit Bewegungsarbeit und Tanz und deren therapeutischen Wirkungen brachte sie in die Gestaltarbeit ein und legte so besonderen Wert auf die Leib-Seele-Einheit.

Ansätze, gestalttherapeutische Elemente in Coachingprozessen einzusetzen, wurden schon zu Beginn der 1990er-Jahre entwickelt. Für Training und Coaching sind einige »klassische« gestalttherapeutische Techniken durchaus übertrag- und anwendbar. Mit den Arbeitsmethoden der Gestaltarbeit können Klienten sich selbst entdecken und dafür Anregungen erhalten. Die Vielfalt verwendeter Medien regt den Kontakt zu sich, anderen und der Welt an. Solche Anregungen sind gerade für Coaching fast unverzichtbar.

Methoden und Beispiele

Der Gestalt-Dialog (leerer Stuhl)

Auf einen leeren Stuhl oder ein Kissen werden Menschen, Themen, Gefühle, Probleme »gesetzt«, der Klient geht in Dialog mit ihnen, fragt nach und kann auch selbst die Fragen beantworten, indem er sich auf den Stuhl beziehungsweise das Kissen setzt. So kann sich eine neue Sicht entwickeln: Meine Unlust auf eine neues Arbeitsgebiet kann mir beispielsweise Hinweise geben, was ich brauche, um sie zu verwandeln (ein Gespräch mit der neuen Kollegin, ein schönes Bild über dem Schreibtisch ...) oder sich schlicht als Angst entpuppen, der ich wiederum anders begegnen kann.

Im Dialog verschiedener Polaritäten, der wieder auf verschiedenen Stühlen stattfindet, können beispielsweise Beziehungen mit Kollegen beleuchtet werden, aber auch Blockaden, die effektive Arbeit verhindern.

Im oben erwähnten Interview von Adelaide Bry mit Fritz Perls lässt dieser Frau Bry sich einen Flug vorstellen und beschreiben: »Schließen Sie Ihre Augen. Steigen Sie in das Flugzeug. Vergegenwärtigen Sie sich, dass Sie nicht in einem richtigen Flugzeug sitzen, es geschieht nur in Ihrer Fantasie. Die Fantasie wird Ihnen helfen zu sehen, was Sie beim Fliegen erleben.« Er lässt Frau Bry dann auf verschiedenen Stühlen in den Rollen der Adelaide und des Piloten agieren und macht sie dabei jeweils auf Körperhaltung, Atem und Stimme aufmerksam. Beide Rollen unterhalten sich miteinander, schließlich übernimmt Adelaide den Pilotensitz.

Auf den Stühlen könnten in einer Situation, die eine Entscheidung in der Mitarbeiterführung verlangt, der sachliche und ergebnisorientierte Chef und der verständnisvolle und mitfühlende sitzen.

Malen und Modellieren

Malen und Modellieren ermöglichen den Ausdruck von bisher unbewussten Gefühlen. Beim Malen und Modellieren verändert sich sehr häufig die Stimmung, andere Aspekte eines Themas treten in den Vordergrund. In der unbedingt darauf folgenden Reflexion können diese Veränderungen wichtige Hinweise auf neue Zugänge und mögliche neue Verhaltensweisen sein.

Nach dem Auflösen einer Skulptur werden die Teilnehmer gebeten, das von ihnen Wahrgenommene und Empfundene zu malen, sich dann eine Farbe aus ihrem Bild auszusuchen und drei Aussagen zur Verfassung und Motivation zu machen. Im zweiten Schritt übertragen sie diese Aussagen auf sich: Wo und wann in meinem Leben treffen die gemachten Aussagen auf mich zu?

Darstellungen mit dem eigenen Körper

Ganz Ähnliches wie beim Malen und Modellieren gilt für Darstellungen mit dem eigenen Körper und zusammen mit anderen Körpern. Mit dem eigenen Körper und mit mehreren Körpern können beispielsweise »Skulpturen« gestellt werden. Diese können Teamsituationen oder Arbeitssituationen darstellen, aber auch Gefühle und Schlüsselbegriffe der derzeitigen Situation (»die Weisheit«, »die Wut der Franziska F.«, »der neue Kollege«).

Trainer und Coaches achten dabei auch auf Körperhaltung, Atmung und die Beteiligung einzelner Körperteile und sprechen an, was ihnen dabei auffällt. Die Teilnehmer/Klienten haben dann die Möglichkeit, sich in die betroffenen Körperteile einzufühlen und in deren Rolle zu schlüpfen.

Wenn dem Trainer in einer Teamentwicklungssequenz auffällt, dass bei der Darstellung der Situation die linke Hand einer Teilnehmerin nicht »mitmacht«, kann dies wichtige Hinweise geben. Seine Fragen sind beispielsweise:

- Wofür steht die linke Hand?
- Wem steht sie nahe?
- Was ist ihre Aufgabe?
- Was will sie lieber nicht zeigen?

Diese Fragen kann er direkt an die Hand stellen, die Teilnehmerin antwortet dann in der Rolle der Hand. Die Teilnehmerin kann dadurch Zugang bekommen zu Gedanken, Gefühlen und Einschätzungen, die im Hintergrund stehen, aber wichtig für ihren Umgang mit der Situation sind.

Fantasieübungen und Traumarbeit

In Fantasieübungen und Traumarbeit lassen sich latente Lösungsmöglichkeiten einer Situation finden. Gestaltarbeit aktiviert in Fantasieübungen und Traumarbeit verschiedene Anteile einer Person und damit auch ihre Ressourcen für die Lösung einer Situation.

> Ein Teilnehmer erzählt am zweiten Tag eines Seminares von seinem Traum: »Ich war in einer Metallwerkstatt beschäftigt und hatte die Aufgabe, aus einem Stück Stahl eine Rolle zu schweißen. Der Stahl rutschte mir jedoch immer wieder aus der Hand und fiel mit lautem Scheppern zu Boden. Ich geriet immer mehr in Stress und wurde immer hektischer. Plötzlich sah ich, dass mein Chef mich aus der Ferne beobachtete.«

Der Teilnehmer könnte zusammen mit dem Trainer folgendermaßen an diesem Traum arbeiten: Der Trainer bittet den Teilnehmer, sich in die verschiede-

nen Rollen zu versetzen und nacheinander als er selbst, als Chef und als Stahl zu sprechen, die Wahrnehmungen und Gefühle zu schildern. Im nächsten Schritt können eventuell alle drei Rollen miteinander ins Gespräch kommen und Lösungsmöglichkeiten entwickeln. Möglich ist es auch, den Traum weiter zu spinnen – wie könnte es weitergehen, welche Optionen gibt es? In der Reflexion kann eventuell der Transfer in den Berufsalltag stattfinden: Woher kenne ich solche Gefühle und Situationen, was kann ich übertragen ...

Körperübungen

Körperübungen erhöhen die Awareness und damit das Wahrnehmungsrepertoire. Vielseitige und vielfältige Wahrnehmungen können betrachtet werden (das ziepende Knie hat vielleicht auch etwas zu sagen) und daraus können neue Verhaltensstrategien entwickelt werden.

In einer Gruppe wird zu Beginn des Tages ein Bewegungsritual durchgeführt. Während des Rituals werden die verschiedenen Körperregionen angesprochen und aktiviert. Eine Teilnehmerin entdeckt dabei, dass ihre linke Schulter sich »eingerostet« anfühlt. Durch die trainierte Achtsamkeit hat sie so die Möglichkeit, herauszufinden, ob eine körperliche Ursache (zum Beispiel ungewohnte Matratze) vorliegt oder ob die Schulter vielleicht eine Aussage zu machen hat (dann kann die Teilnehmerin mit der Schulter ins Gespräch gehen und sie nach ihrem Unbehagen fragen).

Experimente

Experimente erweitern den Verhaltensspielraum und sind sehr praktisch einzusetzen: So kann eine Vereinbarung lauten, zwei Wochen lang jeden Tag zwischen elf und zwölf Uhr ein bestimmtes neues Verhalten auszuprobieren.

Beispielsweise wird jede eingehende E-Mail sofort beantwortet. In dieser Zeit trifft sich das Team nicht in der Teeküche. Wichtig ist dabei, dass die Experimente zeitlich und inhaltlich überschaubar sind und am Ende der vereinbarten Zeit ausgewertet werden.

Analyse der Ressourcen und Unterstützungssysteme

Analyse der Ressourcen und Unterstützungssysteme: Gestaltarbeit geht grundsätzlich davon aus, dass Menschen bereits über die Ressourcen verfügen, die zur Problemlösung erforderlich sind. Wie Atmung und Körperfunktionen die Wahrnehmung von »Gestalten« unterstützen, können Bildung und

Fertigkeiten, Freunde oder Selbsthilfegruppen, Familie oder Arbeit die Handlungsmöglichkeiten erweitern und unterstützen. In der Teamentwicklung wie im Coaching verschafft die Analyse der Ressourcen und Unterstützungssysteme Bewusstheit über verfügbare Potenziale. Fühlt sich ein Klient beispielsweise einem beruflichen Projekt nicht gewachsen, so kann er sich auf die Suche begeben nach eigenen Erfahrungen, die er einsetzen kann, nach Kollegen, die in ähnlichen Projekten gearbeitet haben, nach privaten und beruflichen Kontakten, nach eigenen Eigenschaften, die weiterhelfen können und dies in schwierigen Situationen schon getan haben. Die Frage dahinter ist: Wer und was kann mir in dieser Situation weiterhelfen? Die Antworten können gemalt, aufgeschrieben oder in anderer Weise dargestellt werden.

Weitere Instrumente für Training, Beratung und Coaching

Auch formalisierte Instrumente für Training, Beratung und Coaching entstanden in den letzten Jahren:

Der Gestalttypen-Indikator (GTI), ein aus Fragebogen und Computerauswertung zusammengesetztes diagnostisches Instrument, wurde speziell für die Arbeit von Gestalttherapeuten im Bereich Coaching entwickelt, um in kurzer Zeit ein greifbares Fundament zu schaffen. Dabei werden Verhaltensmuster ermittelt, mit denen die Klienten sich selbst beschränken. So kann gezielt daran gearbeitet werden, die Selbstbeschränkungen zu reduzieren beziehungsweise mit ihnen so umzugehen, dass sie das persönliche Wachstum und das berufliche Weiterkommen weniger behindern.

Die Gestaltintegrierte Strategieentwicklung (GIS) will die im professionellen Kontext legitime Erwartung einer themen-, ziel- und lösungsorientierten Arbeit in die Gestaltarbeit integrieren. So entstand ein neuer Fokus: Waren Ressourcen, Hemmungen und Unterstützungssysteme bisher vor allem zu einer authentischen Persönlichkeit zu integrieren, werden sie jetzt mit Zielen und Handlungsergebnissen verknüpft, also in ihren konkreten Wirkungen (auch) auf die externe Welt betrachtet. Coaches bedienen sich gleichzeitig der gestalttherapeutischen Grundlagen, während der Fokus der Arbeit strategisch orientiert ist. Dies ermöglicht es, mit Gestalt-Grundlagen planvoll für eine Klientel zu arbeiten, die sich nicht krank fühlt, sondern berufliche Herausforderungen gezielt angehen will.

Mit der *Gestaltorganisationsberatung* liegt auch eine Adaption der Gestaltgrundsätze für betriebliche Zusammenhänge vor. Auch hier wird mit Awareness und dem Kontaktmodell gearbeitet, ebenso wie mit dem Paradoxon der Veränderung und der Ressourcenanalyse. Die Haltung spielt hier gleichermaßen eine Hauptrolle. Methoden werden je nach Bedarf und Situation eingesetzt und die Lösungskompetenz grundsätzlich beim Unternehmen und seinen Menschen gesehen.

Essenz und Bedeutung

Bei aller Vielfalt der verwendeten Methoden ist Gestaltarbeit in erster Linie immer eine Frage der Haltung: Der Mensch wird als Körper-Seele-Geist-Wesen verstanden und auf all diesen Ebenen angesprochen. Körper, Emotionalität, kognitiver Bereich und Werte werden ebenso berücksichtigt wie die sozialen Fähigkeiten und der gesamte Lebenskontext.

Ziel jeder Gestaltarbeit ist die Erhöhung der Awareness, also der Bewusstheit für momentane körperliche, geistige und seelische Prozesse. Diese Bewusstheit ermöglicht auch das Erkennen und Nutzen der zur Verfügung stehenden Ressourcen. Veränderung geschieht, indem ich mein So-Sein akzeptiere und erkenne. Fritz Perls formulierte die bereits genannten fünf Fragen, die dazu dienen, Awareness zu erreichen:

- Was tust du?
- Was fühlst du?
- Was möchtest du?
- Was vermeidest du?
- Was erwartest du?

Alle Methoden und Techniken sind Hilfsmittel, die Beantwortung dieser Fragen zu erleichtern. Welche Techniken eingesetzt werden, hängt zum großen Teil vom Hintergrund, den Erfahrungen im Beruf und im Leben sowie von den Fertigkeiten der Trainer und Coaches ab. In der Arbeit mit Menschen gilt es, den Anforderungen der jeweiligen Situation entsprechend bekannte Methoden einzusetzen, neue Gestalttechniken zu entwickeln, neue Interventionen selbst zu entwickeln, selbst zu kreieren. Dabei können im Grunde genommen beliebige Methoden aus anderen Feldern integriert werden, so lange dies in der Gestalthaltung geschieht.

Schon lange hat der Gestaltansatz seinen Platz in Training und Coaching gefunden, meist ohne dass dies ausdrücklich benannt würde. Neurolinguistisches Programmieren, Themenzentrierte Interaktion, Transaktionsanalyse und andere Ansätze haben bedeutende Elemente und Anregungen aus der Gestalttherapie übernommen. Auch der Gestaltansatz im engeren Sinn hat seinen Platz in diesem Kontext. Fritz Perls hat durch die Öffnung des Modells diese Entwicklung vorbereitet: »Insgesamt aber hat sich der Akzent vom Gedanken der Therapie zu einem Gestaltbegriff des Wachstums hin verlagert« (2002, S.7).

»Gestalt« ist radikal erlebnisorientiert und erhält dadurch das Etikett der kreativsten und lebendigsten Therapieform. Diese Kreativität und Lebendigkeit lässt sich in

Training und Coaching ebenso nutzen: Die Vielzahl der entwickelten Methoden und damit auch der Zugänge zu einem Thema machen es fast unmöglich, dass ein Seminar langweilig wird. Wenn es gelingt, je einen persönlichen Zugang zum Thema zu schaffen, können Lernprozesse erfolgreich und nachhaltig sein.

Das Verständnis der Ganzheitlichkeit, des unteilbaren Eingebundenseins in die Umwelt bietet Teams und Gruppen bedeutende Wachstumsimpulse an. Die Möglichkeiten zum lebendigen Kontakt werden mit dem Beherrschen der Grundprinzipien der Gestaltarbeit immens erweitert. Gestalt sieht Wachstum als Prozess der kreativen Anpassung, in der Individuum und Umwelt sich gegenseitig beeinflussen und verändern, ohne dass eine der beiden Seiten ein Übergewicht erhält. Wird dieses Prinzip in der Arbeit ernst genommen, so wird die intrinsische Motivation der Mitarbeiter steigen, damit auch Engagement, Kreativität, Flexibilität und Verantwortungsübernahme.

Gestaltarbeit widmet sich dem Entdecken und Erschließen von Ressourcen – ein Schwerpunkt, der für Coachings wie geschaffen erscheint:

- Wie eignet sich ein Mensch an, was er braucht?
- Welche Unterbrechungen treten dabei auf, wie lassen sich Abgelenktheit, Desinteresse, Geltungs- und Anpassungssüchte, Fehleinschätzungen, Unbesonnenheit, Resignation, übermäßige Beharrlichkeit oder Nachgiebigkeit, unangemessene Bewertungen erkennen und bearbeiten?
- Welche Rolle spielt ein Berater in diesem Prozess, welche innere Einstellung muss er haben und welche Instrumente kann er nutzen, um Klienten in ihrem Prozess zu unterstützen?

Dabei gelten weiterhin auch die Grundsätze und Arbeitsformen des Gestaltansatzes:

- *Zieloffenheit:* Wenn Menschen ihre Ziele selbst definieren, steigt die Chance für den sinnvollen Einsatz von Energie zu ihrer Umsetzung.
- *Energieaufbau:* Der Kontaktzyklus stellt eine differenzierte und individuelle Information über den Aufbau und den Einsatz von Energie im Verlauf eines Prozesses zur Verfügung. Dies hilft, die Motivation und zur Verfügung stehende Energie auf die Notwendigkeiten des Prozesses abzustimmen.
- *Widerstände* werden als Regulatoren und zur Verfügung stehende Energie anerkannt, so wird ein produktiver Umgang mit ihnen möglich.
- Die *Aufmerksamkeit* für inner- und außerpsychische und physiologische Vorgänge erhöht sich, so wird stimmiges Verhalten und Vorgehen möglich.
- Die *bewusste Wahrnehmung* der Unterstützungssysteme macht diese als Potenziale sichtbar und damit einsetzbar und erweitert so die Handlungsmöglichkeiten der Klienten
  (vgl. Arnold/Blankertz/Doubrawa 2004).

Menschen bekommen eine Vielzahl von Anregungen, sich selbst in allen Facetten zu entdecken. Experimente und die Arbeit mit Polaritäten, Träumen und Fantasien sind für Trainings und Coachings, in denen es ja darauf ankommt, unter Zeitdruck Ergebnisse zu erzielen, wertvolle Instrumente. Auch die Hypothese, dass Klienten bereits über Ressourcen verfügen, die zur Problemlösung erforderlich sind, passt zur Arbeit mit der sich nicht »krank« fühlenden Klientel von Trainern und Coaches sehr gut.

Gestaltarbeiter werden als Trainer und Coaches also nach wie vor auf übersehene Geschehnisse, unterdrückte Handlungen, unterbrochene und erledigte Angelegenheiten achten, Erfolge und neue Kompetenzen zeigen, mit Kontaktgrenzen, Kontaktfunktionen, Kontaktablauf und Dialogen sowie mit Experimenten, Träumen, Fantasien und Polaritäten arbeiten, Widerstände und Abwehrmechanismen registrieren, Unterstützungssysteme aktivieren, den Erfahrungszyklus im Hinterkopf behalten und das Selbst als Instrument einsetzen. Eine zusätzliche Ausrichtung auf strategische Ziele und die Arbeit in festgelegten, relativ kurzen Zeiträumen ist sicher die große Herausforderung an Gestaltarbeit im beruflichen Kontext. Sie ist schon angenommen.

Literatur und Adressen

Arnold, Hans-Peter/Blankertz, Stefan/Doubrawa, Erhard: Gestaltintegrierte Strategieentwicklung (GIS), Gestaltkritik 2–2004. Gestalt-Institut, Köln 2004

Beisser, Arnold R.: Wozu brauche ich Flügel?. Peter Hammer, Wuppertal 2003

Blankertz, Stefan: Gestalttherapeutische Diagnostik in Beratung, Therapie und Coaching mit dem neuen »Gestalttypen-Indikator« (GTI). Gestaltkritik 1–2004. Gestalt-Institut, Köln 2004

Blankertz, Stefan/Doubrawa, Erhard: Und ... was ist nun eigentlich Gestalttherapie? Gestaltkritik 2–2004. Gestalt-Institut, Köln 2004

Bry, Adelaide/Perls, Fritz: Was ist Gestalttherapie? Ein fast vergessenes Interview, Gestaltkritik 2–1996. Gestalt-Institut, Köln 1996

Burow, Olaf-Axel: Gestaltpädagogik. Junfermann, Paderborn 1993

Cohn, Ruth C./Farau, Alfred: Gelebte Geschichte der Psychotherapie. Klett-Cotta, Stuttgart 1995

Kriz, Jürgen: Grundkonzepte der Psychotherapie. Psychologie Verlags Union, Weinheim [5]2001

Marcus, Eric: Gestalttherapie. Isco press, Hamburg 1979

Perls, Fritz: Gestalt-Therapie in Aktion. Klett-Cotta, Stuttgart 2002

Perls, Fritz: Grundlagen der Gestalt-Therapie. Pfeiffer, München 1976

Perls, Fritz/Helfferline, Ralph F./Goodman, Paul: Gestalt-Therapie – Wiederbelebung des Selbst. Klett-Cotta, Stuttgart 1979

Perls, Laura/Rosenfeld, Edward: Interview: Aus dem Schatten treten, Gestaltkritik 2–2001. Gestalt-Institut, Köln 2001

Polster, Miriam: Was gibt's Neues in der Gestalttherapie?, Gestaltkritik 2–2002. Gestalt-Institut, Köln 2002

Rahm, Dorothea: Gestaltberatung – Grundlagen und Praxis integrativer Beratungsarbeit. Junfermann, Paderborn 2004

Stevens, John O.: Die Kunst der Wahrnehmung – Übungen der Gestalttherapie. Kaiser, Gütersloh 1996

www.gestaltpaedagogik.at; www.gestalt.de; www.dvg-gestalt.de; www.gestalttherapie.ch; www.integrative-therapie.ch; www.gestaltkritik.de

Konzept 7

Psychodrama:
Vorhang auf und Bühne frei!

Schönste aller Therapien

Uwe Reineck

Einführung und Geschichte

Gegen Ende der 70er-Jahre wurden aus Therapeuten Trainer, die Barrieren fielen und – trotz moralischer Bedenken – machten sich die Gruppengurus auf, in Unternehmen und Organisationen nach dem Rechten zu sehen. Der schlichte Ansatz war: Erst wenn alle Mitarbeiter und Führungskräfte durchtherapiert sind, wird die Organisation geheilt sein. Manche nannten das: linke Ideen zu rechten Preisen. Die Ideen waren schon damals nicht links, obwohl man sie dafür hielt, zwischenzeitlich haben sich die Ideen eindeutiger auf die Seite der Preise geschlagen, auch wenn viele Trainer ihre sozialrevolutionäre Aura weiterhin pflegen.

> *»Der Mensch: ein Bildhauer – gegen sich selbst gedreht.«*
>
> (J.L. Moreno, Das Stegreiftheater)

Psychodrama gehörte zu den humanistischen Therapieformen, die nicht nur gelernt und gelehrt wurden, um anderen zu helfen. Man verstand sich stets als Bewegung mit Mission. So passte es in die Zeit, als das Private nicht mehr politisch, aber öffentlich war. Schon der Begründer des Psychodramas Jakob L. Moreno hatte immer mehr im Blick: die Welt zu verändern. Auf der Bühne ließ er den Protagonisten sein Leben inszenieren, die Gruppe war am Spiel beteiligt und Gegenstand der »Soziometrie«. Schon vor den Systemikern hatte Moreno, mehr als das Individuum, insbesondere das »soziale Atom« im Blick.

Psychodrama hat heute nicht mehr den Stellenwert als Therapie und Metaerzählung. Es ist jedoch mit seinem Menschenbild, seiner Theorie und dem Methodenreichtum für viele Trainer eine Grundlage geblieben und ein Reservoir und manches mehr.

Geschichte: »... betraten wir eines Abends ein Theater als gerade ein Schauspiel begann. Wir bahnten uns einen Weg in die erste Reihe und setzten uns. Der Rest des Publikums stand bereits unter dem hypnotischen Bann des Schauspiels ›Also sprach Zarathustra‹. Es war unsere Absicht, die Schauspieler und die Zuschauer aus ihrem ›theatralischen Schlaf‹ zu wecken. Wir klagten den Schauspieler, der Zarathustra spielte, an, sich selbst falsch darzustellen. ... Mein Begleiter trat als der wirkliche, im Zuschauerraum sitzende Zarathustra auf. Er gab sich entsetzt über die Gewalt, die seiner Persönlichkeit durch den Schauspieler und den Bühnenautor angetan wurde. Der ›wirkliche‹ Zarathustra befahl dem Schauspieler, er selbst zu sein, nicht Zarathustra. Nachdem mein Freund den Schauspieler und den Autor konfrontiert hatte, betrat ich die Bühne und stellte meine radikale Philosophie vor. Ich verlangte den Abriss der Institution Theater, um ein neues Theater zu schaffen, das nicht nur die Leiden fremder Dinge widerspiegeln, ... sondern unser eigenes Leid spielen würde« (Moreno 1995, S. 79).

Was sich anhört wie die Erfolgsstory eines Altachtundsechzigers bei einer Spaßguerillia-Performance hat sich – so Morenos Bericht – tatsächlich im Jahr 1911 in Wien zugetragen. Die Sache führte zu einer Nacht im Gefängnis und endete in einer strengen Verwarnung durch den Untersuchungsrichter. Dieser Mann war mit viel Leidenschaft und missionarischem Eifer unterwegs. Moreno, der Begründer des Psychodramas, war ein Revolutionär des Theaters. Eine therapeutische Persönlichkeit. Ein Expressionist.

Das klassische Psychodrama nach Moreno wurde aus einer unkonventionellen Form des Theaterspiels entwickelt. Im Wiener Stegreiftheater kamen Menschen zusammen, um ad hoc Spielszenen zu entwickeln. Es ging um die Abschaffung von Stück und Autor und die Verlagerung der Kreativität in den Zuschauerraum.

Moreno entdeckte im Stegreiftheater therapeutisch wirksame Elemente. Zur gleichen Zeit machte er erste Erfahrungen mit der Struktur von Gruppen und den Auswirkungen interaktioneller Zusammenhänge auf das seelische Wohlbefinden Einzelner.

Moreno hat sein Stegreiftheater rückblickend als den Versuch einer Revolution des Theaters bewertet. Stegreiftheater war ursprünglich nicht therapeutisch ausgerichtet, sondern in die expressionistische Kunstauffassung eingegliedert. Expressionismus, die Ausdruckskunst, war weniger an der Schönheit als an der Wahrheit des Ausdrucks interessiert. Es ging um Aufbruch, Experiment und Originalität.

Der Expressionismus ist die Kunst der großen Gebärde (und oft der hohlen Phrasen), des grellen Gelächters und tiefen Leidens, kurz: des puren Ausdrucks in einer Zeit der Theaterexperimente. Der Expressionismus war eher unpolitisch, moralisch desinteressiert, ihm war der Glauben an das Ungeschichtliche, an den Augenblick, an das Zeitlose eigen. Er war ekstatisch, anarchisch, genialisch und egozentrisch. Wie Moreno und die Anfänge seines Psychodramas.

Geboren wurde Moreno 1889 in Bukarest, er studierte Medizin und Philosophie in Wien, noch während des Studiums übernahm er eine Stelle in der medizinischen Betreuung des Flüchtlingslagers Mittendorf, in dem 10.000 Tiroler zum Schutz vor der italienischen Armee untergebracht waren. Das Elend im Lager bestürzte ihn. Er versuchte die erheblichen sozialen Spannungen zu reduzieren, indem er die verschiedenen religiösen, nationalen und politischen Gruppen umstrukturierte. In Mittendorf begann er seine Arbeit an der Kleingruppenforschung, die er *Soziometrie* nannte. Er versuchte herauszufinden, was eine Gruppe ausmacht, wie die Beziehungen darin darstellbar sind (Soziogramm), und wie man sie verändern kann. Nach seiner Promotion wurde Moreno 1919 Werksarzt in der Vöslauer Kammgarnfabrik, später Gemeindearzt in Vöslau. Er schrieb Gedichte und Romane, begründete Zeitschriften, gehörte zur Wiener Literatenszene. Im Wiener Augartenpark spielte er mit Kindern Märchen nach und gründete 1922 sein Stegreiftheater. Dabei entwickelte er Techniken wie die Lebendige Zeitung und andere Methoden, die später Eingang ins Psychodrama fanden.

1925 verließ er Österreich, wohl aus Geldnöten, um in den USA sein Glück zu versuchen. Dort gründete er ein Sanatorium in Beacon Hill, setzte seine soziometrische Arbeit in einem Mädchenheim und im Gefängnis Sing Sing im Bundesstaat New York fort. Die Erfahrungen, die Moreno in all diesen, höchst unterschiedlichen Settings machte, flossen unmittelbar in die Entwicklung des Psychodramas ein.

Was steckt dahinter?

Die schönste aller Therapien

Psychodrama ist eine lebendige und komplexe Therapie. Es gibt wenig taugliche Darstellungen, was und wie sie wirkt. Vielleicht liegt das daran, dass Psychodramatiker – so habe ich sie kennen gelernt – praxisverliebt sind. Rüdiger Müngersdorff hat bei der Beschreibung dessen, was im Psychodrama geschieht und wie es wirkt, Pionierarbeit geleistet. Im Folgenden beziehe ich mich hauptsächlich auf seine Arbeiten zum humanistischen Psychodrama, die in einer Buchreihe von Gessmann (1984, 1987, 1994) herausgegeben wurden, und auf unveröffentlichte Texte, die er mir freundlicherweise überlassen hat.

Psychodramatiker sind Regisseure, Therapeuten und Gruppendynamiker

Psychodramatiker arbeiten in Gruppen. Das Psychodrama entfaltet seine ganze Wirkung erst in der Gruppe. Es ist – und da unterscheidet es sich von vielen anderen Therapien – keine Einzelarbeit vor der Gruppe, sondern es braucht die Mitarbeit der Gruppe und es verändert sie dabei.

Psychodramatiker beherrschen die Methoden der Stegreifinszenierung einer inneren Geschichte, und wenn ihnen ein gutes Psychodrama gelingt, dann ermöglichen sie dem Protagonisten im Spiel einen Distanzgewinn zu dieser Geschichte. Manchmal hilft das Spielen zu verändern: eine Störung zu beseitigen oder sein Leben anders zu gestalten. Psychodramatiker brauchen die Kunstfertigkeit, eine Gruppe so zu leiten, dass Menschen den Mut finden, persönliche Angelegenheiten auf der Bühne zu zeigen und gemeinsam in Spielszenen darzustellen.

Das alles zu bewerkstelligen ist nicht einfach. Menschen, die Psychodrama nicht kennen und denen man davon erzählt, wundern sich, wie so etwas gelingen kann. Sie wundern sich zu Recht.

Wie kommt das Innen nach außen?

Im Psychodrama spielt der Protagonist mithilfe der Gruppe ein Thema durch, meist eine Schwierigkeit, ein Problem aus seinem Leben. Der Protagonist spielt kein (von außen) vorgegebenes Stück und spricht keinen vorgefertigten Text, sondern er stellt sich selbst dar, in einem Spiel, das von ihm bewegt wird. Dieses darstellende Spiel funktioniert dabei nach bestimmten Regeln, bei denen verschiedene psychodramatische Methoden zur Anwendung kommen: Rollentausch, Doppelgänger, Hilfs-Ich, Spiegeln und vieles mehr (dazu Müngersdorff 1984, S. 3 ff.).

Der Leiter des Psychodramas lässt sich inhaltlich vom Protagonisten führen, hilft ihm jedoch methodisch, auf der Bühne die Szene einzurichten und zu spielen. Die Figuren werden vom Protagonisten vorgestellt und dann im Rollentausch übergeben. Die Gruppe ist aktiv ins Geschehen einbezogen, die Einzelnen nehmen in verschiedenen Rollen am Stegreifspiel teil. Der Protagonist wählt Mitspieler aus der Gruppe aus, die für ihn Personen, Gefühle oder auch Dinge aus seinem Leben, sofern bedeutsam, darstellen. Die Mitspieler werden »Hilfs-Iche« genannt, weil sie dem Protagonisten helfen, seine Wirklichkeit auf die Bühne zu bringen.

Gruppenteilnehmer können auch auf andere Weise am Spiel teilnehmen, indem sie spontan den Protagonisten doppeln. Doppelgänger, die auf die Bühne kommen, fühlen sich in den Protagonisten ein, übernehmen die gleiche Körperhaltung und treten so in einen inneren Dialog mit ihm. Dieser Dialog kann einfühlend und verstehend sein, um den Protagonisten in seiner Exploration, seiner Selbsterforschung, zu unterstützen. Der Dialog kann durchaus provozierend sein, um den Protagonisten zu einer Aktion oder Einsicht zu bewegen.

Kein Als-ob, sondern Wirklichkeit

Emotionale Dichte im Spiel entsteht nicht durch irgendeine schauspielerische Leistung des Protagonisten oder der Hilfs-Iche. Fähigkeiten dieser Art sind nicht notwendig. Dichte entsteht, indem der Protagonist eigene Seinsweisen, seine Welt, seine Lebensfiguren darstellt und auf der Bühne erlebt. Dabei ist die Bühnensprache immer das Präsens. Die Szene wird lebendig eingerichtet, der Protagonist muss im Spiel reden, handeln und sich mit seinen Antagonisten auseinander setzen. Das Spiel selbst sorgt für Gefühle, die Mitspieler werden als echte Antagonisten erlebt, die gespielten Szenen machen den Protagonisten wirklich traurig, wütend, ratlos oder froh. Zur verblüffenden Wirkung des Psychodramas gehört, dass eine authentische Atmosphäre entsteht (vgl. Müngersdorff 1987, S. 215 ff.).

Das Spielen geschieht mit großer emotionaler Nähe und Dramatik: Die agierenden Teilnehmer fordern, streiten, klagen, schimpfen. Das, was Gefühle sonst auch tun – körperlich spürbar werden – kommt nun auf der Bühne zum Ausdruck. Die Gefühle werden somit sichtbar und erlebbar: Angst lullt ein und macht eng, Wut stachelt an, Ekel würgt, Freude erhebt. Die Personen, die die Gefühle des Protagonisten darstellen, sprechen ihn an und berühren ihn. Das erzeugt Intensität und Lebendigkeit.

Von außen gesehen wirkt es manchmal verwirrend, wenn mehrere Hilfs-Iche und Doppelgänger gleichzeitig auf der Bühne agieren. Der Protagonist jedoch erlebt seine Gefühle, spürt sich in der Situation, weiß zwar, dass er spielt, ist aber tief eingebunden ins Geschehen. Er fühlt und erlebt die Situation, erlebt sein inneres Szenario. Das fordert ihn auf, zu handeln.

Fallbeispiel: Ich, der Protagonist (Bericht einer Selbsterfahrung)

Zunächst haben wir in der Gruppe darüber gesprochen, was uns derzeit am meisten bewegt und dafür ein Symbol gesucht. Jeder hat dann sein Symbol vorgestellt und dessen Bedeutung erklärt. Ich habe einen Stein ausgewählt. Er ist wie meine Arbeit, die mir im Magen liegt, mit der ich nicht weiterkomme. Die Gruppe wählt mich aus, weil das Thema »Arbeitsüberlastung« – so scheint es – alle interessiert.

Ich gehe auf die Bühne, nur ein freier Raum vor der Gruppe. Sie wird jetzt Publikum und schaut mir zunächst zu, später spielen einige, die ich auswähle, mit. Ich bin nervös. Der Leiter stellt mir Fragen zu meinem Thema. Dann bittet er mich eine Situation auszuwählen, in dem dieses Thema besonders deutlich wird. Ich beschreibe ihm eine Situation im Büro. Er lässt mich damit aber gar nicht fertig werden, sondern bittet mich, die Situation auf der Bühne einzurichten. Den Schreibtisch an der Wand, den Stuhl, die Uhr, die tickt. Ich beschreibe den Platz mit den vielen Papierstapeln ausführlich.

Der Leiter fordert mich auf, jemanden aus der Gruppe zu wählen, der den Papierstapel spielen kann. Ich wähle einen großen hageren Mann aus der Gruppe. Der »Stapel« setzt sich auf den Schreibtisch. Der Leiter bittet mich in die Rolle des Stapels zu schlüpfen, der Hagere übernimmt meine Rolle und schaut mir zu. Er lernt die Rolle als Papierstapel. Als Stapel beschreibe ich mich und sage, was ich von dem will, der da an meinem Platz sitzt. Wir tauschen die Rollen wieder, der Hagere spielt den Stapel und ich kehre in meine Rolle zurück. Wenn ich dem Stapel zuhöre, werde ich sauer. Er nervt mich, je länger ich ihm zuhöre. Jetzt kommen auch die Magenschmerzen wieder.

Die Situation erscheint mir wirklich so wie bei der Arbeit, obwohl ich weiß, dass es nur ein Spiel ist. Der Stapel wirkt riesig und fast bedrohlich auf mich. Der Stapelmann drückt mir auf den Magen, der Leiter hat ihm gesagt, dass er das tun soll – genau da, wo es üblicherweise weh tut.

In der gleichen Weise wird auch mein Chef auf die Bühne geholt. Der kommt immerzu rein und macht mich an. Die Situation ist sehr bedrückend für mich. Jemand aus der Gruppe betritt die Bühne, setzt sich neben mich, nimmt die gleiche Körperhaltung ein und spricht mit mir so als wäre er ich. Mir wird klar, wie mies die Situation ist. Wie schlecht ich mich fühle und welche Gefühle das sind: Resignation und Wut.

Der Leiter bittet mich, zwei Personen aus der Gruppe auszuwählen: jemand der die Resignation spielen soll und jemanden für die Wut. Nacheinander mache ich einen Rollentausch mit beiden Gefühlen und zeige den Mitspielern, die so lange in meine Rolle gehen, wie ich diese Gefühle erlebe: In der Rolle Resignation drücke ich dem Protagonisten, der mich darstellt, nun den Kopf nach unten und sage: Du schaffst es nicht. Du bist wertlos. Es geht nicht. Es wird nie klappen. – Die Wut (nächste Rolle) steht hinter mir und stachelt mich an, mir nichts gefallen zu lassen und mich zu wehren.

Als ich wieder in meine eigene Rolle gehe, wieder in der Situation drin bin, in der der Stapel mir auf den Magen drückt, mich der Chef anmacht und (obwohl ich etwas gegen ihn sage) er gar nicht reagiert, nähern sich mir auch noch die beiden Gefühle. Ich vergesse vollkommen, wo ich bin, vergesse, dass eine Gruppe da ist, ein Leiter, dass es nur ein Spiel ist. Ich fühle mich ohnmächtig. Ich wundere mich darüber, dass es so ist, dass die Gefühle so stark sind und ich nicht mehr weiter weiß. Aber genau so ist es.

Der Leiter fragt mich, ob ich dieses Gefühl auch aus anderen Lebenssituationen kenne. Ich muss nicht lange nachdenken: Ich sitze am Schreibtisch zu Hause, bin etwa zwölf Jahre alt. Meine Mutter kommt dauernd herein. Wir spielen die Situation, wie ich als Zwölfjähriger in meinem Zimmer sitze, eine Situation, die von Trostlosigkeit geprägt ist. Meine Mutter ist traurig und erschöpft, weil meine Schwester mit einem schweren Herzfehler lange im Krankenhaus lag und dann starb. Meine Gitarre steht in der Ecke. Alles Laute, Lebendige ist verboten. Die Trauer und der Schmerz verschließen mich. Ich kann weder arbeiten noch etwas anderes tun. Die Verzweiflung meiner Familie hüllt mich ein. Als Zwölfjähriger bin ich von der Situation überfordert. Meine Lebensfreude, mein Mut und meine Kraft sind verloren. Wieder kommt das Gefühl der Resignation auf die Bühne, drückt mir auf den Kopf und den Magen. Ich spüre sie jetzt als Traurigkeit. Ich bin mit dieser Traurigkeit erwachsen geworden und habe sie nie verloren. Sie blieb als Schleier, der mich beschützte vor der Welt und vor ihr verborgen hielt.

Die Doppelgänger, die in der Situation auf die Bühne kommen, sprechen diese Gefühle für mich aus, ich selbst kann gar nicht reden. Ich fühle, wie sehr meine Schwester mir fehlt, wie sie auch meine Lebendigkeit mitgenommen hat. Ich muss lange weinen. Im Spielen dieser Szene wird mir klar, dass ich diese Situation ständig wiederhole. Ich konnte gegen die Verzweiflung und Trauer nicht aufbegehren, durfte ihr keine Lebendigkeit entgegensetzen, weil es pietätlos gewesen wäre. So habe ich verlernt, mich zu wehren: gegen Überforderungen und gegen Ohnmacht.

Der Leiter richtet mit mir eine neue Szene ein, in der meine tote Schwester vor mir liegt. Er bittet mich, die Rollen zu tauschen. Ich liege unter einem weißen Leinentuch und spreche in ihrer Rolle zu mir selbst: »Ich bin tot. Ich wollte mit meinem Tod nicht alles mitnehmen. Du lebst weiter. Du musst nicht alles Schwere tragen. Sei leicht! Ich möchte, dass du lebendig bist, dass du Musik machst, dass du stark bist. Leb weiter. Auch für mich!«

Diejenige aus der Gruppe, die ich ausgewählt habe, mein Schwester zu spielen, spricht diese Worte, die ich in ihrer Rolle vorgegeben habe, zu mir. Wir führen ein langes Gespräch und tauschen immer wieder die Rollen, aber diese Worte sind das Bedeutsamste für mich. Ich höre sie und glaube ihr und nehme Abschied.

In der letzten Szene gehe ich wieder zurück in meine Arbeitssituation. Die Spieler von eben sind wieder da. Der Chef, der Stapel, alles. Ich habe die

Worte meiner Schwester im Ohr. Derjenige, der vorhin, die Wut gespielt hat, ist jetzt meine Kraft, die ich von meiner Schwester mitbekommen habe. Ich muss nicht alles ertragen. Ich kann mich wehren, ich kann auch Nein sagen. Ich kann in der Situation mit meinem Chef verhandeln und es so einrichten, dass es beiden passt. Der Mitspieler, der die Kraft spielt, unterstützt mich und hilft mir gegen den Chef zu argumentieren. Wir lachen viel. Ich fühle mich besser, geradezu gut.

Das Spiel auf der Bühne ist zu Ende. Zwei Stunden sind vergangen. Jeder aus der Gruppe erzählt mir, was mein Spiel in ihm berührt hat. Das tut gut, weil ich immer gedacht habe, ich sei allein mit meiner Geschichte.

(frei nach einem realen Psychodrama. Ausführliches Protokoll und Prozessanalyse: Geßmann 1987, S. 171).

Spielendes Erzählen verändert Wahrnehmen

Der Protagonist externalisiert im Spiel sein inneres Erleben. Er stellt seine innere Sicht der Dinge nach draußen und gewinnt so Freiheit im Verhältnis zu seiner bisherigen Interpretation. Erfahrungen und Ereignisse seines Lebens werden ihm verfügbar und gestaltbar gemacht, indem er sie vor sich auf der Bühne hinstellt.

Dabei geht es nicht nur um das spielende Erzählen der eigenen Geschichte, um den Ausdruck, sondern auch darum, dass sich in diesem Ausdruck etwas verändert. Durch das Geschehen auf der Psychodramabühne erschließen sich den Beteiligten die Wirklichkeitskonstruktionen des Protagonisten, die seine Erfahrungsmuster prägen. Die Gruppe gestaltet und schaut gemeinsam mit dem Protagonisten auf seine »inneren Landschaften«. Das Psychodrama ist dabei die »slow motion«, die Zeitlupe eines Wahrnehmungsprozesses, der auf einer Bühne dargestellt wird.

Etwas als Problem zu beschreiben ist eine Form, sich in Bezug auf die Welt zu interpretieren. Das Problem liegt in der Art und Weise eines Protagonisten, wie er sich selbst in Bezug auf sich und seine aktuelle Umwelt wahrnimmt. Dieser Selbstbezug definiert die Einschätzung von Situationen und die Entwürfe eigener Handlungsspielräume. Diese Auslegung der Welt wird auch im Ausdruck des Protagonisten auf der Bühne sichtbar. In seinem Ausdruck vermittelt er die Inhalte seines Selbstbezuges auf die anwesende Gruppe hin. Dies geschieht in Form eines handelnden Erzählens von sich. Der Protagonist schafft im handelnden Erzählen der eigenen Geschichte ein erweitertes Wissen über sich und seine Situation.

Dabei werden Art und Weise der eigenen Konstruktion von Welt deutlich, das heißt die Erlebnis- und Verarbeitungsmuster. Muster entstehen durch wiederholte Erfahrungen. Diese Erfahrungen prägen Erwartungen, die manchmal dafür sorgen, dass das Erwartete auch eintritt und sich mit dem bisher Erfahrenen deckt, identisch wird und so für Identität sorgt (Schema: Ich werde immer verlassen, ich bin immer das Opfer, ich habe mich nie durchgesetzt).

In der Erzählung des Protagonisten auf der Bühne manifestiert sich sein höchsteigenes »Thema«. Thema bezeichnet einen Komplex von Inhalten mit einer besonderen Bedeutsamkeit, die bei der Selbstbeschreibung des Protagonisten den Ton angeben. (Bezogen auf das Fallbeispiel bedeutet das: Ich – der Protagonist – kann mich nicht gegen die Überforderungen durch den Chef wehren.) Ein Problem ist in diesem Verständnis die thematische Verengung des Selbstbezuges auf dieses Thema hin. (Im Fallbeispiel: Ich reagiere auf Überforderung mit Passivität und Resignation.) Die thematische Verengung im Erzählen der Geschichte wird als wiederkehrendes Erzählmuster sichtbar. (Im Fallbeispiel: Die Überforderung durch den Chef entspricht meiner Überforderung als Kind durch die Verzweiflung der Mutter.)

Dieses Muster nimmt dem Protagonisten die Chance, seine Welt anders als in der bisherigen Weise zu sehen und zu gestalten. Ein solches Muster nennen wir *Thema*. (Im Fallbeispiel: Die Wiederholung einer/der Überforderung, auf die ich mit Resignation reagiere.) Wie entsteht ein Thema? In der Verarbeitung der Lebensgeschichte entwickelt sich ein Selbstbezug, der durch Sinnstiftung und Zuschreibung von Bedeutung geregelt wird. Dies erzeugt eine spezifische Form des Selbstverständnisses durch Filterung der Selbst- und Fremdwahrnehmung. (Im Fallbeispiel: Ich leide unter Arbeitsüberlastung, reagiere darauf körperlich und mit Minderwertigkeitsgefühlen.)

Gegen diese Tendenz sehen wir den möglichen, nicht aktualisierten Reichtum der Vergangenheit, der sozialen Gegenwart und der möglichen Zukunft des Protagonisten. Die Konstitution des Selbstbezuges und die thematische Färbung der Fremd- und Selbstwahrnehmung lassen lediglich eine eingeschränkte Sicht der eigenen Wirklichkeiten und Möglichkeiten zu. Es ist das therapeutische Ziel, diese eingeschränkte Sicht durch eine gegenthematische Ergänzung zu erweitern. Hierdurch verändert sich der Selbstbezug des Protagonisten und neue Wertungen, Wahrnehmungen und Rekonstruktionen der eigenen Geschichte werden möglich. (Im Fallbeispiel: Die Rolle meiner toten Schwester in der Geschichte meiner Arbeitsüberlastung.)

In diesem Zusammenhang suchen der Leiter und die Gruppe mit dem Protagonisten nach anderen Bedeutsamkeiten und Sichtweisen in der erzählten Geschichte des Protagonisten oder den aktuellen sozialen Beziehungen in der Gruppe. Diese Manifestation alternativer Selbstbezüge und anderer Bewertungen der eigenen Stellung in der Welt ist das Gegenthema. (Im Fallbeispiel: Der positive Appell meiner toten Schwester an mich und der Impuls, den das auslöst.)

Ethik, Werte und kritische Betrachtungen

Die Ethik untersucht die Ursachen menschlicher Handlungen, die Gesinnung, aus der diese hervorgehen, die von ihnen erzeugten Wirkungen und die daraus resultierenden Werte und Normen. Ethik will auf die alte Frage *Was soll ich tun?* Antwort geben.

Erst in Ansätzen gibt es eine Psychodramatheorie, die über Moreno hinausgeht und ihn fortentwickelt. Eine hierzu formulierte Ethik gibt es nicht. Gleichwohl lässt sich sein Werk – und hier vor allem seine Anthropologie – auf solche Fragestellungen hin durchsehen und interpretieren. Dabei hat Moreno den Begriffen Begegnung und Kreativität eine zentrale Stellung gegeben und eine Art von »Begegnungsethik« formuliert.

Moreno versteht den Menschen als Akteur in einem Beziehungsnetz. Er spricht vom »sozialen Atom« und meint damit, dass wir ein Individuum nicht als Person, sondern als Beziehungsgeflecht verstehen müssen. Störung drückt sich deshalb als Schwierigkeit in der Begegnung aus und Gesundheit als Fähigkeit Beziehungen so zu gestalten, dass in ihnen Bedingungen geschaffen werden, die den Ansprüchen der Partner gerecht werden.

»*Im Mittelpunkt der Gruppenpsychotherapie steht der Begriff der Begegnung. Das Wort Begegnung umfasst verschiedene Lebensbereiche. Es bedeutet Zusammensein, Zusammentreffen, Berührung zweier Körper, Sehen und Beobachten, Berühren, Einfühlen, Teilen und Lieben, Verständigung miteinander, intuitives Erkennen durch Schweigen oder Bewegung, Sprache oder Gesten, Kuss oder Umarmung, Einswerden – una cum uno. Das Wort Begegnung enthält als Wurzel das Wort ›gegen‹. Es umschließt daher nicht nur liebevolle Beziehungen, sondern auch feindselige und drohende: einander Gegenüberstehen, Zuwiderhandeln, Streiten. Begegnung ist als Seinsbegriff einmalig und unersetzbar. … Begegnung drückt aus, dass sich zwei Personen nicht nur treffen, sondern einander erleben, sich erfassen, jeder mit seinem ganzen Wesen. … Sie bewegt sich vom Ich zum Du und vom Du zum Ich*« (Moreno 1973, S. 52).

Was Menschen als Störung, Festgefahrenheit oder Hemmung erleben, was ihnen die Möglichkeit nimmt, neu oder angemessen auf Situationen zu reagieren, anderen zu begegnen, entsteht aus dem Verlust der Kreativität. In Morenos Anthropologie ist sie aber natürlicher Teil des Menschen und kann deshalb wiedererlangt werden. Das ist das Ziel der Therapie.

Buer hat vor dem Hintergrund der Anthropologie Morenos, Überlegungen formuliert, welche Bedingungen in einem Beziehungsnetz notwendig sind, um Spielräume zu schaffen, in denen gutes Leben möglich wird. Indem ich im Rollentausch Empathie entwickle und die Situation des Gegenübers erfasse, »*kann ich seine einmalige Ansprüche erkennen und in meiner Antwort mit meinen Ansprüchen und Möglichkeiten konfrontieren. … Dann kann ich auch in den ›sozialen Netzen‹ in denen ich eingebunden bin, eine Entscheidung treffen: Welche Verknüpfungen will ich lösen, welche will ich herstellen?*« (Buer 2004, S. 48). Erst diese Klarheit verschafft einen Kontext, in dem ich ein schöpferisches Leben gestalten kann.

 Daraus ergeben sich *drei moralische Imperative des Psychodramas*:

- »Sei spontan!« – Das heißt: »Öffne dich deinen spontanen moralischen Impulsen im Antlitz des anderen!«
- »Sei bereit zum Rollentausch!« – Das heißt: »Lass die Befindlichkeit des anderen in dieser Situation so nah an dich heran, als sei sie deine eigene!«
- »Triff deine Wahl« – Das heißt: »Gestalte deinen Lebensraum durch Auswahl deiner Beziehungen!« (Buer 2004)

Wenn ich mir Klarheit über meine eigenen Ansprüche verschaffe und den anderen aktiv (im Rollentausch) verstehe und danach handle, erwächst Verantwortung. Klarheit des eigenen und Verstehen des anderen werden so als Bedingungen für eine Verantwortungsethik formuliert, sind aber zugleich das Ziel der Begegnung. Es handelt sich nicht um Fähigkeiten, die – einmal erworben –, verfügbar sind und auf die ich zugreifen kann, sondern sie sind in jeder Begegnung neu anzustreben. Diese Verantwortung ist nicht nur gültig in den langfristigen Beziehungen, sondern auch in Alltagsbegegnungen. Jeder Trainer oder Berater kennt beispielsweise folgende Situationen:

 Sie sind von einem Unternehmen eingeladen mit einer Gruppe als Berater an einem Thema zu arbeiten und nehmen allmählich wahr, dass in dieser Gruppe Unterschiede über Abwertung verhandelt werden und Zynismen das Gespräch vergiften. Sie spüren Ihr Unwohlsein und gleichzeitig nehmen Sie Ihre eigene Angst wahr, vor dem was passiert, wenn Sie dieses Tabu ansprechen. Sie wissen, dass Gruppen nicht freundlich reagieren und dass sie eben nicht sagen: »Ach vielen Dank Herr Berater, dass Sie uns endlich den Spiegel vorhalten und zeigen wie menschenverachtend wir hier miteinander umgehen«, sondern dass es zur Auseinandersetzung kommen wird, wenn Sie die Gruppe mit ihrem Verhalten konfrontieren. Ihre Angst sagt Ihnen auch, dass diese Widerstände erfahrungsgemäß umso größer sind, je problematischer das Verhalten der Gruppe ist und das Ausmaß des negativen Verhaltens korreliert wiederum mit Ihrer Angst und Ihrem Unwohlsein. Sie wissen aus Erfahrung, dass der Widerstand aus der Gruppe Ihnen wehtun wird und Sie das »gegen« in der »Begegnung« spüren werden. Keine Gruppe formuliert Widerstand in freundlichem offenem Ton. Sie können also in einen Konflikt mit der Gruppe geraten, der alle Facetten zwischen persönlichen Angriffen (und als Berater eignen Sie sich durch Ihre herausgehobene Position in der Gruppe besonders dazu) und drohendem Beziehungsabbruch (und das hat für Sie als externer oder interner Berater

immer auch eine existenzielle Dimension) haben wird. Was tun Sie? Sprechen Sie die Situation an, auch wenn Sie dafür keinen Auftrag haben oder übergehen Sie Ihr Unwohlsein, und Sie spielen das Spiel »Ich tue euch nichts, ihr tut mir nichts« mit?

Wenn Sie gemäß der skizzierten Begegnungsethik handeln wollen, ist die Wahl klar. Es liegt in Ihrer Verantwortung als Berater, das Tabu anzusprechen und mit der Gruppe in einen offenen Prozess zu gehen, um das Kommunikationsverhalten zu verändern. Das braucht jedes Mal wieder den Mut zur Konfrontation und das Vertrauen in die eigenen Fähigkeiten, solche Situationen zu meistern.

Kritik

»*There ist no controversy about my ideas, they are universally accepted. I am the controversy*« (Moreno; zit. nach Buer 1991, S. 9).

»(Das) Psychodrama ist ohne Moreno nicht denkbar« stellt Buer (2004, S. 30), zwanzig Jahre nach Müngersdorff (1984, S. 7) wortgleich und zeitüberwindend fest. Wobei Müngersdorff ergänzte, dass er dem Psychodrama zugleich im Weg stünde, was Moreno aber bereits selbst festgestellt hatte.

Sein Werk ist eine Mixtur aus individual- und gruppenpsychologischen Vorstellungen, politischen und weltanschaulichen Überzeugungen verbunden mit Aussagen über Gott und den Kosmos. Moreno: Dichter, Regisseur, Philosoph, Arzt, Therapeut, Revolutionär bot sich als ein messianischer Führer einer Bewegung an, die die Welt verändern wollte. Die Verbreitung der Methode nach Morenos Tod 1974 oblag in Deutschland (zumeist) Frauen und Männern, die manchmal wohl eher Morenos messianischem Charme erlegen waren und deshalb in die Rolle der Jünger des Meisters schlüpften, statt sich an das mühselige Geschäft des Aufarbeitens und Fortführens des schwer zugänglichen Werkes zu machen.

Es ist den Vertretern des Psychodramas bis jetzt rudimentär gelungen, nach Moreno zu einer eigenständigen Theorie zu gelangen. Müngersdorff (1984, 1987, 1997) und Buer (1991, 2004) lieferten dazu Ansätze, jedoch ohne sich aufeinander zu beziehen. Viele der vorgelegten Aufsätze sind Abschlussarbeiten, die am Ende von Psychodrama-Ausbildungen geschrieben wurden, oft ohne Einbindung in relevante Fragestellungen und mit wenig Sachverstand. Es gibt bis heute keine Gesamtausgabe von Morenos Schriften und kaum Versuche, neue wissenschaftliche Aspekte zu integrieren. Für eine allgemeine Anerkennung des Psychodramas als Therapieform reicht das nicht aus.

Psychodrama ist schwer zu erlernen. Die Ansprüche, die an Psychodrama-Therapeuten gestellt werden sind hoch. Es gibt nur eine geringe Anzahl an Ausbildungsinstituten in Deutschland und noch weniger gute. In der Psychodramaszene – so wie ich sie kennen gelernt habe – gibt es wenig einflussreiche Berufsgruppen, die qualitativ und gesellschaftspolitisch das Psychodrama voranbringen könnten. Man ist eher selbsterfahrungsorientiert, guruverliebt und theorievermeidend, mit selbst gestrickten Konzepten schert man sich einen Teufel um Professionalität.

Methodische Ansätze

In der Beschreibung methodischer Ansätze, die mit dem Psychodrama in Verbindung gebracht werden können, musste aufgrund der existierenden Vielzahl eine Auswahl getroffen werden. Ich stelle hier vor allem neue, zum Teil unveröffentlichte Methoden und Bildungskonzepte vor. Klassische Methoden des Psychodramas sind in vielfältiger Weise in der Trainingsarbeit adaptiert und bereits mehrfach beschrieben und publiziert worden (zum Beispiel Fürst u.a. 2004 und Bosselmann u.a. 1993)

Die beschriebenen Ansätze sind von Psychodramatikern entwickelte Methoden für die Praxis. Geist und Philosophie des Psychodramas sind spürbar, nicht immer aber offensichtlich. Man vergisst beim Betrachten dieser wilden Blüten manchmal deren Wurzeln. Jetzt beim Umtopfen, habe ich sie selbst wieder entdeckt.

Die meisten beschriebenen Konzepte (Unternehmensrekonstruktion, Surprise Hotel, Werkstatt, Lernwelt, Soziodramatische Lehrstücke) haben meine geschätzten Kollegen Christoph Röckelein, Arnd Küppers, Utz Thorweihe und ich in den letzten Jahren gemeinsam für unsere Kunden bei der SYNNECTA entwickelt und verwirklicht. Die Resonanz auf diese Seminarmodule beziehungsweise Veranstaltungen war derart aufschlussreich und erfreulich, dass sie hier erstmals als deskriptive Veröffentlichung vorgestellt werden sollen.

Klassische psychodramatische Gruppenmethode: das aktionssoziometrische Standbild – arbeiten an der Gruppe

Soziometrie ist Morenos Sammelbegriff für Methoden, mit der die emotionale Struktur einer Gruppe analysiert und verändert werden kann. Dies geschieht auf der Grundlage gegenseitiger Wahlen der einzelnen Gruppenmitglieder nach Kriterien. Moreno entwickelte als grafische Darstellung solcher Strukturen das bekannt gewordene Soziogramm. In der Aktionssoziometrie wird die Grafik zur lebendigen Skulptur.

Die soziometrische Wahl ist eine Methode, die Teilnehmern von Gruppen die Möglichkeit gibt das, was sie voneinander denken oder fühlen, zu zeigen und es in einem soziometrischen Standbild sichtbar werden zu lassen. Dadurch wird es der ganzen Gruppe zugänglich, somit besprechbar und veränderbar. Die Gruppe entwickelt ein kollektives Selbst-Bewusstsein. Betrachtet man dabei die Summe der dargestellten einzelnen Beziehungen, zeigt sich die Gruppendynamik: die Stars der Sympathie und der Ablehnung, die Zuteilungen von Einfluss und Vertrauen sowie die Dominanz der Meinung.

Moreno ging von drei wirksamen Kräften in Gruppen aus: *Anziehung, Abstoßung und Neutralität.* Die aktionssoziometrische Wahl ist immer auf ein bestimmtes Kriterium bezogen und abhängig vom Gruppenprozess und der Intention des Leiters. In der Wahl wird eine Beziehungsstruktur der Gruppe im Hinblick auf einen bestimmten Aspekt deutlich. Das Sichtbarmachen der verborgenen Struktur verändert sie bereits. Es folgen nun einige »goldene Grundregeln« für soziometrische Wahlen, die sich als sehr hilfreich erwiesen haben.

Das aktionssoziometrische Standbild in Aktion

Gruppe aufstehen lassen. Bei allen »Aktionen« empfiehlt es sich, die Gruppe vorher aufstehen zu lassen. Erfahrungsgemäß gibt es häufig eine Unlust in Gruppen sich aktiv zu beteiligen. Natürlich ist es angenehmer, passiv zu bleiben. Wenn eine Gruppe dem Leiter die Bitte aufzustehen bereits erfüllt hat, so ist es nur noch ein kleiner Schritt, die nächste Bitte – die für die Teilnehmer ja viel entscheidender ist – auch noch zu erfüllen.

Eine kleine Einführung geben. Die Teilnehmer haben ein Recht zu wissen, worauf sie sich einlassen. Eine kurze Erklärung dessen, was nun folgt und warum man das tut, ist sinnvoll. Dabei sollten Begriffe wie »Übung« oder »Spiel« vermieden werden. Solche Bezeichnungen werten das Folgende ab und verführen, es nicht ernst zu nehmen. Sätze wie: »Ich möchte Sie einladen zu einem kleinen Lernexperiment ...« oder »... zu einer kurzen Gruppenanalyse ...« – Die Formulierungen des Leiters sollten die Haltung vermitteln: Ihr tut es für euch. Nicht für mich. Es ist nur ein Angebot.

Drei Wahlen maximal: Die »Ur-Idee« der Soziometrie legt, wie bereits erwähnt, drei wirksame Kräfte in Gruppen zugrunde: Anziehung, Abstoßung und Neutralität. Alle Kriterien für die Wahlen sollten diesem Dreischritt folgen. Der Leiter beginnt mit der positiven Wahl, geht dann zur neutralen und zum Schluss zur negativen. Wobei die neutrale Wahl im Sinne eines »bisher noch nicht« formuliert sein sollte und die negative Wahl den »Unterschied ohne Abwertung« deutlich macht. Die Kriterien der Wahl sind natürlich orientiert am Geschehen innerhalb und dem Reifegrad der Gruppe. Beispielsweise könnte dies folgendermaßen aussehen:

- *Positive Wahl:* »Mit wem haben Sie bisher schon viel und gut zusammengearbeitet?«
- *Neutrale Wahl:* »Mit wem haben Sie bisher noch nicht zusammengearbeitet?
- *Negative Wahl:* »Mit wem klappt die Zusammenarbeit nicht so gut? Wo wollen Sie etwas verbessern?«

 Andere Fragen sind stärker feedbackorientiert:

- *Positive Wahl:* »Wer hat hier in der Gruppe eine Eigenschaft, von der Sie selbst gerne mehr hätten?«
- *Neutrale Wahl:* »Bei wem haben Sie noch keine solche Eigenschaften wahrgenommen, vermuten aber, dass es diese gibt?«
- *Negative Wahl:* »Wem würden Sie empfehlen, ein Verhalten eher sein zu lassen? Welches?«

Üblicherweise wird gewählt, indem man der Person, die Hand auf die Schulter legt. Jeder kann nur eine Wahl treffen. Die Gruppe bleibt so lange in der Position, bis der Leiter jede Wahl angesprochen und erfragt hat, »was diese Hand bedeutet«. Es entsteht so ein Standbild in der Gruppe, ein lebendiges Soziogramm.

Nach allen Wahlen erfolgt das klärende Gespräch nachdem das Standbild aufgelöst wurde. Alle Wahlen sollen in einem kurzen Gespräch zu zweit erläutert werden. Dazu bleibt die Gruppe im Raum. Jeder sucht sich seine Partner, die ihn gewählt haben und von denen er gewählt wurde. Es geht darum, die Wahl zu erklären und zu vertiefen. Meistens beginnen hier schon die ersten Beziehungsklärungen.

Diese Methode verändert die Gruppe. Die Gruppe erhält ein Bild über sich: Wer erhält viele Wahlen, wer erhält gar keine oder viele negative. Gleichzeitig ist das Bild flüchtig, eine Momentaufnahme. Die positiven Wahlen verstärken die Kohäsion, weil sie ausgedrückt werden und man sich ihnen versichert. Negative und neutrale Wahlen verlieren ihre Bedrohlichkeit, weil darüber gleich gesprochen wird und das Gespräch in der Regel das verändert, was sein Grund war.

Weiterentwicklungen psychodramatischer Methoden für das Lernen in Organisationen

Unternehmensrekonstruktion – »Wer sind wir eigentlich?«

Eine Unternehmensrekonstruktion macht die Geschichten über die Geschichte eines Unternehmens sichtbar. Dabei begeben sich die Teilnehmer auf die Pfade der Vergangenheit ihres Unternehmens, indem sie die Metaphern, Tabus, Rollen- und Generationsmuster, die im Laufe der Zeit entstanden und gewachsen sind, erforschen. Im Fokus stehen:

- All die mehr oder weniger bekannten Geschichten mit ihren Helden, Tragödien, Triumphen und Merkwürdigkeiten, die sich in jedem Unternehmen einmal ereignet haben und finden lassen.

- Die Ästhetik des Unternehmens und wie sie zum Ausdruck kommt (Bilder und ihre Motivation), wie sie empfunden wird (Selbstexploration) und wie man sie beurteilt.
  - Die Exploration der Gründungsgeschichte (Urgeschichte).
  - Die (auch nach außen hin sichtbaren) Mythen des Hauses, in dem beziehungsweise für das man arbeitet.
  - Die Themen, die im Unternehmen kursieren (Wertungen, »Dauerbrenner«, Erklärungsmuster und Ähnliches).

Eine gemeinsame Unternehmensrekonstruktion soll durch die Begegnung mit der Unternehmensbiografie vor allem die Gegenwart verständlich machen und Ressourcen in Geschichtenform für zukünftige Aufgaben finden helfen. Es ist im Grunde die Arbeit an der kollektiven Beantwortung der Frage: »Wer sind wir eigentlich?«

Es gibt viele mögliche Wege für eine Unternehmensrekonstruktion. Das Vorgehen hängt vom verfügbaren Datenmaterial und den Zielsetzungen ab. Geht es um die Standortbestimmung einer Einzelperson oder die Analyse der Ressourcen einer ganzen Abteilung oder um die Geschichtsrekonstruktion eines gesamten Unternehmens? Nach einer Auftragskonkretisierung steht am Anfang jeder Unternehmensrekonstruktion das Erarbeiten eines Fragekataloges mit Fragen, die durch die Unternehmensrekonstruktion beantwortet werden sollen. Solche Fragen können sein:

- Welche Auswirkungen hat die Geschichte meiner Abteilung auf ihre derzeitigen Grenzen und Möglichkeiten?
- Wie ist die spezifische Kultur unserer Zusammenarbeit entstanden und geartet?
- Wie ist unsere spezifische Führungskultur entstanden?
- Wie sind unsere Selbstbeschreibungen und unsere Fremdbeschreibungen (Kunden, andere Abteilungen) entstanden?
- Gibt es ein typisches »Schicksal« der Mitarbeiter in der Abteilung?
- Gibt es typische Konfliktfronten und -muster in der Abteilung?
- Woher kommt Kraft? (Wer oder was ist das Kraftfeld?)
- Woher kommt Bewegung?
- Mit welchen Träumen, Idealen und Illusionen sind wir angetreten? Und welche leben wir?
- Was bringt und was bewirkt bei uns Anerkennung, wann und warum?

Praxisbeispiel: Erstellen des Fragekatalogs

Es kann folgendermaßen vorgegangen werden: Personen aus unterschiedlichen Abteilungen, mit unterschiedlichen Aufgabenbereichen und mit unterschiedlicher Zugehörigkeit formulieren zunächst in Einzelarbeit Fragen. Im Anschluss daran bilden sich Zweiergruppen, in denen über die zuvor erarbeiteten Fragen gesprochen wird. Aus diesem Gespräch werden wiederum ge-

meinsame Fragen entwickelt. Zwei Zweiergruppen bilden nun eine neue Arbeitsgruppe, in der gemeinsam die Fragen formuliert werden, die als Leitfragen für die Unternehmensrekonstruktion bearbeitet werden. Eine Differenzierung erfolgt durch Clusterbildung und Abgleich mit den anderen Arbeitsgruppen.

Für die Leitfragen wird nun die entsprechende Methode ausgewählt beziehungsweise entwickelt, um auf die Fragen passende Antworten zu finden.

Für die Unternehmensrekonstruktion können die folgenden Methoden und Instrumente eingesetzt werden:

Führungschronologie: In Interviews mit ehemaligen Führungskräften und deren Mitarbeitern entwickeln die Teilnehmer ein Bild der prägenden Figuren des Unternehmens oder ihres Fachbereichs. Sie gehen der Frage nach, welche Führungskultur in der Vergangenheit herrschte, wer sie prägte und wie die Gegenwart davon (noch) bestimmt ist.

Beziehungsmusteranalysen: Häufig haben Rivalitäten oder Spannungen zwischen Funktionsträgern oder Bereichen eines Unternehmens eine lange Geschichte. In der Analyse der Beziehungsmuster untersuchen die Teilnehmer die Ursprünge (möglicherweise) vorhandener Konflikte. Relevante Fragen könnten hier sein: Welche heimlichen Hierarchien gab (und gibt) es in der Abteilung? Gab es früher schon typische Aufgaben- beziehungsweise Rollenträger, die gut kooperierten, die miteinander im Clinch lagen oder im Wettbewerb? (Existieren »Seilschaften«?)

Kontextanalyse: Ereignisse der Zeitgeschichte (Krieg, Rezession) nehmen oder nahmen Einfluss auf das Unternehmen. Ereignisse die das gesamte Unternehmen (Fusionen, Internationalisierung, neue Produkte) betreffen, nehmen oder nahmen Einfluss auf einzelne Abteilungen und ihre Mitarbeiter. In der Kontextanalyse werden die Ereignisse in Beziehung zueinander gesetzt und ihre Wechselwirkung beschrieben.

Mythen, Märchen, Sensationen: Mythen in Systemen sind Wirklichkeitsverzerrungen, die von allen dank der Funktion geteilt werden, friedliche Inseln der Übereinstimmung zu schaffen und die Stabilität und den Zusammenhalt zu gewährleisten. Solche Mythen können sein: Leistungsmythen, die das Bild einer Hochleistungstruppe vermitteln. Enschuldigungsmythen sind Zuschreibungen, die dazu dienen bestimmte Defizite der Abteilung zu erklären (Pünktlichkeit, Qualität). Meist sind es Nachbarabteilungen, die die Sündenbockrollen übernehmen. Führer- und Rettermythen verklären Führungskräfte aus vergangenen Zeiten.

Mythen können allerdings auch Kraftfelder sein. Wenn im Rahmen einer Unternehmensrekonstruktion eine Revitalisierung von Mythen gelingt, sind es Motivatoren.

Geheimnisse, Vermächtnisse, Loyalitäten: Geheimnisse sind Fakten, die mit Schuld und Angst besetzt sind und tabuisiert werden. Schema: »Logisch, dass der auf der Position nichts zu sagen hat, weil er zum Abschuss freigegeben ist.«

Vermächtnisse sind »heimliche« Aufträge von Führungskräften oder anderen maßgeblichen Mitarbeitern, die an die nächste Generation weitergegeben werden. Aber auch Idealisierungen von Lösungsmustern oder Personen. Beispiele: »Der Einkauf hat immer die dominante Rolle«, »Verliere nie den Markt XY …«, »Versucht ihr, was ich nie erreicht habe?« oder «Ihr werdet auch daran scheitern« und »Sparen, sparen, sparen«.

Loyalitäten sind Verpflichtungen, denen Einzelne oder ganze Abteilungen gerecht werden müssen. Es gibt ein etabliertes Prinzip von Geben und Nehmen über das ein inneres Kontobuch geführt wird. (»Eine Hand wäscht die andere.«)

Regeln, Rollen, Aufgaben: Eine Regel ist eine Aussage darüber, was die meisten Mitglieder einer Abteilung als erwünschtes beziehungsweise unerwünschtes Verhalten ansehen. Sie können sich auf Arbeitsinhalte und -stile beziehen, aber auch auf die Gestaltung von internen oder externen Beziehungen. Solche Regeln bestehen aus:

- der Regel selbst,
- der Gegenregel,
- der Regel über Einschränkungen und Ausnahmen sowie
- der Regel über die Konsequenzen des Regelbruchs.

Rollen und Aufgaben: Über die Rolle wird definiert in welcher Weise eine Person eine bestimmte Aufgaben wahrzunehmen hat. Es gibt rollenkonformes Verhalten und das Gegenteil. Rollenerwartungen entstehen aus Zuschreibungen über die Ursachen der wahrgenommenen Erfolge oder Misserfolge der Vorgänger in der Rolle.

Reality Training

Eine Methode, die direkt Eingang in die Qualifizierung von Führungskräften gefunden hat, ist das »Surprise Hotel«. Dabei handelt es sich um ein Seminar, zu dem sich die Teilnehmer in einem gewöhnlichen Hotel treffen. Jedoch findet das Seminar keineswegs wie vorangekündigt statt, da plötzlich Hotelleitung und Teile des Personals unter gewichtigen (freilich: fingierten) Gründen das Haus verlassen müssen. Zuvor bitten sie die Teilnehmer (die mit Nachdruck des Trainers die Herausforderung annehmen), das Management des Hotels für 24 Stunden zu übernehmen, also auch die Rezeption und Versorgung der anderen Gäste. Die unvorhergesehene Situation wirkt auf die Seminarteilnehmer verblüffend echt, inklusive etlicher (präparierter) Szenarios mit den vermeintlichen »Gästen« (in deren Rolle unter anderem Schauspieler schlüpfen). Surprise Hotel gehört zu einer Reihe von Angeboten aus dem Feld *Reality Training*, worunter wir unternehmensorientierte Inszenierungen verstehen: erweiterte Bühnen, auf denen personenbezogen gelernt wird, sich in herausfordernden Situationen zu bewähren, beziehungsweise zu entwickeln. Salopp formuliert: Es handelt sich um ein »Social-out-door-training«, das »indoor« durchgeführt wird. Surprise Hotel ist dabei von einer klassischen Psychodrama-Methode inspiriert, dem so genannten Spontaneitätstest: Die Gruppe denkt sich für einen Protagonisten eine Situation aus, die für ihn eine Herausforderung, in der er sich bewähren muss, darstellt. Die Übungen aus dem Feld Reality Training wurden entwickelt, um Teams eine neue Geschichte zu geben, sie vor völlig neue Situationen zu stellen, auf die sie angemessen reagieren müssen. Aus den so gemachten Erfahrungen schöpfen sie neue Handlungsmodelle für ihre Alltagsrealität (Reineck/Thorweihe/Küppers 2001).

Die Teilnehmer werden unvorbereitet in eine schwierige Situation versetzt, die das Team und die Einzelnen fordert. Die Übernahme des Hotelmanagements für 24 Stunden (und – je nach Teamgröße – auch der Küchenjobs oder anderes) impliziert eine Vielzahl von Führungsaufgaben, die soziale Kompetenz, gesunden Menschenverstand und Fingerspitzengefühl erfordern. Auch wenn der Simulationscharakter der Situation schon bald durchschaut wird (manchmal aber auch nicht, es tauchen immer wieder Zweifel auf: Ist es vielleicht doch wahr?), so bleibt die Notwendigkeit, die zahlreichen Aufgaben gemeinsam zu meistern, permanent zu entscheiden und immer komplexer werdende Situationen in kurzer Zeit kollektiv zu lösen. Während dieser 24 Stunden begleitet der Teamtrainer die Gruppe, gibt Feedback und stellt den Transfer in die Führungspraxis sicher. Der Transfer geschieht auf zwei Ebenen:

- *Verhalten:* Der Trainer ermutigt die Gruppe immer wieder dazu, das Surprise Hotel im wahrsten Sinne des Wortes als Verhaltens-Spielraum zu nutzen und in der »echten« Situation mit sich zu experimentieren.
- *Erfahrung:* Dem Team wird mit dem Surprise Hotel eine Krise geschenkt, an der es wachsen kann.

So entsteht eine gemeinsame Herausforderung, ein sozialpsychologisches Abenteuer, das man am Ende gemeinsam durchgestanden hat.

 ### Surprise Hotel: Erfahrungsbericht eines Teilnehmers

… Der Trainer eröffnete das Seminar mit einem Gespräch über die Erfahrungen jedes Einzelnen mit unserem Team, über unsere Stärken und Schwächen. Plötzlich kam die Hotelmanagerin in den Raum und unterbrach uns mitten im Gespräch. Es täte ihr außerordentlich Leid, sie habe ein Problem und bräuchte unsere Hilfe: Sie müsse in einer wichtigen Immobilienangelegenheit dringend verreisen und bitte uns Führungskräfte für nur 24 Stunden die Leitung des Hotels zu übernehmen. Man könne dabei sicherlich auch wichtige Lernerfahrungen machen … Wir waren völlig überrumpelt und wussten nicht, wie uns geschah … Das Surprise Hotel begann. Ich habe in meinem ganzen Leben noch nie so viele verrückte Situationen erlebt wie in der kurzen Zeit. Den

anderen im Team ging es genauso. Wir haben die Rezeption besetzt, in der Küche Jobs übernommen und das Personal gemanagt. Es ist viel passiert in den 24 Stunden. Wir hatten schwierige Gäste und schwieriges Personal.

Hier einiges von dem, was im Surprise Hotel passiert ist: Im Laufe des Abends wollten deutlich mehr Gäste einchecken als das Zimmerkontingent erlaubte. Alle anreisenden Gäste hatten jedoch sehr gute Argumente auf ihrer Seite. Mein Team hat dann die eigenen Zimmer geräumt, Improvisation und flexibles Verhalten war nötig. Wir haben im Keller auf Feldbetten (zum Glück waren welche da) geschlafen, weil es nicht anders ging. Unser Trainer fand das kundenorientiert. Wir auch. Wir können, wenn wir wollen. – Mitten in der Nacht begann die Opernsängerin von Zimmer 12 Arien zu singen, was ihren Nachbarn, einen Vertriebsmann mit viel Aggressionspotenzial, äußerst störte. Wir haben daraufhin ein sehr spannendes Konfliktgespräch geführt ... So sind in der Nacht und an dem darauf folgenden Tag unendlich viele Dinge geschehen. Die meisten Probleme haben wir gemeistert und dabei sind wir gefilmt worden. Natürlich haben wir gemerkt, dass da Schauspieler am Werk waren (obwohl – die sechsköpfige Familie, die sich dauernd über das Essen beschwert hat, war bestimmt echt), aber was sollten wir tun? Wir mussten handeln und die Probleme lösen. Zum Glück kam die Hotelmanagerin wieder pünktlich zurück und wir hatten noch einen Tag für uns, an dem wir über alles reden konnten. Die Geschichte bleibt für unser Team unvergesslich und den Film haben wir noch einige Male zusammen angeschaut.

Der Bericht zeigt, dass die Stressanteile aber auch die Lernerfahrungen für das Team erheblich sind – geht es doch darum, in realen Situationen schnelle, richtige Entscheidungen zu treffen, die vor dem Hintergrund der Situation angemessen sind. Das Team lernt seine Stärken und Schwächen kennen und entwickelt Humor (anders geht es nicht). Die Teilnehmer gehen mit chaotischen Szenen um und beweisen in unübersichtlichen Situationen Führungsqualität. Für das Seminar werden – ganz im Sinne des Psychodramas – Erlebnisräume gestaltet, in denen die Grenzen zwischen Wirklichkeit und Spiel verschwimmen. Die Teilnehmer werden zu kreativen Erfindern in scheinbar ausweglosen Situationen und entwickeln in einer inszenierten Welt neue Bilder über sich und die eigenen Möglichkeiten.

Soziodramatische Lehrstücke – ins Buch eintauchen

Das klassische Soziodrama »*... ist eine Methode des sozialen Lernens in Gruppen. Die Teilnehmer explorieren ›spielend‹ ein Thema, das die gemeinsamen Interessen der Gruppenmitglieder widerspiegelt*« (Wiener 2001, S. 10). Im Soziodrama wird nicht die Schwierigkeit eines Individuums gespielt, sondern an Fragen von allgemeiner Bedeutung gearbeitet. Moreno hat das Soziodrama eingesetzt, um ethnische Konflikte zu bearbeiten. Eine bekannt gewordene Methode ist die »Lebendige Zeitung«: in Morenos Stegreiftheater (1925) wurden mit dem Publikum Zeitungsmeldungen inszeniert, um bessere Identifikation und Auseinandersetzung zu ermöglichen. Sie gilt als der erste Versuch einer politischen Erwachsenenbildung unter Verwendung von Gruppenmethoden (Petzold 1982, S. 252). Boal hat in Brasilien und Chile unter Militärdiktaturen Stegreiftheater für die Arbeit im Widerstand eingesetzt und das »Zeitungstheater« entwickelt. Die Methoden halfen, die gleichgeschalteten Zeitungen »richtig zu lesen« und Konsequenzen daraus zu erspielen.

Eine besondere Form der Wissensvermittlung ist die Methode der Soziodramatischen Lehrstücke die Utz Thorweihe und ich gemeinsam entwickelt haben (Reineck/ Thorweihe 2002).

In einem Lehrstück wird ein Lernender (Protagonist) in ein vorgegebenes Szenario gestellt, das er sich zuvor selbst als Lernfeld gewählt hat. In experimentellen Theatersequenzen wird die Möglichkeit gegeben, das Thema genauer zu untersuchen und zu verstehen.

 ### Lehrstücke der Lebenskunst in Aktion

Die Rollen

- Die *Mitspieler* erhalten Rollenvorgaben und die Thematik der Szene. Sie haben die Aufgabe, eine passende Inszenierung zu entwickeln und setzen sich ausführlich mit dem Thema auseinander. Der Protagonist nimmt an den Vorbereitungen dieser Gruppe nicht teil.
- Der *Protagonist* soll sich in diesem Szenario »bewähren«. Ihm stehen Helfer zur Seite.
- Der *Coach* hat schriftlich vorgegebene Texte, diese themenbezogenen Inputs liest er dem Protagonisten vor, bespricht sie mit ihm, erklärt sie und trägt dafür Sorge, dass der Protagonist sie auch versteht und umsetzt.
- Die *»Hilfs-Iche«* haben grob beschriebene Rollen, die sie auf der Bühne frei ausspielen sollen.
- *Doppelgänger:* Der Doppelgänger begleitet den Protagonisten und reflektiert mit ihm gemeinsam, was er, der Protagonist, dabei erlebt.
- Die *Lösungen* sind personifizierte Verhaltensalternativen, die dem Protagonisten mit guten Argumenten Handlungsoptionen eröffnen. Der Protagonist kann sich für eine ihm gemäße Lösung entscheiden.
- Das *aktive Publikum:* kommentiert – durchaus lautstark – die Aktionen des Protagonisten auf der Bühne. Es ruft dazwischen, applaudiert, bekundet Missfallen oder mischt sich sonstwie ein.
- Der *Guide* (in der Regel der Moderator des Workshops) ist das unterstützende Faktotum. Es beschützt oder aktiviert den Protagonisten. Es fasst das Erlebte zusammen und leitet die ganze Szenerie.

Der Ablauf

In einem Interview mit dem Protagonisten werden die Lernwünsche und Fragen des Protagonisten bezüglich des Themas geklärt. Die Mitspieler, die für den Protagonisten das Lehrstück entwickeln, orientieren sich an diesem Interview. In ihrer Gruppe entwickeln sie dann innerhalb einer Stunde eine Dramaturgie. Das Lehrstück soll maximal 20 Minuten dauern. Ein Lehrstück teilt sich in verschiedene Phasen:

- *Prolog:* Zu Beginn soll das Thema beziehungsweise das Problem deutlich werden. Das geschieht in der Regel durch einen Prolog des Coachs (der den Protagonisten immer direkt anspricht). Der Coach öffnet das Thema, stellt die Probleme und Widersprüche dar und kommt in ein Gespräch mit dem Protagonisten. Er stellt Fragen und gibt Antworten und bleibt als Begleiter während des ganzen Stücks immer im direkten Gespräch mit ihm.
- *Spielphase:* Im zweiten Teil wird der Protagonist dann in die verschiedenen, vorbereiteten Szenen gestellt, die das Thema, um das es geht, erlebbar machen. Diese Szenen haben Stegreifcharakter, das Thema ist klar, der Ausgang ist offen.
- *Lösung:* Am Schluss werden Lösungen vorgespielt, die der Protagonist sich anschaut und sich für oder gegen sie entscheiden muss.
- *Sharing:* Das Publikum und die Spieler sprechen nach dem Spiel über das Erlebte und Gelernte.

Beispiel: Im Rahmen einer Führungswerkstatt entwickelte eine Gruppe für einen Protagonisten Lehrstücke der Lebenskunst. Basierend auf Texten von Wilhelm Schmidt (1999) konnte der Protagonist zwischen vier Themenbereichen wählen und sich dazu von der Gruppe ein Lehrstück inszenieren lassen, in dem er die Hauptrolle – allerdings aus dem Stegreif – spielte.
- Kunst des Zorns.
- Struktur und Versuch.
- Lüste genießen.
- Vom Leben mit dem Tod.

Zur Veranschaulichung Regieanweisungen und Texte, aus denen die Gruppe das Soziodramatische Lehrstück »Die Kunst des Zorns« entworfen hat:

Die Einführung

Sie als Gruppe haben die Aufgabe ein Lehrstück für Ihren Protagonisten zu entwickeln. Die vorliegenden Texte, Regie- und Rollenanweisungen können Ihnen dabei helfen. Sie haben eine Stunde Zeit für diese Vorbereitung. Bei Fragen sprechen Sie bitte den Guide an!

Es gibt verschiedene Ideen zu Szenen und Rollen. Im Folgenden finden Sie einige Vorschläge zum Vorgehen in den Szenen. Die Grundidee ist: Der Protagonist erlebt auf der Bühne ein Stück, das sein selbst gewähltes Lernthema berührt, in dem er Neues erfährt und sich bewähren muss. Die Kunst besteht darin, ein Lehrstück zu konzipieren, das genau auf die Lernbedürfnisse beziehungsweise Lernnotwendigkeiten des Protagonisten zugeschnitten ist.

Die Rollen

- Der Protagonist.
- Der Guide des Protagonisten.
- Der Chor.
- Der Coach.
- Der Doppelgänger.
- Der Souffleur.
- Der Zorn.
- Die Beherrschung.
- Die Erlösungen.

Der Ablauf

- *Prolog:* Der Coach liest dem Protagonisten seine Texte vor, auch zwei oder drei Mal. Er spricht den Protagonisten direkt an.
- *Erste Szene:* Aufriss des Problems. Der Protagonist steht in der Mitte. Der Zorn fängt langsam zu toben an. Die Beherrschung versucht ihn in den Griff zu bekommen. Dabei gehen auch Dinge zu Bruch. Die Situation muss schon dramatisch und beängstigend sein. Das Publikum und/oder der Protagonist werden angegangen und Ähnliches.
- *Zweite Szene:* Der Coach beschreibt das Problem aus verschiedenen Sichtweisen und bespricht mit dem Protagonisten dessen, bisher angewandte, persönliche Strategien im Umgang mit dem Zorn und den Problemen, die damit verbunden sind. Der Coach stellt dabei Fragen wie: Warum interessiert Sie das Thema? Wie denken Sie über den Zorn? Wer durfte in Ihrer Familie am zornigsten werden? Was möchten Sie lernen? Was ist Ihr Ziel? Wann sind Sie Ihrem Ziel schon einmal sehr nahe gekommen? Kennen Sie jemanden, der mit Zorn so umgeht, wie es Ihnen gefällt, so dass es Sie beeindruckt?
- *Dritte Szene:* Der Protagonist und sein Guide tauchen möglicherweise ein wenig ein in die »Zornbiografie« und besprechen oder inszenieren einige bedeutsame Situationen aus dem Leben des Protagonisten. Der Protagonist führt dabei einen permanenten inneren Dialog mit seinem Doppelgänger. Der Chor (Reflecting Team) mischt sich auf Anweisung des Guides mit ein.

- *Vierte Szene:* Die Erlösungen präsentieren sich. Sie stehen in Konkurrenz zueinander, daher streiten sie auch ein wenig. Sie werden vom Protagonisten befragt. Schließlich entscheidet er sich für eine Lösung.
- *Fünfte Szene:* Alle reden gemeinsam über das Erlebte.

Einige Ausschnitte aus den Rollenanweisungen an die Mitspieler des Lehrstückes lauten:

Rollenanweisung: der Zorn. Sie schütteln und rütteln den Protagonisten. Sie werden für ihn körperlich spürbar. Sie kommen (zu) nahe. Sie toben auf der Bühne. Sie zerschlagen etwas (eine Tasse oder einen Teller). Sie fordern den Protagonisten zu wütenden Taten auf. Sie lassen sich auch bändigen. Jedoch braucht es dazu viel Kraft. Sie lassen sich mäßigen, aber nicht eliminieren. Immerhin: Man kann mit Ihnen reden, auch wenn Sie aufbrausend sind.

Rollenanweisung: die Beherrschung. Sie sind der Antagonist des Zorns und haben die Aufgabe ihn zu bändigen. Sie probieren Verschiedenes aus. Auch in Absprache mit dem Protagonisten. Sie wollen den Zorn festbinden oder geben ihm absoluten Freiraum, um ihn dann wieder zur Ruhe zu bringen. Sie kooperieren am Ende mit den Erlösungen.

Aus den Texten für den Coach: Aristoteles betont, dass der Zorn nicht nur ein Problem ist: »Du bist nur zu Zorn fähig, wenn dein Eifer deine Seele zu großen Anstrengungen treibt. Überlege jedoch: wie, wem, worüber und wie lange du zürnen willst.« Seneca sagt, »Lasse niemals diesen Wahn in dir aufkommen. Bekämpfe ihn mit allen Mitteln und versuche diesen Affekt augenblicklich zu unterdrücken.« Plutarch ist jedes Eifern fremd. »Sei gegenüber dem Zorn nicht zornig! Meide einfach problematische Situationen. Es ist nützlich, sich ein Porträt dieses Affektes vor Augen zu halten. Ein Bild, das deine Hässlichkeit und Kleinlichkeit im Zorn zeigt. Stell dich dir vor, wenn du schwach bist und deine Souveränität verlierst.«

Kant unterscheidet zwischen kurzfristigen Affekten (Freude, Trauer, Zorn, Hoffnung, Scham, Angst usw.) und andauernden Leidenschaften (etwa: Liebe, Hass): »Das eigentümliche an Affekten ist, dass sie augenblicklich aufwallen und dich für einen Moment gänzlich aus der Fassung bringen. Wenn dein Zorn aber andauert, wird er zur Leidenschaft, und das heißt: zum Hass.«

Vom Guten des Schlechten: Denke daran, dein Zorn kann auch gute Zwecke erfüllen, insbesondere was das Verhältnis zu anderen betrifft: Er zeigt das *Engagement* und die Überzeugung, dass der andere auch anders handeln könnte oder die Verhältnisse auch anders sein könnten. Zorn ist besser als Gleichgültigkeit!

Dein Zorn dient dir auch als Mittel zur *Distanzierung* um den anderen auf Abstand zu halten. Hin und wieder brauchst du deinen kalkulierten Zorn, um

das Verhältnis von Nähe und Distanz dort zu regulieren, wo dies angebracht erscheint.

Der Zorn kann dir auch der *Erneuerung* einer bestehenden Beziehung dienen. Er ist in der Lage, festgefahrene Strukturen von Grund auf zu erschüttern und sie neu zu definieren, freilich um den Preis der Gefahr, ihrer völligen Zerstörung.

Rollenanweisung: die Erlösungen. In ihren Rollen (es gibt sieben verschiedene Lösungen) gehen sie auf der Bühne aktiv auf den Zorn und den Protagonisten zu und präsentieren sich. Es geht darum, mit dem Ungebändigten überlegt umzugehen. Ihnen allen gemeinsam ist die Idee einer Reflexionspause, um die Kette des zwanghaften Handelns zu unterbrechen und das Gesetz des Handelns wieder an sich zu nehmen. Als Lösungen verkörpern sie verschiedene Überlegungen und Strategien:

- *Strategie 1:* Eliminiere den Zorn nicht, sondern, wenn du ihn nicht ganz vermeiden kannst, dann darf es nicht zum Übermaß kommen.
  Plutarch empfiehlt eine tägliche Übung hierfür, um mehr Fassung im Zorn zu erlangen: Ähnlich wie bei alkoholfreien Tagen empfiehlt er zornfreie Tage einzulegen und diese Zeitspanne allmählich auszudehnen.
- *Strategie 2:* Montaigne empfiehlt, manchmal den Erzürnten zu spielen, zuvor aber mit dem betroffenen Gegenüber einen Kontrakt zu schließen, dass der es weiß. »Wenn ihr mich in Wallung geraten seht, so lasst mich nur kreuz und quer dreinfahren, ich will es meinerseits mit euch ebenso halten.« Montaigne empfiehlt kurze, heftige und angekündigte »Vulkanausbrüche«, die er auch anderen in seinem Hause gestattet.
- *Strategie 3:* Das Vorwegbedenken (Prämeditation). Wenn schon an der Situation, die kommen wird, nichts zu ändern ist, dann soll wenigstens die Haltung variiert werden können, indem man sich vorher die kommende Situation vergegenwärtigt und sich Reaktionen im Vorfeld überlegt. Man hat so die Wahl! Wie will ich reagieren: Ebenfalls zornig sein? Ironisch werden? Mich schlagfertig zeigen? (Bitte vorher überlegen, wie ...)
- *Strategie 4:* Die Division. Der Zorn wird aufgeteilt auf verschiedene Stadien. Die Unterscheidung verschiedener Stadien zwischen Vorstadium, sodann den ersten Anzeichen, dem Stadium der plötzlichen Aufwallung und dem finalen Stadium der völligen Besessenheit erlaubt den kalkulierten Eingriff in die Entwicklung des Zorns und ermöglicht seinen bewussten Gebrauch.
- *Strategie 5:* Die Dilation. Der Aufschub. Wird immer wieder von den verschiedensten Autoren als wirksamstes Gegenmittel gepriesen. Man trifft dabei nämlich den Zorn an seiner Achillesferse: Er hat nämlich keine Ausdauer! (Was der Zorn nicht in der Geschwindigkeit tut, das tut er gar nicht ... und er vergisst leicht.)

- *Strategie 6:* Umlenkung und kalkulierte Entladung. Man wählt bei der Umlenkung ein Objekt aus, an dem der Zorn wenig Schaden anrichten kann. Bei der kalkulierten Entladung lässt man die Wut raus, entscheidet aber selbst wann und wie das geschieht.
- *Strategie 7:* Bei der Kompensation ersetzt man den Zorn durch einen anderen Affekt (zum Beispiel durch ein Lachen). Enthebe, erhöhe ihn auf eine heitere oder sonstwie anders gelagerte Ebene.

Es besteht für den Protagonisten die Möglichkeit, das eigene gelungene Lehrstück an anderer Stelle vor einem interessierten Publikum noch einmal vorzuspielen. Er gewinnt damit Souveränität, sieht und zeigt sich selbst in seiner Perspektiverweiterung. Den neu erworbenen Zugewinn zu wiederholen, kann das Vertrauen in die aus dem psychodramatischen Rollenspiel gewonnenen Erkenntnisse festigen.

Variante: Experimentelles Besprechungstheater (Ex-be-te)
Von Arnd Küppers

Aufbau: In einem angedeuteten gläsernen Raum sitzen vier Personen an einem Tisch. Diese vier demonstrieren, beziehungsweise spielen eine zirka 15-minütige Musterbesprechung zu einem bekannten Thema. Die Zuschauer jenseits der Glasscheibe haben die Möglichkeit mittels eines Mikrofons den Besprechungsteilnehmern Handlungsanweisungen zu geben. Jeder Teilnehmer hat einen Knopf im Ohr und ist drahtlos mit je einem Mikrofon verbunden. Bis zu vier Zuschauer können somit den Verlauf der Besprechung über »ihren« Teilnehmer steuern. Die pointierten Handlungsanweisungen sind standardisiert und decken den Kanon der gängigen Verhaltensmuster in Besprechungen ab – zum Beispiel:

- »Werde ungeduldig und dränge auf ein rasches Ende.«
- »Erzähle von deinen Kindern und dem Ausflug ins Märchenparadies.«
- »Sage zu allem Ja, egal, um was es geht und wer es sagt.«
- »Verlasse unter irgendeinem Vorwand mehrmals für kurze Zeit das Besprechungszimmer.«
- »Wiederhole das Gesagte deines Vorredners durch leichtes Paraphrasieren.«
- »Versuche alle Entscheidungen auf das nächste Treffen zu verschieben.«
- »Monologisiere und schweife weiträumig vom Thema ab.«
- »Sage überhaupt nichts, aber mache zu allem ein freundliches Gesicht.«
- »Erzähle ein paar nette Anekdoten aus deiner beruflichen Vergangenheit.«
- »Lehne alle Vorschläge deiner Kollegen mit einem kategorischen ›das geht nie und nimmer‹ ab.«

Bei den Besprechungsteilnehmern handelt es sich um schauspielerische Laien (oder begabte Mitarbeiter aus dem Werk) oder um professionelle Schauspieler. Der Verlauf der Musterbesprechung ist festgeschrieben und einstudiert, die Handlungsanweisungen sind vorbesprochene, aber nicht eingeübte Improvisationsaufgaben.

Die Besprechungssequenzen können im Sinne einer experimentellen Versuchsreihe beliebig oft wiederholt werden. Die eigentliche Besprechung wird aber jedes Mal einen anderen (teilweise deutlich anderen) Verlauf nehmen.

Dynamisierende Lernkonzepte für Großgruppen in Organisationen

Werkstätten und LernWelten: Lebendige Orte komplexen Lernens

Die Werkstatt ist eine Lernform für Großgruppen, bei der ein festgelegter Teilnehmerkreis in einem konkreten Themenfeld miteinander arbeitet und lernt. Sie wurde von mir 1999 zum ersten Mal realisiert und dann von Arnd Küppers und Christoph Röckelein (Reineck/Küppers/Röckelein 2000) fortentwickelt. Sie gibt den Teilnehmern die Möglichkeit völlig individuell ein eigenes Lernprojekt zu starten und gleichzeitig aus der Gruppe Resonanz zu erhalten. Werkstätten dauern zwischen zwei und drei Tage, sie haben einen gemeinsamen Ort und eine gemeinsame Zeit. Sie sind gegliedert durch eine strukturierte Abfolge von Plenumsveranstaltungen und parallelen Workshopeinheiten. Dabei wird auf vielfältige Weise individuelles Lernen mit dem Lernen der Organisation verknüpft.

 Beispiel eines zeitlichen Aufbaus für einen Tag:

Plenum		
Kursangebot	Kursangebot	Kursangebot
Plenum		
Kursangebot	Kursangebot	Kursangebot
Plenum		
Kursangebot	Kursangebot	Kursangebot

Menschen lernen, Organisationen lernen: Unter einem thematischen Schwerpunkt (zum Beispiel: Führung, Change, Projektleitung) bieten vielfältige Workshops mit einem breiten Themenangebot attraktive Lernerfahrungen. Das Werkstattkonzept bildet auf der analogen Ebene des Lernens die Vielfalt der Lern- und Veränderungsprozesse in Unternehmen ab und gibt den Teilnehmern die Verantwortung für ihren eigenen Lernprozess. In den Plenumsphasen besteht die Möglichkeit, gemeinsame Themen anzusprechen und gemeinschaftsstiftende Elemente zu nutzen. So wird individuelles Lernen in kleinen Gruppen mit Großgruppenformen verbunden und die Vorteile beider Lernformen genutzt.

Werkstätten haben ihre eigene Zeit: Die Form der Werkstatt mit ihrer dichten Abfolge von individuellen und gemeinsamen Veranstaltungen entspricht der Dynamik und Vielfalt heutiger Unternehmensrealitäten. Werkstätten setzen kurze Takte und verbinden sie mit Muße, sie verlangen einerseits Eile, bieten andererseits aber auch die Chance der Verlangsamung. In den Abend- und Nachtveranstaltungen wird mit dem Lernen und der Kultur des Lernens experimentiert. Ernst und Freude, Spiel und Beobachtung, Kontemplation und Aktion wechseln sich ab.

Dynamik aus Polarität: Werkstätten integrieren unterschiedliche Polaritäten und schöpfen aus der Spannung des Sowohl-als-auch:

Struktur   Offenheit
Wahl   Pflicht
Kleingruppe   Großgruppe
Input   Entdeckung
Aktivität   Passivität
Vertrautheit   Fremdheit
Individualität   Gruppe

Werkstätten energetisieren und mobilisieren in der Regel relevante Zielgruppen und befördern die Netzwerkbildung durch vielfältige Begegnungsmöglichkeiten. Sie ermöglichen bedarfsgesteuertes Lernen und sichern die Nachhaltigkeit über individuelle Lernkonzepte. Sie aktivieren eine konstruktive Lern- und Bildungskultur in den Unternehmen, vitalisieren und dynamisieren die Organisation. Werkstätten schaffen Identität, stärken die Zusammengehörigkeit und tragen innovative Impulse in das Unternehmen.

LernWelt

Auf der Suche nach Möglichkeiten, das Angebot für indiviuelles Lernen zu erweitern haben Christoph Röckelein und ich 2003 die LernWelt entwickelt und seitdem im Rahmen von Werkstätten mehrfach realisiert (Reineck/Röckelein 2004).

Sie ist vom Psychodrama inspiriert: Der Protagonist, der LernWeltbesucher, tritt nach einer Erwärmungsphase, in der er sein Thema beziehungsweise seine Schwierigkeit gefunden hat, in die LernWelt ein und sucht dort auf verschiedenen »Bühnen« in den verschiedenen Aufbauten und Situationen Antworten auf seine Fragen. Die Guides sind Berater und Hilfs-Iche zugleich. Ein wichtiges Element ist das Szenenspiel in der LernWelt.

 **LernWelt in der Praxis**

Die LernWelt besteht aus einem großen Raum, wirkt wie eine Synthese aus erlebnisorientiertem Museum und Minifreizeitpark mit unterschiedlichen Angeboten, die zur Auseinandersetzung mit jeweils einer Facette des Themas einladen. Die Exkursion in die LernWelt ist auf vier Stunden begrenzt. Maximal acht Besucher werden durch drei oder vier Guides begleitet.

Die Warming-up-Phase findet in einem zur LernWelt angrenzenden Vorraum statt. Die Teilnehmer wissen nicht, was sie erwartet.

Die Gruppe sitzt im Kreis und ehe man die LernWelt gemeinsam betritt, stimmen sich die Besucher in einer Einzelarbeit auf das Thema ein. Dabei hilft eine Liste von Fragen zum Thema.

> Zum Beispiel LernWelt »Autorität«: »Wer waren in Ihrem Leben Autoritäten? Welche Eigenschaften hatten diese Menschen? Wie schätzen Sie auf einer Skala 1–10 die Ausprägung dieser Eigenschaften bei Ihnen persönlich ein?«

Im anschließenden Gruppengespräch fokussieren sich die Teilnehmer mithilfe der Guides auf eine persönliche Frage, auf die sie in der LernWelt eine Antwort finden wollen.

> In der LernWelt »Mut« zum Beispiel formulierten Teilnehmer folgende Fragen: »Wie kann ich die Angst vor Konflikten verlieren? Wie kann ich als Führungskraft meine Mitarbeiter ermutigen? Wie kann ich meinen Kindern für ihr Leben Mut mitgeben? Was ist das eigentlich: Mut? Bin ich mutig?«

Nach Klärung dieser persönlichen Lernziele und Fragestellungen, wird jedem Besucher ein Guide zugeteilt, der in der LernWelt dem Besucher als Unterstützer und Coach zur Verfügung steht. Erst nach dieser Erwärmung betreten die Teilnehmer mit ihren Guides die LernWelt.

In der LernWelt haben sich die folgenden Stationen zur Schaffung einer anregenden Lernumgebung bewährt.

- *»Die Wand der 1000 Bücher«:* Eine Leseecke bietet Texte und Bücher. Die Guides geben Lesetipps oder lesen vor.
- *»LernKino«:* Ein Zusammenschnitt von Filmszenen zum Thema geben einen unterhaltsamen Zugang. Unterstützt wird das Lernen anhand von Filmbeispielen mit Kommentaren, die die Wahrnehmung auf bestimmte Sequenzen fokussieren.
- *»Meditationsecke«:* Der Besucher findet ausgesuchte Musik und Aphorismen zum Thema.

- »*Schreibstube*«: Unterschiedliche Schreibmaterialien, Briefpapier und Anreize zum Thema laden ein zum Schreiben – einen Brief an sich selbst oder an eine imaginierte Person, einen Text zum Thema, eine Gedicht, eine Collage …
- »*Coachingecke*«: In einer abgeschirmten Ecke besteht die Möglichkeit im persönlichen Coaching eine Perspektive zu entwickeln, Einsichten zu vertiefen oder Rat zu holen.
- »*Malatelier*«: Eine Staffelei und Farben laden ein zu malen, zum Visualisieren eines Themas.
- »*LernTV*«: Hier besteht die Möglichkeit zum Kamerafeedback. Teilnehmer können sich mit einer Videokamera in einer Interaktion oder einem Gespräch aufnehmen.
- »*Fragenmuseum*«: Fragen- und Zitatensammlungen werden zum assoziativen Lernen genutzt. Auch möglich sind Bilder, Gedichte, Musik, Plastiken, Tiefen-Interviews.
- »*Stegreifbühne*«: Hier werden Szenen gespielt, in der sich LernWeltbesucher bewähren können. Je nach Lernwunsch steht ein Rollenspieler zur Verfügung, der Szenen aus dem Stegreif improvisiert und den Besucher in die Szene integriert. Der Besucher kann sich so Szenen einrichten, in der er sich gerne bewähren möchte.
- »*Spaß und Spontaneität*«: LernWeltbesucher werden mit Aufgaben, Experimenten und Herausforderungen konfrontiert. Beispiel: Lernen mit Thymianbrot. Die alten Griechen wussten schon, dass Thymian Mut macht. Vor den Schlachten rochen die Krieger an dem Kraut. In der LernWelt »Mut« haben die Teilnehmer sogar die Möglichkeit sich mit einem Thymianbutterbrot zu stärken und sich so ein wenig Mut anzuessen.

Die Besucher wandern von Station zu Station oder folgen Empfehlungen ihrer Guides sie finden ihren persönlichen Lernweg. Nach vier Stunden trifft sich die Gruppe im Vorraum wieder, tauscht Erfahrungen aus und bespricht den Transfer in den Alltag.

Essenz und Bedeutung

Das Psychodrama ist, wie hier gezeigt werden sollte, eine äußerst dynamische Methode, Personen und Gruppen in einen interaktiven Kommunikationsprozess zu bringen. Das Aufbrechen festgefahrener Strukturen, Denk- und Verhaltensweisen wird dabei mithilfe (szenisch) angewandter Perspektivwechsel ebenso in Gang gesetzt, wie die Erkenntniserweiterung im Hinblick auf eigene Rollenmuster (und die anderer). Als methodisches Instrument hat sich das Psychodrama mit all seinen verschiedenen Spielarten für Schulungskonzepte im Training und in der Beratung von Unternehmen und Verwaltungen bestens etablieren können. (Voraussetzung dafür war allerdings eine enorme Weiterentwicklung der Methode verglichen mit den Ansätzen zu Zeiten Morenos, erst das hat das Psychodrama in seiner heutigen Verwendung einsetzbar und effektiv gemacht.) Das Ziel des modifizierten Ansatzes ist klar ausgerichtet: Es geht um die stete Verfeinerung von Kommunikationskompetenz zum Zwecke optimierter Arbeitsprozesse. Kurz: um die psychologische Dimension zur Optimierung von Produktivität. Abschließend seien hier noch einmal, in gebündelter Form, die wichtigsten Kernpunkte der vorgestellten Methode genannt:

- Zu den zentralen Elementen des Psychodramas gehören Perspektivwechsel und eine Rahmensetzung für ungewöhnliche Sichtweisen. Diese Elemente haben in abgewandelter Form längst Eingang in andere Methoden interaktiver Personalentwicklung gefunden.
- Der Protagonist wird dabei beobachtet, wie er die Welt beobachtet und deutet. Bei der spielerischen Darstellung dieses Beobachtungsprozesses erhält er Anregungen und Korrekturen durch die Gruppe und den Berater, die neue Sichtweisen und andere Emotionen möglich werden lassen.
- Das »Thema« des Protagonisten ist ein ihm eigenes Problem. Probleme sind Schwierigkeiten unter denen man deswegen leidet, weil man weiß oder spürt, dass etwas anders sein könnte als es ist (sonst würde man nicht darunter leiden). Zugleich beinhaltet die Problemerkennung, indem sie spielerisch dargestellt wird, bereits die Ahnung einer Lösung.
- Sichtweisen bestimmen Verhalten. Veränderte Sichtweisen verändern Haltungen. Eine andere Sichtweise wird im Spiel selbst entwickelt und damit eine dramatische Spannung erzeugt. Ein Antagonismus tritt auf. Ein Gegenthema stellt sich heraus.
- Ein Psychodrama zu spielen, bedeutet eine andere Erfahrung zu machen. Die Veränderung geschieht dadurch, dass ein Gegenthema eine andere Bedeutung erhält als es zuvor hatte: Die grundlegende Neubewertung einer Problematik wird möglich.

Literatur

Boal, Augusto: Theater der Unterdrückten Übungen und Spiele für Schauspieler und Nicht-Schauspieler«. Suhrkamp Verlag, Frankfurt am Main 1989

Bosselmann, Rainer/Lüffe-Leonhardt, Eva/Gellert Manfred: Variationen des Psychodramas. Christa Limmer, Meezen ²1996

Buer, Ferdinand (Hrsg.): Morenos Therapeutische Philosophie. Leske + Budrich, Opladen 1991

Buer, Ferdinand: Morenos therapeutische Philosophie und die psychodramatische Ethik. In: Fürst u.a. 2004, S. 30–58

Fürst, Jutta/Ottomeyer, Klaus/Pruckner, Hildegard (Hrsg.): Psychodrama-Therapie. Facultas, Wien 2004

Geßmann, Hans-Werner (Hrsg.): Bausteine zur Gruppenpsychotherapie. Band 1. Jungjohann, Neckarsulm 1984

Geßmann, Hans-Werner (Hrsg.): Bausteine zur Gruppenpsychotherapie Band 2, Jungjohann, Neckarsulm 1986

Geßmann, Hans-Werner: Wenn die Arbeit auf den Magen drückt … Bearbeitung einer Leistungsstörung durch psychodramatische Gruppenpsychotherapie. In: Geßmann 1987, S. 171–215

Geßmann, Hans-Werner (Hrsg.): Humanistisches Psychodrama. Verlag des Psychotherapeutischen Instituts, Bergerhausen 1994

Geßmann, Hans-Werner: Megalomania normalis oder der Versuch einer Biographie J.L. Morenos. In: Geßmann 1994, S. 23–56

Moreno, Jacob L.: Das Stegreiftheater. Beacon, New York 1970

Moreno, Jacob L.: Gruppenpsychotherapie und Psychodrama. Georg Thieme, Stuttgart 1973

Moreno, Jacob L.: Auszüge aus der Autobiografie. ScenarioVerlag, Köln 1995

Müngersdorff, Rüdiger: Die Ursprünge des Psychodramas in Morenos Wiener Stegreiftheater und die anthropologische Grundlage des Psychodramas. In: Geßmann 1984

Müngersdorff, Rüdiger: Doch Gott wollte nicht helfen oder die dramatische Spannung entwickelt sich aus dem Spiel des Protagonisten. In: Geßmann 1987

Petzold, Hilarion: Dramatische Therapie. Hippokrates, Stuttgart 1982

Reineck, Uwe/Küppers, Arnd/Röckelein, Christoph: Werkstätten. Erschienen als SYNNECTA-Skript, Karlsruhe, Antwerpen, New York 2000; abrufbar via Internet: www.synnecta.de

Reineck, Uwe/Küppers, Arnd/Thorweihe, Utz: Reality Training. Erschienen als SYNNECTA-Skript, Karlsruhe, Antwerpen, New York 2001; abrufbar via Internet: www.synnecta.de

Reineck, Uwe/Thorweihe, Utz: Soziodramatische Lehrstücke. Erschienen als SYNNECTA-Skript, Karlsruhe, Antwerpen, New York 2002; abrufbar via Internet: www.synnecta.de

Reineck, Uwe/ Röckelein, Christoph: LernWelten. Erschienen als SYNNECTA-Skript, Karlsruhe, Antwerpen, New York 2004; abrufbar via Internet: www.synnecta.de

Schmid, Wilhelm: Philosophie der Lebenskunst. Suhrkamp, Frankfurt am Main 1999

Wiener, Ron: Soziodrama praktisch. ScenarioVerlag, München 2001

Konzept 8

Handlungslernen: Training by Doing

Die Grundlagen modernen Handlungslernens für Trainer und Pädagogen

Thomas Späth

Einführung und Geschichte

»80 Prozent der Lerninhalte sind durch Handlungslernen zu vermitteln« sagt Professor Werner Michl, einer der »Handlungslernen-Päpste« im deutschsprachigen Raum – starke Worte! Dass »Learning by Doing« funktioniert, wissen wir nicht erst seit John Dewey, der das Anfang des 20. Jahrhunderts wissenschaftlich begründet hat. Aber lässt sich das auch als »Training by Doing« in die moderne Trainingspraxis übertragen? Oder sind handlungsorientierte Trainings, insbesondere Outdoortrainings, lediglich eine Modeerscheinung der postmodernen Erlebnis- und Spaßgesellschaft? Eignet sich dieser Ansatz in der Trainingspraxis und wo sind seine Chancen, Risiken und Nebenwirkungen?

> *»Das große Ziel des Lebens ist nicht Wissen, sondern Handeln.«*
> (Thomas Henry Huxley)

Geschichte: Bereits Aristoteles (384–322 v. Chr.), Begründer wissenschaftlicher Bildungssysteme und humanistischer Wegbereiter abendländischer Kultur, ging in seinen Erziehungsvorstellungen davon aus, dass Menschen mit Erfahrung mehr Erfolg haben als jene, die »nur« über theoretisches Wissen, jedoch keine Erfahrung verfügen. Er stellte geistige Bildung, körperliche Ertüchtigung und sittliche Erziehung in eine wechselseitige Beziehung. Aristoteles erachtete »wandelndes Lernen« als besonders wirkungsvoll. Für den französischen Humanisten Michel de Montaigne (1533–1592) stellte sich die eigene Erfahrung als die beste Erkenntnisquelle dar. Eine Erziehung durch Handeln sowie durch »Wagnis und Bewährung« war für ihn essenziell.

Der englische Philosoph John Locke (1632–1704) hebt die Bedeutung der Sinneserfahrung für die Bildung von Wissen hervor: »Die Erlebnisse eines Menschen werden durch das Bewusstsein bearbeitet und gehen in Erkenntnisse und Erfahrungen über.« Das Denken ist nach Locke ein empfindungs- und damit erfahrungsgebundener Erkenntnisvorgang. Für den Puritaner Locke war in der Erziehung die gesunde und natürliche Lebensführung bedeutend (»frische Luft in Fülle, Leibesübung und Schlaf«).

Jean-Jacques Rousseau (1712–1778), Denker und Philosoph, empfahl Handlung und Erfahrung als Unterrichtsprinzip und ermahnte die Lehrer: »Und denkt daran, dass ihr in allen Fächern mehr durch Handlungen als durch Worte belehren müsst.« Im Gegensatz zu Descartes »Ich denke also bin ich« setzte Rousseau »Ich erlebe also bin ich«. Gemäß Johann Heinrich Pestalozzi (1746–1827), der in Bezug auf Handlungslernen oft zitierte Schweizer Pädagoge und Sozialreformer, muss Lernen mit »Herz, Hand und Kopf« erfolgen, damit es den Menschen in seiner Ganzheitlichkeit erreicht und dadurch überhaupt erst verhaltenswirksam wird.

Nicht zuletzt hat sich auch Johann Wolfgang von Goethe (1749–1832) zum Thema Handlungslernen eindeutig positioniert mit dem Zitat: »Es reicht nicht zu wissen, man muss auch anwenden, es reicht nicht zu wollen, man muss auch tun.«

Angestoßen wurde das Handlungslernen jedoch erst richtig durch John Dewey, William James und Kurt Hahn mit der Geburt der Erlebnispädagogik.

John Dewey (1859–1952), US-amerikanischer Philosoph, Pädagoge und Psychologe hat Anfang der 1920er-Jahre das Handlungslernen (unter dem Namen »Learning by Doing«) wissenschaftlich begründet. Nach Bernd Heckmair und Werner Michl (2002) gilt er in den USA und Kanada als der Vater des handlungs- und erfahrungsorientierten Lernens. Beim Lernen sind für ihn vier Punkte zentral: »Lebensnähe, reale Bedingungen des Curriculums, erfahrungsbezogener Unterricht und Individualisierung«.

William James (1842–1910), US-amerikanischer Psychologe und Philosoph, fomulierte folgende Erziehungsprinzipien: »Man lernt am besten, wenn man selbst dabei handelt«, »gute Erziehung muss ganzheitlich sein« und »die Basis jedes Lernens ist das unmittelbare Erleben durch die Sinne«.

Auch wenn sich außer Dewey und James noch mehrere Pädagogen am Anfang des 20. Jahrhunderts mit dem Handlungslernen auseinander gesetzt haben, so gilt doch vor allem der Deutsche Kurt Hahn (1886–1974) als Gründervater der Erlebnispädagogik, die wie keine andere pädagogische Richtung das Handlungslernen aufgegriffen, thematisiert und weiterentwickelt hat.

Als Protagonist der reformpädagogischen Bewegung (zirka 1890–1930) griff Kurt Hahn handlungsorientierte Ansätze und das »Erleben« in der Erziehung auf und setzte diese praktisch in seinen Landerziehungsheimen und Kurzschulen um. Gemäß Hahn müssen die Erlebnisse hohe Intensität besitzen, um möglichst tiefe Einprägungen im Bewusstsein der (jungen) Menschen zu hinterlassen.

Die »Hahnsche« Pädagogik war aber keinesfalls originell, vielmehr war es ein Sammelsurium verschiedener Ansätze (ein »best of« sozusagen), die er aus der Pädagogik und Psychologie aufnahm und diese unter dem Begriff der »Erlebnistherapie« bündelte. Er meinte damit aber nicht einen therapeutischen, sondern einen pädagogischen Ansatz, denn er wollte die kranke Gesellschaft therapieren durch Pädagogik. Zentrale Aspekte seiner Erlebnispädagogik waren »körperliches Training« und »Teamsport«, um das kooperative Verhalten zu trainieren, das »Durchführen von Projekten und Expeditionen« (hierunter verstand Kurt Hahn Berg-, Ski-, See- und Kajaktouren sowie »Rettungsdienst«). Während dieses Konzept bis Anfang der 1980er-Jahre kaum Beachtung fand, gibt es heute kaum eine Bildungsstätte, die sich nicht dem »Generalthema« des Lernens durch Handeln und Erleben zugewandt hat. Nach Annette Reiners (2005) hat sich ein Bildungsansatz für die unterschiedlichsten Zielgruppen aus der Erlebnispädagogik entwickelt. Erlebnispädagogik liegt im Trend als Therapie, als Maßnahme der Jugendhilfe, als Integrationshilfe für Behinderte und Verhaltensauffällige und eben auch als Trainingsmethode, vom Auszubildenden bis zum Topmanager.

Modernes Handlungslernen reicht von einfachen, wenige Minuten dauernden praktischen Übungen, eingebettet in ein Seminar oder Training, bis hin zu mehrtägigen anspruchsvollen und komplexen Outdoortrainings.

Was steckt dahinter?

Die Basis modernen Handlungslernens: Hintergründe und Lernmodelle

Grundsätzlich betrachtet ist Lernen ein Veränderungsprozess. Die Veränderungen betreffen je nach Intensität des von außen kommenden »Lern«-Reizes (Lernstoff) und der inneren Bereitschaft (Motivation) das Fühlen, das Denken und das Handeln. Besonders effektiv ist Lernen, wenn die »Darreichungsform« des Lernstoffes auf möglichst vielen Reizkanälen erfolgt, also ganzheitlich ist, wenn die Gefühle miteinbezogen

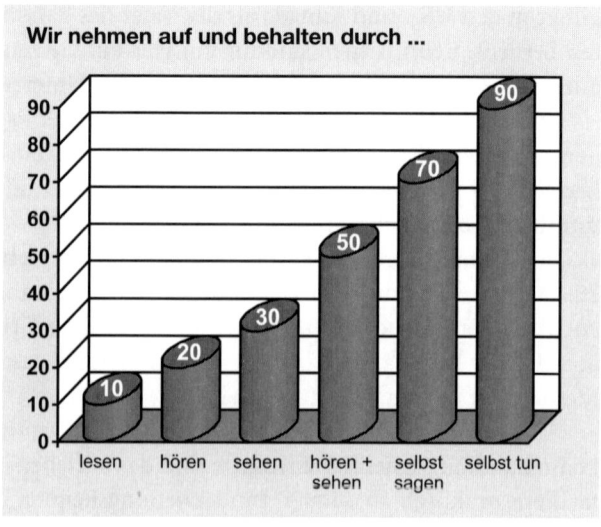

Wir nehmen auf und behalten durch ...

werden und die Motivation des Lernenden hoch ist. Aus diesen Gründen ist der Behaltensquotient, das heißt die Wirkung von Handlungslernen (= »selbst tun«, s. Grafik) hoch. Auch das Hauptziel des Lernens, nämlich den Lernstoff in das Verhaltensrepertoire des Lernenden zu transferieren, wird dadurch wesentlich gefördert.

Definition »Handlungslernen«

»Alles Wissen ist an Handeln gebunden.«

(Jean Piaget)

Handlungslernen als ganzheitlicher Ansatz spricht den Menschen in seiner Gesamtheit an. Diese Gesamtheit wird aus der kognitiven (Kognition = Wahrnehmen, Denken, Verstehen und Urteilen), der emotionalen und der motorischen Ebene gebildet.

Für eine Vernetzung dieser drei Ebenen des Lernens stellt Handlungslernen ein pädagogisches Arrangement dar, um dem lernenden Menschen zu entwicklungsfördernden Erlebnissen zu verhelfen. Intensive sinnliche Erlebnisse unter direkter Beteiligung des Körpers lassen uns leichter lernen: Bewegung (englisch »motion«) schafft Gefühl (»emotion«) und emotionales Lernen ist wesentlich effektiver als emotionsloses (s. Kapitel »Hirnforschung«, S. 37 ff.).

 Ein typisches Beispiel für Handlungslernen ist der »Griff des Kindes auf die heiße Herdplatte«. Das Kind muss diesen Vorgang in der Regel kein zweites Mal wiederholen, um gelernt zu haben. Die Information hat sich durch die Reizintensität und starke Emotionalität beim ersten Mal (im wahrsten Sinne des Wortes) in das Gedächtnis »eingebrannt«! Im Gegensatz dazu ist eine rein theoretische Erklärung über den Griff auf die Herdplatte sehr wahrscheinlich weniger einprägsam.

Lernen wir durch Handeln haben wir die Möglichkeit, dass neues Verhalten vom Unterbewussten aufgenommen und integriert wird, ohne dass das Bewusste im Weg steht (zum Beispiel durch negative Glaubenssätze, »Killerphrasen« oder Routine). Ferner sind die Teilnehmer durch die Ganzheitlichkeit des Vorgehens meist intrinsisch motiviert, also von innen heraus für das Tun begeistert.

Auch durch die Hirnforschung (s. S. 51) wird Handlungslernen eindrucksvoll bestätigt: Menschen lernen dann am besten, wenn sie selbst tätig sind. Dabei sollten die Trainer für viele und gute Handlungsbeispiele sorgen und die Menschen »handeln« lassen. Menschen erwerben in rasanter Geschwindigkeit Wissen und generieren Fähigkeiten, wenn sie dabei möglichst viel selbst ausprobieren und tun können.

Da die Erlebnispädagogik als »das System hinter« dem Handlungslernen gewertet werden darf, werde ich nachfolgend etwas ausführlicher darauf eingehen.

Definition »Erlebnispädagogik«

Nach Bernd Heckmair und Werner Michl (2002) ist Erlebnispädagogik im engeren Sinne ein Bildungsansatz mit handlungsorientierten Methoden, in dem durch Gemeinschaft in meist ungewöhnlichen Umfeldern oder Umständen neue Raum- und Zeitperspektiven erschlossen werden, die einem pädagogischen Zweck dienen.

Erlebnispädagogische Aktionen können zu einem »Wir-Gefühl« beitragen, gegenseitig Hilfe und Unterstützung geben. Gemeinsam werden intensive Kontakte und Emotionen erlebt, Schwächen und Stärken werden offenbar, Ängste und Sehnsüchte werden ausgetauscht. Außerdem fördern sie ein »Ich-Gefühl« – durch Identitätsfindung bei Grenzerlebnissen, durch Abgleichen von Fremd- und Selbsteinschätzung, durch körperlichen Einsatz, durch Forderung und Förderung von Ressourcen und konstruktiven Aufgabenbewältigungen.

Bernd Heckmair und Werner Michl führen dazu aus: »Ein Ich-Gefühl entwickelt sich erst, wenn die Gewohnheiten des Alltags überschritten und infrage gestellt werden, wenn eine besondere Situation eintritt, wenn Betroffenheit oder Ergriffenheit mit im Spiel sind, wenn Freude, Lust oder zumindest eine Irritation sich einstellen.«

Der (kanadische) erlebnispädagogische Vordenker Simon Priest sagt über Erziehung, dass es deren fundamentale Aufgabe ist, Menschen »die Möglichkeit zu eröffnen, eigene Erfahrungen zu machen, selbstständig Kriterien zu entwickeln, sich selbst entscheiden und dabei auch einmal Fehler machen zu können, über die sie nachdenken und aus denen sie lernen können.«

Das 4-Schritte-Modell für wirkungsvolles Handlungslernen

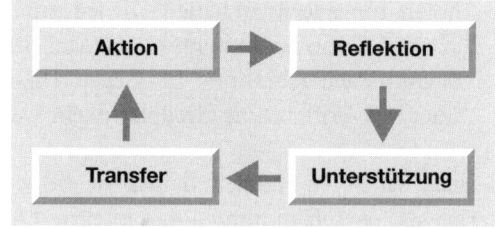

Aktion: Die Lerninhalte werden anschaulich und handlungsorientiert aufbereitet und dargereicht, zum Beispiel mit praktischen Problemlösungsaufgaben, Interaktionsübungen, Lernprojekten, (Rollen-)Spielen oder Ähnlichem.

Reflexion: Es erfolgt ein Erfahrungsaustausch des beziehungsweise der Lernenden über das Handeln oder die Lerninhalte mit für die jeweilige Zielgruppe geeigneten Reflexionsmethoden. Das können verbale Methoden sein (zum Beispiel Fragetechniken, Blitzlicht) oder kreative Methoden (zum Beispiel Symbolsuche, Malen, Pantomime). Eingesetzt werden können zudem Skalierungen oder soziometrische Methoden.

Unterstützung: Trainer oder Pädagoge unterstützen das Lernen durch die geeignete Auswahl der Aktions- und der Reflexionsmethoden sowie ihre persönliche und soziale Kompetenz und Integrität. Entsprechende Unterstützungswerkzeuge sind zum Beispiel Lernpartnerschaften, Follow-up-Veranstaltungen, Einzel- und Gruppenverträge, Lerngruppen, Hausaufgaben, Lernziel-Bestimmung, Interventionstechniken und vieles mehr.

Transfer: Anschließend erfolgt das Umsetzen des in der Aktion behandelten Stoffes in die persönliche Verhaltensebene beziehungsweise den Alltag der Teilnehmer.

Bei diesem Modell handelt es sich natürlich nicht um ein starres 4-Schritte-Verfahren, sondern um eine flexible pädagogische Leitstruktur. So können beispielsweise mehrfach Aktion-Reflexion-Schritte vor einem entscheidenden Transferschritt gesetzt werden, oder aber nach einem vollzogenen Transferschritt weitere Aktionen anschließen, um den Transfer weiter nachhaltig zu verdichten (Lernspirale).

Praxisbeispiel Lernprojekt »Turmbau«

Im Rahmen eines Zeitmanagementseminars geht es um das Thema »systematische Planung«.

Aktion: Mit dem Lernprojekt »Turmbau« sollen die Teilnehmer in Kleingruppen (Konkurrenzsituation! Leistungsdruck!) ein Hochqualitätsprodukt (»Turmprototyp«) aus Holzstäben, Moderationskarten und Klebeband innerhalb von 20 Minuten bauen (Zeitdruck!), der exakt 1,47m hoch ist (messbares Kriterium!), einen 30 sekündigen Werbespot (Kreativität unter Zeitdruck!) und einen Stabi-

litätstest entwerfen (subjektives Kriterium!), der den Kunden (= Trainer) über-zeugt. Das Lernprojekt endet mit einer Präsentation der Ergebnisse.

Reflexion: Die Kleingruppen ziehen sich zu einem internen Feedback in Bezug auf ihre (mehr oder weniger) systematische Vorgehensweise unter den ge-nannten Rahmenparametern Zeit- und Leistungsdruck bei der Turmbauaufgabe zurück. Zum Abschluss der Reflexionsphase präsentieren die Klein-gruppen kurz ihre Feedbackergebnisse (Ist-Analyse Vorgehensweise) vor dem Plenum.

Unterstützung: Der Unterstützungsaspekt steckt natürlich wie eine Matrix überall im Prozess: Es beginnt bei der Auswahl der Aktion passend zum The-ma und zur Zielgruppe, danach müssen die Fragestellungen zur Reflexion, je nach Zielgruppe eher konstruktiv ressourcenorientiert oder mehr provokant defizitorientiert, möglichst punktgenau gesetzt werden, um letztendlich da-durch die Überleitung zum Transfer einzuleiten.

Transfer: Im Transferschritt ziehen die Teilnehmer ihre Verbindungen zu All-tagssituationen (wiederum in den Bau-Kleingruppen) und leiten konkrete Konsequenzen für ihre zukünftige Herangehensweise an berufliche Aufgaben ab (Soll-Struktur).

Entscheidend für die Erhöhung der Transferwahrscheinlichkeit (Wahrscheinlichkeit der Umsetzung der Erlebnisse und Lerninhalte in den Alltag) ist die gelungene Verbindung zwischen Aktion und Reflexion sowie eine gute Unterstützung durch den Trainer beziehungsweise Pädagogen. Hat ein Transfer (zum Beispiel die Teilnehmer haben eine neue Verhaltensweise ausprobiert, reflektiert und integriert) stattgefunden, kann gemäß der obigen Herangehensweise die nächste, anspruchsvollere Aktion folgen, die das Erlernte trainiert und dadurch weiter festigt.

Ein Erlebnis wird erst dann zur Erfahrung, wenn es durchdacht und im Bewusst-sein so angelegt wird, dass neue Handlungsalternativen zur Verfügung stehen. Reflexi-on ist die notwendige Ergänzung zum Handeln. Um wirklich ganzheitlich vorzugehen, muss eben der ganze Mensch angesprochen werden, mit Kopf, Herz und Hand. Daraus leiten sich auch die nachfolgend näher erläuterten Handlungslernmodelle ab.

Handlungslernen und andere Lernmodelle

Die Grundlage pädagogischen Handelns bilden sechs methodische Ansätze, auch Lernmodelle genannt (englisch »curriculum models«). Man unterscheidet zwei grundsätzlich verschiedene Ansätze. Zum einen das klassische instruktive Lernen (Lernmodell 1) und zum anderen die handlungs- und erlebnisorientierten Lernmodelle zwei bis sechs, die sich auf das Wechselspiel von Aktion und Reflexion, von Handeln und Erleben sowie der Integration des Lerninhaltes beziehen.

Die (Handlungs-)Lernmodelle zwei bis sechs orientieren sich am Ansatz des Konstruktivismus (s. Kapitel »Konstruktivismus«, S. 253 ff.) und werden durch die moderne Gehirnforschung weitgehend bestätigt (s. Kapitel »Hirnforschung«, S. 37 ff.). Demnach kann Lernen – ganz im Gegensatz zum Ansatz des instruktiven Lernens – nicht determiniert, allenfalls angeregt werden. Jede Didaktik muss berücksichtigen, dass Lernen immer Anschlusslernen an Erfahrenes und Bekanntes ist. Jede Wahrnehmungsänderung ist eine Neukonstruktion von Wirklichkeit. Der Wahrnehmungsschulung kommt deshalb eine große Bedeutung zu. Die Aufgabe der Pädagogen ist es, die persönliche (intrinsische) Motivation des Lernenden zu stimulieren, damit dieser sich mit einem bestimmten Lernstoff beschäftigt sowie lernförderliche Rahmenbedingungen bereitzustellen. Trainer und Pädagogen werden vom Wissensvermittler zum Lernbegleiter.

Innerhalb der Handlungslernmodelle zwei bis sechs unterscheidet man die Ansätze zwei und drei, bei denen Verhaltensmodifikationen nach den Aktivitäten angestrebt werden, während die Modelle vier, fünf und sechs die entwicklungsfördernden Kräfte bereits vor, während und durch die Lernsituation nutzen:

- Instruktives Lernen (»Learning by Telling«).
- Handlungslernen pur (»Learning by Doing«).
- Handlungslernen durch Reflexion (»Learning through Reflection«).
- Direktives Handlungslernen (»Direction with Reflection«).
- Metaphorisches Handlungslernen (»Reinforcement in Reflection«).
- Indirekt-metaphorisches Handlungslernen (»Redirection before Reflection«).

Das instruktive Lernen

Dies ist das klassische (in den Regelschulen oft noch praktizierte) Lern- beziehungsweise Lehrmodell. Der Trainer instruiert was die Teilnehmer lernen »sollen«. Hierbei verbindet sich ein auf logisch-analytisches Funktionieren beruhendes Menschenbild mit der Vorstellung, dass »gelernt wird, was gelehrt wird«. Der Trainer fasst als »Experte« die wesentlichen Lernziele zusammen und erläutert den Teilnehmern, wie sie das Gelernte umsetzen sollen.

 Nach einer Trainingseinheit könnte sich das (im schlimmsten Falle) etwa so anhören: »Sie haben nun gelernt, dass eine strukturierte Herangehensweise notwendig ist, um Erfolg zu haben. Ihre Planung war schlecht, die Ziele unklar und die Ressourcen nicht gut verteilt. Achten Sie beim nächsten Mal auf eine bessere gemeinsame Planung, dann wird sich der Erfolg bald einstellen.«

Nur ein Fünftel dessen, was der Mensch auf klassischem, instruktivem Weg gelehrt bekommt (das, was er einfach nur »hört«), kann er sich auch merken. Was er hingegen selbst getan, ausprobiert, mit Kopf, Herz und Hand erfahren hat, das bleibt weitgehend (bis zu 90 Prozent) in seiner Erinnerung gespeichert und ist praxisrelevant abrufbereit (s. Grafik auf S. 222)!

Wenn wir uns erinnern, wie wir gelernt haben, finden sich die meisten von uns in der Schule wieder. Eingezwängt zwischen einem Stuhl und einem Tisch mit allerlei Theorie konfrontiert. Das setzt sich meist fort in der Lehre, im Studium, in der Ausbildung und in vielen anderen Lebensbereichen. Der Ablauf ist stets gleich: zuerst die Theorie, das heißt verstehen über den Kopf, dann die Praxis, das bedeutet üben, bis eventuell hin zum Können. Am Anfang wird also der Kopf angesprochen und dann erst, wenn überhaupt, der Rest. Begründet wird dieses Vorgehen noch immer durch den an einem Lernziel orientierten Ansatz nach Thorndike. Dabei herrscht die Hoffnung, dass durch genaue Lernzielangaben genaue Bedingungen und Methoden für das Erreichen eines Zieles festgelegt werden können. Ziele sollen überprüfbar und durch beobachtbares Verhalten messbar werden.

Beim Erlernen des 1 × 1 ist das vielleicht eine sinnvolle Sache. Aber wie weit kommt man damit, wenn es zum Beispiel darum geht, zu lernen, in das Leben zu vertrauen? Lernen wurde durch den instruktiven Ansatz weitgehend auf den kognitiven Bereich eingeengt und ist dadurch nur in der Lage einfache Ziele anzustreben. Komplexere Problemlösungsansätze und Verhaltensweisen sind damit kaum beziehungsweise nicht zu erfassen.

Lernmodelle 2–6: Handlungslernen

Es ist unsere natürliche Art über das »Selbst-tun«, über alle Sinne und unseren Körper, die Welt (im wahrsten Sinne des Wortes) zu begreifen. Als Kinder haben wir die ersten Dinge über den Körper erfahren, ausprobiert und gelernt: Laufen, Anfassen, Reden. Erfahrungen wurden mit dem Körper (der Hand) gemacht und dann erst in das Körper-Kopf-System integriert, sprich verstanden. Das hört als Erwachsener nicht auf – wir sind mehr »Körperwesen als wir denken«. Ein Großteil von dem, was unser Gehirn zu jedem Zeitpunkt aufnimmt, sind Informationen über unsere Bewegungen im Raum. Und alles was der Körper mehrfach wahrnimmt, jedes Erleben und Verhalten, welches sich mehrfach wiederholt, kann zur Gewohnheit werden. Das heißt, wir haben über die Bewegung die Möglichkeit neue Gewohnheiten in uns anzustoßen. Und wir haben gleichzeitig die Möglichkeit alte Muster aufzulösen. Alle Lebenserfahrungen, die wir machen, sind sozusagen in unserem Körper manifestiert. Je nach persönlicher Geschichte formt sich so unser Körper im Laufe des Lebens und an den Stellen, wo die Geschichte schwer, beängstigend oder gar schmerzhaft war, »festigt« sich das im Körper.

 Zum Beispiel das Muster, sich nicht zu trauen, seine Meinung zu sagen oder Angst vor Kritik zu haben, ist körperlich in uns verankert und kann dort verändert werden. Wir müssen spüren, dass es anders geht, sonst können wir es nicht ändern.

Handlungslernen pur

Dieses Handlungslernen ist das eigentliche »Learning by Doing« und wurde und wird in vielen, vor allem erlebnispädagogischen Programmen praktiziert. Die Teilnehmer erleben die verschiedenen Übungen und Aktivitäten, sie praktizieren neue Verhaltensweisen und Inhalte. Ob sie etwas über sich selbst lernen, über ihre Beziehung zu anderen oder darüber, wie sie mit den Herausforderungen der Übungen und des Alltags umgehen können, wird nicht thematisiert. Der Trainer konzentriert sich auf Instruktion, Organisation und die Vermittlung neuer Fertigkeiten.

Handlungslernen durch Reflexion

Hier werden im Unterschied zu den vorangegangenen beiden Ansätzen die Teilnehmer zum ersten Mal aktiv an der Umsetzung der gemachten Erlebnisse beteiligt. Zum Nachdenken anregende Fragen wie beispielsweise »Was wurde bei der vergangenen Aktivität erreicht, was wurde nicht erreicht? Was war zielführend, was nicht? Was würden Sie das nächste Mal anders machen? Kennen Sie vergleichbare Situationen aus dem Arbeitsalltag?« führen dazu, das Potenzial der gemachten Erfahrungen selbst zu entdecken. Die Aufgabe des Trainers besteht darin, diesen Prozess durch ausgewählte Reflexionsmethoden und das Aufgreifen Teilnehmer relevanter Aspekte zu unterstützen.

Direktives Handlungslernen

Mit dem direktiven Handlungslernen ändert sich die Methode wesentlich: Wurden bei den vorherigen Modellen die Erfahrungen hinterher beziehungsweise gar nicht ausgewertet, werden jetzt die Entwicklungsrichtungen bereits vor der Aktivität thematisiert. Sie fließen mittels praktischer Erprobung in die Aktivität ein. Der Trainer führt in die Aktivität ein und regt durch gezielte Fragen das Herausarbeiten möglicher und/oder gewünschter Entwicklungsrichtungen bereits vor der Aktivität an:

● Bezug: Was kann bei der folgenden Aktivität gelernt werden?
● Motivation: Warum ist diese Erfahrung möglicherweise von Bedeutung?
● Transfer: Welchen Bezug hat die Übung zum Arbeitsalltag?
● Zielorientierung: Welches Verhalten bringt voraussichtlich den Erfolg?
● Hindernisse: Welches Verhalten wird eher hinderlich (kontraproduktiv) sein?

Metaphorisches Handlungslernen

Auch beim metaphorischen Handlungslernen wird die Verhaltensänderung bereits vor beziehungsweise während der Aktivität angestrebt. Im Gegensatz zum vorhergehenden

Modell erfolgt hier eine Einführung über Metaphern, die die Aktivität analog zur Lebenswirklichkeit der Teilnehmer darstellt (s. »Methodische Ansätze«, S. 237 ff.).

 Beispielsweise kann die im Praxisbeispiel Lernprojekt »Turmbau« beschriebene Aufgabe (s. S. 224 f.) als Metapher für die systematische Herangehensweise an konkrete Projekte im Arbeitsalltag herangezogen werden. Das eigentliche Tun hat zwar nichts mit den Alltagstätigkeiten der Teilnehmer zu tun, wohl aber mit der Art der Herangehensweise, der Kommunikation und Kooperation, dem Umgang mit Zeit- und Leistungsdruck.

Eine solche Anpassung erfordert vom Trainer eine gute Kenntnis der Lebensumstände der Teilnehmer. Gelingt diese Anpassung, steigt die Wahrscheinlichkeit des Lerneffektes, weil die Übertragung unmittelbar in den Köpfen der Teilnehmer erfolgt (s. Kapitel »Konstruktivismus«, S. 253 ff. und Kapitel »Hirnforschung«, S. 37 ff.).

Indirekt-metaphorisches Handlungslernen

Beim indirekt-metaphorischen Handlungslernen kommen im Interesse der Teilnehmer verschiedene Paradoxien zum Zuge wie zum Beispiel »Double-bind-Situationen« oder die »Vorspiegelung von Alternativen«. Es wird häufig dann eingesetzt, wenn andere Lernmodelle scheitern.

Im Sinne einer »Double-bind-Situation« könnte bei einer Gruppe, die große Kommunikationsschwierigkeiten hat, die Einleitung zu einem Kommunikations-Lernprojekt etwa so aussehen:

»In den meisten Gruppen gibt es bei der folgenden Übung verschiedene Lösungsstrategien, die die Teilnehmer unterschiedlich laut äußern. In der Regel hört keiner auf den anderen, es kommen nicht alle Vorschläge zur Sprache. Irgendwann setzt sich einer durch, und viele Teilnehmer wissen im Endeffekt nicht, was eigentlich abläuft. Bei einer Nachbesprechung stimmen alle überein, dass die Kommunikation der Gruppe schlecht war und sind damit unzufrieden. Es gibt aber auch andere Möglichkeiten, an diese Aufgabe heranzugehen. Wie würden Sie das denn angehen?«

Durch diese Einführung entsteht eine Situation, in der die Gruppe eigentlich nur gewinnen kann. Wenn sie sich genauso verhält wie beschrieben, werden die Kommunikationsschwierigkeiten allen noch bewusster und können am Anschluss an die Übung thematisiert werden. Lösen sie die Aufgabe allerdings, indem sie besser als im genannten Beispiel kommunizieren, so zeigen sie damit, dass sie sich auch lösungsorientiert anders verhalten können.

Ähnlich wie beim metaphorischen Handlungslernen erfordert das indirekt-metaphorische Handlungslernen bei dem Trainer gute Vorkenntnisse über die Teilnehmer und ihre Lebenswelt(en).

Handlungslernen war und ist stets ohne klare lernpädagogische Position, sozusagen zwischen den pädagogischen Welten pendelnd, zwischen Freizeitbeschäftigung und kurzen praktischen Übungen und Lernprojekten, zwischen Abenteuerprogrammen und Persönlichkeitsentwicklung, zwischen Incentive und Survivaltraining.

Handlungslernen wird sich wahrscheinlich auch künftig nicht festmachen lassen, sondern frei oszillieren zwischen Polen, die ebenfalls ihre Form und Lage verändern. Handlungslernen ist auch momentan dabei in eine wesentlich breiter angelegte Plattform zu münden, wo Bewegung und Handlung nicht nur auf den Körper reduziert, sondern offener begriffen wird, verbunden mit Kunst, Musik, Tanz, Theater, Film, Multimedia und auch Spiritualität.

Ethik, Werte und kritische Betrachtungen

Annette Reiners (1995) schreibt, dass erlebnis- und handlungsorientieres Lernen eher ein Prinzip und weniger ein Konzept darstellt. Auch Werner Michl und Bernd Heckmair (2002) bezeichnen die Erlebnispädagogik als Methode, nicht als eigenständiges pädagogisches Konzept. Wenn Handlungslernen beziehungsweise die Erlebnispädagogik aber nur Methoden sind, heißt das, dass die Ethikfragen daher auf die Ebene der Anwender, sprich der Trainer und Pädagogen zurückgeworfen werden.

Das ethische Fundament und die Werte

Dennoch eröffnet der Blick in die Geschichte des Handlungslernens das ethische Fundament des Ansatzes, denn eine Methode spiegelt immer auch die Haltung ihrer Begründer und Vordenker. An dieser Stelle sei gerne nochmals auf Persönlichkeiten wie zum Beispiel Aristoteles als humanistischer Wegbereiter abendländischer Kultur, den Puritaner Locke, Pestalozzi (mit seinem Zitat: »Liebe wird nur durch Liebe geweckt, Vertrauen nur durch Vertrauen, Ehrlichkeit nur durch Ehrlichkeit)« und nicht zuletzt auch auf Goethe verwiesen.

Der Reformpädagoge Kurt Hahn hat sich ethisch ebenso eindeutig positioniert. Handlungslernen war für ihn das geeignete Mittel seine ethischen Ziele möglichst schnell und sicher zu erreichen. Es ging ihm darum, durch Handlung und Erlebnis tiefe Einprägungen in dem Bewusstsein der jungen Menschen zu hinterlassen und dadurch die »kranke« Gesellschaft zu therapieren. So war für ihn beispielsweise der Rettungsdienst das beste Heilmittel gegen den Verfall der Hilfsbereitschaft und der menschlichen Anteilnahme. Hauptziel von Hahns Erlebnispädagogik war eine Erziehung zur Verantwortung durch Verantwortung. Dennoch kritisierte Golo Mann, der selbst die Schule in Salem absolviert hatte: »Hahns Pädagogik fehlte es an Diskretion. Zu oft, zu deutlich ließ er uns wissen, was er von uns erhoffte, dass wir Deutschland eine Generation von Führern stellen sollten, besser als jene des Kaiserreichs. Wir sollten ferner den moralischen Verfall, wie Hahn ihn sah, aufhalten und den üblen Gang der Dinge umkehren. Darin lag eine Anmaßung, eine Überschätzung dessen, was eine Schule im glücklichsten Fall leisten konnte.« Daran anknüpfend darf nicht verschwiegen werden, dass ein Teil der Landerziehungsheimbewegung mehr oder weniger offen mit dem nationalsozialistischen System sympathisierte, teils sogar kollaborierte. Die Idee der charakterlichen Bildung durch Erlebnisse wurde von den Nationalsozialisten allemal dankbar aufgesogen.

Der Bundesverband Erlebnispädagogik e.V. hat daher folgenden Ethikkodex formuliert:

- Professionelle Weiterbildner müssen ihre Arbeit in Übereinstimmung mit beruflichen Qualitätsstandards und in persönlicher Integrität ausüben.
- Wir gehen in unserer Tätigkeit von einem Menschenbild aus, das in der Werteordnung der Menschenrechte wurzelt.
- Wir beteiligen uns an der Entwicklung der Gesellschaft und unserer Welt und übernehmen dabei eine besondere Verantwortung.
- Wir kommen unserer besonderen persönlichen und sozialen Fürsorgepflicht gegenüber unseren Teilnehmern nach.
- Wir halten uns in unseren Leistungsangeboten an die Prinzipien der Wahrheit, Klarheit und Vertraulichkeit.

Gefahren

Kaum richtig in Schwung gekommen lauern bereits mehrere Gefahren aus verschiedenen Richtungen auf das Handlungslernen. Eine davon ist die Gefahr der Übersteuerung, das heißt, dass Handungslernen als »Allheilmittel und Allzweckwaffe« unreflektiert für alle Anliegen eingesetzt wird. Als polemisches Motto formuliert: »Ganz egal welche Problemlagen und Lernziele die Adressaten vorbringen, Handlungslernen ist immer die richtige Methode«.

Es ist zwar lernförderlich, wenn die Teilnehmer durch Handlungslernen motiviert werden, dennoch gilt es für Anwender die Notwendigkeit der oft zeit- und materialintensiven Übungen mit dem erwarteten Nutzen und den verfolgten Zielen abzugleichen. So genügt es zum Beispiel manchmal (je nach Zeitbudget und Zielgruppe) durchaus, die Seminarbegrüßung und Erwartungsklärung »klassisch«

> »Manche Menschen stolpern über eine Erfahrung, stehen auf und gehen weiter, als sei nichts geschehen.«
> (Winston Churchill)

durchzuführen und nicht stets auf eine eineinhalbstündige »Foto-Collage-Übung mir anschließender Vernissage« zurückzugreifen.

Nicht zu unterschätzen ist auch der Grad der Abnutzung einiger »Handlungslernen-Klassiker« wie zum Beispiel den Kooperations-Lernprojekten »Spinnennetz«, »Magischer Stab« oder »Blind führen«. »Seminartouristen« kennen diese Übungen mittlerweile. Hier ist dann die Kreativität der Trainer in der Themen- und Zielanpassung der jeweiligen Methode gefordert sowie eine gute Kenntnis passender Alternativen.

Die nachfolgenden Ausführungen beleuchten häufig zitierte und diskutierte Risiken und Kritikpunkte zum Thema Handlungslernen:

- Die Transferproblematik.
- »Just for fun« und »Action Hopping«.
- »Insellage« und »Backhome«-Situationen.
- Der Sicherheitsaspekt beim Handlungslernen.

Die Transferproblematik

»Wie sicher und wie umfangreich ist der Transfer und können die erwarteten Lernziele durch Handlungslernen auch erreicht werden?«

Im Kapitel »Was steckt dahinter?« (s. S. 222 ff.) werden diesbezüglich zwar Argumente geliefert, es stellt sich dennoch die berechtigte Frage, in welchem Umfang manche Ergebnisse von Handlungslernen überhaupt messbar und mit empirischen Mitteln zu erfassen sind. An dieser Stelle ist es wichtig nicht »Äpfel« mit »Birnen« zu vergleichen. Im Falle von spezifischem Transfer (»Äpfel«: das sind wenig komplexe, gut strukturierte Themen wie das Beispiel »systematische Planung«) ist eine Transferevaluation sicherlich wesentlich leichter durchzuführen als bei nicht spezifischem und metaphorischem Transfer (»Birnen«: hochkomplexe Themen wie beispielsweise soziale Kompetenz und Selbstwirksamkeit).

Erlaubt sei an dieser Stelle vielleicht eine »ketzerische« Gegenfrage: Ist andererseits das Besondere am Handlungslernen nicht gerade auch der Kontrapunkt zu der viel und oft zu schnell geforderten Effektivität und Effizienz, zu reduktionistischer »Wenn-dann-Evaluation« und der Linearität des Total-Quality-Management?

Um die Transferwirkung zu belegen, wurden vor allem im englischsprachigen Raum eine Vielzahl von empirischen Untersuchungen durchgeführt. Interviews vor und nach der Maßnahme, »Peer-Befragungen« (Befragungen des sozialen Umfelds) und Follow-ups weisen auf die Wirksamkeit von Handlungslernen hin, manchmal aber auch nicht und keinesfalls beweisen sie die Wirkung immer. Bei der kritischen Auseinandersetzung mit den Wirkungsanalysen in der Erlebnispädagogik ist die Gefahr eines konstruktivistischen Zirkelschlusses nicht auszuschließen: Der Ausgangspunkt vieler Untersuchungen ist die Annahme, dass Erlebnispädagogik zielgerichtet wirkt. Somit können die durchgeführten Studien als nachgelieferte Bestätigung für die eigene Grundannahme angesehen werden. Der Sinn solcher Analysen ist möglicherweise auch darin zu sehen, die Professionalität der Erlebnispädagogik und den wissenschaftlichen Habitus ihrer Protagonisten abzusichern. Meines Erachtens ist vor allem an der Grundannahme des Transfers Kritik zu üben. Die Frage nach einem »Transferproblem« würde sich nicht stellen, wenn die Protagonisten der Erlebnispädagogik nicht von festgelegten und vorher definierten Wirkungen durch erlebnispädagogische Maßnahmen ausgingen.

Neben dem Versuch manche Wirkungen empirisch festzustellen, gibt es sicherlich eine ganze Reihe von Wirkungen, die empirisch kaum oder gar nicht festzuhalten sind. Wie lässt sich beispielsweise der Grad des Vertrauens in seine Teamkollegen vor und nach einer Sequenz »Vertrauensübungen« empirisch nachweisen oder gar messen?

Transfer bedeutet auch, dass Lernziele nicht an einem Wochenende oder in einer Woche erreicht werden, sondern dass im Nachhinein (möglicherweise) noch viel geschieht. Wie also können aus Erlebnissen zeitnah messbare Ergebnisse werden? Erlebnisse brauchen oft Zeit, um zu Erfahrungen oder gar zu Ergebnissen zu werden. Sie müssen meist reifen und manchmal auch prägen. Sie müssen im Gedächtnis gespeichert und abgerufen werden können. Dabei gibt es gewollte Wirkungen und wirkungsvolle Zufälle. Geduld, pädagogische Bescheidenheit und Unterstützung sind gefordert (s. das Thema »Unterstützung durch den Trainer« auf S. 224).

Werner Michl zeichnet hierfür eine passende Metapher: »Letztlich kann man das handlungspädagogische Feld mit einem Spaghettiteller vergleichen: Jede Nudel hat einen Anfang und ein Ende – wie eine pädagogische Intervention. Werden diese gekochten Nudeln nun noch vermischt mit einer köstlichen Spaghettisauce, dann hat man ein unentwirrbares Bündel von Ursachen und Wirkungen auf dem Teller. Hier festzustellen ›was (nicht) wirkt‹ – das ist schon eine Sisyphusarbeit.« In die gleiche Richtung geht beispielsweise die (Sinnhaftigkeit der) Frage nach der messbaren Wirkung von Legosteinen und Kinderbüchern.

Als Fazit gefallen mir die nachfolgenden Thesen zum Thema »Ziele und Transfer« von Werner Michl und Bernd Heckmair:

- Ziele sind Arbeitshypothesen der Trainer beziehungsweise Pädagogen und nichts weiter.
- Wenn Gefühle unsere Kognitionen steuern, greifen Reflexionen über die Angemessenheit von Verhalten zu kurz.
- Prozesse sind nur begrenzt steuerbar. Für Interventionen gilt deshalb: »Weniger ist mehr«.
- Trainer und Pädagogen tun gut daran, sich beim Beobachten zu beobachten, um sich ihre eigenen »mentalen Modelle« bewusst zu machen.
- Die Frage des Transfers stellt sich nicht, da Fühl-, Denk- und Verhaltensprogramme von außen nicht zugänglich sind.

»Just for fun« und »Action Hopping«

»Da geht es doch nur um Spaß und Action« sind oft genannte Vorwürfe vor allem an aufwändigere Handlungslernen-Programme, insbesondere an Outdoormaßnahmen. Die Trennung von Incentive/Event und Training scheint da hin und wieder zu verschwimmen (mehr dazu im Kapitel »Methodische Ansätze«, s. S. 237 ff.).

Da die Teilnehmer durch die Aktionen oft motiviert bis begeistert sind, kann manchmal bereits dadurch ein gewisser Argwohn nach dem (ironischen) Motto »Lernen ist harte Arbeit, Spaß ist verdächtig« entstehen.

Wenn handlungs- und erlebnisorientiert gearbeitet wird, besteht jedoch die Gefahr, rastlos von einer Aktion zur nächsten Aktion zu hasten. Es geht aber weder beim Handlungslernen noch in der Erlebnispädagogik noch im Outdoortraining um »Kick und Thrill«, um Abenteuer und Erlebnisse. Es geht vielmehr um ein wirkungsvolles und nachhaltiges Lernen mit Kopf, Herz und Hand. Daher sollte darauf geachtet werden, auch die Reflexionsebene zu berücksichtigen und für die intensive Auseinandersetzung mit dem Erlebten Raum zu schaffen, wie es das 4-Schritte-Modell (s. S. 224) empfiehlt. Um die Brücke zwischen Aktion und Transfer zu schlagen wurde daher im handlungsorientierten Lernen eine erstaunliche Vielfalt von Methoden der Reflexion entwickelt (s. Kapitel »Methodische Ansätze«, S. 237 ff.).

Als grobe Faustregel für das Verhältnis zwischen Aktion und Reflexion gilt im Trainingsbereich etwa 30 Prozent Aktion zu ungefähr 70 Prozent Auswertung (Reflexion und Transfer). Für einen Incentive oder Event liegt das natürlich bei 100 Prozent Aktion und im Traincentive bei etwa 70 Prozent Aktion und zirka 30 Prozent Reflexion.

Entscheidend ist dabei aber nicht die Zeitquantität, sondern die Qualität der Auswertung, was wiederum vom Trainer (Unterstützung) abhängt.

»Insellage« und »Backhome«-Situationen

Häufige Kritikpunkte am Handlungslernen, vor allem an aufwändigeren erlebnispädagogischen Aktionen und Outdoortrainings sind die so genannte »Insellage« und die »Backhome«-Situation.

Der Begriff »Insellage« zielt auf die Problematik der Übertragbarkeit von den »Inselerlebnissen und -ergebnissen« aus Aktionen in »alltagsfremden Settings« auf die Alltagssituationen der Teilnehmer.

 Was hat zum Beispiel die Orientierungsaufgabe im Wald mit der Kommunikations- und Kooperationsstruktur im Unternehmen zu tun?
Oder weniger spektakulär am Beispiel auf Seite 224 f.: Was hat ein »Holz- und Papiertürmchen« mit der Strukturierung meiner Projekte und meines Arbeitsumfeldes zu tun?

Die »Backhome«-Situation beschreibt die Vorbehalte und Widerstände die die »trainierten und geläuterten« Teilnehmer einer Maßnahme meist erleben, wenn sie zurück im Alltag (back home) auf ihr »nicht trainiertes« soziales Umfeld treffen. Der negative Anpassungsdruck der »Alltagswelten« (in der Regel begegnen die »Daheimgebliebenen« der Veränderungsdynamik eines Ex-Teilnehmers nicht mit stehenden Ovationen«) hat schon viele gute Vorsätze scheitern lassen.

Auf der anderen Seite bieten aber gerade die nach außen abgeschotteten und übersichtlichen »Mikrowelten« einer Handlungslernen-Aktion eine geschützte Lernwelt als Trainings- und Entwicklungszentrum für das »richtige Leben«, für die Zukunft. Das Lernen erfolgt aus dem Kontext herausgelöst, was den großen Vorteil beschert, dass die Teilnehmer frei von den alltagsüblichen Rahmenbedingungen, Routinen und Zwängen handeln und entscheiden können und dadurch neue Verhaltensalternativen und Ressourcen ausprobieren können. Bereits Kurt Hahn erklärte: »Die Wirksamkeit von Erlebnissen korreliert mit der Geschlossenheit des Ortes. Je offener der Ort, desto schwieriger wird die pädagogische Prognose.« Fördernd kommt hinzu, dass die Teilnehmer durch die Ganzheitlichkeit des Vorgehens und die Neu- beziehungsweise Andersartigkeit der Aktion meist sehr motiviert sind.

Der Erlebnispädagogik-Kritiker Josef Bühler führt Unterschiede zwischen erlebnispädagogischen Kurzzeitmaßnahmen und dem Alltag an, die einen Transfer erschweren (»Backhome«-Situation). Dazu gehört unter anderem, dass soziale Kompetenzen – wie zum Beispiel Fairness, Kameradschaft, Rücksichtsnahme und Hilfsbereitschaft – die während des Aufenthaltes in der Einrichtung gefördert werden, nur auf Situationen übertragen werden können, die Situationen in der Bildungsstätte ähnlich sind. Aus dieser Überlegung heraus konstatiert Bühler: »Nur ein kleiner Prozentsatz der Teilnehmer an kurzzeitpädagogischen Programmen erlebt die dritte Phase: Diese Teilnehmer finden aus der Krise (gemeint ist die »Backhome«-Situation) heraus und integrieren Teile des Gelernten beziehungsweise der Erfahrungen eines Kurses in ihr Leben.

Die Grundbedingung für die Vermeidung einer »Backhome«-Situation und damit für eine gelungene Lernübertragung ist die Ähnlichkeit zwischen der Lern- und Anwendungssituation. Um die »Backhome«-Gefahr zu reduzieren sollte folglich die Gestaltung der Handlungslernen-Aktivität möglichst isomorph, also »gleichgestalt« zum Alltag des Adressaten sein.

Da es aus den genannten Gründen nicht sinnvoll und meist auch nicht möglich ist, den Alltag der Teilnehmer 1:1 in den Aktionen abzubilden, liegt die Lösung des Problems in einer metaphorischen Angleichung. Dabei soll den Teilnehmern ermöglicht werden »unbewusst« einen Vergleich zwischen dem Verhalten im Alltag und den im Kurs gelernten Verhaltensalternativen zu ermöglichen. Metaphorische Lernmodelle und Methoden (s. die Kapitel »Was steckt dahinter?«, S. 222 ff. und »Methodische Ansätze«, S. 237 ff.) eignen sich dafür ausgezeichnet, da sich die Lernprozesse nicht nur auf der intellektuellen, sondern ebenso auf der emotionalen und der unterbewussten Ebene vollziehen.

Der Sicherheitsaspekt beim Handlungslernen

Den wohl größten Einfluss auf dem weiteren Weg (oder auch dem Absterben) der sicherheitsrelevanten Handlungslernen-Programme – vor allem bei Outdoortrainings und erlebnispädagogischen Outdoormaßnahmen – hat wohl das Thema Sicherheit. Immer wieder gab es durch spektakuläre Unfälle negative Schlagzeilen.

 So hat sich beispielsweise die britische Anbieter-Szene von einem schweren Seekajak-Unfall, bei dem mehrere Jugendliche und Betreuer starben nie mehr richtig erholt.

Wenn erst der Gesetzgeber, angefeuert von einer aggressiven Medienlandschaft, geltende Gesetze und Verordnungen verschärft und Akkreditierungsverfahren einführt, sind die Träger im Zugzwang, können nicht mehr agieren, sondern nur noch reagieren. Die Zukunft des sicherheitsrelevanten Handlungslernens liegt also zuallererst an der Fähigkeit der Trainer mit den anvertrauten Menschen (und sich selbst) verantwortungsvoll umzugehen. Neben den objektiven physischen Sicherheitsaspekten (wie zum Beispiel Sicherungstechniken, Notfallmanagement und Rettungstechniken) spielen gleichermaßen die subjektiven psychischen Aspekte wie zum Beispiel der konstruktive Umgang mit Widerständen und Ängsten eine entscheidende Rolle.

Methodische Ansätze

Das Wissen um verschiedene Methoden trägt stets dazu bei, den Handlungsspielraum von Trainern und Pädagogen zu erweitern und ihn zu einem gelingenden methodischen Handeln zu befähigen. Nachfolgend gebe ich einen Überblick über die wesentlichen ableitenden Methoden, die sich aus dem Ansatz des Handlungslernens und seiner Lernmodelle entwickelt haben.

- Outdoortraining
- Management by Nature
- Lernprojekte
- Seilgärten
- Vertrauensübungen
- Wahrnehmungsschulung
- City Bound
- Reflexionsmethoden
- Metaphern

Outdoortraining

Obwohl Kurt Hahn der Meinung war, dass Erwachsene nicht mehr beeinflussbar sind, entwickelte sich in der Erwachsenenbildung und hier speziell im Sektor der beruflichen Fort- und Weiterbildung ein erweitertes Konzept der Erlebnispädagogik, das sich Outdoortraining nennt.

Was im Nonprofitbereich Erlebnispädagogik heißt, firmiert im Profitbereich unter dem Namen »Outdoortraining«. Outdoortrainings hatten ihren Anfang in den USA, bevor sie Mitte der 1980er-Jahre auch in Europa Fuß fassen konnten. In den 1990er-Jahren kam es zu einem regelrechten Boom von Outdoortrainings, womit auch die Anbieterzahl in Deutschland sprunghaft anstieg.

> »Ein Lehren, das aus dem Erleben kommt, wird immer zu Herzen gehen.«
>
> (Thomas Mann)

Bei Outdoortrainings handelt es sich um ganzheitliche, handlungs- und erlebnisorientierte Seminare in der Natur mit eindeutiger Transferorientierung. Outdoortrainings verbinden erlebnispädagogische Konzepte mit speziellen Themen der beruflichen Weiterbildung und der Personalentwicklung. Typische Lernfelder der Outdoortrainings sind Führungs- und Teamentwicklung. Die Teilnehmer bewältigen reale Situationen, die Aktivitäten beinhalten Aufgaben zur Problemlösung und Entscheidungsfindung. Outdoortrainings finden bevorzugt dann Anwendung, wenn eine schnelle und hohe Integration von Mitarbeitern erforderlich ist, wenn effizientes Handeln unter realen Bedingungen an konkreten Problemen miteinander eingeübt werden soll, wenn teamintensive Aufgaben vorbereitet und wenn festgefahrene Situationen aufgelöst und Krisen gemeistert werden müssen.

Eine besondere Rolle spielen dabei die Entwicklung von Schlüsselqualifikationen (s. dazu auch S. 251 f.). Schlüsselqualifikationen (im Wirtschaftsjargon die »weichen« Themen) wie zum Beispiel Sozialkompetenz, Team- und Konfliktfähigkeit, Problemlösungs- und Entscheidungskompetenz sind stark im Aufwind. Im Gegensatz zu den lange Zeit stark im Vordergrund stehenden »harten« Themen (Fachkompetenz, Wissensvermittlung) lassen sich diese hervorragend in der Natur, in einem vom Alltag deutlich abgesetzten Rahmen bearbeiten (Vorteile der »Insellage«, s. S. 235).

Der wesentliche »Lernraum« ist bei Outdoortrainings die Natur, in der entweder die Aktionen, manchmal aber auch das ganze Programm eingebettet sind. Bei Aktivitäten draußen und Reflexion sowie Übernachtung im Hotel spricht man von einem Outdoor orientierten Training oder aber, wenn auch draußen reflektiert und übernachtet wird von einem Outdoortraining.

Und was machen die Teilnehmer nun letztendlich in der Natur? Ein Outdoortraining beginnt beispielsweise mit einem gemeinsamem Lager- und Feuerstellenbau. Der Bogen anschließender Aktivitäten reicht von Lernprojekten (siehe Absatz »Lernprojekte«) über Nahrungspflanzen sammeln, das Überqueren einer Schlucht auf einer Seilbrücke, Wildwasseraktivitäten, Abseilen am Fels oder einer Höhlenbegehung bis hin zu persönlichen Grenzerfahrungen in Hochseilanlagen. Für eine gute Dramaturgie eines Outdoortrainings sind die »stillen« Elemente jedoch genauso wichtig, um an das »Wesentliche« von Thema und Mensch heranzukommen: Sinnes- und Wahrnehmungsparcours (s. S. 243 f.), Vertrauensübungen (s. S. 242 f.), Ziel- und Biografiearbeit mit Naturmaterialien oder eine »lonely night« allein im Wald sind »stille« Werkzeuge und Pendants zu den »Actionelementen«. In dieser Kombination entsteht Balance, wird das Outdoortraining rund.

Management by Nature

Ein spezielles Outdoororientiertes Thema ist »Management by Nature«. Hierbei werden Wirkungsprinzipien der Natur und ihre Übertragbarkeit in das berufliche und private Alltagsleben an konkreten Beispielen in der Natur aufgezeigt und in ihrer Umsetzung diskutiert. Es geht dabei unter anderem um Themen wie »Stabilität durch mittlere Vielfalt«, »Kooperation als stärkster Konkurrenzfaktor«, »Nachhaltigkeit« sowie »Dynamik und Steuerung von komplexen Systemen«. Die Natur bietet für derartige Fragestellungen von Führungskräften und Unternehmen, eine Vielzahl von Ansatzpunkten und Lösungen. Der »Natural-Success«-Ansatz zielt auf die Entwicklung persönlicher Kompetenz, auf Work-Life-Balance und »natürliches« Selbstmanagement.

Ein Beispiel für das Thematisieren von »Kooperation als stärkster Konkurrenzfaktor« ist die genaue Betrachtung von Flechten: Flechten sind eine Symbiose von Pilz (ist durch eine Geschmacksprobe zu erfahren) und Alge (ist durch die meist grünliche Farbe ersichtlich). Die Teilnehmer machen nach einer kurzen Einführung eine Flechtenluftgütebestimmung anhand der vier verschiedenen Flechtenwuchsformen und ihrer Wuchsdichte am Baum. Unter anderem wird den Teilnehmern durch die Übung bewusst, dass Flechten allgegenwärtig sind, das heißt, praktisch an jedem Baum und fast jedem größeren Stein wachsen.

Danach wird die inhaltliche Brücke zum »Management by Nature« etwa wie folgt hergestellt: »Die Symbiose als eine Form der Kooperation zweier völlig unterschiedlicher Lebensformen (Pilz und Alge) ermöglicht den Flechten eine enorme Artenzahl (die Anzahl der Arten steht in der Natur für den Erfolg einer Überlebensstrategie) und die Besiedlung unterschiedlichster Lebensräume, von trockensten Wüstengebieten bis hin zu Eisblöcken in der Antarktis (eine große ökologische Amplitude steht in der Natur für eine hohe Anpassungsfähigkeit). Abschließend wird die Bedeutung dieser »Erfolgsstrategie« im Hinblick auf die Trainingsziele, zum Beispiel »Managementstrategien, Führungsverhalten, oder Teamarbeit diskutiert.

Lernprojekte

Handlungslernen bedient sich in erster Linie einer Fülle von praktischen Übungen und Aufgaben, auch Lernprojekte (der Begriff stammt von Bernd Heckmair, 2005) oder im Zusammenhang mit Teamtrainings auch »Team-Tasks« genannt. Es handelt sich dabei um spezielle Übungen für die Personalentwicklung, die unter anderem auf die Themen Führungsverhalten, Konflikt- und Projektmanagement, systematische Herangehensweise an (komplexe) Probleme, Vertrauensbildung, Einzel- oder Team-Assessment, Problemlösung im Team, Potenzialentwicklung und Teamdynamik zugeschnitten sind.

Die Teilnehmer werden vor Problemsituationen gestellt, zu deren Lösung (gemeinsames) Planen und Handeln notwendig sind. Verantwortung muss übernommen werden und Handlung muss zielgerichtet und zeitnah erfolgen! Dadurch werden Kommunikationsmuster deutlich und Grundmuster persönlichen Verhaltens zeigen sich unmittelbar. In der anschließenden Reflexionsphase werden die jeweiligen Trainingsthemen durch passende Reflexionsmethoden herausgearbeitet (s. »Reflexionsmethoden«, S. 245 ff.), um dann im abschließenden Transferschritt die Erkenntnisse aus den Lernprojekten in den Arbeitskontext zu übertragen.

Ich möchte an dieser Stelle nur einige wenige Outdoor-Lernprojekte beispielhaft skizzieren (ein Beispiel für ein wenig aufwändiges Indoor-Lernprojekt ist das »Turmbau-Lernprojekt« auf Seite 224), da die Fülle derartiger Übungen besser in der einschlägigen Fachliteratur abgebildet ist (zum Beispiel die Bücher von Gilsdorf/Kistner, Heckmair und Großer, s. Literatur, S. 252).

Säureteich

Aus einer Fülle von Materialien (Klettermaterial wie zum Beispiel Seile, Seil-stücke, Bandschlingen, Karabiner, Hüftgurte, aber auch »sinnlose« Dinge wie beispielsweise ein Hammer, ein Teller, eine Taschenlampe) sollen die Teilneh-mer innerhalb von zwei Minuten vier Gegenstände auswählen mit deren Hilfe aus einem imaginären »Säureteich« (mit einem langen Seil abgelegter kreis-förmiger Bereich zwischen Bäumen) verloren gegangene Wertgegenstände (diese liegen inmitten des »Säureteiches«) – ohne die Oberfläche des »Säure-teiches« zu berühren – innerhalb von 20 Minuten geborgen werden müssen.

Blindflug

Die Gruppe muss mit verbundenen Augen an einem Seil eine definierte Stre-cke innerhalb einer bestimmten Zeit im Wald ablaufen. Anfänglich noch se-hend darf eine Strategie entwickelt werden.

Dieses Lernprojekt gelingt, je nach Schwierigkeit der vom Trainer gewähl-ten Strecke, meist nur dann, wenn alle lösungsrelevanten Aspekte, wie zum Beispiel Zusammenarbeit in der Gruppe, strukturierte Planung, wechselnde Führung, Kontrolle, Gesprächskultur und Moderation, berücksichtigt werden.

Blue Print

Nach einer Einführung in Karte und Kompass müssen sich die Teilnehmer ei-nen Weg zu einem bestimmten Zielpunkt selbst suchen. Die Schwierigkeit be-steht darin, dass die Teilnehmer die Karte nur für eine kurze Zeit zur Verfü-gung haben. Während dieser Zeit müssen sich die Teilnehmer einen »blue print« (= Blaupause) im Kopf machen.

Je nach Schwierigkeit der vom Trainer gewählten Strecke und Zeit fordert das Lernprojekt Zusammenarbeit unter Zeitdruck, Management von unvor-hergesehenen Problemen, strukturierte Planung, Motivation und Stehvermö-gen.

Seilbrückenbau

Eine Schlucht (oder ein Bach) muss überquert werden. Zur Verfügung stehen lediglich einfache Hilfsmaterialien (Seile, Karabiner, Bandschlingen, Gurte, Helme), um eine tragfähige und sichere Seilbrücke zu konstruieren. Die bei-den Gruppen, die sich auf den verschiedenen Seiten der Schlucht gegenüber stehen, stehen nur über Funk in Kontakt.

 Der Seilbrückenbau ist ein komplexes und zeitaufwändiges Lernprojekt, das neben guter Absprache zwischen den Teilgruppen unter anderem die Berücksichtigung von vorhandenem Know-how in der Gruppe, Umgang mit Ängsten sowie gute Planung und Zeitmanagement thematisiert. Weitere Aspekte sind unter anderem »Kick«-Erlebnisse und die Überwindung von Hemmschwellen.

Seilgärten

Bei den so genannten Seilgärten (»Ropes Courses«) unterscheidet man zwischen Hoch- und Niederseilgärten mit ihren jeweils hohen beziehungsweise niederen Elementen. Meist sind die Elemente outdoor auf einem speziellen Übungsgelände fest installiert. Seltener sieht man mobile hohe Elemente oder einen Indoor-(Hallen-)Hochseilgarten.

Der Unterschied zwischen hohen (in einer Höhe von 10–15 Metern) und niederen Elementen (in Bodennähe) ist die Höhe, in der die Aktivitäten stattfinden. Ein Vorteil der niederen Elemente ist zum einen der geringere Material- und Sicherheitsaufwand und zum anderen die Wetterunabhängigkeit, da diese auch indoor, zum Beispiel in einer Turnhalle eingerichtet werden können. Oft dienen die niederen Elemente lediglich zur Heranführung an die hohen Elemente. Niedere Elemente (wie zum Beispiel die Vertrauensübungen, s. S. 242 f.) lassen sich jedoch auch als unabhängige Aktionen – je nach Zielsetzung, Zeitrahmen und Zielgruppe – einsetzen. Weitere niedere Elemente sind zum Beispiel die Gleichgewichtsaktionen »Divergierendes Stahlseil«, »Schwebebalken« oder der »Mohawk Walk«.

 Mohawk Walk

Beim »Mohawk Walk« ist zwischen verschieden eng stehenden Bäumen eine Wegstrecke mit ungefähr einen Meter über dem Boden befestigten Seilen abgespannt. Die Aufgabe besteht darin, diese Strecke sicher und mit möglichst wenigen »Bodenkontakten« zu bewältigen. Unterstützung von außen kann – je nach Trainingsziel – eingeräumt werden.

Die Übung kann als Teamaufgabe, als Einzelwettbewerb, als reine Einführungsübung oder auch als Metapher für »das Unternehmen sicher über den schmalen Grad des enger werdenden Marktes manövrieren« angeleitet werden.

Hohe Elemente wie zum Beispiel der Mast (»Pampers Pole«) oder die Himmelsleiter bieten den Teilnehmern die Möglichkeit, ihre persönlichen Grenzen zu erfahren (und gegebenenfalls auch zu verändern). Das gemeinsame intensive Erleben an diesen Elementen eignet sich sehr gut, Vertrauen, Kommunikation und Wertschätzung im Team zu verdichten. Ein derartiges Training kann zu einem unvergesslichen und eng verbindenden Erlebnis werden. Für eine individuell und situativ gute Begleitung von Teilnehmern bei den hohen Elementen sollte ein Trainer neben den umfassenden Sicherheitsaspekten auch mit dem Interventionsmodell des »Processing on the Edge« vertraut sein: Im Moment der Entscheidung (zum Beispiel ob Sprung oder nicht) hat der Trainer viel Einfluss. Gezielte Fragen (zum Beispiel »Was genau brauchen Sie jetzt an diesem Punkt?«, »Was würde Ihnen helfen, den entscheidenden Schritt zu tun?«, »Möchten Sie jetzt vielleicht lieber abbrechen?«) oder Interventionen (»Anzählen«, Kontexterweiterung, Beruhigungstipps, Druck erzeugen oder herausnehmen und vieles mehr) können hier sehr viel ermöglichen. Diese entscheidenden Momente gilt es beim Processing on the Edge »einzufrieren«, denn die sonst üblichen Reflexionen nach der Aktion sind emotional oftmals zu weit weg vom unmittelbaren Grenzerlebnis.

Einige trainingsrelevante Aspekte im Zusammenhang mit Hochseilelementen sind in Stichworten: Grenzen (erleben, akzeptieren, erweitern) und Komfortzone (ausdehnen), Unterstützung durch Kollegen und Team (etablieren von Lern- und Coaching-Partnerschaften), Loslassen können, sich anderen anvertrauen, Spannungsbogen zwischen Angst und Sicherheitsbedürfnis, »Kick-Erlebnis«, Gleichgewicht im eigentlichen und im übertragenen Sinne und Metaphern wie zum Beispiel »den Absprung wagen«.

Vertrauensübungen

Die Vertrauensübungen fokussieren handlungsorientiert auf die wichtigen Schlüsselqualifikationen »Vertrauen« und »Verantwortung«. Vertrauensübungen dienen als »niedere Elemente« zum Heranführen an Hochseilelemente oder können auch völlig isoliert – je nach Zielsetzung – in andere Handlungslernen-Programme integriert werden. Ihre leichte Umsetzbarkeit und der geringe Materialaufwand bei gleichzeitig hoher Wirkung machen Vertrauensübungen zu wertvollen Werkzeugen.

 ### Der Rückwärtsfall

Eine Vertrauensübung ist beispielsweise der Rückwärtsfall (»Vertrauensfall«) von einer Leiter aus einer Höhe von zwei bis drei Metern, bei dem ein Teilnehmer von den anderen Teilnehmern, die in zwei Reihen gegenüber, jeweils Schulter an Schulter stehend, mit ausgestreckten Armen eine Gasse bildend, aufgefangen wird. Der Vertrauensfall fordert ein Höchstmaß an Vertrauen beim »Sich-fallen-Lassen« und ein Höchstmaß an Verantwortung sowohl physisch beim Fangen als auch bei der psychischen Begleitung (Konzentration, Aufmerksamkeit, situatives Zureden oder Schweigen).

Einige der Vertrauensübungen setzen beim durchführenden Trainer eine gute Kenntnis der sicherheitssensiblen Aspekte voraus!

Einige trainingsrelevante Aspekte im Zusammenhang mit den Vertrauensübungen sind: »sich und anderen vertrauen«, Verantwortung abgeben beziehungsweise übernehmen, die Wichtigkeit von standardisierten Abläufen für die psychische Sicherheit, Berührungsängste spielerisch abbauen, sich fallen lassen, führen und geführt werden und Metaphern wie zum Beispiel »gemeinsam wagen – gemeinsam tragen«.

Wahrnehmungsschulung

Innehalten und Entschleunigen, zur Ruhe und dadurch zu Kraft kommen, Achtsamkeit und Sensibilität schärfen, sind Fähigkeiten, die in der heutigen Zeit nicht leicht zu entwickeln und noch weniger leicht in den Alltag zu integrieren sind. Deshalb hat sich im Handlungslernen ein ganzes Feld an Methoden zur Schulung dieser Fähigkeiten aufgetan. Beispiele sind Sinnesparcours, »Nature Walks«, Fantasiereisen, »Schweige- und Sinnsprüche-Spaziergänge«, Ziel- und Biografiearbeiten, kreatives Gestalten beispielsweise von Lebenswegen, Team- oder Abteilungsstrukturen, Selbst- und Fremdwahrnehmungsübungen.

Als unspektakuläre »stille« Werkzeuge stellen sie eine wichtige Balance zu den »Action-Elementen« her. Die Herausforderung ist deshalb nicht geringer und der Lerneffekt oft noch größer als bei den aufwändigen »spektakulären« Aktionen. Entscheidend ist hierbei natürlich, welche Fähigkeiten warum trainiert werden sollen: Ist es das Abseilen von einem Fels – sprich, das sich Wagen oder ist es vielleicht das Lernen auf Kleinigkeiten zu achten – sprich, zu wagen, wachsam, behutsam und langsam zu werden?

Einige trainingsrelevante Aspekte im Zusammenhang mit Wahrnehmungsschulung sind: Ruhe und Entspannung, eine Gruppe nimmt mehr wahr als der Einzelne, die Sehnsucht nach »Entschleunigung«, Konzentration und Fokussieren, kein Druck sich nach außen zu präsentieren, Selbst- und Fremdwahrnehmung, wahrnehmungsleitende Differenzierungen (»ich sehe was ich sehen will/kann«), konstruktiver Umgang mit »blinden Flecken« (bei Individuen, in Gruppen und Teams verändern).

Der Sinnesparcours

Beispielsweise lässt sich durch den »Sinnesparcours« die Wahrnehmung (als eine der Grundlagen gelungener Kommunikation) sensibilisieren und thematisieren. Im Sinnesparcours wird dies für die Teilnehmer direkt erlebbar: Jedem Sinn (Sehen, Hören, Schmecken, Tasten und Riechen) ist eine Station gewidmet. Die Stationen Riechen und Tasten können wie folgt gestaltet sein.

- Beim Riechen stehen zum Beispiel Flacons mit verschiedenen Gerüchen bereit: Zimt, Vanille, Grapefruit, Begamotte, Eukalyptus, Rosmarin oder andere Duftstoffe.

- Beim Tasten gibt es eine Greifkiste mit Öffnungen, darin sind zum Beispiel kleine Tonkügelchen, Lederlappen, Blätter, ein Stofftier und einiges mehr.

Die Teilnehmer kennen die Inhalte der Stationen nicht. Diese Kombination verbindet unmittelbares Erleben einer Sinneswahrnehmung mit dem Erraten derselben. Anschließend werden die Ergebnisse der einzelnen Sinnesstationen gesammelt und die Erfahrungen ausgetauscht. Ferner lässt sich das Thema »Wahrnehmung« danach vertieft in Bezug auf die Trainingsziele hin thematisieren!

City Bound

Ein urbaner Aspekt von Handlungslernen mit einem großen Potenzial an sozialer Interaktion, hohem Aufforderungscharakter und hoher Erlebnisdichte bei gleichzeitig geringem Materialaufwand ist der erst in den 1980er-Jahren entstandene City-Bound-Ansatz. Angelehnt an den von Kurt Hahn geprägten Begriff »Outward Bound« (»das zum Ablegen bereite Schiff«) zielt City Bound auf Erlebnisse und Erfahrungen im Erlebnisraum »Stadt«. Konkrete City-Bound-Aufgaben sind:

- (Un)repräsentative Befragungen zu ausgewählten Themen (zum Beispiel das Schaffen hundefreier Innenstädte).
- Eintauschen »wertfreier« Gegenstände beispielsweise für Lebensmittel.
- Gruppenbilder mit »Fahrrad, Kinderwagen, Hund und X-Personen«.
- Stadtrallyeaufgaben, (zum Beispiel Ermittlung des kürzesten Wegs vom Rathaus zum Friedhof).
- Informationen zu definierten Themen sammeln (beispielsweise »wie funktioniert die Müllbeseitigung?« – »Was bietet die Stadt für Obdachlose?«).
- Behördengänge.
- Inszenierungen (zum Beispiel von persönlichen Peinlichkeiten).
- Interviews mit Menschen bestimmter Zielgruppen (zum Beispiel alte Menschen, Ausländer, Obdachlose).
- Orientierung in der Stadt (zum Beispiel Herausfinden der schnellsten und billigsten Verbindungen im ÖPNV zwischen x und y).

Design und Aufgaben variieren bei City Bound je nach Zielgruppe und Zielsetzung enorm. Einige trainingsrelevante Aspekte im Zusammenhang mit City-Bound-Aktivitäten sind: Umgang mit schwierigen und unbekannten Situationen, Forderung und Förderung der sozialen Kompetenz, Erweiterung der psychischen und physischen Belastbarkeit beziehungsweise das Erfahren der eigenen Grenzen (Vermeidungs- und Befähigungsstrategien), Sensibilisierung für soziale Randgruppen, Gruppendynamik in schwierigen Situationen.

Reflexionsmethoden

Wie bereits mehrfach erwähnt, bildet beim Handlungslernen die Brücke zwischen Aktion und Transfer die Reflexion. Es wurden (werden) daher im handlungsorientierten Lernen eine erstaunliche Vielfalt von Reflexionsmethoden entwickelt. Je nach Zielgruppe und Fokus ist natürlich die eine oder andere Reflexionsmethode mehr oder weniger geeignet.

Wichtige Leitdifferenzierungen für Reflexionen und die daraus resultierende Wahl der Methode sind unter anderem die Ausrichtung der Reflexion auf die Sach- oder auf die Beziehungsebene, auf das Verhalten des Individuums oder auf die Gruppendynamik, auf den »Punkt« bringende Reflexionen mit Ableitung konkreter Handlungs- und Transferschritte, oder eher den Blickwinkel weitende, das System irritierende, öffnende Methoden.

Beispielhaft werde ich einige ausgewählte Methoden nachfolgend vorstellen. Darüber hinaus sei an dieser Stelle auf die einschlägige Fachliteratur hingewiesen (zum Beispiel die Bücher von Gilsdorf/Kistner, Heckmair und Großer, siehe Literaturangaben, S. 252).

Leitfragen

Die Richtung der Reflexion bestimmen die Leitfragen. Nachfolgend sind einige Beispielfragen für Sie aufgeführt, die sich je nach Trainingsziel und Themenschwerpunkt unterscheiden.

- Wie sind Sie (die Gruppe) an die Lösung herangegangen?
- Wurden alle Vorschläge der Teilnehmer angehört und anschließend in die Lösung miteinbezogen?
- Wie haben Sie sich auf einen Lösungsweg geeinigt?
- Sehen sie Parallelen zwischen dem heutigen Verhalten und Ihrer Haltung im Unternehmen?
- Kennen Sie bei sich solche Verhaltensweisen, Gedanken, Gefühle in betrieblichen Situationen?
- Welche Unterstützung von der Gruppe oder von einzelnen Teilnehmern brauchen Sie, um Ihre Komfortzone zu erweitern?
- Welche inneren oder äußeren Reaktionen erleben Sie, wenn Sie sich entschieden haben, Ihre Komfortzone zu erweitern?
- Erleben Sie sich, wenn Sie alleine sind, weniger mutig und zuversichtlich als in der Gruppe?
- Welche der bereits gewonnenen Erkenntnisse haben Sie umgesetzt, welche dagegen nicht?
- Wie sieht Ihre spontane Reaktion aus, wenn Sie anderen Menschen vertrauen sollen, wie dies zum Beispiel bei der vorangegangenen Übung der Fall war?

Rollenreflexionen

Rollenreflexionen fokussieren die Gruppendynamik und das Rollenverhalten. Ein Beispiel ist das »Macher-Mitmacher-Vordenker-Skeptiker«-Koordinatenkreuz. Bei dieser Reflexionsmethode stellen sich die Teilnehmer nach einem Gruppen-Lernprojekt auf die ihrer Meinung nach für sie hauptsächlich zutreffende Gruppenrolle (die Begriffe »Macher«, »Mitmacher« etc. liegen als Karten auf dem Boden). Danach können ein oder mehrere andere Teilnehmer ihre Fremdwahrnehmung der anderen in Form von Umstellen der anderen Gruppenmitglieder ausdrücken. Abschließend werden die Vor- und Nachteile der einzelnen Rollen (in Bezug auf die Übung oder auch darüber hinaus, zum Beispiel im Team, im Unternehmen, im Projekt) und deren Konsequenzen erarbeitet.

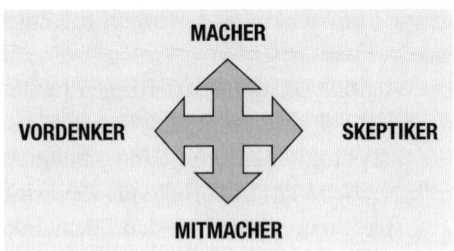

Ein anderer Rollenfokus sind zum Beispiel die Konflikttypen »Vernichter, Flucht-Typ, Konsens-Typ«: Wie bei der vorhergehenden Reflexionsmethode wird auch hier mit der Eigen- und Fremdwahrnehmung des individullen Rollenverhaltens nach einer Übung gearbeitet. Der Unterschied ist, dass sich hier die Rollen auf das jeweilige Konfliktverhalten beziehen.

Eine indirekte metaphorische Form ist zum Beispiel das Gruppenschiff: Die Teilnehmer erhalten die Aufgabe, sich und die anderen Teilnehmer mit Rollenzuschreibungen, wie sie auf einem Schiff vorkommen, zu versehen (zum Beispiel Steuermann, Ausguck, Kapitän, Schiffsjunge, Kohlenschipper). Die Zuschreibung erfolgt zunächst anonym, erst anschließend werden die Ergebnisse veröffentlicht.

Reflexionsspaziergang

Oft fließen Gedanken, Gefühle und Worte besser im Gehen als im Sitzen. Ein Reflexionsspaziergang – zum Beispiel einer Plenumsrunde vorgeschaltet – ist eine meist willkommene Abwechslung und schafft »Bewegung« auf unterschiedlichen Ebenen.

Reflexionsspaziergänge werden in der Regel mit bestimmten Leitfragen (s. S. 245), Zeitbudgets und Zielvorgaben (zum Beispiel: »Bringen Sie Ihre wesentlichen Erkenntnisse in Stichworten mit und präsentieren Sie diese anschließend im Plenum«) eingeleitet.

Eine Variante des Reflexionsspaziergangs arbeitet mit formulierten Leitfragen oder Sinnsprüchen an bestimmten Punkten (laminierte DIN A4/A3-Poster) einer bestimmten Strecke.

Kaskadieren

Kaskadieren bedeutet, die Reflexion zunächst über Zweier- und Kleingruppen-austausch zu beginnen, um daran anschließend im Plenum die Ergebnisse zu-sammenzutragen und gegebenenfalls zu diskutieren. Der Aufforderungs-charakter für den Einzelnen wird dadurch erhöht, die Komplexität und die Gefahr des Zerredens reduziert.

Konkret sieht das dann wie folgt aus: Nach einem Lernprojekt wird zum Beispiel folgende Leitfrage gestellt: »Wurden alle Vorschläge der Teilnehmer gehört und in die Lösung miteinbezogen?« Der Austausch über diese Frage findet beim Kaskadieren zuerst in Zweiergruppen statt. Mit dem Fazit der Zweiergruppen geht es in die nächste Runde von Vierergruppen. Letztendlich tragen diese dann im Plenum wiederum ihre Ergebnisse zusammen.

Standbilder

Je nach Teilnehmerzahl stellen Kleingruppen oder die Gesamtgruppe ihre Sicht der Dinge in Bezug zur vorangegangenen Aktion (je nach Leitfrage zum Beispiel die Gruppendynamik, Entscheidungsprozesse, Motivation) mittels eines Standbildes dar. Je nach Fokus kann das nonverbal oder verbal erfolgen.

Ein einfaches Beispiel für ein Standbild wäre die Bildung eines Knäuels von Menschen, die bei der Lösung einer vorangegangenen Aufgabe eng zusammengearbeitet haben. Möglicherweise wird dann eine Führungsperson sogar auf die Schultern gehoben, während Einzelne (die sich wenig, nicht beziehungsweise anderweitig beteiligten) mehr oder weniger weit entfernt, zu- oder abgewendet, positioniert werden.

Soziometrie

Soziometrische Reflexionen zielen auf eine räumliche Positionierung der Teilnehmer in Bezug auf bestimmte Aussagen der anderen Teilnehmer. So positionieren sich beispielsweise die Teilnehmer je nach Zustimmung oder Ablehnung zu einer Aussage eines anderen Teilnehmers.

Bei einer soziometrischen Reflexion bilden die Teilnehmer einen Kreis. Die Person, die eine Aussage macht stellt sich in die Mitte des Kreises. Die anderen bewegen sich nun auf diese Person zu bzw. weg von ihr, je nach dem, ob sie der Aussage dieser Person zustimmen oder nicht. Auf diese Art und Weise wird zu jeder Aussage unmittelbar und nonverbal Stellung bezogen. Sowohl die Teilnehmer als auch der Trainer erhalten ein exaktes Meinungs- und Stimmungsbild.

Skalieren

Skalierungen thematisieren die unterschiedlichen Bewertungen von Teilnehmern in Bezug zu einer Aktion beziehungsweise einer bestimmten Leitfrage.

Ein Beispiel für eine Skalierung ist die Standortbestimmung »Teamcheck« in der nebenstehenden Abbildung. Jeder Teilnehmer kann dann seine Bewertung zu den einzelnen Bereichen durch eine Markierung zum Ausdruck bringen.

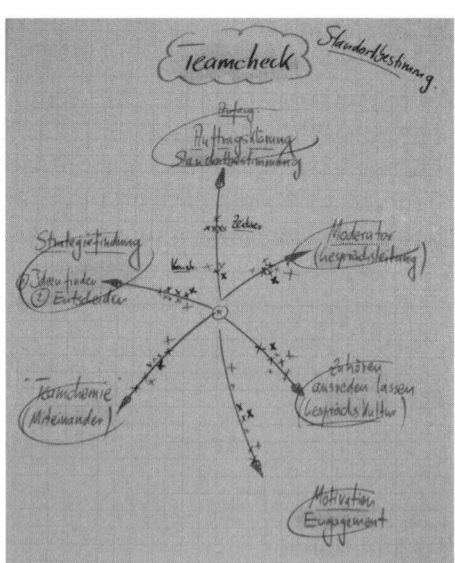

Metaphern

Wie bei der Erläuterung des Lernmodells »Metaphorisches Handlungslernen« im Kapitel »Was steckt dahinter?« (s. S. 228) bereits beschrieben, sind Metaphern eine äußerst wirkungsvolle Methode Aktionen einzuführen, auszuwerten und die Transferwahrscheinlichkeit zu erhöhen.

Die Hauptaufgabe einer Metapher besteht darin, während einer Aktion eine Annäherung zwischen der individuellen Weltsicht eines Teilnehmers und der Aktion herzustellen. Das heißt der Teilnehmer wird mittels einer Metapher »eingeladen«, bewusst oder unbewusst, möglichst viele Aspekte einer Aktion mit seinem Alltagsverhalten zu verbinden. Dadurch verleiht die Metapher der Aktion mehr (oder überhaupt) Sinn. Je enger das Erlebte mit den tatsächlichen Alltagsbedingungen übereinstimmt (Grad der Strukturähnlichkeit oder »Isomorphie«), umso leichter gelingt dem Teilnehmer anschließend der Transfer. Diese Beobachtung liegt dem Anfang der 1980er-Jahre von Stephen Bacon entwickelten »metaphorischen Modell« zugrunde. Während des Erlebens entstehen dem Teilnehmer »Bilder« (Metaphern), die an bekannte Alltagssituationen erinnern. Diese sind besonders gut einprägsam, die neu erfahrene Verhaltensweise in einer künftigen Alltagssituation dadurch leichter abrufbar.

Eine metaphorische Annäherung ist ein kognitiver Prozess, der seinen Ursprung in der Art und Weise hat, wie wir Menschen versuchen, mit der Realität umzugehen. Da es uns unmöglich ist, die gesamte Bandbreite der »Realität« (falls es so etwas überhaupt gibt) wahrzunehmen, erschaffen wir uns in unseren Vorstellungen ein Modell der Welt (s. Kapitel »Konstruktivismus« s. S. 253 ff.). Da wir uns aber sowieso nur ein Bild der »Realität« schaffen, ist es nahe liegend Handlungslernen-Aktionen in eine Metapher zu kleiden.

Die metaphorische Arbeit stellt hohe Anforderungen an den Trainer: Für jede Gruppe muss (zu jeder Zeit) ein bestmöglich strukturähnliches Programm gestaltet werden. Hierzu muss er Vorabinformation einholen und in der Lage sein, auch während des Kurses das vorgesehene Programm flexibel und situativ anzupassen.

Bacon (1998) beschreibt die folgenden Varianten der metaphorischen Arbeit:

- Einsatz von Geschichten und Anekdoten.
- Direkte und ablenkende Suggestion.
- Einsatz von Affekten und nonverbalem Verhalten.
- Umdeutung durch einen neuen Rahmen (»Reframing«, s. S. 158 f.).

Für das Lernprojekt »Blindflug« (s. S. 240) könnte sich eine Metapher beispielsweise folgendermaßen anhören: Statt »Blindflug« lautet das Lernprojekt nun »der Weg zum Erfolg« – Ziel ist, die gesamte Mannschaft, »ohne Entlassungen«, gemeinsam (»eine Seilschaft«, »alle ziehen an einem Strang«) und sicher (»auf die physische und psychische Sicherheit jedes Mitarbeiters ist zu jeder Zeit maximal zu achten«) am Seil durch die Ungewissheiten (dunkel = Augenbinden) und Turbulenzen (Hindernisse im Wald) der aktuellen Marktlage zu bekommen. Es gilt dabei zunächst drei selbst definierte Zwischenziele (»im Vorfeld zu markierende Kontrollpunkte im Wald«) zu erreichen und in einer bestimmten Zeit (»Zeit ist Geld«, »hohe Dynamik moderner Märkte«) am Endziel (»gefestigte Marktposition« oder »Marktführerschaft«) anzukommen. Bevor der »Weg zum Erfolg« gestartet wird, gibt es eine zeitlich definierte Strategie- und Planungsphase.

Essenz und Bedeutung

Von Aristoteles über Goethe bis hin zu Dewey und der Erlebnispädagogik des Kurt Hahn zieht sich Handlungslernen als roter Faden durch die Geschichte des Lernens. Heutzutage gibt es kaum eine Bildungsstätte, die sich nicht dem Handlungslernen zugewandt hat. Es liegt im Trend als Therapie, als Maßnahme der Jugendhilfe und als Trainingsmethode, vom Auszubildenden bis zum Topmanager.

- Modernes Handlungslernen reicht von einfachen, wenige Minuten dauernde praktische Übungssequenzen, eingebettet in ein Seminar oder Training, bis hin zu mehrtägigen Outdoortrainings.
- Handlungslernen lässt sich als ein ganzheitlicher Ansatz definieren, der auf der kognitiven, emotionalen und motorischen Ebene gleichermaßen wirkt. Ziel ist es, Menschen zu entwicklungsfördernden Erlebnissen und Einsichten zu verhelfen. Lernen durch Handeln bietet die Möglichkeit, dass neues Verhalten (bewusst oder unbewusst) erprobt, aufgenommen und integriert wird.
- Das 4-Schritte-Modell »Aktion – Reflexion – Unterstützung – Transfer« beschreibt die Herangehensweise beim Handlungslernen. Entscheidend für die Erhöhung der Transferwahrscheinlichkeit der Erlebnisse in das Alltagsverhalten ist die gelungene Verbindung zwischen Aktion und Reflexion sowie eine gute Unterstützung durch den Trainer. Reflexion ist die notwendige Ergänzung zum Handeln. Aus der Anpassung des 4-Schritte-Modells auf Individuen, Zielgruppen, bestimmte Situationen und Transferziele leiten sich die Lernmodelle des Handlungslernens ab. Die Lernmodelle sind »Handlungslernen durch Reflexion«, »direktives Handlungslernen«, das »metaphorische Handlungslernen« und das »indirekt-metaphorische Handlungslernen«.
- Handlungslernen ist eine Methode und kein Konzept, die Frage nach der Ethik von Handlungslernen stellt sich auf der Ebene der Anwender. Dennoch eröffnet der Blick in die Geschichte des Handlungslernens das ethische Fundament des Ansatzes.
- Kritikpunkte am Handlungslernen sind unter anderem die Transferproblematik, »Action Hopping«, »Insellage« und »Backhome«-Situationen sowie das Thema Sicherheit, vor allem im Outdoorbereich.
- Handlungslernen weist eine unglaubliche Vielfalt an verschiedenen Methoden für Aktion, Reflexion, für Transfer und Unterstützung von Transfer auf, Tendenz steigend.
- Handlungslernen bedient sich für die Aktionen in erster Linie einer Fülle von praktischen Übungen und Aufgaben, den so genannten Lernprojekten.

- Outdoortrainings, als ganzheitliche, handlungs- und erlebnisorientierte Seminare in der Natur mit eindeutiger Transferorientierung sind eine bedeutende Entwicklung im Handlungslernen seit den 1980er-Jahren. Outdoorprogramme können unter anderem auch Hochseilgärten sein.
- Vertrauensübungen thematisieren die wichtigen Schlüsselqualifikationen »Vertrauen« und »Verantwortung«.
- Ein weiterer Fokus ist die Schulung von Wahrnehmung und Sensibilität.
- Auch bei den Reflexionsmethoden wurden (und werden) im handlungsorientierten Lernen eine erstaunliche Vielfalt von Reflexionsmethoden entwickelt.
- Als besonders wirkungsvoller Ansatz gilt der Einsatz von Metaphern.

Handlungslernen ist nach meiner Einschätzung in der Lern- und Trainingslandschaft unersetzbar geworden. Der Ansatz ist in der Trainingspraxis wirksam, die Gefahren und Risiken stehen in einem akzeptablen Verhältnis zum Nutzen. Auf die Eingangsfrage, ob Handlunglernen – das »Training by Doing« – eine echte Alternative darstellt, antworte ich mit einem eindeutigen und uneingeschränkten »Ja«!

Ein gewichtiges Argument für Handlungslernen ist dabei die Eignung des Ansatzes zum Vermitteln von Schlüsselqualifikationen, weshalb ich abschließend noch kurz auf diese Zusammenhänge eingehe.

(Handlungs-)Lernen von Schüsselqualifikationen

Dieter Mertens hatte bereits in den 1970ern erkannt, dass berufliche Bildungsinhalte und die Anforderungen im Berufsalltag auseinanderklaffen. Um sich in der modernen, hochdynamischen und komplexen Gesellschaft zu behaupten und erfolgreich sein zu können, sind besondere Qualifikationen nötig, die er Schlüsselqualifikationen nannte. Selbstständigkeit, Verantwortungsbewusstsein, Fairness, Problemlösungsfähigkeit, Kommunikations- und Teamfähigkeit, strukturiertes Denken und Vorgehen, Kritisches und reflektiertes Denken sind Beispiele solcher Schlüsselqualifikationen.

Im Gegensatz zum Fachwissen sind Schlüsselqualifikationen Fähigkeiten, die helfen, neue und unerwartete Situationen und Anforderungen zu meistern. Sie bieten auch den Schlüssel, sich neues Wissen und Fähigkeiten schnell und strukturiert anzueignen und dieses in das eigene Verhaltensrepertoire zu übertragen. Ihre Wirkung dient ganz allgemein zur Lebensbewältigung. Sie halten ein Leben lang, im Gegensatz zu den Fachkenntnissen, deren Halbwertszeit sich ständig verringert (denken Sie nur an die Veränderungen im EDV-Bereich der letzten zehn Jahre).

Das Vermitteln und Erlernen von Schlüsselqualifikationen ist ausschließlich durch Schlüsselerlebnisse und damit durch Handlungslernen zu erreichen. Schlüsselqualifikationen sind Fähigkeiten, die nicht kognitiv zu vermitteln sind. Es sind komplexe Verhaltensmuster, die verbunden sind mit Einstellungen, Werthaltungen, Gefühlen und Befindlichkeiten, mit der persönlichen Geschichte eines Menschen. Schlüsselqualifikationen existieren auf mehreren Ebenen: kognitiv, emotional und motorisch. Nur eine

Trainingsmethode, die alle drei Ebenen gleichzeitig erreicht, kann hier dauerhaften Erfolg erzielen. Beim Handlungslernen können unter realen Bedingungen Schlüsselqualifikationen erworben, trainiert, ausprobiert und erweitert werden. Gleichzeitig können durch Handlungslernprojekte soziale Kompetenzen überprüft werden.

- Wie reagiert jemand zum Beispiel in Stresssituationen?
- Bleibt er handlungsfähig?
- Kann er sich auf neue Situationen und Anforderungen spontan einstellen?
- Wie konstruktiv ist sein Kommunikations-, Kooperations- und Konfliktverhalten?

Diese Zusammenhänge werden auch zunehmend im beruflichen Kontext erkannt und Schlüsselqualifikationen spielen bei Stellenbesetzungen immer häufiger eine entscheidende Rolle. Ein Blick in aktuelle Stellenanzeigen bestätigt das eindrucksvoll.

Wenn auch die momentane »Shareholder-Value-Philosophie« der Unternehmen inklusive permanenter Freisetzung von Arbeitskräften in eine vollkommen andere Richtung zielt, wird die Persönlichkeit des Einzelnen und der stimmige Umgang mit den Mitmenschen quer durch alle gesellschaftlichen Bereiche zur »Leitwährung« im gesellschaftlichen Leben. Handlungslernen stellt in idealer Weise die Lernfelder für das Miteinander in unbekannten, manchmal mit subjektiver Angst besetzten, meistens aber lustvollen Situationen bereit und ist allein dadurch nicht mehr aus der modernen Trainingsszene wegzudenken.

Literatur und Adressen

Bacon, Stephen: Die Macht der Metaphern. Ziel-Verlag, Augsburg 1998

Gilsdorf, Rüdiger/Kistner, Günter: Kooperative Abenteuerspiele 1+2. Kallmeyer-Verlag, Seelze-Velber 1995+2001.

Großer, Michael: Outdoor für Indoors, Ziel-Verlag, Augsburg 2000

Heckmair, Bernd: Konstruktiv Lernen. Beltz Verlag, Weinheim und Basel [2]2005

Heckmair, Bernd/Michl, Werner: Erleben und Lernen. Reinhardt-Verlag, München 2002

Meier-Gantenbein, Karl F.: Ermöglichen statt Erziehen. Bausteine einer erlebnispädagogischen Didaktik. Lambertus-Verlag, Freiburg 2000

Ostenrieder, Mark/Weiß, Michael: Erleben, Lernen, Kooperieren. Ziel-Verlag, Augsburg 1993

Reiners, Annette: Erlebnis und Pädagogik. Ziel-Verlag, Augsburg 1995

Reiners, Annette: Praktische Erlebnispädagogik 2. Ziel-Verlag, Augsburg 2005

www.erlebnispaedagogik.de – deutschsprachige Informationsseite für Erlebnispädagogik

www.bundesverband-erlebnispaedagogik.de – Homepage des deutschen Verbandes für handlungsorientiertes und erfahrungsgeleitetes Lernen

Konzept 9

Konstruktivismus:
Wie wirklich ist die Wirklichkeit?

*Konstruktivistische Prämissen und ihre Bedeutung
in der Bildungs- und Beratungsarbeit*

Karl F. Meier-Gantenbein

Einführung und Geschichte

Fragen wir einen Menschen, der sich selbst als Konstruktivisten bezeichnet, danach, was denn Konstruktivismus sei, bringen wir ihn gewissermaßen in eine Zwickmühle: Er wird möglicherweise antworten, dass es dabei darum geht, nicht von Wirklichkeit und Wahrheit zu sprechen, wenn wir eigentlich nur unsere subjektive Deutung der Dinge außerhalb von uns vor Augen haben können. Er würde wahrscheinlich viele weitere Worte verwenden, um zu umschreiben, was genau er damit meint. Und schließlich würde der ehrliche Konstruktivist noch anfügen, dass auch diese Aussage nur ein Modell sei, das ihm helfe, seine Vorstellung von Konstruktivismus zu konkretisieren: Ein Konstrukt über den Konstruktivismus also. Und dann würden wir auseinander gehen, wahrscheinlich beide ein wenig verwirrt.

> »Draw one distinction and you create a universe!«
> (George Spencer-Brown)

Und was bedeutet dies nun im Detail? Nehmen Sie folgende Situation: Ihr Vorgesetzter bittet Sie zu einem Gespräch. Das ist ungewöhnlich, denn es stehen keine Zielvereinbarungsgespräche um diese Zeit des Jahres an. Außerdem ist das sonst nicht seine Art. Er kümmert sich nicht sehr um seine Mitarbeiter und Gespräche führt er nur, wenn er muss. Zumindest haben Sie das bisher nicht anders erlebt. Also muss es einen Anlass geben, einen triftigen. Dabei merken Sie schon, wie Sie in eine Abwehrhaltung geraten: »Soll er nur mal kommen. Ich lasse nichts auf mir sitzen«, denken Sie nun vielleicht für sich. Dann fällt Ihnen vielleicht noch ein, dass in letzter Zeit immer wieder in den Pausen von geplanten Stellenstreichungen die Rede war. Aber nicht mit Ihnen! Das kann er unmöglich ernst meinen bei Ihren Leistungen und den vielen Jahren, die Sie nun bereits im Unternehmen sind. Aber er hat Sie auch im letzten Mitarbeitergespräch schon so seltsam angesehen. Es ist Ihnen nicht gleich aufgefallen, aber jetzt, wo Sie noch einmal darüber nachdenken: Ja doch, er hat es sicher da schon vorgehabt, wollte Sie loswerden und deshalb sind auch die Vereinbarungen so ausgefallen, dass sie kaum einlösbar waren.

Und Sie bereiten sich bereits auf die Abwehrschlacht vor, werden sicher nicht einfach mit sich umspringen lassen. Aus anfänglicher Angst wird Wut. Sie schlafen schlecht in dieser Nacht und gehen in einem denkbar schlechten Zustand in das anberaumte Gespräch. Wie gesagt: Ihr Vorgesetzter hat Sie nur zu einem Gespräch gebeten ...

In diesem Beispiel hat die Vorstellung, was der mögliche Hintergrund für das Gespräch sein kann, dazu geführt, dass eine denkbar ungünstige Ausgangssituation für ein Gespräch entstanden ist. Dabei wurden viele Annahmen in eine Reihe gebracht, die man so zwar anstellen kann, keineswegs aber muss. Die Sicht auf die Welt ist hier nicht in erster Linie von Tatsachen geleitet, sondern von Möglichkeiten, so wie sie dem momentanen subjektiven Empfinden entsprechen.

Der radikale Konstruktivismus als erkenntnistheoretischer Ansatz vertritt die Ansicht, dass es keine vom Beobachter unabhängige Wirklichkeit gibt, die uns zugänglich ist. Das bedeutet, die Wirklichkeit, wie sie uns erscheint, ist konstruiert. Woher stammt diese Auffassung und welche Konsequenzen sind daraus zu ziehen?

Geschichte: Mit dem Begriff Konstruktivismus wird seit ungefähr 1980 eine Denkrichtung bezeichnet, deren Grundlagen aus ganz verschiedenen Fachgebieten zusammengetragen sind. Viele bedeutende Philosophen haben sich mit dem Thema der Erkenntnis beschäftigt und sind dabei immer wieder auf das Problem des Verhältnisses zwischen den Objekten und dem erkennenden Subjekt gestoßen.

Bereits um 500 v. Chr. Untersuchte Xenophanes den Begriff des Wissens und kam zu der Erkenntnis, dass kein Mensch je etwas Genaues erfassen werde, denn, was man sehe, sei immer nur Anschein: Selbst wenn es gelänge, etwas so zu beschreiben, wie es ist, könne man nicht sicher sein, dass die Beschreibung richtig sei.

Giovanni Battista Vico brach bereits 1710 mit der alten philosophischen Vorstellung, menschliche Erkenntnis müsse in irgendeiner Weise eine Repräsentation einer beobachterunabhängigen Realität liefern. In der philosophischen Tradition bedeutete Erkennen und Wissen nichts anderes, als dass etwas wahr, weil objektiv war. Vico aber erklärte, Menschen könnten nur das wissen, was sie selbst gemacht hätten, wohingegen Gott die Welt kenne, weil er sie selbst geschaffen habe. *Verum ipsum factum* – das Wahre ist dasselbe wie das Gemachte: Die Wahrheit wird von den Menschen gemacht und nicht gefunden, so lautet – verkürzt – die Aussage von Vico.

George Berkely legt in seinem Traktat »Of the Principles of Human Knowledge« ebenfalls bereits 1710 dar, dass gemäß der Erfahrung zum Beispiel ein Tisch allein durch Wahrnehmungsakte erzeugt werden kann, die der Wahrnehmende koordiniert, um das Ding zu formen, das als »Tisch« bezeichnet wird. Er bringt damit zum Ausdruck, dass ein Objekt in Bezug auf menschliches Wissen dann beginnt zu existieren, wenn es durch die Wahrnehmung erzeugt wird.

In seiner »Kritik der reinen Vernunft« (1781) vergleicht Immanuel Kant diese Erkenntnis mit der Revolution im Denken, die Kopernikus seinerzeit ausgelöst hatte: »Bisher nahm man an, alle unsere Erkenntnis müsse sich nach den Gegenständen richten; aber alle Versuche, über sie a priori etwas durch Begriffe auszumachen, gingen unter diesen Voraussetzungen zunichte. Man versuche es daher einmal, ob wir nicht in den Aufgaben der Metaphysik damit besser fortkommen, dass wir annehmen, die Gegenstände müssen sich nach unserer Erkenntnis richten, ... Es ist hiermit ebenso wie mit dem ersten Gedanken des Kopernikus bewandt, der, nachdem es mit der Erklärung der Himmelsbewegungen nicht gut fortwollte, wenn er annahm, das ganze Sternheer drehe sich um den Zuschauer, versuchte, ob es nicht besser gelingen möchte, wenn er den Zuschauer sich drehen und dagegen die Sterne in Ruhe ließ.«

Wenn auch bei diesen Betrachtungen früherer Epochen bereits die Kerngedanken des heutigen Konstruktivismus aufgetaucht sind, wird keiner der drei Philosophen zu den Konstruktivisten im heutigen Sinn gerechnet. Nicht zuletzt standen religiöse Strömungen einer intensiveren Beschäftigung mit dem Gegenstand entgegen: Gott hat das Universum und die Vernunft geschaffen, also wird er auch dafür gesorgt haben, dass die Vernunft in der Lage ist, die Welt adäquat zu erfassen!

Beim radikalen Konstruktivismus der Gegenwart geht es um die Grundfragen der Erkenntnistheorie: Was können wir wissen, beziehungsweise wie können wir wissen.

Die prinzipielle Antwort dieser maßgeblich von Heinz von Förster, Ernst Glasersfeld und Paul Watzlawick vertretenen Denkrichtung lautet: Es gibt keine Möglichkeit, die Welt an sich zu erkennen, denn das erkennende Wesen kann die Übereinstimmung zwischen Abbild und Wirklichkeit nie überprüfen. Es ist daher ein Irrglaube, man könne objektiv – also ohne Einflussnahme des erkennenden Subjekts auf den Erkenntnisprozess und das Erkenntnisobjekt – erkennen, wie die Welt, die Wirklichkeit, wirklich beschaffen ist. Hingegen wird die Auffassung vertreten, dass Kognition eine anpassende Funktion hat und nicht in der Abbildung einer objektiven Wirklichkeit besteht: Sie schafft eine mentale Repräsentation einer unabhängig bestehenden objektiven Welt und sie strebt danach, die Begriffsstrukturen so zu erzeugen, dass sie in die erlebte Erfahrungswelt passen.

In jüngster Zeit hat sich insbesondere Siegfried Schmidt weiter und intensiver mit der Thematik des Konstruktivismus befasst. Auf der Ebene der Neurobiologie und der Gehirnforschung wurden wichtige Beiträge von Gerhard Roth geleistet. Zwischen den Disziplinen des Konstruktivismus und der Systemtheorie gibt es viele Querverweise.

Was steckt dahinter?

Konstruktivistische Grundpositionen im Überblick

Wie können wir erkennen?

 Ich möchte Sie zu einem kleinen Experiment einladen: Stellen Sie sich einen Menschen vor, der sich einen Gegenstand in Ihrer Umgebung für einen Moment genau betrachtet (Sie können gerne einen konkreten Gegenstand, einen Tisch, einen Apfel oder was auch immer, auswählen). Nun stellen Sie sich vor, dieser Mensch schließt die Augen. Wie kann er nun wissen, ob es den Gegenstand, den er eben noch gesehen hat, überhaupt gibt? Nun, er könnte die Augen wieder öffnen, um sich zu vergewissern. Oder er könnte blind einige Schritte in die Richtung tun, in der der Gegenstand ist (oder war?). Früher oder später würde er ihn berühren, mit der Hand, einem Bein, einem anderen Körperteil. Der Mensch, den Sie sich gerade vorstellen, hätte nun den Beweis: Es gibt den Gegenstand wirklich. Oder sagen wir: Er hätte einen weiteren Hinweis auf dessen Existenz erhalten. Denn, was wäre, wenn die Hand nicht sensibel für taktile Reize wäre?

Sie sagen, das sei trivial. Gut, dann drehen wir die Sache einmal um. Sie begeben sich in Gedanken in ein Kino, das Ihnen eine dreidimensionale Welt erzeugt und: Der Film, der gerade läuft, ist auf einer Achterbahn aufgenommen. Sie wissen, dass das, was Sie sehen, nicht die Realität ist. Oder Sie glauben es zumindest zu wissen. Dennoch reagiert Ihr Magen empfindlich genau in dem Moment, indem die Bahn über die Kante fährt und scheinbar ins Bodenlose stürzt.

Was ist jetzt wirklich, was nicht? Der Gegenstand, den Ihr Betrachter blind erspüren konnte: Ist er denn wirklicher wie die Achterbahn, die Sie fühlen konnten?

Wir sind mit einem hochkomplexen Wahrnehmungssystem ausgestattet, das es uns ermöglicht, die Welt um uns herum zu erfassen. Wir können uns die einzelnen Sinnesorgane vorstellen wie die Türen, die wir öffnen können, um eine Verbindung zu der »Welt da draußen« herzustellen. Mit dieser Einrichtung versehen, operieren wir in unserem Umfeld, können uns bewegen, können Ereignisse antizipieren und entsprechend reagieren. Und in der Regel funktioniert das ganz gut: Wir stoßen uns nicht ständig an irgendwelchen Gegenständen. Wir können eine Computertastatur bedienen und sind mit dem Ergebnis auf dem Bildschirm zufrieden. Wir finden Wege wieder, die wir uns eingeprägt haben. Wir beißen in einen Apfel und sind vom Geschmack nicht überrascht. Wir fahren ein Auto. All dies sind Leistungen, die uns bestätigen, dass wir »richtig« wahrnehmen und die uns darin bestärken, eine gültige Sicht von den Dingen um uns herum zu haben.

Manchmal allerdings kommen wir auch ins Grübeln. Das Beispiel mit der Achterbahn könnte ein solcher Anlass sein. Das Betrachten eines Buches mit optischen Illusionen taugt dafür ebenso. Und es gibt eine kleine Geschichte, die auch Anlass dazu gibt, über das Thema der Wahrnehmung der Dinge um uns herum etwas anders zu betrachten:

 Ein Mann geht laut klatschend auf einem Platz hin und her. Nachdem eine zweite Person dies nun schon eine Weile beobachtet hat, wird sie neugierig, geht auf den Mann zu und fragt ihn, was er denn hier tue und weshalb er unablässig in die Hände klatsche. »Ich vertreibe die Elefanten«, antwortet der Mann und läuft weiter klatschend über den Platz. Der Beobachter stutzt und insistiert dann entschieden: »Aber es gibt doch hier auf dem Platz gar keine Elefanten!« Der Mann antwortet: »Da sehen Sie mal, wie gut das funktioniert!«

Offensichtlich gibt es für manche Situationen nicht nur eine gültige und richtige Interpretation. Würde Sie das Klatschen so stören, dass Sie ein Gericht mit dem Vorfall bemühen wollten: Man würde Ihnen wahrscheinlich Recht geben und den Klatscher an einen Ort bringen, an dem niemand daran Anstoß nähme, wenn er Elefanten vertreibt. Dort würde er vielleicht Menschen treffen, die noch ganz andere Fähigkeiten haben. Und ihre Wahrnehmung würde sie in ihrem Tun ständig aufs Neue bestätigen.

 Ich habe mich im Rahmen einer Veranstaltung kürzlich mit einer Frau unterhalten, die die Mitarbeiter einer Hotelkette in manchen Bereichen trainiert. Sie hat mir erzählt, dass sie, um die Wahrnehmung zu sensibilisieren, Kellner oft Weine unter verschiedenen Lichtverhältnissen testen lässt. Verblüffend daran ist die Tatsache, dass ein Wein offensichtlich anders schmeckt, wenn er zum Beispiel bei Tages-, Kerzen- oder Neonlicht getestet wird.

Was aber können wir jetzt mit dem bisher Gesagten anfangen? Wie zuverlässig ist unsere Wahrnehmung und wo sind vielleicht Tücken, auf die wir achten können?

Grundpositionen des radikalen Konstruktivismus

Beim radikalen Konstruktivismus geht es also um das Verhältnis von erkennendem Subjekt und den erkannten Objekten. Die Grundaussage ist die, dass wir über unsere Sinnesorgane keine Repräsentation der Welt und der Dinge um uns herum erzeugen können, die eine Gültigkeit unabhängig von uns selbst hat. Mit anderen Worten: Erkennen ist kein objektiver Akt. Wir erkennen das, was wir aufgrund der Beschaffenheit unseres Nervensystems und unserer Sinnesorgane erkennen können und wir erkennen das, was wir aufgrund unserer momentanen Disposition erkennen wollen. Die Frage, die wir haben, lässt uns nach Antworten suchen. Mit Hunger im Bauch sehen wir Nahrungsmittel schneller, als den Fernseher. Wer angstvoll in einem dunklen Wald unterwegs ist, hört andere Geräusche und weist ihnen eine andere Bedeutung zu.

Konstruktivismus aus der Sicht der Gehirnforschung

Grundsätzlich geht es in den hier dargestellten Bereichen der Gehirnforschung und der Neurobiologie um das Verhältnis von Welt und erkennendem Subjekt. Der im Kapitel »Hirnforschung« (s. S. 37 ff.) ausführlich vorgestellte Denkansatz ist eng verknüpft mit dem Konzept selbst referenzieller und autopoietischer Systeme von Maturana und Varela (s. Kapitel »Systemtheorie«, S. 279 ff.) und setzt sich deutlich ab von traditionellen Vorstellungen eines hierarchisch aufgebauten Gehirns, das in der Lage ist, die Welt abzubilden.

Wie ich bereits erläutert habe, legt die Erfahrung aus den Sinneseindrücken den Schluss nahe, dass die Wahrnehmung in direktem Kontakt mit der Welt steht. Der Mensch sieht, hört, riecht, schmeckt und fühlt seine Umwelt scheinbar unmittelbar: Dies sind für ihn Eindrücke einer ihm zugänglichen Realität. Ziel der Wahrnehmung ist überlebensfördernde Verhaltenssteuerung, denn »Überleben ist nur möglich durch ein Verhalten, das sich an relevanten Umweltreizen orientiert, und dadurch, dass sich aus dem unmittelbaren sinnlichen Umgang mit der Welt eine generalisierte Sinneserfahrung bildet« (Roth 1987, S. 230).

Eine ganz anderer Blickwinkel eröffnet sich, wenn der Vorgang der Wahrnehmung aus der Perspektive des Gehirns betrachtet wird. In diesem Organ kommen Umweltreize als unspezifische neuronale Erregungen an. Das heißt: Eine bestimmte Modalität (zum Beispiel Sehen oder Hören) ist hinter dem Sinnesorgan verschwunden (s. »Hirnforschung«, S. 37 ff.). Die spezifische Empfindung wird übersetzt in die Einheitssprache elektrischer Nervenpotenziale, wodurch erst die Möglichkeit der Kommunikation so unterschiedlicher Sinnesorgane untereinander gegeben ist. Aus dieser Sicht ist das Gehirn also nicht umweltoffen in dem Sinn, dass es in irgendeiner Weise Eindrücke abbildet (repräsentiert). Nach Roth handelt es sich vielmehr um ein kognitiv in sich abgeschlossenes System, das *seine* Bedeutungszuweisung zu Impulsen nach eigenen Kriterien erstellt.

Auch das Handeln ist dem Gehirn also nicht direkt zugänglich. Es gibt lediglich die sensorische Rückmeldung, indem es in sich selbst überprüft, welche Folgen das Handeln hat und welche Korrekturen zu machen sind. Nehmen wir hier noch einmal Bezug auf das Beispiel des Menschen, der in die Hände klatscht, um Elefanten zu vertreiben: Er fühlt sich in seinen Handlungen natürlich bestätigt, denn es tauchen ja keine Elefanten auf! Wichtig ist für ihn nur, dass die eigentliche Handlung und die ihr zugemessene Bedeutung mit den parallel auftretenden Sinnesreizen nicht im Widerspruch steht. Ob dabei ein fundamentaler Realitätsbezug geopfert wird, ob es sich um Wahn- oder Normalverhalten handelt, das sind Kategorien, die erst ein externer Beobachter einführt.

Wir können also festhalten, dass Wahrnehmung vor dem Hintergrund der Funktionsweise des Gehirns und des Nervensystems keine bloße Widerspiegelung äußerer Erscheinungen ist. Es sind vielmehr viele kreative, also erschaffende Prozesse daran beteiligt, in die Erfahrungen, Emotionen und Erwartungen eingehen. In der Sprache des Konstruktivismus ausgedrückt heißt das analog: Wir konstruieren uns die Welt, in der wir leben, ständig selbst!

Die Bedeutung passfähiger Konstrukte

Zentral ist somit nicht der Aspekt, ob es um uns herum eine uns zugängliche Realität gibt oder nicht. Weit mehr Bedeutung kommt der Frage zu, inwiefern wir in der Lage sind, diese gültig abzubilden. Die Position des radikalen Konstruktivismus in dieser Frage ist klar. Wir leben in einer Welt der Dinge: Gäbe es überhaupt keine Realität, dann könnte schwerlich erklärt werden, weshalb Organismen in der Lage sind, so zielstrebig zu handeln und effektiv zu operieren.

Aber die Instrumente, die uns den Zugang ermöglichen (unsere Sinneswahrnehmung also) geben uns keinen Aufschluss darüber, wie wahr das ist, was wir für wahr nehmen. Was wir als Realität betrachten, ist zunächst nur subjektive Realität. Dabei bezieht sich die Subjektivität darauf, dass wir Konstrukte über uns und unsere Umwelt bilden, die in sich ein stimmiges Bild ergeben und die an den sinnlichen Erfahrungen als Prüfinstanz nicht scheitern. Dieses Passen kann gedacht werden als ein Konstrukt, das sich in die »Hohlräume der Wirklichkeit« einfügt, ohne diese dadurch »ikonisch« widerspiegeln zu können (und in der Regel gibt es auch mehrere solcher passförmiger Sichtweisen). Mit dieser Beschreibung kommt zum Ausdruck, dass die Existenz einer Wirklichkeit oder Realität außerhalb von uns auch in der konstruktivistischen Vorstellung bestätigt wird (zu unterschiedlichen konstruktivistischen Strömungen und deren Wirklichkeitsbegriff s. Siebert 2005, S. 16 f.).

Was im konstruktivistischen Sprachgebrauch als passfähiges Konstrukt bezeichnet wird, lässt sich auch gut am Beispiel einer Landkarte verdeutlichen: Sie ist nicht das Gebiet. Aber sie repräsentiert wesentliche Merkmale der durch sie beschriebenen Landschaft in einer adäquaten Art und Weise und gibt dadurch Orientierung. Sie ermöglicht sinnvolles Handeln bis zu einem gewissen Grad und beschreibt auch die Grenzen ihrer Gültigkeit.

Passfähige Konstrukte sind unsere inneren Landkarten, die wir uns im Lauf der Zeit zurechtgelegt haben, um uns in einer komplexen Welt zurechtzufinden. Der Anspruch, mit dem wir diese Karten entworfen haben, war und ist nicht auf Wahrheit ausgelegt. Handlungen sollen dadurch koordiniert werden, das Leben soll dadurch erleichtert werden. Allerdings können wir nicht davon ausgehen, dass wir alle den gleichen Entwurf der äußeren Welt erstellt haben: Konstrukte sind zunächst einmal passfähige, persönliche Sichtweisen, die ihre prinzipielle Gültigkeit da verlieren, wo wir uns in Interaktion mit anderen begeben. Die Menschen, mit denen wir zusammen leben, arbeiten und lernen, haben ihre eigene spezifische Sichtweise der Welt entwickelt, die jedem für sich genügend Orientierung vermittelt. Ein gemeinsamer Blick auf die Welt, eine soziale Realität also, entsteht erst durch Vermittlung in der Kommunikation.

Ethik, Werte und kritische Betrachtungen

Zwischen verlorener Orientierung und gewonnener Freiheit

Das in der konstruktivistischen Erkenntnistheorie hinterlegte Menschenbild knüpft nahtlos an die Vorstellungen vom Menschen als autopoietisches lebendes System an. Aufgrund seines in sich geschlossenen Nervensystems interagieren innere Zustände weitgehend in selbst referenziellen Bezügen und bedingen eine weitgehende Autonomie in Bezug auf die Wahrnehmung der Umwelt. Das »System Mensch« ist also eine Einheit, die sich in diesem Verständnis weitgehend selbst steuert und eine radikal individuelle Weltsicht entwickelt. Diese Grundannahme beinhaltet zwei wesentliche Implikationen:

- Erstens ist damit eine deutliche Nähe zum Menschenbild der humanistischen Bildungstheorie erkennbar, wenn auch die Begründung der Selbststeuerung hier auf einer gänzlich anderen Wurzel fußt.
- Zweitens ergibt sich aus konstruktivistischer Sicht eine hohe Verantwortlichkeit des Einzelnen für sein Handeln in dieser Welt.

Die Auseinandersetzung mit dem radikalen Konstruktivismus führt zu einer drastischen Veränderung des Bewusstseins. Glaubenssysteme, Werte, Sicherheiten werden infrage gestellt. Die Wahrheit und Wirklichkeit, die sich jeder von uns zurechtgelegt hat, ist eine Konstruktion! Sie verliert spätestens dort ihre Gültigkeit, wo sie den Einzelnen im Zusammenhang mit anderen sieht, die wiederum ihre (anderen) Konstrukte haben. Welche Gültigkeit haben die bisher getroffenen Bedeutungszuschreibungen, welcher Wert kann ihnen (noch) zugeordnet werden, jetzt, da man weiß, dass es eben nicht die Repräsentationen einer außerhalb existierenden Wirklichkeit sind?

Wer sich dem Konstruktivismus verschreibt, verliert und gewinnt zugleich. Der Verlust bezieht sich auf eben die Illusion, etwas wirklich erkennen und einschätzen zu können. Wenn ich meine Wahrnehmung nicht für wahr nehmen kann, verlieren sich die Bezugspunkte und mein Weltbild kommt in Unordnung. Was, wenn die Bezugspunkte meiner Landkarte nicht stimmig sind? Was kann ich mir selbst noch glauben und wo beginnt die (Selbst-)Täuschung? Verlust ist in allererster Linie Verlust an Orientierung. Der Versuch, sich an äußeren Gegebenheiten ausrichten zu wollen, kommt immer da zum Stocken, wo die Erkenntnis einsetzt, dass die entstehenden Gedankengebilde radikal auf sich selbst zurück geworfen werden: Bilder aus dem Außen sind letztlich Bilder in mir. Beim Versuch, das eine mit dem anderen in Beziehung zu setzen, verschwimmen die Grenzen vollkommen: Die Auseinandersetzung zwischen Realität und Konstrukt ist nur scheinbar ein Abgleich zwischen einer echten, realen Welt und ihrer Repräsentation im Gehirn. Denn auch diese Auseinandersetzung ist nicht mehr wie eine innere Beschäftigung mit inneren Gegebenheiten. Das ist wie eine Spirale: Man kann sich auf ihr bewegen, aber man tritt dennoch auf der Stelle.

Der Gewinn auf der anderen Seite liegt in der gewonnenen Freiheit. Wenn es keine allgemein gültige Weltsicht im Sinne einer Realität geben kann, habe ich noch mehr wie bisher die Möglichkeit, die Welt täglich neu zu erfinden. Radikaler Konstruktivismus ist der Schlüssel dazu, gewohnte Bahnen zu verlassen, statt von Gewissheiten auszugehen, in Möglichkeitsformen zu operieren.

- Was verändert sich, wenn ich die Details neu zusammenfüge?
- Was sehe ich, wenn ich versuche, die Welt aus dem Blickwinkel meines Gegenübers zu betrachten?
- Welche neuen Erkenntnisse kann ich daraus ziehen und welches Verständnis folgt daraus?
- Wer dies tut, bezieht die Freiheit, zwischen unterschiedlichen Standpunkten und Sichtweisen zu springen, zu vermitteln?
- Und es wird früher oder später die Frage auftauchen: Was beziehe ich persönlich daraus, wenn ich die Welt vorzugsweise aus einer bestimmten Perspektive heraus betrachte und ihr dadurch bestimmte Werte zuschreibe?

Der einzelne Mensch ist für das, was für ihn Wirklichkeit oder Wahrheit ist, selbst verantwortlich. Mit dieser Haltung können wir uns nicht auf die Entwürfe der anderen verlassen, denn diese können genau so richtig und falsch sein, wie unsere eigenen auch.

> Konstruktivismus führt unweigerlich zu einer intensiven Auseinandersetzung mit sich und der Welt und steigert dadurch die Selbstreflexivität.
> An die Stelle von Gewissheit tritt für den Konstruktivisten die Verantwortung.

Wir haben auch nicht mehr die Möglichkeit, uns hinter (Schein-)Wahrheiten zu verstecken. Die Welt, wie sie uns erscheint, ist so, wie wir wollen, dass sie uns erscheint. Das Wissen über Konstruktivismus fordert, den anderen neben sich zu tolerieren, flexibler zu werden und einen konstruktiven Umgang mit anderen Wirklichkeiten zu lernen. Nur so haben wir die Möglichkeit, in sozialen Bezügen eine gemeinsame Welt hervorzubringen. Soziale Wirklichkeit ist die Basis eines gemeinsamen Driftens in einer uns immer fremd bleibenden Welt und sie entsteht nur da, wo wir uns in einem Dialog mit unserem Umfeld befinden, für dessen Qualität wir selbst die Verantwortung tragen. So kann eine Weltsicht entstehen, die aus unserem konstruktivistischen Bewusstsein heraus vage bleiben muss und uns dennoch verbinden kann. Sie lässt Brücken entstehen, wo vorher keine waren und baut Verständnis auf, wo sich vorher vielleicht tiefe Gräben befanden. In dieser Verantwortung tritt an die Stelle des sicheren Wissens das Vertrauen auf eine gemeinsame Vereinbarung. Die ethische Grundhaltung des Konstruktivismus entsteht daraus, dass wir uns im Klaren darüber sind, dass wir nicht in einer unabhängig von uns existierenden Welt agieren. Wir betrachten sie nicht durch ein Schlüsselloch, das uns von ihr trennt. Wir bringen sie – ganz im Gegenteil – ständig gemeinsam hervor. Die Welt um uns herum entsteht erst dadurch, dass wir sie betrachten und sie verändert sich damit, wie wir sie betrachten. Für den Konstruktivisten besteht Welt nicht, sie entsteht in der Beobachtung. Das wirft noch einmal ein Licht auf die bereits angesprochene Verantwortung auf: Wer das Universum erschafft, trägt Verantwortung dafür, wie sie aussehen soll.

Beliebigkeit

Ich kann für den Bereich des Konstruktivismus im Wesentlichen zwei Risikobereiche sehen: Beliebigkeit und Arroganz.

Das wohl größte Risiko, das sich aus einer konstruktivistischen Weltsicht ergibt, ist die Beliebigkeit. Wenn alles sein kann und nichts sicher ist, dann verschwimmen alle Standpunkte und Argumente. Wir brauchen nicht mehr Stellung zu beziehen, denn es ist ja doch nur eine Position von beliebig vielen. Wir brauchen uns nicht mehr um die Welt um uns herum zu kümmern, da sie ja nur ein Konstrukt ist. Wer so denkt, lässt die Dinge laufen, lässt sich treiben und wird konturlos. Der Konstruktivist in diesem Sinn lässt alles gelten und bezieht auch selbst keine Position. Diskussionen kommen erst gar keine zustande.

Beliebigkeit zieht eine Haltung nach sich, die jeden Engagements entbehrt. Wer in der Rolle als Trainer und Lernbegleiter Konstruktivismus so begreift und handhabt, lässt alles gelten, ohne irgend etwas zu korrigieren. »Wenn das Ihre Lösung ist, soll mir das recht sein«, könnte ein Kommentar aus dieser Haltung heraus lauten. Richtig ist, was für den Einzelnen gültig ist. Regeln werden erst gar keine aufgestellt, Konzepte und Ablaufpläne sind weitgehend überflüssig. In der Folge gerinnt alles Bildungsgeschehen zu einer zähen und konturlosen Masse und der letzte Rest an Orientierung geht darin verloren. Dabei sollte es ein grundsätzliches Anliegen in jeder Form von Bildungsveranstaltung sein, über Bezugspunkte und Eckdaten ein Feld aufzuspannen, das es ermöglicht, die Suchbewegungen der Teilnehmer zu ordnen und zu systematisieren.

Ein Lernfeld, das sich inhaltlich und in Bezug auf die Rahmenbedingungen durch Beliebigkeit auszeichnet, ist nicht dazu geeignet, den individuellen Lernkompass auszurichten. Der Anspruch einer konstruktivistischen Didaktik ist natürlich nicht auf die Vermittlung von Einheitswissen (= Wahrheit) ausgerichtet. Pluralität und das Nebeneinanderlassen von Einstellungen und Meinungen darf jedoch auch nicht bedeuten, dass es nichts mehr gibt, das in irgendeiner Weise Gültigkeit hat. Für das Aneignen und Handhaben einer individuellen Wissenslandkarte trägt jeder Teilnehmer die eigene Verantwortung. Für die Gestaltung einer Lernwelt, die entsprechende Anreize und Orientierungsmöglichkeiten bereitstellt, ist der konstruktivistische Trainer, Seminarleiter oder Wissensbegleiter zuständig. »*Denn wo die Gewissheit und Objektivität der möglichen Erkenntnis fragwürdig wird, ist es die Aufgabe der Erwachsenenbildung, den Vergleich und die Prüfung von Wirklichkeitskonstruktionen zu ermöglichen und zu arran-*

gieren« (Arnold 1999). Wird er diesem Anspruch nicht gerecht, taucht berechtigterweise die Frage auf, wozu ein Lehrender dann überhaupt noch da ist!

Aus der Achtung vor der Pluralität von Wissenskonstrukten ergibt sich im pädagogisch-didaktischen Feld ein weiterer Kritikpunkt, den Rolf Arnold (1999, S. 37) wie folgt umschreibt: »Aus der Pluralität und tendenziellen Beliebigkeit von Wirklichkeitskonstruktionen und Wirklichkeitsinterpretationen ergibt sich für die Begründung einer konstruktivistischen Erwachsenenbildung die Frage, ob eine kritische Perspektive heute überhaupt noch verbindlich begründet werden kann, oder ob sich aus der These ›Alles ist Konstruktion‹ in einer ironischen Perspektive automatisch nur folgern lässt ›Alles ist beliebig‹, das heißt, wahrnehmungs- und subjektabhängig.«

Neben der Stärkung von Selbstorganisation in Bildungsprozessen spielt dann überindividuelle Verantwortlichkeit in den pädagogischen Prozessen der Erwachsenenbildung keine Rolle mehr. Sprechen wir noch von Pädagogik, wenn die Inhalte beliebig geworden sind? Die Gefahr ist das Vernachlässigen einer sozialen Perspektive aufgrund der Überbetonung eigener Konstrukte.

Konstruktivistische Arroganz

Falsch verstandener Konstruktivismus verleitet Menschen dazu, die möglicherweise falschen, nicht passfähigen Konstrukte immer bei den anderen, nie bei sich selbst zu suchen. Die eigene Wahrnehmung wird als schlüssig erlebt, die davon abweichende der anderen muss also falsch sein.

Konstruktivistisches Grundwissen verleitet zu der Annahme, mehr über die Welt wissen zu können, weil man eine wesentliche Klippe der Erkenntnisgewinnung und -verarbeitung erkannt hat. Dieses Wissen schützt aber nicht vor den eigenen blinden Flecken in der Wissenslandkarte. Auch Konstruktivisten können, wie alle anderen auch, nicht sehen, was sie nicht sehen können. Das bedeutet, dass wir alle blind für die »Löcher« in unserer Wahrnehmung sind.

Die konstruktivistische Theorie impliziert kein Wissen, das man sich einmal aneignet und fortan immer dann aus der Tasche zieht, wenn die Ansichten und Meinungen der Teilnehmer nicht in die eigene mentale Landkarte passen. Das Anerkennen, dass die menschliche Wahrnehmung nach eigenen Gesetzen selektiv und lückenhaft arbeitet, verpflichtet gerade die Verantwortlichen in Bildungsveranstaltungen zu einer noch größeren Vor- und Umsicht. Der Gegenpol zur konstruktivistischen Arroganz könnte also etwa eine pädagogische Vorsicht bedeuten: Auch ich kann die Welt nur so verstehen, wie sie mir zugänglich ist. Es macht für mich Sinn, aber es muss nicht die Wahrheit sein.

Methodische Ansätze

Konstruktivismus ist als Erkenntnistheorie nicht gerade reich an eigenen Methoden für das »Umsetzen« in die Praxis. Ähnlich wie die Systemtheorie (mit der er stark verwoben ist) drückt er sich mehr in einer grundsätzlichen Haltung und daraus abgeleiteten Prinzipien aus. Dennoch möchte ich einige Methoden vorstellen, die gut dazu geeignet sind, ein Bewusstsein für die Beliebigkeit von Konstruktionen zu schaffen und einige, die ich gerne einsetze, um unterschiedliche »Landkarten« in den Köpfen von Beteiligten an Prozessen übereinander zu legen, um daraus ein gemeinsames Bild als Abbild und Bezugspunkt einer geteilten Wirklichkeit entstehen zu lassen. Die folgenden Übungen sollen Ihnen helfen, den Konstruktivismus besser zu verstehen.

Die Kunstinterpretation

Diese Methode ist sehr nah verwandt mit den sicherlich bekannten Kippbildern (alte beziehungsweise junge Frau, Gesicht und Amphore). Das Grundprinzip dabei ist folgendes: In einem Bild sind zwei Inhalte so ineinander verschachtelt, dass die Übergänge fließend sind. Jedoch wird sich der Betrachter zunächst auf eine einzige Sichtweise konzentrieren, eben die, die ihm »ins Auge springt«. Die andere bleibt ihm in der Regel verborgen. Wer die junge Frau erkennt, kann nicht gleichzeitig die alte Frau erkennen und umgekehrt. Der Wechsel zur anderen Bildinformation kann nur durch ein bewusstes Loslassen der gefundenen Konturen erfolgen, die Interpretation muss gelöscht werden, bevor eine andere erfolgen kann. Manchmal braucht man hierzu jemanden von außen, der beide Bildinhalte kennt und so die Betrachtung gezielt lenken kann!

Praxisbeispiel Kunstinterpretation

Sie beginnt als Übung damit, dass ich einer Gruppe das nebenstehende Bild zeige und sie dazu auffordere, nacheinander zu beschreiben, was sie sehen und wie sie das Bild demnach als Kunstwerk betiteln würden. Die Vielfalt der Interpretationen ist immer wieder beeindruckend.

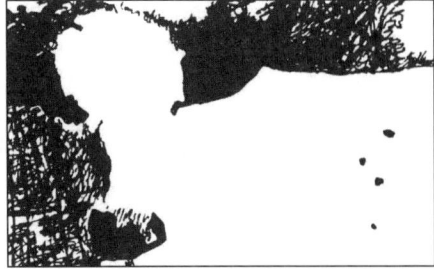

Meist erhalte ich Interpretationen wie: Ich sehe eine liegende Frau, die den Kopf an einen Baumstamm lehnt. Das ist eine Landkarte, die Nordamerika zeigt. Ein Adler stößt aus dem bewölkten Himmel herunter. Für mich stellt das einen der »Blues-Brothers« dar. Ich sehe eine Hexe. Abstaktes Gemälde ohne Sinn und Zweck. Gewitterstimmung.

Ich erkläre anschließend, weshalb ich das Bild »Die Kuh« nenne und belege meine Sichtweise zunächst mit dem Zeigen der dafür wesentlichen Umrisse, dann zusätzlich mit einer zweiten Grafik, die einen größeren Ausschnitt zeigt.

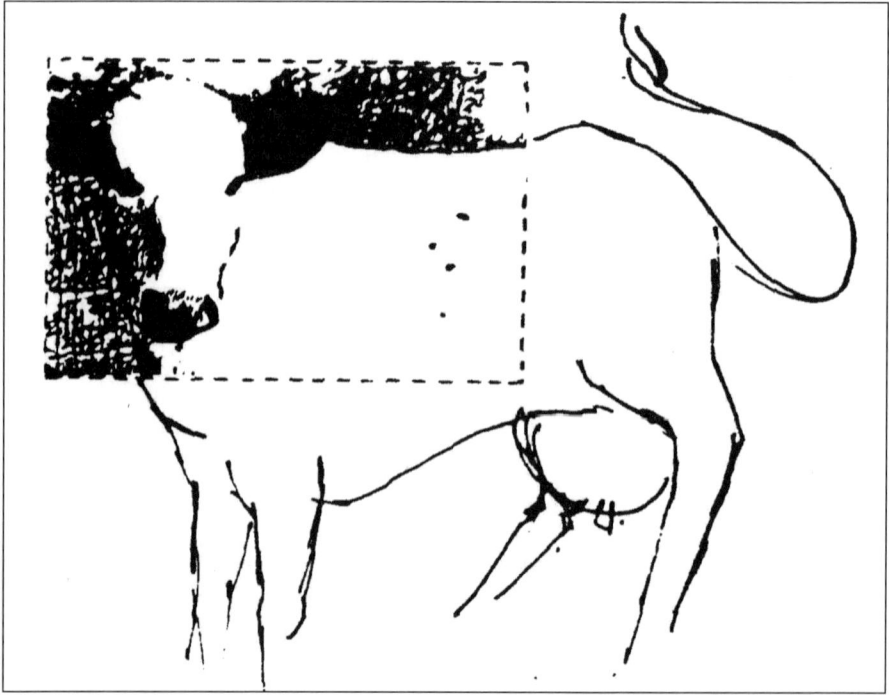

Interessanterweise »kippen« die bisherigen Wahrnehmungen und Interpretationen der Teilnehmer komplett. Die »Kuh« wird als Muster dominant.

Erläuterung: Mir ist diese Übung deshalb so wichtig, weil sie eindrücklich beschreibt, wie unsere Wahrnehmung funktioniert. Wir versuchen, Muster zu erkennen und damit Ordnung und Struktur zu schaffen. Wir lernen also zu sehen und die Impulse der Umwelt entsprechend zu interpretieren. Oder anders ausgedrückt: Wir schaffen uns ein Konstrukt. Haben wir erst einmal gelernt, etwas von einer bestimmten Seite zu betrachten, fällt es uns sehr schwer, diese Beobachtungsposition oder Perspektive wieder zu verlassen. Das bedeutet in diesem Beispiel: Wer einmal gelernt hat, die Kuh zu sehen, den wird sie bei jeder Begegnung mit diesem Bild förmlich »anspringen«.

Der magische Stab

Diese Übung aus dem Bereich des Teamtrainings ist inzwischen ziemlich bekannt. Dennoch finde ich den auftretenden Effekt immer wieder verblüffend.

 ### Die Übung: Der magische Stab

Ein leichter Stab (aus Bambus oder Aluminium) wird von zwei Trainern an beiden Enden zunächst etwa auf Augenhöhe gehalten. Die Teilnehmer bekommen die Aufgabe, von rechts und links an den Stab heranzutreten, und eine Berührung des Stabes von unten mit je einem Finger (pro Person) aufzubauen. Die nächste Anweisung ist die, dass der Stab, sobald die Trainer ihn loslassen, auf den Boden gelegt werden soll, wobei der Kontakt mit dem Finger die ganze Zeit über von allen gehalten werden muss.

Obwohl die Anweisung trivial klingt, passiert im ersten Moment etwas völlig Unerwartetes: Wie magisch von der Decke angezogen beginnt der Stab zu steigen, so lange, bis die kleineren Teilnehmer den Kontakt nicht mehr halten können. Weitere Versuche sind notwendig und nur mit voller Konzentration gelingt es schließlich (manchmal), den Stab in der geforderten Art und Weise abzulegen.

Erläuterung: Was ist passiert? – Für mich stellt diese Übung deshalb eine gute Interpretation des Konstruktivismus dar, weil er verdeutlicht, wie wenig die vorgefundene Realität manchmal mit unserer Konstruktion darüber zu tun hat.

Jeder in der Teilnehmerrolle ist sehr darum bemüht, alles richtig zu machen. Kontakt zum Stab lässt sich aber nur dann halten, wenn der Stab dem Teilnehmer, oder der Teilnehmer dem Stab mit dem Finger folgt. Erwartet wird ein leichter Berührungsdruck. Da sich dieser nicht einstellt (zu viele Finger tragen die kaum vernehmliche »Last«), wird er aktiv aufgebaut: Der Stab beginnt durch diese summierten Impulse zu steigen. Dies ist genau die Reaktion, die einsetzt, wenn Erwartung und erfahrene Wirklichkeit nicht zur Deckung gebracht werden können: Es setzen Korrektur- oder Kollapserfahrungen ein. Als Kollapsreaktion haben einige Teilnehmer schon berichtet, dass ihnen schwindelig und »mulmig« geworden sei: Eine unwillkürliche Reaktion des vegetativen Nervensystems! Korrekturhandlungen können bei dieser Übung extrem ausfallen. Neben dem beschriebenen »Steigen« des Stabes kann man auch beobachten, dass der Stab beginnt, zu einer Seite hin auszubrechen. Die eingeleiteten Korrekturen bringen ihn im nächsten Moment dazu, mit hoher Geschwindigkeit in die andere Richtung zu »schießen«, manchmal fallen einige der Teilnehmer dabei sogar auf den Boden.

Die Übung ist oft Auslöser für heftige Debatten: Wenn ich alles richtig mache, ist jemand anderer für den erlebten Effekt zuständig. Die Suche nach einem Schuldigen ist manchmal interessanter, als sich mit den eigenen Konstrukten zu beschäftigen!

Der Vehikelbau

Diese Übung stammt aus dem Repertoire von Bernd Heckmair (2005, S. 94 ff.) und fördert einiges über unterschiedliche Wirklichkeitskonstruktionen und deren Auswirkungen bei den beteiligten Projektgruppen zu Tage. Sie eignet sich besonders gut in der Arbeit mit Teams, die untereinander zwar viele Schnittstellen haben, häufig aber nicht alle Kommunikationspartner an einem Tisch versammeln können.

 **Praxisbeispiel: Der Vehikelbau**

Ein »virtuelles Unternehmen« soll dem Kunden aus vorgegebenen Teilen an drei bis vier räumlich voneinander getrennten Standorten identische Produkte erstellen (die Vehikel, es können aber auch andere Dinge beauftragt werden, wie vermarktbare Fantasieprodukte, Symbole für die eigene Organisation und Ähnliches), die bestimmten Kriterien gerecht werden müssen (hier hat der Trainer in Abstimmung auf die Materialien freie Hand!).

Die Krux dabei ist, dass die Kommunikation zwischen den einzelnen Standorten an einem neutralen Platz (dem so genannten »Besprechungszimmer«) stattfindet und zudem reglementiert ist: Zum einen ist sie zeitlich stark eingeschränkt (bei einer angesetzten Projektdauer von einer Stunde beträgt die Besprechungszeit ungefähr 15–20 Minuten), zum anderen dürfen immer nur zwei Personen gleichzeitig konferieren. Sie dürfen dabei keine schriftlichen Unterlagen mitbringen oder sich Notizen machen. Die Zeit wird exakt gestoppt und läuft immer dann weiter, wenn eine zweite Person das Besprechungszimmer betritt.

Diese Reglementierung der kommunikativen Rahmenbedingungen ist dafür verantwortlich, dass sich an den unterschiedlichen Standorten – ganz wie im echten Leben – auch unterschiedliche Weltsichten entwickeln. Das fängt bei ganz einfachen Missverständnissen über Details an, zieht sich aber hin bis zu sehr individuellen Konstruktionen über die Rolle des eigenen Unterteams im Gesamtzusammenhang. Wer hat zu welcher Zeit wodurch dazu beigetragen, die Entwicklung in eine bestimmte Richtung zu lenken und wie fühlten sich andere Untergruppen involviert oder auch nicht? Da das direkte Gespräch miteinander nicht möglich ist, kommt es zu ganz verschiedenen Annahmen über bereits getroffene Absprachen. Insofern ist es auch nicht verwunderlich, dass die Resultate bei der abschließenden Produktpräsentation in Bezug auf die geforderten Eigenschaften stark differieren können: An einem Standort kann nur das umgesetzt werden, was als Information tatsächlich angekommen ist. Dies wiederum hängt damit zusammen, was kommuniziert wurde und was davon wie interpretiert wurde (sowohl von einem Beteiligten im Besprechungszimmer, als auch bei der Weitergabe dieser Information im eigenen Standort).

Erläuterung: Diese Übung ist nicht so weit hergeholt, wie dies manch einem der Teilnehmer zunächst erscheint. Natürlich schließt kein Unternehmen absichtlich Mitarbeiter von Besprechungen aus, um sie zu benachteiligen. Ebenso wenig trifft aber auch der Umkehrschluss zu: Es sind häufig nicht all die Personen am Besprechungstisch, die es bräuchte, um die Abläufe zwischen Abteilungen und Projektgruppen flüssiger zu gestalten. Zudem braucht auch die Kommunikation im beruflichen Feld in der Regel mehr Zeit, als die Beteiligten aufbringen können. Insofern begegnen sich im beruflichen Kontext tatsächlich Welten mit ihren unterschiedlichen Sinnkonstruktionen, die sich nicht verstehen, ohne dies überhaupt zu realisieren. Dieser Umstand kann sehr gut verdeutlicht und Konsequenzen für die bereichsübergreifende Kommunikation gezogen werden.

Der Baum ist das Ziel

Wenn unser Sehsinn ausgeschaltet ist, reduziert sich der erlebte Ausschnitt der Wirklichkeit auf das, was wir dann noch mit den übrigen Sinnen wahrnehmen können. Entfernungen und die räumliche Anordnung von Objekten scheinen sich ebenso zu verschieben, wie die Wahrnehmung von Kooperation und Kommunikation eine völlig andere wird. Bei dieser von Bernd Heckmair (2005, S. 80 ff.) ausführlich beschriebenen Übung sind alle Teilnehmer über eine geraume Zeit hinweg blind und müssen sich dadurch mit einer teils veränderten Realität um sich herum arrangieren.

Praxisbeispiel: Der Baum ist das Ziel

Ein Team bekommt die Aufgabe, eine Wegstrecke im Freien entlang eines durch mehrere Fixpunkte vorgegebenen Parcours zunächst sehend so zu erkunden, dass es anschließend gelingt, sie blind gemeinsam zurückzulegen. Die Tücher oder Augenklappen stehen schon in der Probierphase zur Verfügung, ebenso ein Stück Seil von einigen Metern Länge, zu dem die Teilnehmer während der eigentlichen Durchführungsphase alle immer Kontakt halten müssen. Das Team kann sich in der von mir präferierten Version der Übung frei entscheiden, welchen Teil der Gesamtzeit es für die »Probe« und welchen für die Durchführung verwenden will.

Erläuterung: Entscheidend für den Erfolg eines Teams bei dieser Übung ist sicherlich, wie intensiv es sich mit der Vorbereitung befasst und inwiefern dabei die sich verändernden Wahrnehmungen bereits im Vorfeld antizipiert werden. Wird die Aufgabe trivialisiert und damit unterschätzt, werden die Ressourcen nicht sinnvoll eingesetzt, was unweigerlich zum Scheitern führt. In dieser Übung verändert sich die Wahrnehmungswelt durch die Restriktion »Blind sein« für die Teilnehmenden tatsächlich. Interessanterweise gehen wir alle aber auch mit offenen Augen mit gewissen Wahrnehmungseinschränkungen durch die (Arbeits-)Welt, ohne uns allerdings dessen bewusst zu sein. Insofern kann diese Übung eine gute Anregung dazu sein, sich mit scheinbaren Fixpunkten und definierten Blickwinkeln im Alltag noch einmal auf eine ganz andere Art auseinander zu setzen.

Zwei Seilfiguren

Mit den »zwei Seilfiguren« wird die Aufmerksamkeit darauf gelenkt, wie wir im Alltag Vorannahmen aus vergangenen Situationen in darauf folgende übernehmen, ohne uns dessen bewusst zu sein und ohne diese auf ihre Gültigkeit hin zu überprüfen. Dadurch wird eine verzerrte Konstruktion der aktuellen Wirklichkeit geschaffen, die die Handlungen prägt und Lösungsmöglichkeiten einschränkt.

Praxisbeispiel: Zwei Seilfiguren

Die Teilnehmer an dieser Übung stehen im Kreis. Vor ihnen liegt ein zu einem Ring geknotetes Seil von acht bis zehn Metern Länge. Im ersten Teil der Übung erhalten sie die Aufgabe, aus dem Seilring ein Pentagramm zu legen (siehe Zeichnung) und dabei genau zwei Bedingungen einzuhalten:

1. Die ganze Seillänge ist zu verwenden.
2. Das Seil wird von jedem Teilnehmer mit einer Hand so gehalten, dass es von Daumen und Zeigefinger (die quasi zu einem Ring zusammengeschweißt sind) umschlossen wird. Es kann dadurch in der Hand verschoben, aber nicht losgelassen werden.

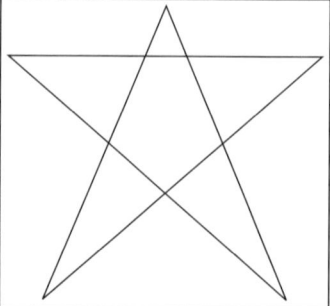

Nachdem dieser Teil der Übung meist recht zügig absolviert wird, folgt die zweite Figur, die nach genau den gleichen Regeln angegangen werden soll, wobei man noch einmal in die Gruppe fragen kann, ob denn die Regeln noch bekannt sind. Die zweite Seilfigur sehen Sie auf der unteren Abbildung.

Gestärkt durch den Erfolg der ersten Übung gehen die Teilnehmer nun in der Regel sehr optimistisch ans Werk. Dass sie manchmal dennoch scheitern liegt daran, dass sie

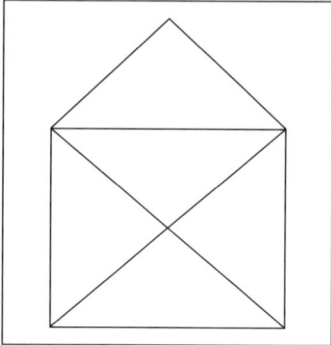

 sich eine zusätzliche Bedingung kreieren, mit der diese Figur nicht zu lösen ist: Der Knoten, mit dem das Seil zum Ring geknüpft ist, wird unhinterfragt im Seil belassen. Das »Haus vom Nikolaus« ist aber nur so zu zeichnen (und damit auch zu legen), dass man in der einen unteren Ecke beginnt und unweigerlich an der anderen endet. Der Knoten muss also gelöst werden. Interessanterweise wird dies von einzelnen Teilnehmern zwar in der Übung schon benannt (»Wenn der Knoten nicht wäre, ...«), aber es folgt keine entsprechende Handlung, die durchaus regelkonform wäre!

Erläuterung: In der Art, wie wir die Wirklichkeit konstruieren, transportieren wir immer auch unhinterfragte Annahmen mit. Diese können durchaus sinnvoll sein, müssen es aber nicht. Voraussetzungen, die uns in vielen Alltagssituationen als hilfreich erscheinen, werden leicht zu »Selbstläufern« und tauchen auch dann auf, wenn sie irrelevant oder sogar hinderlich sind. Hat sich für ein Team eine strukturierte Herangehensweise in der Vergangenheit oft bewährt, wird sie auch da herangezogen, wo Kreativität gefragt ist. Die Tatsache, dass wir uns über unsere Annahmen meist nicht austauschen, kreiert das Feld, das Probleme bereitet, wo keine sein müssten. Mit diesem Ansatz kann es gut gelingen, das Alltagsgeschäft der Teilnehmer im Hinblick auf Vorannahmen und ihren Einfluss zu befragen.

Kognitive Landkarten entwerfen

Kognitive Landkarten spiegeln die rationalen und emotionalen Netzwerke wider, die im Lauf des Lebens zu bestimmten Begriffen gebildet wurden. Horst Siebert (2005, S. 60f.) beschreibt eine Möglichkeit der Arbeit mit solchen Konstrukten am Beispiel des Begriffs »Afrika« in einem Hochschulseminar zur Entwicklungspolitik. In diesem Fall wird von jedem Studenten jeweils eine Landkarte erstellt, die seinen Wissens- und Erfahrungshorizont zu diesem Thema in Begriffen und Bildern darstellt. Einem zentralen Begriff werden dabei in der Art einer Mind-Map Nachbarbegriffe, Merkmale, Erfahrungen, aber auch Emotionen zugeordnet (Siebert 2005, S. 113). Zudem können kausale Zusammenhänge grafisch dargestellt werden.

Solche Landkarten können zu Beginn eines Seminars zum Einschätzen der Ausgangslage ebenso eingesetzt werden wie im späteren Verlauf zum Feststellen von individuellen Unterschieden und Gemeinsamkeiten, aber auch zur Entwicklung einer gemeinsamen Sichtweise auf ein Thema.

Ich setze dieses Methode zur Visualisierung der erlebten Wirklichkeit häufig in der Beratungsarbeit mit Projektteams aus Firmen ein. Sie ermöglicht es den Projektmitarbeitern, sich eine passende Landkarte der vorgefundenen Projektrealität zu erstellen, um in Bezug auf die Innensicht und das Projektumfeld Klarheit über relevante Schnittstellenthemen zu bekommen. Anhand dieser Landkarten gelingt es den Teilnehmern leichter, Knackpunkte im gemeinsamen Verständnis zu sehen, anzusprechen und anhand eines Aktionsplanes weitere Maßnahmen zu planen.

Praxisbeispiel: Kognitive Landkarte eines Projektes entwerfen

Folgende Arbeitsanweisung für die Gesamt- oder für Teilgruppen verwende ich dabei in Abwandlungen: Gestalten Sie ein präsentierfähiges Chart mit folgenden Inhalten:

- Alle wichtigen Personen beziehungsweise Funktionsträger, Dinge, Einflussfaktoren, die Ihr Projekt wesentlich kennzeichnen.
- Alle wichtigen Personen beziehungsweise Funktionsträger, Dinge, Einflussfaktoren, die das Projektumfeld ausmachen.
- Stellen Sie Beziehungen zwischen den einzelnen Elementen dar. Verwenden Sie dabei die Symbole, die Sie den einzelnen Elementen Ihrer Darstellung zugeordnet haben.

Mit einer solchen Arbeit habe ich in einem Fall mit den Mitarbeitern eines Projektteams in der Automobilindustrie eine Schnittstellenanalyse in den äußeren Beziehungen (zum Projektumfeld hin) durchgeführt. Die Mitglieder des Teams bekamen dazu den Arbeitsauftrag, eine Grafik zu entwickeln, die darstellt, in welchen Beziehungen dieses Entwicklungsteam zu anderen Abteilungen im Unternehmen stand, wobei qualitative, quantitative und semantische Aspekte zum Ausdruck gebracht werden sollten.

Das Ergebnis war für mich und auch für die Teammitglieder auf zwei Ebenen sehr interessant: Einerseits ergab sich eine derartige Fülle an Schnittstellen, dass alle Teilnehmer darüber nur staunen konnten. Die Komplexität der Schnittstellenlandschaft war in dieser Dichte bei keinem der Teilnehmer auf der inneren Landkarte repräsentiert gewesen. Andererseits ergaben sich aus der Darstellung viele Redundanzen in der Gestaltung der Außenbeziehungen seitens des Projektes.

Um einen besseren Überblick über die Schnittstellen, Redundanzen und Lösungsansätze zu erhalten, wurde diese Grafik anschließend in eine Matrix überführt. Dazu wurden die über 50 Schnittstellenbeziehungen in die Kernaufgaben überführt und damit auf sechs Bereiche gebündelt. Auf der anderen Achse wurden in übersichtlicher und etwas vereinfachter Darstellung die jeweiligen Schnittstellenpartner im Unternehmen abgetragen.

Beispielhaft war für mich an dieser Herangehensweise Folgendes: In Bereichen mit hoher Komplexität, wie in diesem Fall, reicht das Medium Sprache in der Regel nicht aus, um eine adäquate Darstellung der erlebten Wirklichkeit zu erreichen. Die Arbeitsweise über das Visualisieren der Schnittstellen hat hier eine deutliche Erleichterung und den Eindruck einer gemeinsam getragenen und geteilten Realität gebracht. Sie führte zu einer Reihe von gedanklichen Ansätzen, die in der Folge dazu geführt haben, dass die Umweltbeziehungen neu geordnet werden konnten. Dadurch wurde die Komplexität in dieser Hinsicht auf ein handhabbares Maß reduziert.

Mit ähnlichen Aufgabenstellungen zur Visualisierung von individueller »Realität« in Abstimmung auf andere Konstruktionen habe ich in vielen anderen Kontexten (Veränderungslandkarten bei Change-Prozessen, Innovationslandkarten zur Veranschaulichung unterschiedlicher Märkte und ihrer vermutlichen Entwicklung in global operierenden Unternehmen) gearbeitet. Immer war das entstehende Produkt eine wichtige Grundlage zum Abgleich individueller Sichtweisen als Basis für eine konstruktive gemeinsame Weiterarbeit.

Der Spatz in der Hand

Dies ist eine kleine, aber sehr wirkungsvolle Übung, wenn es darum geht, zu zeigen, wie selektiv unsere Wahrnehmung arbeitet und wie wir uns das konstruieren, was wir erwarten.

Praxisbeispiel: Der Spatz in der Hand

Die Übung beginnt damit, dass sie aus dem bekannten Spruch »Der Spatz in der Hand ist besser als die Taube auf dem Dach« den Teil »Spatz in der Hand« auf ein Blatt Papier notieren und zwar mit gedoppeltem »der« (s. Abb.).

Zeigen Sie dieses Blatt Papier einer oder mehreren Personen für eine kurze Zeit und nehmen Sie es dann wieder weg. Fragen Sie anschließend, wie sicher sich die Personen sind, dass sie das Geschriebene genau wiedergeben können. In der Regel glauben fast alle Menschen, dass sie eine eindeutige Repräsentation des Geschriebenen bei sich gespeichert haben (wobei bereits die Frage danach eine gewisse Unsicherheit auslöst: Worin besteht der »Trick«?). Fragen Sie als nächstes danach, wie viele Worte auf dem Blatt Papier aufgeschrieben waren. Nun werden die meisten Menschen antworten, dass es vier oder fünf Worte waren (abhängig davon, ob sie das »XXX« als Wort rechnen oder nicht). Die Doppelung des Wortes »der« entdecken allerdings die wenigsten, denn wenn Sie fragen, was denn nun konkret auf das Blatt geschrieben war, antworten fast alle: »Spatz in *der* Hand. XXX«.

**Spatz
in der
der Hand
XXX**

Erläuterung: In dieser Übung werden wir bewusst auf einen wirksamen Filter unserer Wahrnehmung gestoßen, der zeigt, dass wir auch einfache Dinge nicht in der Art repräsentieren können, wie wir das annehmen. Auf viele andere Verzerrungen und Tilgungen in unseren Konstrukten haben wir in der Regel keinen bewussten Zugriff.

Ugli Oranges

Dies ist eine Übung, die ich aus Workshops zum Thema »Umgang mit Konflikten« kenne und dort auch einsetze. Wie bereits abgedeutet, entstehen viele Meinungsverschiedenheiten als Basis von Konflikten deshalb, weil die Gesprächspartner ihre Wirklichkeitskonstruktionen unhinterfragt nebeneinander stellen und auf Unstimmigkeiten nicht aufmerksam werden.

Praxisbeispiel: Ugli Oranges

Im Falle der »Ugli Oranges« geht es um einen Verteilungskonflikt, der deshalb entsteht, weil zwei Interessengruppen auf eine bestimmte Menge von Orangen zugreifen wollen, wobei klar ist, dass beide Parteien jeweils unbedingt alle verfügbaren Früchte haben wollen. In zuvor an die beiden Gruppen ausgegebenen Begründungen wird im einen Fall betont, dass die einen alle Orangen benötigen, weil eine bestimmte Menge einer Substanz nur dadurch in der erforderlichen Menge aus den Schalen gewonnen werden kann. Hingegen wird der Bedarf an allen Orangen im anderen Fall damit begründet, dass die gesamte Menge an Fruchtfleisch benötigt wird.

In den folgenden Verhandlungen konzentriert sich das Interesse der beiden Parteien in der Regel nur darauf, die komplette Ladung an Orangen mit allen Mitteln zu erhalten. Würden die Hintergründe (beziehungsweise die Realitätskonstruktionen) auf den Tisch gelegt, würde schnell klar werden, dass es überhaupt keinen Anlass für einen Konflikt gibt.

Essenz und Bedeutung

Konstruktivismus ist keine leicht verdauliche Kost. Gerade weil wir das Erleben tagtäglich haben, dass wir uns in einer Welt der Dinge sinnvoll bewegen (also nicht ständig »anecken«), glauben wir gerne, dass das, was wir aufnehmen nicht nur der Wirklichkeit sehr nahe kommt: Es ist Wirklichkeit. Es ist Realität. Dabei gerät uns schnell aus dem Blick, dass unsere Art und Weise in dieser Welt zu »operieren« eine, nämlich unsere Art ist. Nicht mehr und nicht weniger. Dass es oft andere Wege gibt, mit Situationen umzugehen, vergessen wir dabei nur zu gern. Es erfordert ein gewisse Sensibilität für die Situationen und Kontexte, in denen wir und andere sich bewegen. Hier sind noch einmal die wesentlichen Positionen einer konstruktivistischen Grundhaltung und ihre Bedeutung für die Arbeit als Trainer, Seminarleiter oder Berater zusammengefasst.

- Menschen sind operational geschlossene Systeme. Die äußere Welt ist ihnen sensorisch und kognitiv prinzipiell unzugänglich.
- Die Übersetzung von »der Welt da draußen« in unsere subjektive Wirklichkeit gelingt über die Übersetzung von Umweltreizen in Nervenimpulse. Diese sind zunächst unspezifisch: Die Bedeutungszuweisung zu unterschiedlichen Impulsen geschieht erst im Gehirn.
- Es gibt keine exakte Repräsentation der Außenwelt im Sinn einer 1:1-Umsetzung.
- Wie die Wirklichkeit tatsächlich aussieht, können wir nicht wissen. Wir machen uns ein Bild von der Welt als unsere (subjektive) »Wirklichkeit«.
- Unsere subjektive Wirklichkeit konstruieren wir so, dass wir uns damit in der äußeren Welt orientieren und bewegen können (passfähige Konstrukte). Dadurch erhalten wir in unserem Handeln die Rückbestätigung, dass unsere Weltsicht »stimmt«.
- Wir können nur sehen, was wir sehen können: Wir können nicht sehen, was wir nicht sehen können. Wir sind blind für unsere eigenen blinden Flecken.
- Unsere Wahrnehmung funktioniert niemals neutral. Wir erwerben uns im Laufe unserer Entwicklung bestimmte und spezifische Filter (kulturell und persönlich geprägt!). Sie bewirken die persönliche Färbung unserer Wahrnehmung von Umwelt und führen zu Generalisierungen, Verkürzungen und Verzerrungen.
- Wirklichkeit im Sinne von Objektivität entsteht als Vereinbarung in einem sozialen Prozess der Kommunikation.
- Lehr- und Lernprozesse in einer konstruktivistischen Betrachtungsweise sind auf der methodisch-didaktischen Ebene geprägt durch die Höherbewertung pluraler Deutungsmuster gegenüber »objektivem« Einheitswissen.

- In vielen Kontexten der professionellen Bildungsarbeit mit Erwachsenen ist es aus konstruktivistischer Sicht sinnvoll, zunächst einen Blick auf die unterschiedlichen Repräsentationen der äußeren Gegebenheiten bei den Teilnehmern zu werfen.
- Konstruktivistische Wissensvermittlung setzt auf selbst gesteuerte Lernprozesse autonomer Lerner. Dies hat erhebliche Auswirkung auf Methodik und Didaktik und hat zur Entwicklung einer Reihe von speziell gestalteten Lernsettings geführt.

Eine wesentliche Bedeutung der konstruktivistischen Erkenntnistheorie für den Bereich der Bildungsarbeit mit Erwachsenen in Trainings und Seminaren sehe ich in der Herausbildung einer Haltung, die Edmund Kösel (1993) mit dem Begriff der »epistemologischen Bescheidenheit« umschreibt: Wenn uns eine »tatsächliche« Realität aufgrund selbst referenzieller, operational geschlossener Prozesse im Gehirn überhaupt nicht zugänglich ist, dann muss sich Bildungsarbeit auch auf die prinzipiell möglichen pluralen Entwürfe von Realitäten einstellen. Eine daran ausgerichtete didaktische Ethik nimmt Abstand davon, Lernprozesse und Problemlösungen im Gestus der Gewissheit zu gestalten, denn die Gewissheiten der anderen müssen prinzipiell als ebenso richtig und legitim anerkannt werden, wie die eigenen.

Daran schließt sich auf der Handlungsebene eine »pragmatische Gelassenheit« (Arnold 1999) an, die auf eine Wissensvermittlung über theoretisch-begriffliche Objektivierungen weniger Wert legt, weil sie gerade das verhindern, worauf es ankommt: Die Einstellung auf die individuelle Selbstorganisation und die daraus resultierenden individuellen Deutungen und Konstruktionen von gedanklichen Landkarten. In diesem Verständnis verabschiedet sich der konstruktivistische Trainer und Erwachsenenbildner von Gewissheits- und Allmachtsfantasien im Sinne einer instrumentellen Belehrung. Die Haltung weicht einem reflektierten Umgang mit Ungewissheit in dem Wissen, dass auch der eigene Zugang zum Lerngegenstand nur einen Ausschnitt aus einer dem Trainer prinzipiell nicht zugänglichen Landschaft darstellen kann.

Anstelle eine Gewissheitsdidaktik tritt so eine Möglichkeitsdidaktik: Es soll nicht gelernt werden, was vermittelt wird, sondern die Erweiterung der eigenen kognitiven Landkarte soll durch das Bereitstellen geeigneter Mittel ermöglicht werden.

Bildung im Kontext einer professionalisierten Lernweltgestaltung durch treffender als *Lernbegleiter* zu bezeichnende Trainer und Seminarleiter kann mit Edmund Kösel aus einer konstruktivistischen Sicht heraus etwa wie folgt beschrieben werden:

- Es wird nicht gelernt, was gelehrt wird.
- Es wird gelernt, was nicht gelehrt wird. Und:
- Es wird gelernt, obwohl gelehrt wird.

Diese provozierenden Aussagen über den Zusammenhang zwischen Lehrenden, Bildungsgegenstand und Lernern fußen auf einer Auffassung von der Existenz von Lernwelten im Sinne von Anreizstrukturen. Das didaktische Feld wird aufgespannt im Kontext von Wissenskonstrukten, Betätigungsfeldern für die Lernenden und entsprechenden Medien und wird vom Seminarleiter oder Trainer in Interaktion mit dem aktuellen Geschehen ständig neu hervorgebracht oder entwickelt. Teilnehmer als Lernende bewegen sich in diesem Feld frei, das heißt, sie »driften« in diesem Feld gemäß ihrer eigenen Zugänge zum Gegenstand oder Thema und den Fäden, die sie dazu bereits in ihrem Wissensnetz haben – selbst referenziell und autonom. Der Sinn einer konstruktivistisch orientierten Bildungsarbeit ist nicht das Engführen dieses didaktischen Feldes, um den Driftbereich zu reduzieren. Das Gegenteil ist der Fall.

Konstruktivistische Didaktik erkennt die Autonomie des lernenden Systems an und versucht ein Feld zu kreieren, das sich in vielerlei Hinsicht als passfähig herausstellen kann: Dass die Inhaltsvermittlung über Frontalunterricht diesem Anspruch in der Regel nicht gerecht wird, versteht sich nahezu von selbst.

Die konstruktivistische Sicht ist noch auf einer anderen Ebene für die Arbeit in professionellen Feldern der Erwachsenenbildung sehr hilfreich: Verschiedene Menschen repräsentieren zu praktisch jedem Thema immer unterschiedliche Sichtweisen. Da wir oft mit Gruppen aus dem gleichen Kulturkreis arbeiten, sind bestimmte Sinnbezüge und Wirklichkeitskonstruktionen natürlich bereits vielfach kommuniziert und geklärt und wir behandeln sie als Tatsachen, als Realität. Genau dieser Umstand verleitet uns gerne zu der Annahme, die »Landkarten« der Beteiligten seien identisch. Dass dem nicht unbedingt so ist, das sehen wir an vielen aufkommenden Meinungsverschiedenheiten, die sich manchmal um Kleinigkeiten drehen. Ein konstruktivistischer Ansatz bringt hier eine gewisse Vorsicht mit sich.

Gerade Teilnehmer aus einer Firma, also aus einem gemeinsamen Kulturraum, gehen oft von mehr Gemeinsamkeiten in der Auffassung bestimmter Dinge aus, als dies schließlich bestätigt wird. Der Workshop zu einem bestimmten Themengebiet verleitet zu der Annahme, das eigene Konstrukt eines Gesprächsgegenstandes sei bei den anderen in ähnlicher Weise repräsentiert. Ich beginne in diesem Zusammenhang Veranstaltungen oft damit, eine gemeinsame Topografie des zu bearbeitenden Themas entwerfen zu lassen. Oft sind die Teilnehmer verblüfft darüber, wie unterschiedlich sie auf Sachverhalte blicken, die sie als »Allgemeinwissen« vorausgesetzt hatten. Dieses Nicht-Wissen um die bestehenden Unterschiede in den mentalen Landkarten begegnet mir oft in Veranstaltungen mit Projektteams, in denen Vertreter unterschiedlicher Unternehmensbereiche für eine bestimmte Zeit an einer gemeinsamen Aufgabe arbeiten.

Der Entwurf von gemeinsamen Projektlandkarten als große und ständig sichtbare Bilder sind für mich ein wichtiges Mittel, um Gemeinsamkeiten und Unterschiedlichkeiten in den Blickwinkeln der Einzelnen zu beleuchten. Auf dieser Basis ist es viel einfacher, bestimmte Themen zielgerichtet zu bearbeiten. Manchmal kommt es vor, dass Teilnehmer diese Arbeit zu Beginn zunächst als unnötig empfinden. Spätestens wenn aber die ersten deutlichen Unterschiede in den Auffassungen auf der Landkarte sichtbar werden, können sie den Wert dieser Investition schätzen.

Eine hinterlegte konstruktivistische Theorie hat in der Regel erhebliche Auswirkungen auf die Gestaltung des Lernsettings. Wenn wir, wie bereits angedeutet, davon ausgehen, dass auch der Realitätsentwurf eines Trainers oder Seminarleiters nur einer unter vielen möglichen ist, so wird Folgendes verständlich: Die Zugänge, die er selbst zum Thema seiner Veranstaltung legen würde, passen in Bezug auf die Art der Wissensaneignung und -handhabung nicht für alle Teilnehmer gleichermaßen. Mit anderen Worten: Ein methodisch-didaktisches Ablaufkonzept des Trainers repräsentiert vermutlich viel stärker seine eigene Landkarte, als die seiner Teilnehmer.

Konstruktivistische Wissensvermittlung zielt darauf ab, Themen in einer Art anzubieten, die die aktive Auseinandersetzung und den Dialog mit anderen Menschen ins Zentrum des Interesses stellt. Orientierung in einer Wissenslandkarte entsteht dadurch, dass Gegenstände darin positioniert und Bedeutungszuweisungen kommuniziert werden.

Auf dieser Grundlage sind für die Arbeit in Firmen und Organisationen Konzepte der konstruktivistischen Wissensaneignung erarbeitet worden, in denen im Rahmen einer einzigen Veranstaltung bis zu 900 Personen in ständig wechselnden und hierarchieübergreifenden Gruppen mit unterschiedlichen Facetten eines zentralen Themas in Kontakt kommen. Ziel dieser »Werkstätten« (Röckelein 2006) ist es, in einem auf Selbststeuerung basierenden Lernkontext unternehmensweit als relevant betrachtete Themen zu verflüssigen und handhabbar zu machen. Dieses Konzept baut erst gar nicht auf einem zu vermittelnden Einheitswissen auf. Es geht konsequent den Weg, unterschiedliche Lern- und Erfahrungsmöglichkeiten so bereitzustellen, dass der Einzelne aus einer breiten Angebotspalette auswählen, sein eigenes Wissensnetz knüpfen und mit anderen Teilnehmern austauschen kann.

Die Bedeutung einer konstruktivistischen Theorie für den Bereich des Lernens durch Erleben, wie er in die handlungsorientierten Konzepte der Erlebnispädagogik eingeht, sowie eine darauf aufbauende Didaktik habe ich an anderer Stelle (Meier-Gantenbein 2000) ausführlich dargelegt. Gerade in diesem didaktischen Feld muss davon ausgegangen werden, dass »Erleben« eine rein subjektive Kategorie darstellt, das eine lineare Verbindung zwischen ihr und einer bestimmten Erziehungserwartung als utopisch erscheinen lässt. Gerade im Bereich der Erlebnispädagogik herrscht diesbezüglich teilweise eine stark ausgeprägte Naivität in Bezug auf die Erwartung, ein im pädagogischen Kontext induziertes Erlebnis könne eine vorab festgelegte und erwünschte Erkenntnis hervorbringen.

Literatur

Arnold, Rolf: Konstruktivistische Erwachsenenbildung: Von der Deutung zur Konstruktion von Wirklichkeit. Schneider, Hohengehren 1999

Heckmair, Bernd: Konstruktiv lernen. Beltz, Weinheim und Basel [2]2005

Kösel, Edmund: Die Modellierung von Lernwelten. Laub, Elztal-Dallau 1993

Meier-Gantenbein, Karl F.: Ermöglichen statt erziehen. Lambertus, Freiburg 2000

Röckelein, Christoph: Konstruktivistische Didaktik als Basistheorie für die Organisations- und Personalentwicklung. Dissertation an der Pädagogischen Hochschule Freiburg, Freiburg 2006

Roth, Gerhard: Erkenntnis und Realität: Das reale Gehirn und seine Wirklichkeit. In: Schmidt, Siegfried J. (Hrsg.): Der Diskurs des radikalen Konstruktivismus. Suhrkamp, Frankfurt am Main 1987

Siebert, Horst: Pädagogischer Konstruktivismus. Beltz, Weinheim und Basel 2005

Konzept 10

Systemtheorie:
Was brauchbar ist, entscheide ich!

Der systemische Ansatz als Grundhaltung

Karl F. Meier-Gantenbein

Einführung und Geschichte

Den Hintergrund des systemischen Ansatzes bildet die Systemtheorie als weit verzweigte Metatheorie. Sie befasst sich ganz grundsätzlich mit den Beziehungen zwischen Elementen, die zu einer Ganzheit, einem System zusammengefasst werden können. Mit der Systemtheorie wird ein weit gestecktes interdisziplinäres Feld angesprochen, das die Wissenschaftsbereiche der Biologie und Physik ebenso durchzieht wie im humanwissenschaftlichen Bereich die Soziologie.

Um hier bereits den Blick auf die Relevanz des systemischen Ansatzes in der Bildungs-, Trainings- oder Beratungsarbeit zu schärfen, möchte ich Ihnen einführend ein Beispiel aus meiner eigenen Berufspraxis geben.

Ich hatte vor Jahren für ein Unternehmen einen Auftrag für eine Konfliktmoderation übernommen. Im Seminarhotel saß ich mit den Repräsentanten zweier Abteilungen aus dem Bereich Entwicklung zusammen und war gerade dabei, die Teilnehmer an dieser Veranstaltung zu begrüßen und auf das anstehende Programm einzustimmen. Dazu holte ich etwas aus und beleuchtete aus meiner Sicht die Situation, so wie ich sie aus dem Vorgespräch mit dem Bereichsleiter in Erinnerung hatte. Ich beobachtete, wie bei dem Stichwort Konflikt bereits die ersten Teilnehmer unruhig wurden und meine Bitte, die Veranstaltung im Sinne einer konstruktiven Bewältigung aktiv zu nutzen, löste empörte Reaktionen aus! »Wer hat Ihnen denn erzählt, dass *wir* einen Konflikt miteinander haben?« Ja, das hatte der Bereichsleiter mir gegenüber in der Tat so dargestellt! Allein, von den Anwesenden wollte davon niemand etwas wissen. Ich hatte die Repräsentanten des anwesenden Arbeitssystems an einem empfindlichen Punkt getroffen: Von außen hatte jemand ihre Zusammenarbeit betrachtet, einen Konflikt beobachtet und einen Berater darauf angesetzt, mit dieser Situation zu arbeiten. Und dies offensichtlich ohne Rücksprache mit den Beteiligten. Dabei wurde sowohl die unterschiedliche Interpretation von Innen- und Außenperspektive zu einem kritischen Punkt, als auch die Tatsache, dass man den beiden Abteilungen nicht zutraute, ihre gemeinsamen Themen selbst in die Hand zu nehmen. Nach einer kurzen Analyse der Situation erarbeiteten wir einen Kontrakt über die Zeit, die wir zusammen verbringen würden und wie die Kommunikation mit meinem Auftraggeber (dem Bereichsleiter) weiterhin gestaltet werden sollte. Das Thema Konflikte tauchte während unserer gemeinsamen Arbeit nicht mehr auf, weder offen noch verdeckt. Es hat den Konflikt dennoch gegeben, allerdings viel eher im Zusammenwirken der beiden Abteilungen mit der Bereichsleitung. Und dieser wurde erst viel später wirklich thematisiert und angegangen.

Systeme können niemals von außen umfassend beobachtet und erfasst werden. Es bleibt immer eine Lücke zwischen der Innensicht und der eines mehr oder weniger unbeteiligten Außenstehenden. Und Systeme haben immer eine Eigenlogik und Eigendynamik, wie sie mit Situationen umgehen. Dieses Innenleben von Systemen und ihre Art, mit dem Umfeld in Kontakt zu treten prinzipiell verständlich zu machen ist der Anspruch der Systemtheorie (in diesem Fall genauer der Theorie sozialer Systeme).

Geschichte: Die Geschichte der Systemtheorie lässt sich letztlich so weit zurückverfolgen, wie Menschen versucht haben, ihre Umwelt in systematischen Kategorien zu erfassen, Ordnungen zu erzeugen und Elemente in einen Zusammenhang, einen Überbau einzufügen. Die Naturwissenschaften als positivistische Wissenschaften haben dabei ursprünglich den Weg gewählt, von etwas Gegebenem aus (positivum = das Gegebene) über verifizierbare Zusammenhänge zu logischen Folgerungen zu kommen. Die dahinter liegende Philosophie ist die einer objektiven Wirklichkeit, die ein Mensch immer detaillierter erfassen kann, je feiner seine Instrumentarien der Beobachtung werden. Aus Details ergeben sich weitere, kleinere Details. Sind diese erst einmal genau erforscht, so lautete der Glaubenssatz, werden auch alle Zusammenhänge transparent. Komplexe Strukturen sind zugänglich, wenn ich die Einzelheiten kenne!

Aus der Erkenntnis, dass Leben nicht allein aus der isolierten Betrachtungsweise der physikalischen und chemischen Vorgänge heraus beschrieben werden kann, entwickelten sich ab den 30er-Jahren des vergangenen Jahrhunderts insbesondere in der Biologie diejenigen Forschungsrichtungen, die die einzelnen Elemente des Lebens zueinander in Beziehung setzten.

So publizierte der Zoologe Bertalanffy in den 50er-Jahren Arbeiten, die systembedingte Gesetzmäßigkeiten zum Thema hatten. Seine Beobachtungen führten ihn zur Formulierung einer »Allgemeinen Systemtheorie«, die er als eine Theorie sich in einem Fließgleichgewicht befindender offener Systeme verstehen wollte. In diesem Zusammenhang entstanden in der Folge die Modelle und Theorien der Regelkreise in und zwischen Systemen: Erkennbare Ordnung zwischen Elementen, die in einer Beziehung zueinander stehen, braucht die Vorstellung einer Steuerung. Die Kybernetik ist die in der Zeit zwischen 1950 und 1980 entwickelte Theorie hierfür.

Bereits in der Frühphase wurden die Ideen der Allgemeinen Systemtheorie und der Kybernetik auch in anderen Wissenschaftsbereichen aufgegriffen. In der Soziologie entwickelte Talcot Parson mit der struktur-funktionalistischen Theorie ein Modell der (Binnen-)Differenzierung von (Gesellschafts-)Systemen und erklärte damit die wechselseitige Bezogenheit von funktionalen Einheiten. Sein AGIL-Schema war unter anderem der Ausgangspunkt für die weitere Entwicklung des Systemgedankens in der Soziologie.

Eine weitere Wurzel der Entwicklung der modernen Systemtheorie stellte die Arbeit der beiden Biologen Humberto Maturana und Francisco Varela (vgl. Maturana/Varela 1987) dar. Mit ihrem erstmals Anfang der 70er-Jahre vorgestellten Konzept der Autopoiese (= Selbstproduktion) verschiebt sich die Sichtweise auf Systeme: Der Betrachtungsweise offener Systeme mit der Annahme eines nach spezifischen Regeln eingestellten Fließgleichgewichts zwischen den Systemkomponenten stellen sie ein neues Konzept gegenüber. Es postuliert eine grundlegende Selbststeuerung dieser Regelprozesse aus dem Systemkontext heraus und unter Verwendung der vom System selbst geschaffenen Prozesse (als Netzwerke von internen Relationen). Damit werden zwei Dinge zugleich sichtbar:

- Zum einen wird dem System eine eigene Identität zugeschrieben und mit ihr eine relative Autonomie in der Ausgestaltung der internen Prozesse.
- Zum anderen wird diese Selbststeuerung nur dadurch verstehbar, dass es eine klare Unterscheidung zwischen System und Umwelt gibt.

Systeme sind in der Betrachtungsweise von Maturana und Varela geschlossene Einheiten, die auch die Interaktionen mit dem Außen nach eigenen Systemkategorien spezifizieren. Damit erweitert sich auch die Perspektive der Systembetrachtung.

System-Umfeld-Beziehungen geraten stärker in den Blick, aber auch die Theorien über Beobachter, die ein System beobachten werden ab 1980 immer wichtiger. In diesem Zug entsteht die »Kybernetik zweiter Ordnung«, die den Beobachter und seine Erkenntnismöglichkeiten als Teil des Systemkontextes einbeziehen. Galt bis dahin die Beobachtung von Prozessen als ein Vorgang, der sich nach rein logischen Gesichtspunkten »objektiv« vollzieht, so wird der wissenschaftliche Beobachter nun als jemand gesehen, der seine Erkenntnisse aufgrund seines Ansatzes, seines Blickwinkels, seiner Struktur und seiner Verbundenheit mit dem Gegenstand seiner Beobachtung gewinnt. Erkennen ist nun nicht mehr passives Erfassen einer objektiv gegebenen Wahrheit oder Wirklichkeit. Erkennen ist vielmehr aktives Tun und insofern ist das Ergebnis im Erkenntnisprozess auch nicht unabhängig von der Fragestellung und demjenigen, der sich ihrer bedient.

Das in der Biologie entwickelte und auf den Bereich der lebenden Systeme bezogene Konzept der Autopoiese wird in der Folgezeit in vielen Wissenschaftsdisziplinen wieder aufgegriffen und führt in Verbindung mit dem Ansatz von Talcott Parson in der Soziologie zur Ausarbeitung der »Theorie sozialer Systeme« durch Niklas Luhmann Mitte der 80er-Jahre. Beide Konzepte bilden die gemeinsame Grundlage für die heute verwendeten systemischen Ansätze in Erziehung, Bildung und Therapie.

Was steckt dahinter?

Von Systemen, ihren Umfeldern und den Dingen, die man beobachten kann

Wenn wir die Bildungsarbeit mit Erwachsenen ganz allgemein betrachten, Training und Beratung dabei besonders berücksichtigen, dann konzentriert sich der Blick auf die sozialen Systeme. Wir wollen Ihnen daher einen Einblick in innere Strukturen geben, wie sich Ihr Verhältnis zu Ihrer Umwelt gestaltet und wir werden uns damit beschäftigen, welche Rolle einem Beobachter bei der Betrachtung eines Systems zukommt.

Das soziale System und seine Grenze: die Innensicht

Ein soziales System ist keine objektiv definierte Größe. Im ursprünglichen Verständnis bei Luhmann ist es nicht einmal durch Menschen repräsentiert. Er verweist vielmehr darauf, dass ein solches System durch die Kommunikation zwischen Menschen konstituiert wird. Einzelne Kommunikationshandlungen werden aufeinander bezogen und sind dadurch verstehbar: Sie produzieren weitere Kommunikation, sind also »anschlussfähig«. Insofern sind die Personen lediglich die Träger dessen, was ein soziales System wirklich ausmacht. Es geht um verstehbare Kommunikation und verstehbar ist sie dann, wenn sie »Sinn macht«. Insofern hängt die Entscheidung, wie die Grenze eines Systems zu ziehen ist, wesentlich damit zusammen, worauf das Augenmerk gerichtet ist. Systeme grenzen sich von innen heraus ab. Diese Feststellung ist eine direkte Folgerung aus dem Konzept der Autopoiese.

 Wir können das am Beispiel einer Runde von Fußball begeisterten Fernsehzuschauern sehen: Die einzelnen Kommentare, die abgegeben werden, sind für jeden der anderen verstehbar. Die Meinungen können durchaus auseinander gehen (etwa bei der Interpretation einer Situation als regelwidrig oder regelkonform). Dennoch wird es sich innerhalb dieser Runde um »sinnvolle«, also verstehbare Beiträge handeln. Vielleicht sitzt noch ein Familienmitglied mit vor dem Bildschirm, das keine Ahnung von Fußball hat und deshalb Fragen stellt, oder andere Kommentare abgibt. Diese Kommunikationen sind mit großer Wahrscheinlichkeit irritierend, weil sie nicht in das bestehende Netzwerk der Fußballinternen Kommunikation passen. So läuft in unserem Beispiel eine Sinngrenze und damit eine Systemgrenze mitten durch eine Familie: Jetzt geht es um Fußball und somit ist das soziale System entsprechend durch die anschlussfähige Kommunikation um dieses Thema herum konstituiert.

Die Grenze, die ein System hervorbringt, um einen Ausdruck dafür zu schaffen, was innen und was außen ist, ist also nichts Statisches. Sie entsteht erst aus den Elementen, den Kommunikationsbeiträgen, die das Wesen des Systems ausmachen, was wiederum bereits eine Grenze, eine Unterscheidungsmöglichkeit zur Voraussetzung hat: Grenze und Inhalt sind rekursiv aufeinander bezogen, das eine braucht jeweils das andere als Voraussetzung. Genau diese Rekursivität und die damit einhergehende Autonomie in der Entstehung sind wesentliche Merkmale des Autopoiese-Konzeptes.

Eng damit verbunden ist der Begriff der operationalen Schließung. Fußballkommentare sind Kommunikationen, die aufeinander verweisen und die im Wesentlichen auch festlegen, welche weiteren Kommentare nun möglich sind: Zustimmung oder Ablehnung, taktische Ratschläge, Beurteilung von Einzel- oder Gruppenleistungen und vieles mehr. Es wird nichts Weiteres von außen benötigt. Mehr noch: Alles was von außen kommt, was nicht zu den Kommunikationsregeln der Fußballrunde passt, wird als störend erlebt. Operationale Geschlossenheit bedeutet zudem, dass ein System seine eigenen Regeln und Funktionsweisen hat, um mit Störungen umzugehen.

Wenn wir etwas von der ursprünglichen Definition im Sinne Luhmanns abstrahieren, können wir soziale Systeme begreifen als Gruppen von Menschen, die ihre Kommunikation in Bezug auf einen bestimmten Sinnzusammenhang selektieren und koordinieren. Das können Familien, Freizeitgruppen, Arbeits- und Projektteams oder aber auch Abteilungen bis hin zu ganzen Organisationen sein. Die Größe, also die Anzahl der Menschen, die einem System zuzurechnen sind, ist dabei nahezu beliebig.

Wenn wir die Art der Kommunikationshandlungen als Unterscheidungsmerkmal zugrunde legen, wird auch leicht verständlich, dass ein und dieselbe Person einer Vielzahl an unterschiedlichen Systemen zugerechnet werden kann. Systemgrenzen verlaufen situativ verschieden.

In der Praxis macht es Sinn, sich in der Betrachtungsweise auf einen Sinnzusammenhang zu beschränken, um ein bestimmtes System zu beschreiben. In beruflicher Hinsicht könnte das ein Arbeitsteam sein, das mit einem bestimmten Auftrag befasst ist. Alle Tätigkeiten, die darauf ausgerichtet sind und die Kommunikation, die darauf bezogen ist, umreißen das betrachtete System.

Worin besteht nun der Nutzen einer solchen spezifischen Grenzziehung für das System? – Jeder einzelne Mensch kann als lebendes System, ausgestattet mit einem einzigartigen und hoch komplexen Nervensystem, begriffen werden. Als soziale Wesen sind wir darauf angewiesen, uns in irgendeiner Weise zu koordinieren. Dies gelingt dann leicht(er), wenn wir die Art und Weise, wie wir miteinander umgehen, spezifizieren. Wir richten unsere Kommunikation auf unterschiedliche Lebensbereiche aus.

Sind wir zu Hause, sind andere Dinge relevant als wenn wir im Berufsalltag stehen (was nicht heißt, dass es keine Überschneidungen gibt). Bestimmte Dinge aus unserem persönlichen Universum treten in den Vordergrund, andere sind nur noch Hintergrund. Auf der einen Seite beschneiden wir uns dadurch selbst, wir nutzen nur einen Teil unseres Wissens, unserer Erfahrung, unserer kommunikativen Möglichkeiten. Der Nutzen auf der anderen Seite ist eine vereinfachte und flüssigere Kommunikation und Abstimmung mit anderen Menschen im Rahmen eines übergeordneten Themas.

 Nehmen wir beispielsweise die berufliche Kommunikation: Die Arbeit an einer bestimmten Aufgabe gelingt uns leichter, wenn wir nicht zur selben Zeit alle anderen »Nebenthemen« im Blick haben. In einem Projektmeeting, in dem es um die inhaltliche Ausrichtung und Abstimmung geht, ist es nicht sinnvoll, gleichzeitig die Rahmenbedingungen hinsichtlich der Zusammensetzung des Projektes zu fokussieren. Dieses Thema eröffnet einen Nebenschauplatz, der von den Inhalten ablenkt und Zeit kostet. Das soll nicht heißen, dass Rahmenbedingungen von untergeordneter Bedeutung wären, viel mehr ist es eine Entscheidung die getroffen werden muss: Geht es *jetzt* um das eine oder das andere? Und: Was kann in Bezug auf die inhaltliche Arbeit trotz der bestehenden äußeren Faktoren jetzt besprochen und geleistet werden? Manchmal dient die Beschäftigung mit Nebenschauplätzen auch dazu, sich gerade nicht mit einem wichtigen Thema auseinander zu setzen. Wir sprechen dann von Stellvertreterthemen, die dazu da sind, die eigentlichen Themen nicht behandeln zu müssen!

Zumindest aus der Innensicht betrachtet scheint die Kosten-Nutzen-Bilanz aufzugehen. Der Ausspruch »das Ganze ist mehr als die Summe der Teile« drückt den Mehrwert aus, der sich aus der Unterordnung in Bezug auf den Sinn und Zweck eines sozialen Systems ergibt. Entscheidend dafür sind nicht die objektiven Wertmaßstäbe außerhalb, sondern lediglich intern verrechnete Nutzenkategorien: Selbst was von außerhalb betrachtet als unsinnig erscheint, kann in der internen Sicht notwendig oder zumindest derzeit besser als etwas anderes sein! Insofern haben auch die oben erwähnten »Stellvertreterthemen« aus Sicht eines Systems durchaus ihren Nutzen.

Das Ergebnis dieser internen Ausrichtung ist eine systemspezifische Kommunikation, die ihre Anschlussfähigkeit selbst steuert und auch ständig weiter verfeinert. Das führt zu immer weiter ausdifferenzierteren Systemsprachen, die die eigene Mitte betonen und die Abgrenzung nach außen deutlicher machen. Deshalb ist es nicht weiter verwunderlich, wenn wir als Trainer im Rahmen von betrieblichen Bildungsmaßnahmen mit Fachjargons konfrontiert werden, die eine Verständigung zunächst sehr erschweren: Wir sprechen die Systemsprache dieses sozialen Systems nicht und müssen sie erst lernen!

Das System und sein Umfeld

Wie bereits angesprochen wird die Betrachtung eines Systems nach der neueren Systemtheorie erst dann sinnvoll, wenn das Umfeld in den Fokus einbezogen wird. Die Existenz einer Systemgrenze macht deutlich, dass es ein Innerhalb und ein Außerhalb geben muss! Die Entwicklung einer gruppenspezifischen Sprache oder die Ausdifferenzierung von bestimmten Verhaltensweisen als Ausdruck der Zugehörigkeit sind zwei Elemente, die diese Grenzziehung unterstützen und somit eine Unterscheidungsmöglichkeit schaffen: Was gehört dazu und was nicht, was ist System und was ist Umfeld?

Die Entwicklung solcher typischen Merkmale ist nicht beliebig. In einem größeren Zusammenhang betrachtet, müssen sie zweckdienlich sein. Die unverwechselbare Identität eines Systems ist darauf ausgerichtet, bestimmten wesentlichen Erfordernissen gerecht zu werden. Dabei ist das Hauptaugenmerk aller lebenden wie sozialen Systeme darauf ausgerichtet, den eigenen Fortbestand als System abzusichern.

Ein System lebt nie für sich allein. Auch wenn wir davon gesprochen haben, dass es operational geschlossen ist, so steht es doch in einer Vielzahl von Austauschbeziehungen mit seiner Umwelt. Um den Fortbestand dieser Wechselbeziehungen zu sichern, muss ein System (sei es nun ein lebendes oder ein soziales) sein Umfeld im Blick behalten und die dazu notwendigen »Organe« schaffen.

Dabei geht die Systemtheorie davon aus, dass Umwelt für jede systemische Einheit immer überkomplex ist, denn jedes System ist umgeben von einer Vielzahl von weiteren, anderen und in sich verschachtelten Systemen. Da der Fortbestand stets davon abhängig ist, wie das Umfeld eingeschätzt wird, braucht jedes System eine halbwegs verlässliche Abbildung derjenigen Umfeldgegebenheiten, die im Zusammenhang mit Überleben als relevant eingeschätzt werden. So entwickelt jedes System einen Satz von bedeutsamen und sinnhaften Unterscheidungskriterien und benützt dazu all die Möglichkeiten, die es sich zu diesem Zweck im Lauf seiner Entwicklungsgeschichte angeeignet hat. In der Sprache der Systemtheorie werden diese Kriterien Leitdifferenzen genannt. Sie sorgen dafür, dass das System intern eine stabile und passende Repräsentation der Außenwelt erhält. Entscheidend ist nicht, dass es sich dabei um »die Wirklichkeit« handelt, interessant aus der Sicht des Systems ist nur, ob das entstehende Weltbild hilft! Da die Möglichkeiten eines Systems nie ausreichen werden, ein auch nur annähernd adäquates Bild des überkomplexen Umfeldes zu zeichnen, werden dabei auf alle Fälle Verkürzungen, Verzerrungen und blinde Flecken entstehen.

 Ein Beispiel aus der Biologie kann dies verdeutlichen: Der Dreieckskopf-Strudelwurm hat seit Millionen von Jahren mit einem recht einfachen Grundprogramm in unveränderter Form überlebt. Er kennt nur *eine* wesentliche Kategorie der Umweltbeobachtung (Leitdifferenz): Die Größe. Aus dieser leitet er für sich drei Grundprogramme für das Verhalten in Bezug auf die Umwelt ab: Ist etwas größer als der Strudelwurm, flieht er. Auf gleich große Dinge in der Umgebung reagiert er mit Paarungsversuchen. Kleinere frisst er. Mit dieser einfachen Weltsicht kann die Gattung Strudelwurm überleben!

Aus diesem einfachen Beispiel wird klar, dass es für Systeme offensichtlich eine Vielzahl an gültigen (im Sinne von überlebenssichernden) Umweltinterpretationen geben kann, die auch scheinbar relativ unabhängig von den »tatsächlichen« Gegebenheiten sein können. Das System als erkennendes Subjekt erschafft sich nach seinen Regeln des Erkennens die Welt, die es von da an für wirklich und vernünftig hält.

> Vereinfacht kann man sagen: Systeme nehmen die Welt um sich herum so wahr, dass sie in ihre Deutungsmuster passt. Dabei wird Wirklichkeit nicht selten passend gemacht!

Dies bedeutet nicht, dass die Art und Weise der Umweltsicht beliebig ist. Es bedeutet aber auch nicht, dass das Umfeld einem System eine bestimmte Weltsicht aufzwingt und es damit determiniert. Umfeld und System beeinflussen sich gegenseitig ständig, stellen gegenseitig also Anreizstrukturen dar, die aufeinander bezogen sind. Die spezifisch ausgeprägten Leitdifferenzen sind die systeminterne Antwort auf das entworfene Bild von der »Welt da draußen«. Sie liegen in Form von »binären Codes« vor und ermöglichen somit Beobachtungen im Rahmen des dadurch gegebenen Kontinuums: In der Familie geht es dabei um Versorgung in materieller und sozialer Hinsicht (Absicherung beziehungsweise Nicht-Absicherung). Im Unternehmen sind entsprechende Leitkriterien Geld und Wertschöpfung (Haben oder Nicht-Haben). Das Rechtssystem bemisst Handlungen nach dem Kriterium »Recht oder Unrecht«, und das Wissenschaftssystem erfasst Umwelt in Bezug auf den Code »wahr oder unwahr«.

In engem Zusammenhang mit den Leitdifferenzen entwickeln sich die Reaktions- und Verhaltensweisen eines jeden Systems.

Die Möglichkeiten, das eigene Verhaltens- und Kommunikationsverhalten in Anpassung an unterschiedliche Umweltgegebenheiten zu variieren, wird *Kontingenz* genannt. Der Strudelwurm im obigen Beispiel hat also demnach eine gering ausgeprägte Kontingenz. Systeme mit einer höheren Eigenkomplexität befinden sich entsprechend auf einem höheren Kontingenzniveau. Ihre Antworten auf äußerlich erlebte Vielfalt können vielfältig sein, dadurch nimmt der Grad der Freiheit ebenso zu, wie die Fähigkeit, äußere Komplexität adäquat zu verarbeiten. Komplexe Systeme sind zudem in der Lage, Kontingenz im Umfeld zu antizipieren. Diese als *doppelte Kontingenz* bezeichnete Eigenschaft versetzt sie in die Lage, planerisch und gestaltend tätig zu werden. Doppelte Kontingenz im Umgang mit dem Umfeld wird in Organisationen unter anderem dort sichtbar, wo in Zukunftsszenarien eine »neue« (im Sinne von anders als heute) Welt entworfen wird und die eigene Strategie daraufhin ausgerichtet wird. Sie wird in diesem Beispiel ebenso sichtbar in der Entwicklung eines »Plan B«, wenn sich das Umfeld nicht oder nur teilweise im Sinne des entworfenen Szenarios entwickelt.

Umweltbeobachtung entlang der eigenen Leitdifferenzen ist also eine für alle Systeme gleich wichtige ständige Herausforderung. In einem ökonomischen Sinn ist es aber auch erstrebenswert, sich zumindest in manchen Bereichen eine stabile Weltsicht leisten zu können. Verlässliche Beziehungen im Gegensatz zu sich ständig wandelnden Bedingungen setzen Systemressourcen frei, die anderweitig eingesetzt werden können. Verlässlichkeit setzt allerdings gegenseitige Bezogenheit voraus. Erwartungen müssen geklärt und die gegenseitige Erfüllung gewährleistet sein. Da sich in diesem Fall wichtige Systemstrukturen unterschiedlicher Systeme auf Dauer aufeinander beziehen, spricht man von *strukturellen Koppelungen*.

Die daraus entstehenden Makrostrukturen bilden neue, komplexere Systeme.

 Im Bereich der Biologie ist der menschliche Körper ein Beispiel für strukturelle Koppelungen: Jede einzelne Zelle kann als eigenständiges System betrachtet werden. Die stabile Beziehung zum Umfeld (zu den Zellen der Umgebung) erst macht den Menschen als lebendes System überhaupt vorstellbar.

Im Bereich der sozialen Systeme können strukturelle Koppelungen in der Zusammenarbeit unterschiedlicher Abteilungen im Rahmen eines Gesamtunternehmens beobachtet werden. Hier sichert die grundsätzliche Verlässlichkeit auf die »anderen« das Funktionieren trotz eines hohen Spezialisierungsgrades ab.

Das Beobachten von Systemen

Mit Blick auf die Arbeit als Seminarleiter, Trainer oder Erwachsenenbildner ist das Interesse an sozialen Systemen insbesondere auf den Bereich der Beobachtung fokussiert. Wir sind in jeder dieser Rollen mit anderen Systemen und ihren spezifischen Systembezügen konfrontiert und in einen Kontext des sich aufeinander Beziehens eingebettet: Workshop, Seminar und Unterricht sind durch vielseitige Wechselwirkungen bestimmt. Wir wollen und müssen aufeinander reagieren. Dies setzt Beobachtung voraus, nur dadurch können wir kontextbezogenes, sinnvolles Verhalten hervorbringen.

Um einige Phänomene und Paradoxien im Zusammenhang mit der Beobachtung von Systemen zu verstehen, müssen wir uns erst mit dem Vorgang des Beobachtens selbst befassen.

Was können wir sehen, wenn wir ein lebendes oder soziales System beobachten? Diese Frage scheint noch relativ leicht beantwortbar zu sein, so lange wir damit einen einzelnen Menschen oder eine Gruppe von Menschen meinen. Aber: Kann man ein soziales System, etwa eine Familie, ein Team, eine Partei wirklich beobachten? Und was sehen wir dann?

Naiv gehen wir davon aus, dass wir etwas über die Funktionsweise, Verbindungen, Verknüpfungen und Operationslogiken eines Systems erkennen können, wenn wir es beobachten. Realistischerweise müssen wir – aus einer systemtheoretischen Perspektive heraus – aber eingestehen, dass wir das beobachtete System ausschließlich mit den uns (als lebendes System) gegebenen Mitteln erfassen und erkennen können. Das heißt, wir erkennen beim Beobachten eigentlich nicht den Gegenstand unserer Beobachtung, sondern wir erfassen lediglich einen Teil der uns dargebotenen Zusammenhänge und zwar in unseren Kategorien des Verstehens: Wir interpretieren das, was wir vorfinden nach unseren Regeln der Interpretation und versuchen daraus etwas Sinnvolles zu kreieren. Das Resultat einer solchen Beobachtung ist nicht beliebig, es handelt sich nicht um ein Fantasieprodukt. Natürlich haben wir Daten gesammelt, die zum Beispiel unserer Beurteilung einer Situation im Seminarverlauf zugrunde liegen. Aber das, was wir daraus schließen, ist das Wirklichkeit? Helmut Willke (1993, S. 179 ff.) zieht hinsichtlich dieser Ausgangslage drei Schlüsse:

● *Die Logik der Beobachtung ist nicht die Logik des beobachteten Phänomens, sondern die Logik des beobachtenden Systems und seiner kognitiven Struktur.* Beobachtung liegt dann vor, wenn der Beobachter einen bedeutsamen Unterschied registriert (einen Unterschied, der einen Unterschied macht). Bedeutsame Unterschiede entstehen aber nicht im Phänomen selbst, sie entstehen in der Logik des Beobachters.

- *Die Beobachtung selbst konstituiert erst die Beobachtung eines Phänomens.* Der Beobachter schafft sich durch die Beobachtung einen beobachtbaren Gegenstand, den er dadurch umreißen und beschreiben kann. Beobachten ist also kein passives »auf sich wirken lassen«, sondern ein schöpferischer Akt, der eine Struktur außerhalb des Beobachters quasi erst entstehen lässt, gelenkt durch die Frage oder Hypothese, die der Beobachtung hinterlegt ist.
- *Der Bezugspunkt der Beobachtung ist nur vordergründig der Gegenstand selbst.* An sich sagt die Beobachtung mehr über das beobachtende System, den Beobachter, aus, als über den eigentlichen Gegenstand. Der Mensch als lebendes System ist nur in der Lage, Dinge außerhalb von sich in den eigenen Kategorien des Denkens und Schlussfolgerns zu beschreiben. Eine unmittelbare (objektive) Beobachtung fremder Systeme (mit anderen Sinnbezügen, Leitdifferenzen und Funktionslogiken) ist ihm nicht möglich.

Diese Betrachtungsweise hat einige wesentliche Implikationen gerade auch im Zusammenwirken mit »fremden« Systemen. Einerseits ist die Beobachtung der Dinge für uns der Schlüssel dazu, eine sinnvolle Welt außerhalb von uns überhaupt erst zu generieren. Wir müssen genau hinsehen, um Zusammenhänge erkennen zu können. Andererseits können wir nicht davon ausgehen, dass eben diese Zusammenhänge so sind, wie sie sich uns darstellen. Schlüsse, die wir ziehen, sind eine erste Ausgangsbasis, von der aus wir weiter »operieren« können. Sie sagen oft mehr über uns selbst aus, als über andere oder über fremde Systeme.

Um unsere Beobachtung wirklich zu einem Instrument unserer Arbeit zu machen, müssen wir nach der systemischen Auffassung in einen kontinuierlichen Abgleich mit unserem Umfeld treten: Wir müssen uns in dem, wie wir beobachten auch selbst beobachten (Beobachtung zweiter Ordnung).

Da dies aus uns heraus nur ansatzweise gelingen kann, benötigen wir hierzu in der Regel die Unterstützung weiterer beobachtender Systeme (etwa einen unbefangenen Kollegen oder einen Supervisor). Sie können uns helfen, unsere eigenen beobachtungsleitenden Differenzen zu erschließen. Fremde Systeme, mit denen wir in unserer Arbeit als Trainer oder Seminarleiter befasst sind, können aus unserer (lückenhaften!) Beobachtung für sich wichtige Informationen erhalten: Nicht darüber, wie sie wirklich sind, aber darüber, wie sie uns vor einem bestimmten Hintergrund erscheinen.

Ethik, Werte und kritische Betrachtungen

Systemtheorie lässt sich schwer in ethische Begriffe fassen

Luhmann selbst sagt über die Systemtheorie aus, dass sie wohl nicht zu den »netten, hilfsbereiten Theorien« gehört (Luhmann 1991, S. 19). Da ein System nur das verstehen kann, was in seinen eigenen Sinnbezügen vorkommt, ist es prinzipiell blind für andere Auslegungen.

Ein Wirtschaftssystem, ein Unternehmen beispielsweise, denkt in anderen Sinnbezügen als eine politische Partei als politisches System. Geht es für das eine darum, materielle Gewinne zu erzielen und seine Funktionslogik daraufhin auszurichten, versucht das politische System, Meinungen zu beeinflussen und Wahlen zu gewinnen. Die zur Sicherung der eigenen Existenz ausdifferenzierten Wahrnehmungsinstrumente sind unterschiedlich und nicht kompatibel.

Am Beispiel des im Jahr 2004 wichtigen Themas der Ausbildungsabgabe für diejenigen Unternehmen, die nicht im notwendigen beziehungsweise gewünschten Umfang ausbildeten, konnte man das deutlich erkennen: Die Sicherung und Wiederherstellung des sozialen Friedens durch das Bereitstellen einer genügend großen Anzahl an Ausbildungsplätzen war für die Regierung eine wichtige Komponente, um weiterhin an der Macht zu bleiben (und damit die Existenz als Regierung nicht zu gefährden). Für Unternehmen dagegen ist der Erhalt des sozialen Friedens zunächst nur im Hinblick auf die weitere Leistungserbringung im Unternehmen selbst eine relevante Kategorie.

Eine Regierung ist zudem auf ein bestimmtes Territorium festgelegt, während Unternehmen in Zeiten globaler Märkte nicht mehr an tradierte Standorte gebunden sind. Die daraus resultierende Kommunikation zwischen wirtschaftlichem und politischem System ist notwendigerweise schwierig, da die hinterlegten Sinnbezüge nicht aufeinander verweisen: Sie ist nicht anschlussfähig! Eine wirkliche Verständigung findet erst dann statt, wenn sie sich um relevante Kategorien des Kommunikationspartners dreht: Eine Ausbildungsplatzabgabe ist für Unternehmen eine solche!

> Die Systemtheorie gibt uns einen Schlüssel in die Hand, um Zusammenhänge auf eine sehr nüchterne Weise zu verstehen. Es geht um die Dynamik in und zwischen Systemen.

Sofern wir genügend Einblick in die innere Logik eines sozialen Systems erhalten (was wie gesagt aufgrund unserer eigenen Systembezogenheit und Befangenheit als Beobachter nicht ganz einfach ist), können wir die Treiber erkennen, die sich bis in die Tiefe der systemspezifischen Leitdifferenzen abzeichnen und die dafür verantwortlich sind, was sich an der Oberflächenstruktur, an der Grenze zum Umfeld, als Phänomen des Verhaltens von Systemrepräsentanten beobachten lässt. Ob wir das für gut oder schlecht, langfristig wirksam oder nicht befinden, oder welche Kategorien der Bewertung wir dabei heranziehen wollen, darauf gibt die Systemtheorie zunächst keine Antwort. Das Instrumentarium ist kühl, die gewonnene Erkenntnis oft nüchtern, wenn nicht ernüchternd.

Wir sehen Dinge, die unserem Naturell, unserer Ethik gänzlich widersprechen und können nur feststellen, dass all dies den Gesetzen von Systemlogiken folgen, die in sich gesehen sinnvoll sein müssen: Jedes System versucht nur weiterhin das zu tun, was ihm seither offensichtlich das Überleben gesichert hat. Und die Geschichte, ihre Geschichte, gibt ihnen dabei Recht: Wenn das Sichern der eigenen Existenz der Dreh- und Angelpunkt der internen Logik eines Systems ist, dann war jedes lebende oder soziale System, das heute noch existiert, bis hierher prinzipiell erfolgreich.

 Die Katze, weil sie Vögel gejagt hat; das Unternehmen, weil es seine Produktion verlagert hat; das Drogenkartell, weil es bestochen und gemordet hat; die Familie, weil sie füreinander gesorgt hat.

All diese Systeme hätten auf andere Art und Weise möglicherweise ebenso überlebt, das ist nicht die Frage. Als Beobachter mit bestimmten Wertvorstellungen wäre mir vielleicht viel lieber gewesen, das Drogenkartell wäre weniger erfolgreich im Überlebenskampf gewesen und das Unternehmen hätte zunächst seine strukturellen Probleme an den bestehenden Produktionsstandorten bearbeitet. Und vielleicht hätte auch die Katze Möglichkeiten gefunden, sich auf eine andere Art zu ernähren.

Bevor wir Systeme brandmarken, müssen wir uns vor Augen halten, dass alles, was wir um uns herum wahrnehmen und in unseren Kategorien interpretieren, für die Systeme um uns herum nützlich ist oder bisher nützlich war und zwar unabhängig davon, wie wir mit unserem Horizont uns dazu stellen.

Koexistenz als ethisches Paradigma in der Systemtheorie

Über den Rahmen dieser nüchternen Betrachtungsweise von Systemen und ihrer Eigenart, Nützlichkeit von innen heraus zu definieren, hinaus gibt es allerdings ethische Implikationen, die über den Rand, die eigene Grenze hinaus wirksam sind. Lebende wie soziale Systeme sind im eigenen Interesse daran interessiert, stabile Umweltverhältnisse zu erhalten.

Die gemeinsame Koexistenz von System und Umwelt, also von Systemen in gegenseitiger Beeinflussung untereinander, macht es notwendig, sich nicht nur um das eigene Überleben zu sorgen, sondern auch um das von wichtigen Interaktionspartnern. Dazu wird es nötig, eigene Sinnkategorien durch eine Art Gültigkeits- oder Übersetzungstabelle zu ergänzen: »Wir verstehen es nicht, es macht für uns keinen Sinn. Aber wir wollen dieses fremde System in unserem Umfeld erhalten und weisen den Signalen deshalb einen bestimmten Sinngehalt zu!«

Auf diese Weise entsteht über den eigenen Kontext hinaus ein Sinnsystem, das mehrere Subsysteme in genau der stabilen Wechselwirkung zusammenhält, die wir bereits als strukturelle Koppelung kennen gelernt haben. Diese gemeinsame Ausrichtung setzt ein gewisses Verständnis und Gespür für die Bedingungen des Lebens und Überlebens voraus. Maturana und Varela (1987, S. 264) gehen so weit, diese Ethik als unentrinnbar zu bezeichnen. »*Wenn wir wissen, dass unsere Welt notwendig eine Welt ist, die wir zusammen mit anderen hervorbringen, dann können wir im Falle eines Konflikts mit einem anderen menschlichen Wesen, mit dem wir weiter koexistieren wollen, nicht auf dem beharren, was für uns gewiss ist (auf einer absoluten Wahrheit), weil das die anderen Partner negieren würde.*« Vielmehr gelte es anzuerkennen, dass ihre Gewissheit, so wenig wünschenswert sie auch erscheinen möge, genau so legitim sei, wie die eigene. Konflikte sind in dieser Auffassung nie in dem Bereich zu lösen, in dem sie entstanden sind. »*Ein Konflikt ist nur zu überwinden, wenn wir uns in einen anderen Bereich bewegen, in dem Koexistenz stattfindet. Das Wissen um dieses Wissen ist der soziale Imperativ jeder auf dem Menschlichen basierenden Ethik*« (Maturana/Varela 1987, S. 265).

Die Ethik einer systemischen Grundhaltung in Training und Beratung

Bildungsarbeit ist darauf ausgerichtet, Einsichten in die eigene Existenz und die Relation zu anderen Menschen oder Gruppen zu ermöglichen. In der humanistischen Tradition kommt uns als Trainer, Erwachsenenbildner oder Berater dabei die Rolle eines Türöffners zu: Lernen vollzieht sich als selbstständiger Akt, es wird nicht von außen in das Subjekt hineingetragen (s. Konzept 1 »Hirnforschung: Gebrauchsanleitung für das menschliche Gehirn«, S. 37 ff.).

Ob wir nun einen einzelnen Menschen oder aber eine ganze Gruppe, ein soziales System vor Augen haben, macht keinen wesentlichen Unterschied: Aufgrund unserer unvollständigen Wahrnehmung als Menschen wie als Repräsentanten eines bestimmten Bildungssystems, haben wir immer nur einen begrenzten Einblick in die Welt außerhalb von uns. Wir begegnen der »anderen Seite« in der Trainingssituation mit einer spezifischen Erwartung, die wir aus unserem Bild von der Innenwelt des uns fremden Systems gewonnen haben. Wir haben eine Vorstellung davon, was die Menschen in unserem Seminar besonders gut brauchen können und greifen aus diesem Grund auf unsere Vorerfahrungen und unser bereits erworbenes Wissen über dieses oder ähnliche Systeme zurück. Kurz: Unsere Teilnehmer oder unsere Kundensysteme sind ein Konstrukt!

Manchmal, wenn es uns besonders gut gelingt, können wir uns wechselweise sehr gut aufeinander beziehen: Die Kommunikation ist anschlussfähig und schafft für beide Seiten die Grundlage für Wachstum im wechselseitigen Prozess (s. Konzept 5 »Neurolinguistisches Programmieren: Abenteuerland NLP«, S. 137 ff.). In anderen Fällen haben wir große Probleme, einen Fuß in eine Gruppe zu bekommen, weil wir etwas nicht begreifen. Die ethische Grundhaltung bezieht sich hier auf die »positive Absicht« eines Systems: Alles, was die Mitglieder sozialer Systeme tun, hat nur den einen Zweck, nämlich für die eigene Existenz etwas Nützliches zu erreichen. Ich muss das noch nicht einmal verstehen, ich darf es nur nicht gegen mich richten.

Diese Haltung verhilft uns in der Arbeit mit Systemen zu größeren Freiheitsgraden: Ich fühle mich nicht länger angegriffen, wenn jemand eine Frage aufwirft, die sich auf mein Konzept bezieht. Ich verstehe, dass wir uns in diesem Punkt (noch) nicht verstehen und kann versuchen, mehr über das mir fremde System zu erfahren. Indem ich dies tue, gebe ich den Teilnehmern in meiner Veranstaltung auch die Möglichkeit, sich noch einmal mit sich selbst und den eigenen Prämissen auseinander zu setzen.

Das schafft Klarheit und erhellt den einen oder anderen blinden Fleck in der Wahrnehmung von sich selbst und der Welt. Wer einmal verstanden hat, wie beschränkt die Möglichkeit des Einblicks sowohl in die Funktionslogik des eigenen Systems als auch in die eines anderen ist, kann diese Kluft durch eine ganz wesentliche Komponente wieder schließen: Durch eine gehörige Portion Respekt vor der Vielfältigkeit der Ansätze und Sichtweisen, die auf eine Art alle dazu beigetragen haben, das bisherige Überleben zu sichern.

Risiken und Kritik

Die systemtheoretische Perspektive in Training und Beratung kann leicht zu einer gewissen Beliebigkeit führen. Systeme, die für einander prinzipiell fremd sind, können sich nicht wirklich verstehen. Was können sie also miteinander anfangen?

Systemischen Beratern eilt der Ruf voraus, dass sie die Experten für Fragen sind, nicht die für Lösungen. Wie ich meine, nicht zu unrecht: Wer im systemischen Sinn trainiert oder berät, ist Experte für das Nicht-Wissen, denn er weiß, dass er nie wirklich verstehen kann, versteht er doch immer nur im Rahmen seiner eigenen systemspezifisch funktionierenden Logik. Das entbehrt ja nicht eines gewissen Charmes: Der Trainer wirbelt Fragen auf und interpretiert die entstehende Verwirrung als notwendige Voraussetzung dafür, dass etwas Neues entstehen kann. Was das sein kann, dafür ist er als Systemfremder nicht zuständig. Konflikte und Diskussionen geht er geschickt mit etwa der Frage aus dem Weg, was wohl der tiefere Sinn für die Gruppe sei, sich in einen Konflikt mit dem Trainer zu begeben und welchen Fragen sie dadurch aus dem Weg geht.

Der systemische Trainer verbreitet in der extremen Position auch kein Expertenwissen, denn jeder kann nur der Experte für sich selbst sein. Insofern gibt der systemische Trainer nur die Denkanstöße (in Form von Fragen, natürlich), die das System in der Aktivierung des Selbstlernpotenzials unterstützen: Er mutiert zum inhaltslosen Lernkontextbegleiter.

Vom Ansatz her können wir in der Rolle als Trainer, Seminarleiter oder Berater wirklich nicht wissen, wie klar oder getrübt unsere Sicht auf unsere jeweiligen Gegen-

über ist. Dies ernst zu nehmen ist unsere Pflicht, daraus einen handlungs- und inhalts-
leeren Raum zu konstruieren die Gefahr.

Das Risiko kann aber auch umgangen und in einen positiven Faktor umgebaut
werden.

In Bezug auf eine ihm fremde Außenwelt ist ein systemischer Trainer oder Berater
darauf angewiesen, sich Hypothesen zu bilden, um seine professionellen Handlungen
zu spezifizieren. Hypothesen entstehen auf der Grundlage der zur Verfügung stehenden Informationen (also den Unterscheidungen, die einen Unterschied machen). Da
dies die Unterscheidungen des Trainers sind, sagen sie mindestens ebenso viel über ihn
selbst aus, wie über das System, das er zu beobachten glaubt. Entsprechend sind die
Hypothesen mehr oder weniger brauchbar. In jedem Fall sind sie aber die Voraussetzung dafür, den Dialog und den Handlungsstrang, der den Trainer mit der Seminargruppe verbindet, aufrechtzuerhalten und ihn ständig neu zu erschaffen. Die Gefahr
dabei liegt darin, sich auf die eigenen Hypothesen zu verlassen, sie als Wahrheit zu
nehmen.

Das mindestens ebenso große Risiko sehe ich allerdings in der Haltung einiger systemischer Kollegen, Hypothesen aus dem Grund, die beobachterische Unbefangenheit
zu verlieren (die auch der systemische Berater nie gehabt haben kann!), erst gar nicht
zu entwerfen. Der Trainer, der sich im Klaren darüber ist, dass seine Hypothesen ebenso falsch wie richtig sein können, wird sich bereits in der Vorbereitung auf mehrere unterschiedliche Handlungsstränge einstellen. Im Hinblick auf die Durchführung von
Bildungsveranstaltungen und Workshops bedeutet dies, für eine anschlussfähige Kommunikation zwischen Trainer und Kunden zu sorgen und Standpunkte der Teilnehmer
mit einzubeziehen. Es bedeutet auch, sich der Tatsache bewusst zu sein, dass unterschiedliche Menschen oder Systeme unterschiedliche Herangehensweisen an Themati-
ken haben. Der eine braucht das Handout schon in der Hand, wenn ich einen Vortrag
beginne, der andere hört lieber in Ruhe zu und liest sich die wichtigsten Dinge zu Hause noch einmal durch.

Solche und ähnliche Dinge zu antizipieren, sie als Möglichkeiten in einen Entwurf
der Zukunft einzuplanen hilft uns, aus dem oben aufgeworfenen Risikobereich beim
systemischen Arbeiten herauszutreten.

Methodische Ansätze

Die Systemtheorie als Grundlage für die Praxis in Seminar, Training und Beratung ist eher das Fundament einer professionellen Grundhaltung als eine konkrete Handreichung für die Ausgestaltung. Dennoch sind vor diesem theoretischen Hintergrund eine Reihe von Methoden entwickelt worden, von denen einige hier vorgestellt werden.

Methoden aus dem Spektrum der systemischen Trainings- oder Beratungsarbeit verfolgen grundsätzlich zwei Interessen:

- Einerseits geht es für einen Trainer oder Berater darum, einen Einblick in das für ihn fremde, andere System zu bekommen und auf dieser Basis Hypothesen zu generieren, das eigene Handeln zu spezifizieren.
- Andererseits geben sie Systemen eine Möglichkeit, mehr über sich zu erfahren, die eigenen blinden Flecken zu entdecken und zu verstehen.

Es handelt sich hierbei um solche Zusammenhänge, die aus einer bestimmten Tradition heraus für das System begonnen haben, funktional zu sein, ohne jemals in das Bewusstsein gelangt zu sein. Hierüber etwas zu erfahren, ermöglicht dem System seiner eigenen Logik etwas näher zu kommen: Systeme lernen in der systemischen Arbeit, sich selbst zu verstehen.

Feedback

Feedbackmethoden sind nicht erst im Zusammenhang mit der neueren Systemtheorie entstanden. Sie werden an sich auch nicht als systemische Methoden gehandelt. Dennoch: Feedback im ursprünglichen Sinn schließt genau die Lücken, die das Gefangensein des Systems in seiner eigenen Logik und Sichtweise hinterlässt: Annehmbares Feedback ist ein Spiegel von außen, der dabei hilft, die eigenen blinden Flecken zu erkennen und mit ihnen umzugehen.

 In einem konkreten Fall war ich mit einem Werkleiter eines größeren Unternehmens dabei, eine Serie von zusammenhängenden Workshops nachzubesprechen. In einer schwierigen Situation hatten Abteilungen damit begonnen, eher gegeneinander statt miteinander zu arbeiten und wir hatten auf unterschiedlichen Ebenen an diesem Thema gearbeitet. Viele Problemstellungen konnten wir dabei erfolgreich angehen, allerdings zeichnete sich in einer speziellen Einheit keine Verbesserung ab.

Im Gespräch darüber kreiste das Thema immer wieder um die betreffende Abteilungsleiterin, die ich auch in mehreren Treffen im Führungskreis kennen gelernt hatte. Ich fasste das bisherige Gespräch nochmals zusammen und schloss mit der Aussage: »Und wenn ich mir das vor Augen halte, habe ich den Eindruck, dass Frau M. nicht zu Ihrem Team passt und mit Ihrem Führungsstil nicht zurecht kommt!« Der Werksleiter bedankte sich für die Rückmeldung und sagte, dass er sich mit dieser Möglichkeit überhaupt nicht beschäftigt hatte: Dass diese Zusammenarbeit aufgrund von tief gehenden persönlichen Unterschieden in der Auffassung von Führung und Organisation nicht gut funktionieren kann, war für ihn bis dahin ein blinder Fleck gewesen. Aus ethischen Erwägungen heraus war es völlig unmöglich gewesen, über eine Umbesetzung überhaupt nur nachzudenken. Auch mir war es nicht leicht gefallen, diesen Eindruck mitzuteilen, denn mir war bewusst, welche Konsequenz dies für die betreffende Person möglicherweise haben konnte. Um so erleichterter war ich, als ich später erfuhr, dass es zwar persönliche Veränderungen im Führungskreis gegeben hatte, Frau M. aber mit der für sie gefundenen Lösung sehr gut leben und sie für sich sogar als Gewinn betrachten konnte.

Feedback hat nicht die Funktion, nette Dinge auszutauschen. Es geht um die Darstellung einer Wahrnehmung, die sich auf einen konkreten Sachverhalt, Zusammenhang oder auch eine persönliche Eigenschaft bezieht. Feedback kann positive Dinge benennen, um etwas zu beleuchten, was der betreffenden Person selbst vielleicht gar nicht bewusst ist. Ich nehme aus meiner Perspektive als Außenstehender wahr, dass ein Teammitglied allein durch sein offenes Auftreten dafür sorgt, dass Meinungen thematisiert werden können und nicht unter den Teppich gekehrt werden. Der Nutzen davon kann sein, dass die betreffende Person diese Funktion nun sehen kann und auch von anderen in der Rolle wahrgenommen wird.

Feedback kann auch kritisch sein, und so wird es zumindest bei uns im mitteleuropäischen Raum am häufigsten eingesetzt: Ich bin mit einer Sache nicht zufrieden, also gebe ich ein Feedback! Dieser Umstand wird auch dadurch nicht besser, dass man sich die amerikanische Variante des »Sandwich-Feedbacks« zunutze macht: Erst etwas Nettes, dann der kritische Brocken und zum Abschluss noch mal etwas Positives zum Verdauen! Die hauptsächliche Gefahr bei kritischem Feedback sehe ich neben Pauschalisierungen und Generalisierungen darin, dass das Pendant des positiven Feedbacks einfach fehlt. Solange alles in Ordnung ist, gibt es auch keine Rückmeldung. Dieser Mangel an Wertschätzung wird auch durch eine noch so gekonnte Formulierung beim Geben des Feedbacks nicht kompensiert!

Feedback im systemischen Sinn ist nie eine Handlungsaufforderung und je stärker es diesen Anspruch vermittelt, desto geringer ist die Wahrscheinlichkeit der Umsetzung. Feedback ist eine Möglichkeit, Gedankenprozesse durch einen Impuls von außen in Gang zu setzen oder zu beeinflussen. Es hilft, die Grenzen der eigenen Wahrnehmung zu spüren und zu überwinden und beinhaltet dadurch die Chance für Entwicklung und Veränderung. Dies kann durch positives und kritisches Feedback gleichermaßen geschehen.

Feedback in Trainings und Bildungsveranstaltungen hat als abschließendes Ritual einen festen Platz erobert. Das ist so lange in Ordnung, als der Trainer dadurch wirklich Eindrücke sammeln möchte, die ihm bei seiner weiteren Arbeit im Abgleich mit seinen eigenen Eindrücken helfen sollen. Streicheleinheiten für den guten Seminarleiter greifen dabei zu kurz! Außerdem ist eine ehrliche Rückmeldung bereits im Verlauf eines Trainings oft viel wertvoller: Es besteht dann im Sinne einer Prozesssteuerung die Möglichkeit, auf einen Bedarf zu reagieren oder diesen zumindest wahrzunehmen. Dies gilt für alle am Bildungsprozess teilnehmenden Personen gleichermaßen. Ein abschließendes Feedback eines Teilnehmers mit dem Hinweis, der Trainer habe in der ganzen Zeit offensichtlich nicht verstanden, worum es in der Gruppe wirklich ging, ist sicher eine Irritation. Gleichzeitig offenbart sich darin aber auch eine vertane Chance, den Auftrag noch einmal zu klären und den Prozess neu auszurichten. Feedback kann neben der Form eines ganz normalen Gesprächs viele Gestalten annehmen. Einige ungewöhnlichere Ansätze möchte ich noch ausführen.

 **Praxisbeispiele Feedbackmethoden**

- *Check in:* Bei mehrtägigen Veranstaltungen treffen sich die Teilnehmer bereits 15 Minuten vor Beginn in immer gleichen Dreiergruppen zu einer Auswertung des vergangenen Tages. Jeweils eine Person jeder Gruppe berichtet anschließend in der ganzen Runde über diesen Austausch und daraus resultierende Fragen oder Anregungen. Diese Form eignet sich sehr gut zur Prozesssteuerung durch die Gruppe selbst bei offenen Settings.
- *Ein-Wort-Feedback:* In sehr großen Gruppen bekommen die Teilnehmer die Aufgabe, den bisherigen Verlauf einer Veranstaltung zu überdenken und in Gedanken einen Satz zu formulieren, der für diesen Verlauf beziehungsweise für wesentliche Aspekte daraus steht. Anschließend soll dieser Satz ebenfalls mental auf ein Wort daraus reduziert werden. Das nun gefundene Wort äußern die Teilnehmer reihum nacheinander laut, und zwar ohne Erläuterungen oder Ergänzungen. Es ist verblüffend und faszinierend, wie unterschiedlich die Wahrnehmung der Einzelnen ist!
- *Lügen-Feedback:* Die Wahrnehmungen zu einem Inhalt oder einem Aspekt werden in das Gegenteil verkehrt. Ein spannender Verlauf wird dann beispielsweise im Feedback zu einer langweiligen Veranstaltung. Diese Methode eignet sich im systemischen Kontext deshalb besonders gut, weil die »Lüge« in Bezug auf die eigentliche Wahrnehmung noch einmal deutlich mehr Interpretationsspielraum lässt: Sie irritiert das System und regt eigene Denkprozesse an.
- *Technik des zweiten Futurs:* Am Anfang einer Veranstaltung bittet der Trainer die Teilnehmer, sich gedanklich in die Zukunft zu versetzen und ein Feedback über das soeben zu Ende gegangene Training zu geben (selbstverständlich in der Gegenwart formuliert!). Diese Technik erfordert Teilneh-

mer mit Reflexionserfahrung und einer guten Portion Vorstellungsvermögen. Sie fördert viel über Wünsche, Vorstellungen und Sorgen zu Tage und kann mit der Bemerkung abgeschlossen werden, dass jeder dafür mit Verantwortung tragen solle, dass seine Erwartungen erfüllt und seine Befürchtungen ausgeräumt werden können.

Systemisches Fragen

Systemisches Fragen ist eine Methode, die für beide an einem Prozess beteiligten Partner neue Erkenntnisse und Eindrücke liefern kann. Die systemische Fragetechnik zielt grundsätzlich in Richtung auf eine Kontexterweiterung. Bisherige Grundsätze und Glaubenssätze werden ganz unaufdringlich infrage gestellt. Annahmen über sich selbst geraten aufseiten des befragten Systems ins Wanken. Solche Fragen können sein:

- Wann ist das von Ihnen geschilderte Phänomen zuletzt nicht aufgetreten?
- Wie glauben Sie, denken die Mitglieder der Abteilung A über den Sachverhalt?
- Und was denken wohl die Menschen in der Abteilung B darüber, wie sich die aus der Abteilung A positionieren werden?
- Wie würde wohl Ihr direkter Vorgesetzter über diesen Konflikt mit Ihrem Kollegen denken? Und zu welchem Schluss würde er kommen?
- Stellen Sie sich vor, Sie haben dieses Problem gelöst: Welches Problem werden Sie nun haben?
- Was weiß Ihr Nachbar hier im Seminar schon über das Thema. Und was wird ihn wohl am meisten interessieren?

Praxisbeispiel systemisches Fragen

Folgendes Beispiel soll die Arbeitsweise mit systemischen Fragen verdeutlichen: Im Coachinggespräch äußerte ein Geschäftsführer einer deutschen Firma sein Problem mit seinem neuen Vorgesetzten aus dem ausländischen Konzern. Sein bisheriger Chef hatte sich mit ihm in einmonatigen Abständen getroffen, dabei die anstehenden Themen besprochen und ihm in der übrigen Zeit freie Hand gewährt. Es galt das stillschweigende Einverständnis, dass Kontakt dann aufgebaut wird, wenn es Probleme gab. Der jetzige Vorgesetzte des Geschäftsführers verhielt sich völlig anders: Er rief täglich an und erwartete einen Bericht über die Vorfälle des Tages. Nach einigen Klärungsfragen stellte der Coach folgende systemische Frage: »Angenommen, Sie wollen den Kontakt zu den Ihnen unterstellten Bereichsleitern intensivieren und sie beschließen, diese häufiger wie bisher zu kontaktieren. Was wäre der Nutzen, den Sie daraus ziehen können?« Der Geschäftsführer konnte auf Anhieb mehrere Dinge formulieren, die sich dadurch positiv verändern würden: Ein

intensiverer Kontakt gibt Spielraum, auch über weniger wichtige Dinge zu sprechen. Man ist immer auf dem aktuellen Stand. Wenn wirklich etwas im Argen liegt, hat man bereits eine Basis, auf der aufgebaut werden kann. Viele Fragen können sofort abgearbeitet werden. Der persönliche Draht wird intensiviert.

Erst im Nachhinein fiel dem Geschäftsführer auf, dass er gar nicht auf die Idee gekommen war, dass er auch eine bessere Kontrolle ausüben könnte. Dies war der Umstand, der ihn beim Verhalten seines neuen Vorgesetzten am meisten gestört hatte. Das Coaching endete mit der Vereinbarung, in den zukünftigen täglichen Gesprächen stärker auf die Signale zu achten, die Interesse seitens des Vorgesetzten an der Arbeit des Geschäftsführers und an seiner Person signalisierten. Der Glaubenssatz: »Ein Chef der viel anruft, möchte nur kontrollieren« konnte damit wirksam infrage gestellt werden.

Paradoxe Interventionen

Die Bereitwilligkeit, mit Impulsen eines Trainers oder Beraters konstruktiv umzugehen, ist in Gruppen und Teams sehr unterschiedlich ausgeprägt. Dies kann mit Vorerfahrungen zusammenhängen, aber auch mit der Art und Weise, wie der Auftrag gelagert und geklärt ist. Aus dem Gefühl heraus, von außen nicht richtig wahrgenommen zu werden, dadurch falsch eingeschätzt und beraten zu werden, bauen sich in einem Kundensystem oft Widerstände gegen die Interventionen von Trainern, Weiterbildnern und Beratern auf. Die entsprechende Abwehr führt nicht selten dazu, dass das Gegenteil dessen erreicht wird, was ursprünglich bezweckt wurde. Wenn man sich dieses Wissen zunutze macht, kann man ein System wirkungsvoll irritieren und zu einem Einlenken bewegen. Der Widerstand richtet sich immer noch gegen die Intervention des Trainers, die Energie verlagert sich nun aber in Richtung des von ihm intendierten Impulses. Paradoxe Interventionen bewegen sich im Feld einer doppelten Kontingenz: Sie sind in ihrer Struktur selbst komplex (weil sie etwas wollen, was eigentlich nicht gewünscht ist) und treffen auf ein sensibles und komplexes Feld (nämlich das Kundensystem, das nicht will, dass man etwas Bestimmtes von ihm will). Insofern versteht sich von selbst, dass der Umgang Fingerspitzengefühl und Erfahrung benötigt.

Paradoxe Interventionen im Training

Nach einer längeren Phase der Begleitung eines Ärzteteams (mehrere Sitzungen jährlich, insgesamt zweieinhalb Jahre) hat der Berater das Gefühl, dass die Energie für den gemeinsamen Organisationsentwicklungsprozess ziemlich verpufft ist. Er kann sich vorstellen weiter zu arbeiten, aber nur dann, wenn es gelingt, wieder mehr Kräfte auf die Zusammenkünfte zu konzentrieren. Er hat das Thema schon mehrfach angesprochen, fand mit seinem Anlie-

gen auch Gehör, konnte aber keine Veränderung erkennen. Die paradoxe Intervention in diesem Fall lautet zu Beginn der folgenden Sitzung: »Ich habe mich dazu entschlossen, den Beratungsprozess mit dieser Sitzung zu beenden. Ich schlage vor, wir ziehen heute Bilanz über den Gesamtprozess.« Anstatt dass dieser Vorschlag aufgegriffen wird, gibt es eine sehr engagierte Diskussion über die Möglichkeiten, den Prozess fortzuführen. Dabei werden Punkte erörtert, die den Energieverlust fokussieren und es gibt auch Ansätze, die in eine bessere Richtung zeigen.

Das Beispiel zeigt, dass paradoxe Intervention stets eine eigene Dynamik hat. Systeme lassen sich nicht vorausberechnen und insofern wäre ein anderer Ausgang ebenso möglich gewesen. Insofern sollte diese Strategie auch nur dann zum Zuge kommen, wenn der Trainer mit beiden dadurch prinzipiell eröffneten Alternativen leben kann. Wenn er also eröffnet, einen Beratungsprozess beenden zu wollen, muss er in Kauf nehmen, dass dies tatsächlich auch geschieht.

Aufstellungsarbeit mit Systemen

Diese Methode geht davon aus, dass die Dynamik, die zwischen einzelnen Repräsentanten eines Systems entsteht, und die sich daraus entwickelnde Gesamtdynamik auch dann noch spürbar ist und wirkt, wenn diese Personen gar nicht persönlich anwesend sind. Das Muster der aufeinander verweisenden Kommunikationen in einem System kann auch dann aktiviert werden, wenn unbeteiligte Personen an die entsprechenden Stellen positioniert (aufgestellt) und mit einigen grundlegenden Informationen über die vertretene Rolle im System und einige Beziehungen versorgt werden.

Die in dieser systemischen Aufstellungsarbeit zu Tage tretende dynamische Energie wird von Kennern des aufgestellten Systems oft als sehr authentisch erlebt und ermöglicht etwas, was im »echten« Leben nie möglich ist: Einmal wirklich neben sich zu treten und dem eigenen Handeln interessiert und aufmerksam zuzusehen! So können systemische Aufstellungen wichtige Hinweise über die eigene Funktionslogik geben. Sie ermöglichen es, Verzerrungen in der eigenen Wirklichkeitskonstruktion aus einer dissoziierten Position heraus auf die Schliche zu kommen.

Die in einigen Schulen der systemischen Aufstellung (zum Beispiel systemisches Familienstellen nach Bert Hellinger) vorherrschende Meinung, es gäbe für jedes soziale System eine aus archaischen Grundmustern heraus ableitbare Ordnung, die es wieder herzustellen gilt, teile ich nicht. Systeme erhalten ihre Stabilität aus einer Ordnung, in die sie sich unter Berücksichtigung der inneren Dynamik und in Abgleich auf ihr Umfeld begeben haben. Dies zu erkennen, kann Anreiz genug sein, eigene Positionen neu zu überdenken. Für das sich dadurch neu etablierende Gleichgewicht im Inneren wie im Äußeren sind viele unterschiedliche Konstellationen und Varianten denkbar, als sich rein aus stammesgeschichtlichen Zusammenhängen ergeben.

Praxisbeispiel Teamkonstellationen

Um die Konstellationen im Team zu verdeutlichen, entwickelt der Trainer für einen Workshop folgendes Design: Das Team arbeitet zunächst gemeinsam an der Lösung eines komplexen Teamprojektes. Im Anschluss daran bittet der Trainer jedes Teammitglied, für sich allein die folgende Aufgabe zu bearbeiten:

- Auf jeweils einer Moderationskarte wird jedes Teammitglied symbolisch dargestellt. Dazu wird auf die Karte ein Gesicht gezeichnet, das Ausdruck für die Involviertheit der betreffenden Person im Verlauf des Teamprojektes ist (interessiert, gelangweilt, angestrengt, freudig, zurückhaltend ...). Auch das Teamprojekt selbst wird durch eine Karte symbolisiert.
- Anschließend werden die Karten so angeordnet, dass sich aus den entstehenden Entfernungen, den Blickrichtungen und der Positionierung in Bezug auf das Projekt ein Bild der erlebten Situation ergibt. Es entstehen also so viele »Aufstellungen«, wie Personen im Team sind.

In einer ersten Runde wird anschließend geklärt, wie leicht oder schwer die Aufgabe gefallen ist. (Was genau hat Schwierigkeiten bereitet ...)

Dann erklären sich die Teammitglieder gegenseitig ihre Legungen. Die Zuhörenden können ebenfalls ihre Eindrücke (zum Beispiel über Besonderheiten, Konstellationen, Gruppenbildungen) wiedergeben. Es wird nun erörtert, welche Erkenntnisse die Teammitglieder aus dieser ersten Übung mitnehmen. (In welchen Punkten ähneln sich die Darstellungen? Wo sind die Hauptunterschiede?) Die Aufstellung kann an dieser Stelle auch beendet werden.

Anschließend wählt sich eine Person eine der ausgelegten Darstellungen aus, die ihr besonders interessant oder auffällig erscheint. Der Trainer klärt mit diesem Teammitglied, welche Fragestellung er oder sie anhand dieser Konstellation klären möchte.

Nun treten für die ausgewählte Aufstellung die echten Personen an die Stelle der Karten und nehmen entsprechend der Vorlage Positionen und Haltungen ein. Alle werden nacheinander nach ihrem Standpunkt befragt und danach, welche Assoziationen und Gefühle dadurch ausgelöst werden. (Ich fühle mich an dieser Position wohl, weil ...; ich komme mir hier so abgeschnitten vor; von hier aus habe ich einen schlechten Blick auf das Projekt.)

Das Teammitglied, das die Aufstellung ausgewählt hat und dazu eine Frage formuliert hat, kann nun unterschiedliche Positionen in dieser Aufstellung selbst einnehmen, um einen Eindruck aus unterschiedlichen Standpunkten zu bekommen. Die Frage wird erarbeitet, was zu einer Verbesserung der Situation beitragen könnte und entsprechende Postions- und Haltungsveränderungen können vorgenommen werden. Abschließend wird diese Aufstellung in

der ganzen Runde des Teams noch einmal besprochen. Dabei wird der Erkenntnisgewinn jedes Einzelnen beleuchtet. Dabei kann es in den Wahrnehmungen sehr große Unterschiede geben, vielleicht aber auch viele Ähnlichkeiten. Da, wo sich Sichtweisen treffen, können Ansatzpunkte für direkte Veränderungsvorhaben als Konsequenz gesucht werden.

Es geht allerdings bei dieser Form der Aufstellungsarbeit nicht darum, Ansichten zu vereinheitlichen. Vielmehr ist das Nebeneinanderstellen von sehr unterschiedlichen Wahrnehmungen ein wichtiges Thema: Was ich in diesem System und seinem Umfeld in einer gewissen Weise wahrnehme, kann für meinen Kollegen völlig anders aussehen!

Heinz J. Kersting und Michael Teichert beschreiben das systemische Aufstellen von Systemen (in einem unveröffentlichten Skript) auf folgende Weise: Systemisches Aufstellen von Systemen ist ihrer Darstellung nach ein emotional geleitetes und körpernahes Arbeiten, das intuitives Denken und unterschiedliche Wahrnehmungen anregt. Dabei meint Intuition die unmittelbare, mehr ganzheitliche Sinneswahrnehmung, im Gegensatz zum Beobachten von einzelnen Unterscheidungen. Intuition zielt auf die Neu-Konstruktion von Situationen. Oft stellt sich dadurch eine emotionale und kognitive Übereinstimmung ein, die zu brauchbarerem Handeln in Arbeitssystemen führen kann. Nach Kersting und Teichert ist diese Methode gekennzeichnet durch:

- Ein minimalistisches Verfahren, bei dem nur sparsame Informationen über den Fall nötig sind.
- Es ist eine Arbeit in Hinsicht auf wesentliche Aspekte des Falls.
- Die Fallgeberin erfährt hohe Wertschätzung.
- Die teilnehmenden Beobachter bieten ein unterstützendes Kraftfeld.
- Die zentralen Aspekte der Aufstellung, die im lösungsorientierten Schlussbild zutage treten, nimmt die Fallgeberin als Bild mit in ihre Arbeit.

Anmerkung: In diesem Verfahren stellen sich systemfremde Personen für die Arbeit mit einem System zur Verfügung, das der Fallgeber in der Regel als einziger kennt.

Systemisches Aufstellen von Systemen

Der Fallgeber
Benennt die Fragestellung: Der Anlass wird so kurz wie möglich berichtet. Das Anliegen muss ernst und bearbeitbar sein (nicht fiktiv). Die beteiligten Personen und Systeme werden benannt. Drüber hinaus können auch Produkte, Regelwerke, Zielformulierungen dargestellt werden.

Empfehlung: Das Problem muss nicht genau gewusst werden.

Der Fallgeber
- Benennt Einzelne aus der Gruppe als Rollenträger, wobei für ein System jeweils nur eine Person zu benennen ist (keine Vielfalt).
- Der Fallgeber benennt auch für sich einen Rollenträger.

   Empfehlung: Killerphrasen übergehen, Interpretationen des Fallgebers stoppen.

Die Rollenträger
- Stehen auf.
- Stellen sich vor ihren Stuhl.
- Versuchen alles zu vergessen, was sie über den Fall wissen oder vermuten.
- Stellen sich als Resonanzkörper zur Verfügung.
- Sind aufmerksam für Stimmungen, Anmutungen, Ideen, die sie »anfliegen«.

Die übrigen Gruppenmitglieder
- Beobachten schweigend die Aufstellung.

Der Fallgeber
- Stellt die Rollenträger nacheinander ohne großen Plan im Raum auf. Das geschieht ohne verbale Kontakte und ohne Skulpturierungs- oder Inszenierungsabsicht.
- Danach sucht er sich einen Platz, von dem aus er die Aufstellung gut sehen kann.
- Er setzt sich hin, damit er das aufgestellte Kraftfeld nicht stört.

Der Leiter
- Arbeitet achtsam und absichtslos.
- Sorgt für Ruhe und Aufmerksamkeit.
- Befragt die einzelnen Rollenträger nach ihren Empfindungen, Gefühlen, Stimmungen, Eindrücken, Ideen und Handlungsimpulsen.
- Der Leiter kann konkretisieren, muss es aber nicht.
- Die Befragung kann nach der Hierarchie erfolgen.
- Der Rollenträger des Fallgebers wird als Letzter befragt.
- Der Leiter kann auch intuitiv entscheiden.

Der Leiter
- Fragt, wer etwas verändern möchte, wenn nicht bereits vorher in den Handlungsimpulsen Veränderungen angekündigt wurden.
- Fragt danach, ob der Veränderungsimpuls zu einer Verbesserung oder Verschlechterung geführt hat. Nach und nach werden zu diesem Aspekt

alle Rollenträger gefragt.

- Kann anderen Rollenträgern auch Angebote zu Veränderungen machen, muss es aber nicht.
- Immer ist das Kriterium für eine Veränderung »besser« oder »schlechter«.
- Hält sich zurück mit Kommentaren und versucht nur, Aussagen und Befindlichkeiten zu klären.
- Bittet zuletzt den Fallgeber um seine Veränderungsidee.
- Befragt den Rollenträger, der in der Person der Fallgeberin steht, nach seiner Wahrnehmung.
- Bittet den Fallgeber, in »seine« Position in der Aufstellung zu treten und seine Wahrnehmungen und Empfindungen auszudrücken.
- Eventuell kann auch hier noch einmal mit einem Veränderungsimpuls gearbeitet werden.

Der Leiter
- Beendet die Aufstellung mit einer Feedbackrunde.

Empfehlung: Nach der Aufstellung werden nur positiv konnotierte Äußerungen zugelassen.

Rekonstruktion von Kausalfaktoren

Die Stabilität von Systemen kann auch als Starre bezeichnet und wahrgenommen werden. Starr sind dabei oft die Verkettungen von Ursachen und Wirkungen, also den Zusammenhängen von Kausalfaktoren. Wir gehen bei wiederkehrenden Ereignissen davon aus, dass das soziale System bereits eine bestimmte Anzahl stabiler Erwartungserwartungen hat, die die Funktion von Attraktoren übernehmen: Die Dinge entwickeln sich so, weil wir schon wissen, wie sie sich entwickeln werden! Dies führt zu einer Umkehrung der ursprünglichen Wirkungskette: Zuerst wissen wir, wie die Wirkung ausfällt, danach suchen wir nach der Ursache.

Um in solche starren Ketten Bewegung zu bringen, werden für ein System relevante Kausalketten über mehrere Glieder hinweg beschrieben, und anschließend aufgebrochen: Wie wäre es denn, wenn es am Ende anfinge und zum Anfang hin enden würde? Oder wenn zwei als isoliert gesehene Kausalketten in Zusammenhang gebracht werden ...

Mit dieser Arbeit lernen Systeme mehr darüber, wie sie Sinn selbst konstruieren und erhalten Einblick in ihre Funktionslogik.

Übung: Rekonstruktion von Kausalstrukturen
(nach Hans Christoph Vogel 1997, S. 133 ff.)

Kreisförmig werden alle Faktoren (Einflüsse, Bedingungen, Ursachen) eingetragen und zwar ungeordnet und assoziativ.

Verbinden Sie alle Faktoren, die Ihrer Meinung nach in Beziehung miteinander stehen, durch Pfeile. Kennzeichnen Sie damit die Richtung der Einflussnahme. Gehen Sie dazu die Faktoren einzeln durch und fragen Sie nach möglichen Zusammenhängen mit anderen. Versehen Sie die Pfeile mit einem »+«, wenn das Eintreten des einen eine Verstärkung des anderen nach sich zieht. Im umgekehrten Fall kennzeichnen Sie mit einem »–«.

Überprüfen Sie die Verbindungen auf:

- Spiele: Ringschlüsse.
- Lange Kausalketten.
- Große Einflussfaktoren (von denen viele Pfeile ausgehen).

Prüfen Sie, ob auch andere Variablen oder Verbindungen möglich sind:

- Welche Variablen sind dehnbar, so dass sie Abweichungen oder Wirkungen neutralisieren können?
- Welche ungewöhnlichen Verhaltensweisen oder welche neuen Faktoren können das System sprengen?
- Welche Faktoren würden das bestehende System stärken und stützen?
- Was bringt das System »zum Einsturz«?
- Was passiert, wenn Variablen umbenannt werden, sodass sich ein neuer Sinngehalt ergibt (aus »Aufgabenbezogenheit« wird »Erbsenzählerei«)?
- Was passiert, wenn die Vorzeichen (+, –) umgedreht werden?
- Was passiert, wenn Verbindungen »entkoppelt« werden?

Kulturanalyse

Die Kultur eines Unternehmens oder einer Organisation kann verstanden werden als die Summe aller Selbstverständlichkeiten, die sich im Lauf der Geschichte im Tagesgeschäft eingeschliffen haben. Dazu gehören Begrüßungsrituale, der Umgang unterschiedlicher Hierarchiestufen miteinander, Wege und Formen der formalen Kommunikation, der Umgang mit Zeit, die Art der Entscheidungsvorbereitung und -umsetzung, um hier nur einige Beispiele zu nennen. Alles ist da, aber es ist nicht an der Oberfläche greifbar! Dennoch wirkt »es«, denn die Kultur ist mit der Organisation im Lauf der Jahre gewachsen. Sich der eigenen Kultur zu nähern bedeutet, einen großen Schritt in Richtung Selbsterkenntnis zu tun oder Einblick in die eigene Funktionsweise zu nehmen. Es offenbart sich etwas, das selbstverständlich ist, aber eben nicht offensichtlich!

Die Kulturanalyse nach Edgar Schein

Dieses Verfahren nach Edgar Schein (2004) verläuft in fünf Schritten.

- *Erster Schritt:* Es wird ein Themenfeld definiert in dessen Zusammenhang Kultur erhoben werden soll.
- *Zweiter Schritt:* Es werden die Artefakte als die sichtbaren Zeichen der Kultur zusammengetragen. Beispielsweise: Kleidungsvorschriften. Wie formal sind die Arbeitsbeziehungen? Arbeitsstunden. Wie oft gibt es Konferenzen? Wer leitet diese? Wie werden Entscheidungen getroffen? Wie erfährt man was? Gesellschaftliche Ereignisse. Jargon, Uniformen, Identitätssymbole. Riten und Rituale.
- *Dritter Schritt:* Es werden anschließend die Werte des Unternehmens oder der Organisation identifiziert. Es stellen sich also Fragen wie: Welche Werte werden vertreten? In welcher Form sind sie hinterlegt? Welche Werte sind in welcher Form veröffentlicht?
- *Vierter Schritt:* Nun werden die Werte der Organisation mit den Artefakten verglichen. Wo erkennen Sie Widersprüche zwischen Artefakten und Werten? Was sind die Antreiber von Artefakten, die mit Werten im Unternehmen nicht zur Deckung gebracht werden können? Welche tiefen Annahmen liegen diesen Artefakten zugrunde?
- *Fünfter Schritt:* Diese tiefen Annahmen sind der eigentliche Schlüssel zur Kultur eines Unternehmens. Hier sind die Treiber lokalisiert, die das System in diesem Sinn am Laufen und Funktionieren halten und auf die Einfluss genommen werden kann.

Die Arbeit mit einer solchen Kulturanalyse (durchgeführt im Management oder aber auch wie bei Eduard Schein beschrieben, als wiederholt eingesetztes Verfahren in unterschiedlichen Gruppen oder Abteilungen) ist oft der erste Schritt in einem Culture-Change-Prozess. Er fokussiert die Aufmerksamkeit auf einen Bereich, der ohne diese Hilfe schwer wahrnehmbar ist (genau weil es sich um Alltägliches und Selbstverständliches handelt), der aber sehr eng mit der Funktionslogik des ganzen Systems zusammenhängt. Außerdem verhilft die Kulturanalyse dem Unternehmen zu einer selbst gewonnenen Erkenntnis über sich selbst. Dies ist ein ungemein wichtiger Punkt, wenn es darum geht, etwas zu verändern: Alles, was an Erkenntnis von außen an ein System herangetragen wird, unterliegt der Gefahr, früher oder später »getilgt« zu werden.

Als Beispiel für die Arbeit mit einer Kulturanalyse sind in der folgenden Tabelle einige der zutage getretenen Unterschiede zwischen Artefakten (sichtbaren Zeichen) und proklamierten Werten eines Unternehmens aufgeführt. Anlass für die Analyse war die nicht zufrieden stellende Zusammenarbeit unterschiedlicher Unternehmensbereiche entlang einer Prozesskette.

Werte	Sichtbare Zeichen
Das Unternehmen XXX steht für Qualität.	Vorschlagswesen als Anreizsystem ist so kompliziert und aufwändig, dass es bei den Führungskräften nicht beliebt ist.
Wir tun was wir sagen.	Manchmal werden die Wochenpläne 5 vor 12 umgeworfen.
Wir nehmen soziale Verantwortung wahr.	Zwischen den jährlich stattfindenden Regelbeurteilungen gibt es in Bezug auf die Leistung keine Form der direkten und persönlichen Rückmeldung an die Mitarbeiter.
Das Unternehmen XXX hat sich auf die Richtlinien der Corporate Governance verpflichtet.	Der Druck auf den Betrieb wird 1:1 an die Mitarbeiter weitergegeben.
Als Führungskräfte haben wir Achtung vor den Menschen.	Entscheidungsthemen werden nur mit bestimmten Mitarbeitern besprochen. Es wird über andere geredet.
Wir sind geradlinig.	Im Umgang mit Konflikten herrscht Zurückhaltung. Der offene Austausch über Führungsthemen findet nicht statt.

Werte	Sichtbare Zeichen
Als Führungskräfte sind wir berechenbar.	Jede Führungskraft führt in ihrem Bereich anders (Beispiel Eingliederung neuer Mitarbeiter). Manchmal werden die Wochenpläne 5 vor 12 umgeworfen.
Kommunikation soll offen, ehrlich und sachlich sein.	Gerüchte sind schneller als alles andere. Falsche Zahlen werden gestreut. Manche können nicht miteinander reden.
Wir wollen unternehmerischen Erfolg. Dieser beginnt beim Menschen.	Führungskräfte sind nach Ansicht der Mitarbeiter viel zu selten im Betrieb.
Wir wollen ehrlich und konstruktiv miteinander umgehen.	Konflikte sind Hindernisse. Manche können nicht miteinander reden. Gegenseitiges Anschwärzen bei Fehlern: Nützt dem Betrieb, schadet dem Klima.
Bereichs- und Ländergrenzen sind keine Hindernisse.	Bereiche sind architektonisch klar getrennt. Bereiche unterscheiden sich in Kleidung; Kleidung ist Statussymbol.

Tetralemma-Methode

Ausgang dieser Problemlösemethode ist die Annahme, dass ein System immer über mehr Ressourcen verfügt, als zur Bewältigung eines Problems herangezogen werden. Das klassische Dilemma beschreibt die Qual der Wahl zwischen zwei Alternativen. Das Tetralemma löst diese Beschränkung auf, indem weitere Optionen zur Verfügung gestellt werden.

Praxisbeispiel: die Tetralemma-Methode im Coaching

Ein Lehrer, der in einer schwierigen Entscheidungssituation ein Coaching in Anspruch genommen hat, sieht für sich nur entweder ein Engagement im Bereich »Schulentwicklung«, was für ihn ein neues und mit vielen Fragezeichen belegtes Feld ist, oder aber das Weiterarbeiten wie bisher, was bei ihm das Gefühl der Resignation auslöst. Beide Alternativen haben etwas für sich, bei beiden sind die gefühlten Schattenseiten aber auch enorm. Im Coaching wird nun mit der Tetralemma-Methode versucht, dieses ungünstige Dilemma durch andere Alternativen zu bereichern.

Dazu werden die beiden bestehenden Positionen als Punkte auf dem Boden gekennzeichnet, ebenso wie die drei noch offen stehenden Optionen aus der obigen Aufzählung und eine neutrale »Metaposition«.

Nacheinander durchläuft der Lehrer nun die Alternativen. Er benennt dabei noch einmal die positiven und negativen Aspekte und Gefühle, die er bekommt, wenn er sich auf der Position »Schulentwicklung« beziehungsweise »Weiterarbeiten wie bisher« befindet.

Anschließend bittet ihn der Coach, sich auf die Position »Beide zusammen« zu begeben und seine Vorstellungen und Gefühle zu äußern, die damit verbunden sind. Der Lehrer kann hier für sich eine gewisse Erleichterung feststellen, weil zu den Herausforderungen der Schulentwicklung nun auch die Routine aus vielen Jahren Berufserfahrung kommt. Außerdem kann er sich gut vorstellen, dass Schulentwicklung auch davon lebt, selbst weiter in der Schulpraxis zu bleiben und so die Resonanz von Entwicklungsthemen zu spüren. Allerdings stellt sich die Frage, ob die beiden Optionen wirklich zu verbinden sein werden, was aber momentan nicht geklärt werden kann.

Auf der am Boden verankerten Position »Keins von beiden« stehend stellt der Lehrer im weiteren Verlauf fest, dass insbesondere die Option »Weiterarbeit« auch eine ganz andere Qualität haben könnte. Er kann sich vorstellen, sich in eine ganz bestimmte didaktische Richtung weiter zu entwickeln, die ihn besonders interessiert. Das könnte in seinen Arbeitsalltag eine neue Qualität bringen, die ihn aus dem Gefühl der Resignation befreien könnte.

»All das nicht« regt im Coachingprozess beim Coachee den Gedanken an, dass es auch ein Betätigungsfeld außerhalb der Institution Schule geben könnte, an das der Lehrer bisher noch gar nicht gedacht hat.

Auf der Metaposition stehend betrachtet der Lehrer nun noch einmal die inzwischen deutlich angereicherten Wahlmöglichkeiten und bespricht zusammen mit dem Coach, in welche Richtungen er die nächsten Schritte machen möchte und mit welchen Konsequenzen dies jeweils verbunden sein wird.

Essenz und Bedeutung

Die sich aus dem systemischen Denken in Training und Beratung ergebenden Essenzen können in Kurzform wie folgt zusammengefasst werden:

- Soziale Systeme sind in sich geschlossene, autonome Einheiten. Sie funktionieren nach eigenen Gesetzmäßigkeiten, die auf einen im System konstituierten Sinnzusammenhang verweisen. Die komplexen Sachverhalte in einem System und zwischen verschiedenen Systemen können nicht in einfachen Ursache-Wirkungs-Zusammenhängen erfasst, geschweige denn gelöst oder bearbeitet werden. Eine gewisse Zurückhaltung mit pädagogischen Ratschlägen steht dem systemisch orientierten Trainer oder Berater gut zu Gesicht.
- Systeme funktionieren entlang von Leitdifferenzen. Mit ihrer Hilfe werden Umfeldgegebenheiten analysiert und auf Relevanz in Bezug auf die eigene Existenz hin untersucht. Die Arbeit mit Systemen erfordert ein Denken in diesen Zusammenhängen.
- Die Wahrnehmungsorgane, die ein soziales System zur Beobachtung der Umwelt schafft, erfassen keine objektiv gegebene Wirklichkeit. Sie liefern lediglich die Daten, die das System zu brauchen glaubt, um sich ein stabiles Bild der »Welt da draußen« konstruieren zu können. Die aus dieser Unschärfe entstehende Unsicherheit muss ausgehalten werden. Auf der Seite eines zu beratenden oder zu unterrichtenden Systems ebenso wie auf der Seite des Trainers oder Beraters.
- Die Art und Weise, die Umwelt zu erfassen, muss für das soziale System selbst sinnvoll sein, nicht für die Umwelt. Systeme können auf dem Weg begleitet werden, sich selbst zu beobachten und damit mehr Einblick in die Art zu bekommen, Sinn zu generieren und Schlüsse zu ziehen.
- Der Fortbestand der eigenen Existenz bis zum jetzigen Moment bestätigt jedes System in der Annahme, bisher alles richtig gemacht zu haben. Dennoch gab es für ein soziales oder lebendes System auch in der Vergangenheit nicht nur diesen einen Weg und diese eine Entwicklung. Systeme können dazu angeregt werden, sich mit der eigenen Geschichte zu befassen und eine neue Zukunft zu entwerfen. Dabei geht es darum, Bewährtes zu pflegen und Neues zu ermöglichen.
- Alles, was ein soziales System (beziehungsweise seine Mitglieder) tut, ist auf den eigenen Fortbestand ausgerichtet. Eine ethische Komponente wird erst in dem Moment relevant, in dem die Koexistenz mit anderen Systemen in den Blick gerät: Da soziale Systeme auf ein stabiles Umfeld mit dauerhaft erkennbaren Mustern ausgelegt sind, werden in das eigene Kalkül auch solche Erwägungen einbezogen, die die Existenz von anderen sozialen Systemen betreffen.

Die Beobachtung von sozialen Systemen stößt an Grenzen: Die Ergebnisse sind Interpretationen des Beobachters in seinen eigenen Denkkategorien und sagen deshalb mindestens ebenso viel über ihn wie über das beobachtete System aus.

Bedeutung der Systemtheorie für Training und Beratung

Auch wenn das Konzept der modernen Systemtheorie ziemlich sperrig ist und sich nicht leicht in Handlung übersetzen lässt, so hat es doch einen erheblichen Einfluss auf das Selbstverständnis in der Arbeit mit jeder Art von Kundensystemen.

Wir haben hier mit dem Wissen um die Dynamik in Systemen die Möglichkeit, den Blickwinkel zu verändern. Mit etwas Erfahrung ist es einem systemischen Trainer durchaus möglich, einen Blick hinter die Grenze seines Kundensystems zu werfen. Die Leitfrage »Worin liegt der mögliche Nutzen für ein System?« bringt mitunter Licht in Verhaltensweisen, fördert Verständnis und Anschlussfähigkeit.

Respekt vor der Sichtweise eines fremden Systems

Die Achtung vor der Fremdheit eines anderen Systems ist in erster Linie eine Haltungsfrage und hat dadurch eine ethische Konnotation: Wer es damit als Trainer, Erwachsenenbildner oder Berater ernst meint, ist auf eine wertschätzende Haltung gegenüber anderen psychischen (Menschen, Lebewesen) oder sozialen (Gruppen, Familien, Organisationen, Teams) Systemen verpflichtet: Alles, was wir vorfinden, macht aus der Perspektive eines Systems heraus Sinn, auch wenn sich dieser uns nicht gleich erschließt! Das kann uns daran hindern, schnell mit Lösungen helfen zu wollen, die vielleicht nur die Probleme von morgen sind. Vielleicht kann uns diese Achtung vor anderen Systemen und damit vor anderen Sinnkonstruktionen helfen, Beratung ohne Ratschläge zu betreiben: Lösungen von außen haben in der Regel wenig Chancen auf Akzeptanz! In der Regel erzeugen sie Widerstand.

Insofern bleibt dem systemischen Trainer oder Berater der Weg, neue Dinge zu ermöglichen, statt zu instruieren. Das kann in einer Art stattfinden, die Wissensvermittlung im Training mit einer Transferveranstaltung kombiniert. Dazwischen haben die Mitglieder des Kundensystems Zeit, die neuen Wissensportionen auf ihre Praxistauglichkeit hin zu untersuchen. Der Trainer wird in der Folgeveranstaltung zum Umsetzungs-Coach, der Umsetzungsprobleme untersucht und nach Lösungen forscht.

Klare Absprachen und Vereinbarungen

Wenn wir davon ausgehen, dass unterschiedliche Systeme sich nicht wirklich durchdringen und verstehen können, dann kommt dem Bereich der Auftragsklärung im Vorfeld von jeder Art von Veranstaltungen besondere Bedeutung zu. Die Gefahr ist groß, dass sich Missverständnisse allein dadurch ergeben, dass wir einen Auftrag in eine bestimmte Richtung interpretieren, ohne dafür wirklich die »Erlaubnis« eingeholt zu haben. Wir gestalten dann vielleicht einen interaktiven Prozess mit unseren Teilnehmern, der Auftraggeber hat aber eine Bildungsveranstaltung mit klar definierten und fixierten Themen vor Augen gehabt. Wir gehen vielleicht zu Beginn eines Seminars davon aus, dass es für die Zielgruppe wichtig ist, sich mit den Grundlagen des Themas zu beschäftigen. Viele der Teilnehmer sehen das vielleicht ganz anders und beginnen sich schnell zu langweilen.

Mit den Themen arbeiten, nicht gegen sie

Aus einem systemischen Verständnis heraus hilft die Einsicht, dass alles, was uns in der Rolle als Trainer, Berater oder Leiter in unserer Arbeit an Widerstand, Unverständnis, Frust entgegenschlägt, für den oder die betreffenden Menschen in dem Moment etwas Sinnvolles ist. Wir tun uns und unseren Kunden keinen Gefallen damit, Dinge, die vorhanden sind, zu brandmarken. Wir können versuchen, sie zu verstehen und wir können versuchen, dieses Verständnis auch bei unseren Kunden zu wecken.

So sind wir im Rahmen einer Betriebsentwicklungsmaßnahme in einem pharmazeutischen Unternehmen über eine Kulturanalyse auf ein Phänomen gestoßen, das in der Vergangenheit für viel Unmut gesorgt hat: Es gab eine ausgesprochen gut funktionierende »Gerüchteküche« mit teilweise gravierenden Auswirkungen. Mit unglaublicher Geschwindigkeit breiteten sich Informationen völlig unkoordiniert im Unternehmen aus, deren Wahrheitsgehalt teilweise fragwürdig war, die aber nie mehr zu ihrem Urheber zurückverfolgt werden konnten. Die Folge waren Ärger und Frust und es mussten immer wieder Dinge korrigiert, richtig gestellt oder dementiert werden. Unter dieser Situation begann das Betriebsklima als Ganzes sehr zu leiden. Allgemeines Misstrauen breitete sich aus, was die »Gerüchteküche« von neuem anheizte. In der Zusammenarbeit mit unterschiedlichen Hierarchiestufen haben wir versucht, die Attraktion der »Gerüchte« zu verstehen. Die Leithypothese dabei war: *Wenn ein Phänomen im Unternehmen eine solche Bedeutung erlangt, erfüllt es einen wichtigen Zweck im Zusammenhang mit der Funktionslogik des Systems.* Wir suchten also nach der positiven Absicht, die mit der Verbreitung von Gerüchten einherging. Dabei stießen wir auf einen in Folge von schnell steigenden Produktionszahlen und logischem Vernetzungsgrad zwischen funktionalen Bereichen hohen Kommunikationsbedarf einerseits und ungünstige Rahmenbedingungen für Abstimmungsgespräche (räumliche Trennungen durch Schleusen, Dreischichtbetrieb) andererseits. Aus diesem Missverhältnis heraus hatten die Pausenräume und Raucherzimmer eine wichtige Bedeutung in der abteilungsübergreifenden Kommunikation bekommen. Hier sind Mitarbeiter zusammengekommen, die sich ansonsten kaum einmal zu sehen bekommen haben und haben in der Kürze der Zeit all das ausgetauscht, was aus ihrer Sicht notwendig war. Auf diese Weise war ein

Kommunikationsnetzwerk gebildet worden, das den Anforderungen, schnell, unbürokratisch und unternehmensweit zu kommunizieren, gerecht wurde. Dass dabei auch Gerüchte gestreut wurden, war in manchen Fällen eher der »Stille-Post-Effekt«, in anderen Fällen auch gezielte Falschinformation.

Die positive Absicht war in diesem Fall nun erkannt und zwar aus dem System selbst heraus. Kaum jemand brauchte sich Vorwürfe zu machen. Da zudem die negativen Begleiterscheinungen der »Gerüchteküche« gesehen werden konnten, wurde in der Folgezeit viel Energie erfolgreich darauf verwendet, die kommunikativen Rahmenbedingungen in diesem Unternehmen zu verbessern. Innerhalb von nur einem halben Jahr war es so möglich, das Thema »Gerüchte im Unternehmen« so weit in den Griff zu bekommen, dass es nahezu bedeutungslos wurde.

Ein System stören

Soziale Systeme reagieren auf Anreize und Störungen im Umfeld nicht nach einer berechenbaren oder festgelegten Logik. Ihre Kontingenz, ihre Eigenkomplexität versetzt sie in die Lage, auf Situationen in unterschiedlicher Art zu reagieren. Dabei ist die tatsächliche Lösung, mit einer Umfeldgegebenheit umzugehen oft weit weniger bewusst, wie man das denken sollte. Der Trainer oder Berater, der stört, schafft damit ein Handlungsfeld, das prinzipiell ergebnisoffen ist.

Das ist kein Unterschied zu allen alltäglichen Anreizen oder Störungen. Aber: In der Trainings-, Workshop- oder Seminarsituation ist es im Gegensatz zum »ganz normalen« Alltag möglich, den Weg von der Entscheidung bis zum Ergebnis noch einmal bewusst nachzuzeichnen. Was ansonsten ganz einfach passiert, ist jetzt möglicherweise Gegenstand einer Reflexion. Das System hat die Möglichkeit, über sich nachzudenken und den eigenen Kontext dabei zu erweitern. Dies setzt aufseiten des Trainers manchmal ein wenig Unerschrockenheit voraus. Da auch er nicht wissen kann, was passiert, sollte er sich vor irritierenden und irritierten Rückfragen nicht gleich fürchten.

Literatur

Luhmann, Niklas: Soziale Systeme. Grundriss einer allgemeinen Theorie. Suhrkamp-Verlag, Frankfurt am Main [4]1991

Maturana, Humberto R./Varela, Francisco J.: Der Baum der Erkenntnis. Scherz-Verlag, Bern und München 1987

Schein, Edgar: Organisationskultur. EHP-Verlag, Köln 2004

Vogel, Hans-Christoph u.a.: Werkbuch für Organisationsberater. Wissenschaftlicher Verlag des Instituts für Beratung und Supervision, Aachen 1997

Willke, Helmut: Systemtheorie. Gustaf-Fischer-Verlag, Stuttgart und Jena 1993

Anhang

Die Autoren und Autorinnen

Karl F. Meier-Gantenbein, Jg. 1958. Studium der Mathematik und Chemie. Diplom-Pädagoge (Erwachsenenbildung und Berufliche Fortbildung). Supervisor (DGSv). Geschäftsführer der Beratungsgesellschaft Intakt Training & Beratung mit den Schwerpunkten Organisationsentwicklung, Coaching, Training. *Kontakt:* gantenbein@intakt-freiburg.de; www.intakt-freiburg.de

Dr. Thomas Späth, Jg. 1960, Diplom-Biologe (Neurobiologie, Humanethologie, Öko-Systemik). Seit 1989 (Outdoor-)Trainer, Coach, Seminarleiter, Lehrtrainer für Erlebnispädagogik, NLP-Master; Geschäftsführer von Dr. Späth & Partner (Training, Seminare, Coaching), Trainingsschwerpunkte sind Selbstmanagement, Kommunikation und Problemlösung. *Kontakt:* info@thomas-spaeth.de, www.thomas-spaeth.de

Carlos Manuel da Silva Costa Salgado, Jg. 1963. Seit 1996 NLP-Lehrtrainer und Lehrcoach, DVNLP. Entwickler der Biolance-Methode®. Coach für Führungskräfte und Unternehmer. Vorstandsvorsitzender vom NLP-Institut Salgado e.V. in Freiburg und Senior-Consultant bei Saaman AG. *Kontakt:* carlos@salgado.de, www.salgado.de

Almud Maria Kranz, Jg. 1974, Diplom-Pädagogin (Erwachsenenbildung und Berufliche Fortbildung). Fortbildungen unter anderem in Organisationsentwicklung, TZI und NLP. Leiterin der Personalentwicklung in einem mittelständischen Unternehmen. Zusätzlich freiberufliche Trainerin und Beraterin (seit 1997) vor allem für Akademien, Industrieunternehmen und Banken. Hochschul-Lehrbeauftragte für Personalentwicklung. *Kontakt:* AlmudKranz@gmx.de.

Christian Seiter, Jg. 1962, Diplom-Psychologe (Arbeitspsychologie, Erwachsenenbildung), Diplom-Biologe (Neurobiologie, Soziobiologie des Menschen). Seit 1991 (Outdoor-)Trainer, Prozessbegleiter, Coach, Erlebnispädagoge.
Kontakt: c.seiter@arcor.de

Sabine Mara Roth, Jg. 1965, Diplom-Pädagogin, Tanzsoziotherapeutin, Gestaltpädagogin, Aus- und Fortbildungen in Gestalttherapie, Projektmanagement, TMS und NLP. Seit 1990 tätig in Training und Erwachsenenbildung, Leiterin des Bereiches »Arbeit in Bewegung« bei Fit for Work (Offenburg).
Kontakt: sabine.mara.roth@t-online.de

Jan Gittinger, Jg. 1967, Diplom-Pädagoge (Erwachsenenbildung und Berufliche Fortbildung) sowie systemischer Berater. Seit 1989 als Trainer, Berater (Organisationsentwicklung und Projektmanagement), als Coach sowie als (Outdoor-)Teamentwickler tätig.
Kontakt: gittinger@gittinger.net, www.gittinger.net

Uwe Reineck, Jg. 1961, Diplom-Psychologe (Arbeits- u. Organisationspsychologie, Psychodrama, Familientherapie, Gruppendynamik). Seit 1991 als Trainer und Berater tätig, Gründungspartner und Gesellschafter der SYNNECTA GmbH (Karlsruhe und Antwerpen). Schwerpunkte: Change-Prozesse, Coaching für Führungskräfte, Gruppendynamik, personennahe Trainings, Berater-Ausbildung.
Kontakt: reineck@synnecta.com

Stichwortverzeichnis

Train the Trainer

Drei erfahrene Lehrtrainer begleiten Sie auf der Basis von Systemischem Ansatz, Transaktions-analyse (TA) und Neurolinguistischem Programmieren (NLP).

»Trainer und Prozessbegleiter« (4 mal 4 Tage)

Prozesse und Strukturen verändern sich heute beinahe permanent – in politischen, wirtschaftlichen und sozialen Zusammenhängen. Diese Dynamik schafft neue Bedürf-nisse für Organisationen und Individuen.

Gebraucht und gesucht werden Menschen, die in der Lage sind, andere in Prozessen beratend zu begleiten. Als »Trainer und Prozessbegleiter« haben Sie einen wachen Blick auf die eigenen Verhaltensmuster, eine profunde Kenntnis wirkungsvoller Methoden und die Fähigkeit, Ihr Wissen und Können anderen zu vermitteln.

Unser Ausbildungskonzept setzt für diese Schlüsselkom-petenzen intensive Schwerpunkte in den vier Modulen:

- Selbstreflexion und Kommunikation
- Präsenz und Präsentation
- Strategieentwicklung und Problemlösung
- Führung und Steuerung.

»Handlungsorientiertes Coaching« (5 mal 3 Tage)

Wo Menschen in komplexen Arbeitszusammenhängen in verantwortungsvoller Position arbeiten, entsteht der Bedarf nach einer unterstützenden Außenperspektive.

Als Coach arbeiten Sie situationsbezogen an konkreten Aufgabenstellungen und erweitern die Sichtweise Ihrer Kunden durch neue und erfrischende Blickwinkel. Auf der Grundlage einer gereiften Persönlichkeit nutzen Sie Ihr Handwerkszeug passend zur jeweiligen Situation und geben dadurch neue Impulse für den Arbeitsalltag.

Das Ausbildungskonzept ist modular aufgebaut und be-handelt in den einzelnen Abschnitten folgende Themen:

- Kontakt und Kontrakt, Grundlagen, Coachingskills
- Analyse und Intervention
- Arbeitsphase I: Prozessbegleitung und Lösungs-strategien
- Arbeitsphase II: Arbeit mit Widerständen und Konflikten
- Abschluss, Auswertung, Evaluation.

Know-how für Profis

Bernd Weidenmann
Handbuch Active Training
Die besten Methoden für lebendige
Seminare.
288 Seiten. Pappband.
ISBN 3-407-36440-7

Ein Buch für Trainer, die Ihre Seminare
lebendiger gestalten und die Teilnehmenden
konsequent aktivieren wollen. Denn: Aktive
Teilnehmer lernen besser! Doch ein solches
Training kann man nicht aus dem Armel
schütteln. »Active Training« ist anspruchs-
voller als die übliche Seminarroutine.
Methodenzirkus und Motivationstricks gehören nicht dazu. Alles, was Sie für profes-
sionelles Active Training brauchen, finden
Sie in diesem Handbuch.

Björn Migge
Handbuch Coaching und Beratung
Wirkungsvolle Modelle, kommentierte
Falldarstellungen, zahlreiche Übungen.
633 Seiten. Pappband.
ISBN 3-407-36453-1

»Das Führungsbuch des Jahres, ein Jahr-
zehntebuch.« *Helmut Benze, Börsenblatt*

»Fazit: Für Leiter von Coach-Ausbildungen
ist das Werk sehr gut geeignet, um das
eigene Vorgehen zu reflektieren, neues Wissen und Inspiration zu erhalten. Ausbildungs-
teilnehmer erhalten ein intelligent aufgebau-
tes Nachschlagewerk. (...) Für praktizierende
Coaches ist es (...) eine wirkliche Bereiche-
rung.« *Axel Janßen, www.dvct.de*

BELTZ Beltz Verlag · Weinheim und Basel · www.beltz.de